本书系：

国家自然科学基金重点项目（71332007）阶段性成果

国家社会科学基金重大项目（12&ZD098）阶段性成果

国家社会科学基金重大项目（12&ZD199）阶段性成果

浙江工业大学中小微企业转型升级协同创新中心科研成果

浙江工业大学中国中小企业研究院重点资助项目科研成果

浙江省哲学社会科学重点研究基地——技术创新与企业国际化研究中心资助项目科研成果

本书系 国家自然科学基金重点项目（71332007）
国家社会科学基金重大项目（12&ZD098）
国家社会科学基金重大项目（12&ZD199） 的阶段性成果

中国中小微企业转型升级与景气动态的调研报告

ZHONGGUO ZHONGXIAOWEI QIYE ZHUANXINGSHENGJI YU JINGQI DONGTAI DE DIAOYAN BAOGAO

池仁勇 林汉川 蓝庆新 等 著

中国社会科学出版社

图书在版编目（CIP）数据

中国中小微企业转型升级与景气动态的调研报告/池仁勇等著．—北京：中国社会科学出版社，2014.12

ISBN 978-7-5161-5441-0

Ⅰ.①中… Ⅱ.①池… Ⅲ.①中小企业—企业升级—研究报告—中国 Ⅳ.①F279.243

中国版本图书馆 CIP 数据核字(2014)第 311110 号

出 版 人 赵剑英
责任编辑 卢小生
责任校对 周晓东
责任印制 王 超

出　　版 中国社会科学出版社
社　　址 北京鼓楼西大街甲 158 号（邮编 100720）
网　　址 http：//www.csspw.cn
发 行 部 010-84083635
门 市 部 010-84029450
经　　销 新华书店及其他书店

印　　装 北京君升印刷有限公司
版　　次 2014 年 12 月第 1 版
印　　次 2014 年 12 月第 1 次印刷

开　　本 787×1092 1/16
印　　张 24
插　　页 2
字　　数 394 千字
定　　价 76.00 元

《中国中小微企业转型升级与景气动态的调研报告》课题组成员

组　　长　池仁勇　林汉川　蓝庆新

副 组 长　刘道学　谢洪明　陈衍泰

成　　员（以章节执笔者排序）

池仁勇　林汉川　蓝庆新　吴　宝　程宣梅
陈侃翔　刘淑春　李鸽翎　陈胜勇　陈衍泰
王扬渝　尚会永　韩　晶　谢洪明　张万军
李安渝　王　璐　刘道学　王泽丹　黄萍萍
俞　锋　汤临佳　张宓之　程　聪　曹烈冰
张　颖　郭元源　段　姗　严　焰　金陈飞
陈　盈

内 容 提 要

本报告由前言和四篇共三十三章内容组成。

第一篇是中国中小微企业转型升级若干综合问题调研报告，内容包括："稳定匹配"理论原理及对中国经济转型升级的启示；中国工业绿色转型的国际经验借鉴与发展策略调研报告；浙江海宁综合要素改革经验与借鉴的调研报告；新形势下浙江县域经济治理及风险防范模式的调研报告；构建创业生态系统的调研报告；大力发展农村电子商务带动中国农业现代化的调研报告；发展小微养老机构促进中国养老社会化的调研报告；德国制造业发展的经验与借鉴的调研报告。

第二篇是中国中小微企业转型升级若干专题调研报告，内容包括：中小企业减负调研报告；外资侵蚀中国品牌加剧的调研报告；浙江省民营企业跨国并购战略机遇与运作风险的调研报告；完善小微企业种子基金的调研报告；中国中小企业移动电子商务发展的调研报告；构建转贷引导基金破解中小微企业连环倒闭难题调研报告；浙江省民营企业境外投资审批制度改革调研报告；建立中小企业经营安全互助基金的调研报告；建构知识产权产业化转化与交易流转综合平台的调研报告。

第三篇是中国中小微企业景气动态数据研究报告，内容包括：中小微企业动态景气指数理论与方法；2013 年中国中小微企业景气指数评价研究；2014 年中国中小微企业景气指数评价研究；2013 年中国主要城市中小微企业景气指数评价研究；2014 年中国主要城市中小微企业景气指数；浙江省中小企业景气指数测评；浙江省主要行业景气指数测评。

第四篇是中国中小微企业转型升级政策前沿与实证研究报告，内容包括：国内外中小企业创新政策前沿的调研报告；浙江和台湾中小企业发展与创业环境的调研报告；中小企业渐进式创新影响因素的实证调研报告；

浙江产业集群科技中介功能与集群绩效实证研究报告；浙江高技术企业获取模式与创新绩效实证研究报告；中小企业集聚模式变迁诱因与成长性实证研究报告；中小企业发展与城乡收入差距实证研究报告；中小企业社会资本与技术创新实证研究报告。

本报告是国家自然科学基金重点项目（71332007）、国家社会科学基金重大项目（12&ZD199、12&ZD098）、国家社会科学基金一般项目（12CJY037、13CGL020、13CJY061、14CSH071、14BJY084、14CRK002、14CGL004）的阶段性研究成果，也是浙江省哲学社会科学重点研究基地——技术创新与企业国际化研究中心资助项目、浙江工业大学中小微企业转型升级协同创新中心资助项目与浙江工业大学中国中小企业研究院资助项目的研究成果。

本报告由池仁勇、林汉川、蓝庆新负责，池仁勇、林汉川、蓝庆新、刘道学、吴宝具体负责报告的设计、组织与统撰工作。

目　　录

第三篇　中国中小微企业景气动态数据研究报告

第四篇　中国中小微企业转型升级政策前沿与实证研究报告

图 目 录

表 目 录

前　言

本报告是国家自然科学基金重点项目“中国企业转型升级战略及其竞争优势研究”（71332007）、国家社会科学基金重大项目“中国中小企业动态数据库建设研究”（12&ZD199）、国家社会科学基金重大项目“民营企业跨国并购的战略方向选择和运作推进机制研究”（12&ZD098）和一批国家社会科学基金一般项目（12CJY037、13CGL020、13CJY065、14CSH071、14BJY084、14CRK002、14CGL004）的阶段性研究成果，也是浙江省哲学社会科学重点研究基地——技术创新与企业国际化研究中心资助项目、浙江工业大学中小微企业转型升级协同创新中心资助项目与浙江工业大学中国中小企业研究院资助项目的研究成果。

本报告研究的背景及研究意义主要体现在以下三个方面。

第一，研究中小微企业转型升级是服务国家经济战略转型的重大需求。“十二五”时期是我国经济转型、产业升级的重要时期。转型期中小微企业的发展关系到我国国民经济和社会发展的总体状况。据国务院发布的《工业转型升级规划（2011—2015）》的数据，目前我国各类中小微企业达5200万户（含个体工商户），在国民经济发展中的贡献格局已基本形成“56789”，即中小微企业占50%以上的税收，占60%以上的GDP和技术创新，占70%以上的产品创新，占80%以上的城镇就业，占90%以上的企业数量。由此可见，中小微企业已成为我国市场经济最活跃的企业群体，是我国实体经济发展的根基，是吸纳社会就业的主渠道，是推进创新驱动发展的主力军，在我国经济社会发展中具有高度战略地位。

但近几年来，受国际市场低迷和国内宏观调控等复杂因素的影响，中小微企业所面临的经营风险和不确定性日益增加，转型升级难度加大。特别是小微企业，总体面临“用工贵、用料贵、融资贵、费用贵”与“订单难、转型难、生存难”这“四贵三难”的发展困境（林汉川、池仁勇等，2012）。从沿海到内地，因担保链、资金链断裂引发的“连环倒闭”及中小企业主的“跑路潮”有多发趋势。可以说，当前这些问题是中小企业发展过程中出现的难题，这对我国中小微企业转型升级既是挑战，也是倒逼中小微企业提升创新能力、提高管理水平、加快结构调整、努力开拓国内外市场的战略机遇。破解中小微企业发展难题、壮大中小微企业竞争实力已成为我国企业转型期的一大重要任务。本报告深入研究中小微企业转型升级，这是对接当前我国国家经济转型战略需求的重要现实课题。

第二，研究中小微企业景气动态为科学评价中小企业发展提供系统数据支持。在经济发达国家，客观地判断企业发展的景气动态主要是通过企业景气指数分析来实现的。在企业景气指数编制方面，世界上自 1949 年德国先行实施以来已有 60 多年的研究与应用历史，而我国起步较晚，自 1998 年起才正式将企业景气调查纳入国家统计调查制度。近几年来，我国政府部门、科研机构、金融机构等虽然在经济景气预警方面的研究比较多，但政府和学术界对企业景气指数研究和应用，受长期以来“抓大放小”的影响，迄今主要以特定行业为对象，而对企业特别是中小微企业的景气波动过程少有系统研究，特别是对小微企业发展景气预警进行全面系统的研究基本上还是空白。

在中小企业管理上，我国长期以来实行“五龙治水”，即工信部负责中小企业政策制定与落实，商务部负责企业国际化，农业部乡镇企业局负责乡镇企业发展，工商管理部门负责企业工商登记，统计局主要负责统计规模以上企业，而占企业总数 97% 以上的小微企业总体被排除在政府统计跟踪范围之外。这样，各部门数据统计指标不统一，数据不共享，统计方法各异，经常存在数据不全及数据交叉的混乱状况，缺乏统一的数据口径。这使得现行数据既不能客观地反映中小微企业景气现状，也难以用来做科学预测预警，这影响到制定政策的前瞻性和针对性及政策实施效果评价，也会影响到小微企业的健康持续发展。我国中小企业信息不对称、缺乏科学的监测预警和决策支持系统是当前政产学研共同关注和亟待解决的理论与现实课题。本报告及时跟踪研究中小微企业景气动态，可以为及时客观判断企业发展现状及趋势提供系统的数据支撑和决策支持系统。

第三，组织撰写高质量调研报告，为政府和企业科学决策提供新思路。2013 年 5 月 30 日，中共中央政治局委员、国务院副总理刘延东在北京主持召开座谈会强调，高校要聚焦重大问题，服务国家战略，多出具有前瞻性、战略性、有针对性及可操作性的研究成果，为党和政府科学决策提供高质量的智力支持，努力做改革发展决策方案的建言者、政策效果的评估者和社会舆论的引导者。

本报告承载的 1 项国家自然科学基金重点项目、2 项国家社会科学基金重大项目及 7 项一般项目，都是聚焦中国中小企业转型升级与景气动态研究中的重大问题而开展的现实针对性很强的研究。课题组服务国家及地方重大战略需求，通过深入实际，求真务实地开展调查研究，撰写了一系列具有前瞻性、战略性、有针对性及可操作性的调研报告和实证研究报告，力争为中国中小微企业转型升级和提升动态景气战略决策提供高端智力支持。颇感欣慰的是，本报告中的一些调研咨询报告已经得到国家领导人和浙江省领导人的批示及相关政府部门采用，为政府决策和中小微企业发展提供了新思路。在我国，有关中小企业发展研究的著述很多，但以中小微企业转型升级与提升动态景气度对策研究为重点，基于中小微企业动态景气数据的采集与评价，通过一系列调研咨询报告、调查报告及实证研究报告展开系统深入分析，同时提供全方位参考价值的论著并不多见。本报告景气指数研究部分内容，正式发布后被国内外 40 多家著名媒体广泛报道，实证研究部分内容被国内著名一级期刊采用。这也是本报告独特创新之处。

本报告由前言和四篇共三十二章内容组成。

第一篇是中国中小微企业转型升级若干综合问题调研报告，内容包括："稳定匹配"理论原理及对中国经济转型升级的启示；中国工业绿色转型的国际经验借鉴与发展策略调研报告；浙江海宁综合要素改革经验与借鉴的调研报告；新形势下浙江县域经济治理及风险防范模式的调研报告；大力发展农村电子商务带动中国农业现代化的调研报告；构建创业生态系统的调研报告；发展小微养老机构促进中国养老社会化的调研报告；德国制造业发展的经验与借鉴的调研报告等。

第二篇是中国中小微企业转型升级若干专题调研报告，内容包括：中小企业减负调研报告；外资侵蚀中国品牌加剧的调研报告；浙江省民营企业跨国并购战略机遇与运作风险的调研报告；完善小微企业种子基金的调研报告；中国中小企业移动电子商务发展的调研报告；构建转贷引导基金破解中小微企业连环倒闭难题调研报告；浙江省民营企业境外投资审批制度改革调研报告；建立中小企业经营安全互助基金的调研报告；建构知识产权产业化转化与交易流转综合平台的调研报告。

第三篇是中国中小微企业景气动态数据研究报告，内容包括：中小微企业动态景气指数理论与方法；2013 年中国中小微企业景气指数评价研究；2014 年中国中小微企业景气指数评价研究；2013 年中国主要城市中小微企业景气指数评价研究；2014 年中国主要城市中小微企业景气指数测评；浙江省中小企业景气指数测评；浙江省主要行业景气指数测评。

第四篇是中小微企业转型升级政策前沿与实证研究报告，内容包括：国内外中小企业创新政策前沿的调研报告；浙江和台湾中小企业发展与创业环境的调研报告；中小企业渐进式创新影响因素的实证调研报告；浙江产业集群科技中介功能与集群绩效实证研究报告；浙江高技术企业技术获取模式与创新绩效实证研究报告；中小企业集聚模式变迁诱因与成长性实证研究报告；中小企业发展与城乡收入差距实证研究报告；中小企业社会资本与技术创新实证研究报告。

本报告由池仁勇、林汉川、蓝庆新、刘道学等负责全书的设计、组织与统撰工作。具体参加课题研究的成员有（以章节为序）：前言池仁勇、林汉川；第一章蓝庆新；第二章蓝庆新；第三章吴宝；第四章吴宝；第五章程宣梅、陈侃翔；第六章陈侃翔、程宣梅、刘淑春、池仁勇、林汉川；第七章李鸽翎；第八章陈胜勇、陈衍泰、王扬渝；第九章尚会永、林汉川；第十章蓝庆新、韩晶；第十一章程宣梅、谢洪明；第十二章张万军；第十三章李安渝、王璐；第十四章池仁勇、吴宝；第十五章程宣梅；第十六章刘道学；第十七章俞锋、池仁勇；第十八章刘道学、池仁勇；第十九章池仁勇、刘道学；第二十章池仁勇、刘道学；第二十一章刘道学、池仁勇；第二十二章刘道学、池仁勇；第二十三章刘道学、王泽丹；第二十四章刘道学、黄萍萍；第二十五章汤临佳、池仁勇；第二十六章池仁勇、张宓之，第二十七章程聪、曹烈冰、张颖、谢洪明；第二十八章郭元源、池仁勇、段姗；第二十九章严焰、池仁勇；第三十章池仁勇、张宓之；第三十一章池仁勇、金陈飞；第三十二章程聪、谢洪明、陈盈、程宣梅。池仁勇、林汉川、刘道学、吴宝、汤临佳等对本报告初稿进行了编纂，黄萍萍参与了部分初稿校对工作。

本报告在研究和撰写过程中，有幸得到国家自然科学基金委员会管理科学部、全国哲学社会科学规划办公室基金处、教育部社科司、国家工业与信息化部中小企业司、国家商务部投资促进事务局、中国中小企业协会、中共浙江省委办公厅、浙江省政府办公厅、浙江省哲学社会科学规划办公室、浙江省经济与信息化委员会（浙江省中小企业局）、浙江省中小企业协会、浙江省工业经济研究所、浙江省中小企业发展研究所、杭州市经济与信息化委员会、经济合作与发展组织（OECD）、世界工业与技术研究组织协会（WAITRO）、对外经济贸易大学、浙江工业大学等国内外有关组织机构、部门与领导的指导与支持，使得本报告内容充实，数据准确，资料丰富，在此一并表示诚挚的感谢。

同时，还要由衷地感谢中国社会科学出版社经济与管理出版中心主任卢小生编审及其专业团队为本报告出版所付出的大量心血和努力，他们精心、细致、高效的工作保证了本报告的顺利出版。

尽管参加本报告撰写的专家、学者以及实际部门的工作者都对自己撰写的内容进行了专门的调查研究，但由于面临众多新问题，加之时间紧迫，水平有限，难免存在不足。本报告中若有不妥之处，敬请各位读者批评指正。

第　一　篇

中国中小微企业转型升级若干综合问题调研报告

第 一 章

“稳定匹配”理论原理及对中国经济转型升级的启示

2012 年度诺贝尔经济学奖由两位对博弈论有深入研究的美国经济学家获得。一位是哈佛大学教授埃尔文·罗斯（Alvin E. Roth），另一位是加州大学罗伊德·沙普利（Lloyd S. Shapley）。两位经济学家分别在稳定匹配理论和市场设计实践方面做出了贡献。沙普利使用合作博弈方法研究和对比不同的匹配方法，其关键在于保证配对是稳定的，即配对的双方都不会有更满意的其他选择。罗斯则意识到沙普利的理论和计算可以使实践中市场运作方式变得更清晰。他成功地通过系统性实验室实验，支持了前述结论。

第一节 稳定匹配理论的基本原理

稳定匹配理论是指不存在两个主体，他们都更乐于需要彼此、胜过他们当前的配对者。通俗地说，就是两个主体都得到了他们最合适的配对。在经济学中，稳定匹配要解决的中心问题就是如何尽可能恰当地匹配不同的市场主体，使市场主体能够获得稳定且适合的资源。两位经济学家在匹配研究中进行了市场设计，采用合作博弈理论和比较不同匹配的方法，并在匹配过程中限制各种变量的影响，从而保证匹配的双方不会被对方干扰，确保了配置的稳定性。稳定匹配需要市场设计，而市场设计则需要各种制度的设计。两位经济学家在不同市场条件下进行了一系列日常实践中的制度设计，帮助医生和医院、学生和学校、器官捐赠者和接受者之间进行稳定匹配，使市场需求者能够满足自身的需求。

稳定匹配应用了合作博弈原理。沙普利是合作博弈理论的公认权威，他在合作博弈框架中加入了一些着眼于“公平”分配合作利益的公理，即公平机制，并证明在这些公理的约束下，存在唯一的效用分配方案，对每个利益主体进行公平分配，且只有在这种公平的机制下，大家才有积极性继续合作下去。

稳定匹配需要实验经济学的支持。罗斯是著名的实验经济学家，他对合作博弈原理进行了大量的市场实验和反复验证，用现实数据代替历史数据，克服以往经验检验的不可重复性。最为重要的是，在精密的实验过程中，可以操纵实验变量和控制实验条件，排除了非关键因素对实验的影响，从而克服了以往经验检验的被动性缺陷。因此，罗斯在接近真实的、复杂的市场状况中，通过系统性模型实验与检验，研究了资源如何合理分配，以及如何实施合理的市场机制达到这样的分配效果，帮助许多特殊的市场建立了更合理的均衡匹配。迄今为止，罗斯解决过的最棘手的现实难题，是纽约市高中的匹配系统。一般来说，许多美国孩子都是就近入学，但在纽约之类的大城市中，八年级学生却有着数量惊人的选择。该市共有8万名八年级学生，700所高中，从理论上讲，每位学生都可任选其中的一所学校就读。不过，对于生活在贫民区、邻近学校很差的孩子们来说，选择合适的学校就显得异常重要。在罗斯介入之前，纽约的高中入学匹配系统糟糕透顶，以至于该市有1/3的八年级学生不愿意参与系统匹配。在一位哈佛研究生和哥伦比亚大学经济学家的帮助下，罗斯利用某种GS算法，重新设计了该系统。罗斯及其团队将这一团乱麻简化为清晰可靠的系统，使学生能按自己的喜欢程度，最多填报12个志愿。罗斯设计的新系统投入使用后，学生的参与率从66%跃升至93%。

第二节　稳定匹配理论的特征

首先，稳定配置理论强调“合作博弈”，注重社会总体最优效益的实现。由于20世纪后期信息经济学的发展，非合作博弈在研究不对称信息情况下市场机制的效率问题中发挥了重要作用，从而使非合作博弈相对于合作博弈在经济学中占据了主流地位，在经济和社会运行中，博弈冲突被强调，一定程度上忽略了双赢效果与公平的实现。而稳定匹配理论强调合作博弈，认为你死我活的竞争关系并不能实现社会总效益的最大化，通过规制的制定，每个主体都能够获得合适的所需资源，可以在市场配置中突破简单的价格机制，实现经济主体双赢和资源的公平配置。

其次，稳定匹配理论强调“市场设计”的作用，提升了制度的重要性。稳定匹配通过不断的系统实验完成，而实验最终的结果就是形成规则，这是一种科学设计，也是适应科学规律的主观介入过程。因此，在市场中，科学的制度设计在实现市场总体效益和保障集体总体利益方面十分重要。

最后，稳定配置理论强调市场主体的主动参与和选择，有利于发挥人们的能动性和人本价值。在现实中，许多选择的拼凑，代表的是经济主体内心的渴望和需求，而被动只能换来迫不得已的适用或压抑，而这种压抑将极大地遏制创造性，并使得不满情绪累积，导致社会不稳定性增加，只有人们参与制度设计，做出主动的选择，才能使市场资源配置更为合理，社会公平正义得以实现以及创新活力得以增强。

第三节　稳定匹配理论对中国经济转型升级的启示

第一，中国正处在改革开放和现代化建设的关键时期，各种矛盾冲突交织，资源的结构性配置扭曲，市场主体往往难以匹配到合适的资源，具体表现在资源配置的行政性干预使资源配置扭曲，以及在市场机制中过于讲求非合作博弈和价格导向，而忽视公平和社会整体效益，忽视弱势群体需求。如保障房建设难以满足中低收入阶层的需求，社会保障难以满足弱势群体的需求，金融发展难以满足中小微企业融资需求等，都是在市场主体之间不匹配造成的问题。

第二，党的十八大确定了建成小康社会的目标，小康社会的关键在于社会公平与正义的实现，使民众能够享受到经济发展带来的成果，也就是其需求能够获得稳定匹配。这就需要我们进行一系列的市场设计，强调合作博弈，构建科学的制度，实现稳定匹配。这就需要进一步进行资源配置制度的改革与建设，通过市场实验，探索能够适应市场主体的稳定配置制度，促进社会公平和整体效益的提升。因此，要减少对资源配置的行政性干预，鼓励人民参与到各领域的市场设计和制度建设中来，多方听取各方意见，以合作博弈理念代替非合作冲突博弈理念，用复杂的系统市场实验形成一套市场规则，为人民的需求找到稳定的、满足的配对。在国际事务中，也要加强与各国的合作博弈，积极设计或参与制定国际规则，在与他国互利共赢的基础上，获得中国应有的利益和发展空间。

第三，在中国制造业低碳发展问题上，一方面应当加强与发达国家在有关碳关税、气候变化及资源利用和环境保护等方面的合作博弈，参与国际低碳规则的制定，在世界环境友好发展的基础上，获得适合中国国情的制造业低碳发展空间和竞争力，把应对全球气候变化和面临碳关税作为一场机遇，而不是一场冲突，通过和谐共赢性的制度设计，为中国低碳发展寻求相对稳定匹配的国际环境。另一方面应当充分发挥各主体的作用，政府、企业、社会组织共同合作，形成适合中国制造业低碳发展的稳定匹配、系统支持策略，在国家层面，注重制造业低碳发展的政策支持体系建设以及针对国际碳关税政策的反制性外交策略；在产业层面，注重增长方式的转变与低碳发展路径的设计；在企业层面，注重低碳技术和低碳生产方式的应用；在社会组织层面，注重有利于低碳发展的服务体系的创新与建设。

第二章

中国工业绿色转型的国际经验借鉴与发展策略调研报告

第一节 背景

工业生产是现代物质财富的主要来源，同时也是环境污染严重的产业。改革开放以来，中国工业经济经历了30多年的快速增长。在经济快速增长过程中，环境问题逐渐成为人们关注的焦点之一。当今世界上污染最严重的20个城市，有13个在中国。发达国家上百年工业化过程中分阶段出现的环境问题，在中国却集中表现出来，而且呈现出结构型、复合型、压缩型的特点。如何实现中国工业的“又好又快”增长成为关乎中国经济可持续发展的重要命题。

发达国家在这方面走在了中国的前面。后金融危机时代，发达国家开始重新审视工业部门在财富形成和积累中的重要作用，相继提出了“再工业化”思路，世界经济增长模式面临全面、深度调整。在全球经济艰难复苏和深度调整的大背景下，2008年10月和12月，联合国环境署发起在全球开展“绿色经济”和“绿色新政”的倡议。这一倡议得到了发达国家的积极响应，美国、欧盟等发达国家政府纷纷加大财政支持力度，鼓励本国企业探索产业绿色转型的新方向，发展绿色经济。绿色经济是指在经济发展过程中要讲求环保，将经济发展建立在可持续的基础上，讲求低排放、低消耗，注意环境保护和生态平衡；也指从环保活动中获得经济效益，通过环保活动本身创造经济效益，作为经济增长的一个来源。结合工业部门的要素和技术特征，作为绿色经济的重要组成部分，工业绿色转型是指以资源集约和环境友好为导向，以创新驱动为核心，坚持绿色增长，走新型工业化道路，实现经济的“又好又快”发展。

“十二五”时期是中国工业转型升级的关键时期。一方面，中国是世界制造业大国，工业发展在提升国家竞争力方面仍然会发挥主导作用；另一方面，中国工业发展过程中的资源浪费、环境恶化、结构失衡等问题十分突出。中国单位 GDP 能耗相当于德国的 5 倍、日本的 4 倍、美国的 2 倍；中国以占世界 8% 的经济总量，消耗了世界能源的 18%、钢铁的 44%、水泥的 53%，化学需氧量、二氧化碳排放量、二氧化硫排放量和酸雨面积都居世界首位。在资源日益枯竭、环境污染日益恶化的今天，传统的工业发展道路已难以为继，加快工业绿色转型升级势在必行、刻不容缓。

第二节　发达国家工业绿色转型的经验

近 20 年来，实现工业绿色转型一直是发达国家重点推进的策略，在工业绿色转型方面，发达国家积累了许多值得借鉴的经验。

一　依靠科技推动传统产业绿色转型

技术是工业产业结构升级的根本动力，通过加强信息化技术、环境保护技术的研发、引进和消化吸收，改造提升传统产业，将成功推动传统产业绿色转型。英国是世界工业革命的发源地，在 20 世纪 50 年代，开始了工业信息化进程。尤其是 20 世纪 90 年代后，随着英国传统产业竞争力日益下降，人力成本不断上升，在工业行业积极进行信息化革命。比如，空中客车公司直接雇用的员工数量 5.2 万人，加上外围服务人员，达到 26 万人，在全球设有 250 个地区服务机构、11 个工程中心、5 个区域中心和 4 个训练中心。目前，空客公司形成了网络化协同设计平台，实现全球协同研发和协同生产，整合全球智力资源，大大缩短了研发周期，形成了多线程联合研发设计体系和新型研发设计模式，大大提升了空客的国际竞争力。

二　开发利用新能源，促进低碳化

新能源的开发利用，如太阳能、生物能、风能等，能够减少对高碳化石能源的消耗，发展绿色能源以促进能源的低碳化和绿色化是保障工业绿色转型的重要内容及关键环节。日本积极推动新能源的开发和利用。目前，风力发电正在日本快速增长，2005 年，已经跻身全球十大风能市场。在新能源的长期发展战略方面，2004 年 6 月，日本通产省公布了“新能源产业化远景构想”，目标是：2030 年以前，要把太阳能和风能发电等新能源技术扶持成商业产值达 3 万亿日元的支柱产业之一。同时采取优惠政策，促进企业参与新能源开发，扶持新能源产业及产品。据估计，太阳能、风力、燃料电池领域的就业规模也将达到 31 万人。

三　建设生态工业园，实现清洁生产

生态工业园是以生态工业理论为指导，着力于园区内生态链和生态网建设，最大限度地提高资源利用率，从工业源头将污染物排放量减至最低，实现区域清洁生产。丹麦卡伦堡生态工业园是世界上最早的工业共生系统，也可以说是最成功的生态工业园之一，为 21 世纪生态工业园的发展与完善奠定了基础。20 世纪 60 年代，丹麦污染税征收政策出台，为补偿或减少排污成本等政府对环境规制所造成的企业生产成本，丹麦卡伦堡市的火力发电厂和炼油厂首先自发地探索生态化途径，随后，生态化范围逐渐扩展为 6 家大型企业（发电厂、炼油厂、生物工程公司、建材公司等企业），通过市场交易共享水、气、废气、废弃物等资源，形成包括政府、企业在内的多方利益共享。整个丹麦卡伦堡工业共生体系的环境、经济效益得到世界公认，尤其是在减少资源消耗、减少环境污染以及废料再生利用等方面有显著优势。

四　采取经济措施，激励绿色转型

政府可以借助经济杠杆的调节作用，包括价格、税收、信贷、工资等多种措施，对国民经济进行宏观调控，对经济活动主体进行引导，以推动工业绿色转型。美国在工业绿色转型中依靠“看不见的手”和“看得见的手”共同调节及引导。美国的经济措施主要包括四个方面：一是政府奖励和补贴政策。美国设立了“总统绿色化学挑战奖”，支持化工界对降低资源消耗、防治污染有实用价值的新工艺新方法的研发；并在经济刺激计划中，划拨 677 亿美元，用于发展绿色能源和节能交通。二是税收优惠政策。主要针对使用再生资源利用类设备的企业。如美国的亚利桑那州对分期购买回用再生资源以及污染控制型设备的企业可减销售税 10%；美国政府承诺：为混合动力车和新燃料电池的开发提供 24 亿美元资助，并

为购买节能型汽车的消费者减税。三是政府绿色采购政策。美国几乎所有州均有相关规定，对使用再生材料的产品，政府优先购买，联邦审计人员有权对各联邦代理机构未按规定购买的行为处以罚金。四是税收政策。针对将垃圾直接运往倾倒场的公司和企业征收垃圾填埋及焚烧税。在奥巴马政府上台后实施的近8000亿美元的经济复兴计划中，用于清洁能源的直接投资和鼓励清洁能源发展的减税政策的有1000亿美元。

五 发展绿色就业培训，适应工业绿色转型

发达国家在推动以节能减排技术、环保技术、低碳技术、清洁能源技术等为代表的绿色技术革命，促进产业绿色转型的同时，也不断采取措施推进绿色就业培训，为产业绿色转型提供人力资源支持。如美国大力提倡“绿领”概念，鼓励人们从事绿领工作，出台了“绿色就业与培训计划”，投入40亿美元用于公共住房的节能改造，并鼓励风险投资进入绿色能源领域，以创造出大量“绿色就业岗位”。美国劳务部每年从培训基金中拿出1.5亿美元，资助联邦和地方政府的就业培训计划，重点将放在能源效率和可再生能源业的工作岗位上，每年培训3.5万名工人进入“绿色”行业。

第三节 中国工业绿色转型的成本收益分析

一 中国工业绿色转型的成本

（一）绿色工业体系构建成本

绿色工业体系是应用绿色技术生产绿色产品、提供绿色服务的新型产业体系。它不仅可以为人类提供更加健康的产品和服务，而且整个生产过程还注重自然资源的保护和生态环境的改善，有利于人类社会经济的可持续发展。在这一体系构建过程中，运用绿色技术改造传统工业，在生产过程中建立绿色供应链和生态供应链，以高效率的资源使用和节能减排的生产模式，实现工业绿色转型所需要的成本投入就是绿色工业体系构建成本。尽管《联合国气候变化框架公约》规定，发达国家有义务向发展中国家提供技术转让，但实际情况都与之相去甚远，中国主要依靠商业渠道引进。据估计，以2009年的GDP估算，中国工业绿色转型的成本年需资

金300亿美元。

（二）生态环境保护成本

绿色工业体系是一种在生产过程中追求经济效益和生态效益双赢的健康的产业体系。与传统工业体系不同，绿色工业体系在构建过程中，特别强调生产产品和提供服务过程中对生态环境的保护。因此，在绿色转型过程中，有一部分成本投入并非与提高生产水平直接相关，而是为生产运营进行生态环境把关。中国工业污染治理投资已经从2001年的174.5亿元上升到2009年的442.62亿元，分别占当年工业总产值的0.304%和0.08%，随着绿色技术的发展和社会绿色意识的提升，这部分支出占工业总产值的比例可能会逐渐下降。

（三）人力资本提升成本

绿色工业体系是一种在生产过程中追求经济效益和人才效益双赢的先进的产业体系。工业在绿色转型过程中一定要兼顾科学文化素质的广化和专业技能素质的深化，不但要注重劳动者科学文化素质面的全面提升，更要加强劳动者专业技能素质的深度培养。人力资本提升过程不仅可以满足绿色工业体系对劳动力素质的较高要求，同时高素质的劳动力也可以通过新型知识技能的获取，进一步拓展绿色生产领域，推动绿色产业链条的进一步延伸。可以认为，对人力资本提升进行的投入已融入工业绿色重构过程，二者是相辅相成、相互促进的。人力资本提升成本会随着经济发展而逐年增高，但是，其潜在效应将远远超出人力资本提升成本。

二　中国工业绿色转型的收益

（一）减排的能源收益

工业绿色转型实质上是降低工业生产过程中的能源资源消耗量，并减少污染物和温室气体排放。根据工业和信息化部公布的“十二五”期间中国工业节能减排四大约束性指标，2015年中国单位工业增加值能耗、二氧化碳排放量和用水量分别要比“十一五”期末降低18%、18%以上和30%，工业固体废弃物综合利用率要提高到72%左右。而工业部门向绿色转型也将获得相当多的减排收益。这方面宏观的数据较难预测，我们以北京燕京啤酒公司为例进行说明。该公司2006年开展节能降耗，为了有效地降低能源消耗，解决蒸汽供给压力，2006年，公司投资350万元为第三动力车间加装了蒸汽蓄能器辅助锅炉供汽，以改善锅炉运行状况，提高锅炉运行热效率和供汽品质，该项目节能降耗效果明显，年可节煤约970吨，以每吨煤500元计算，一年可节约资金48.5万元。而且加装蒸汽蓄能器后，平均最少可停用1台锅炉半年以上，按此计算，可节煤6467吨，年节约资金323.25万元。此外，该项目一年可节电9.29万度，每度工业用电按0.48元计算，则一年节约电费44万余元。以此推算，350万元的节能投入，并未给燕京啤酒增加生产成本，反而却为企业每年带来60余万元的收益。

（二）技术进步收益

实现绿色转型有助于避免技术锁定，有利于推动中国工业沿着价值链向上攀升，逐渐走出价值链底部，摆脱悲惨增长，获得更多收益。据测算，2005—2007年，中国通过进出口国外中间产品，在国内通过产业循环创造的净附加值仅有587亿美元、752亿美元和944亿美元，分别占中国工业部门总出口比重的7.83%、7.86%和7.86%，比重相当低，而美国、欧盟和日本等远高于中国。中国工业绿色转型将有利于改变中国制造大国而不是制造强国的窘境。

（三）贸易环境改善收益

作为新兴国家的代表，中国是世界上排名第一的出口大国，目前，已经面临市场经济地位、特保条款和频繁"双反"的多重贸易摩擦，碳关税的出台将使中国面临更多的绿色贸易壁垒，贸易摩擦形势更加严峻，严重影响中国的出口和对发达国家的投资，也将在一定程度上影响世界贸易的发展。因此，积极推进工业绿色转型，能在一定程度上改善贸易环境和贸易条件，从而有助于提升中国工业的竞争力。

（四）健康效益

工业污染物引起的环境污染会对人类健康产生极其不利的影响。数据显示，到2025年，中国每年新增肺癌病例将超过100万例，届时中国将成为世界上第一肺癌大国。肺癌高发无疑与控烟不力有关，但空气污染也难辞其咎。正如世界银行在2007年度的《中国环境污染损失》报告中明确指出的，空气污染，尤其是大城市的空气污染，是导致肺癌等肺部疾病发病率上升的重要原因。由于工业污染物在总排放量中占有较高比重，推动工业向绿色经济转型能在相当程度上改善生态环境，延缓气候变化，促进人类健康。

实现中国工业绿色转型升级需要耗费巨大的成本，同时也会带来相当可观的收益。在短期内，工业绿色转型的成本可能会高于绿色转型所带来的收益，但是，从长期来看，绿色转型升级的收益潜力是无穷的。

第四节　对策与建议

中国工业绿色转型是一项长期而又艰巨的任务，必须借鉴国际经验，正视自身存在的问题与障碍，采取有效措施，促进工业绿色转型升级。

一　中国工业绿色转型的障碍

（一）中国工业绿色转型的体制障碍

首先，地方政府仍存在着片面追求 GDP 和地方财政收入增长的冲动。以往追求 GDP 的一些地方取得的实实在在的好处（如当地财政增长和官员升迁）起到了很大的示范效应，而许多地区也在承接国内外产业转移中尝到了甜头，这使得不少地方政府“十二五”时期仍有重追求 GDP、轻环保的强烈意愿和动力，从而忽视工业绿色转型。

其次，环境补偿机制不健全。长期以来，中国并未真正建立起覆盖全国的地区间生态环境补偿机制。以流域或省际补偿机制为例，中国现在已经初步建立起中下游地区补偿上游地区生态环境建设的机制。但是，现有的补偿制度主要是通过行政手段分摊到中下游的发达地区，对生态环境治理和建设行使道义上的对口支援。这样，把本来应当是流域的中下游发达地区对流域的上游地区生态环境所负有补偿责任变成发达地区对欠发达地区的同情或扶贫。从经济学角度来讲，流域的中下游发达地区对流域的上游地区生态环境的补偿是双方达成“赎买生态功能”的交易行为，是通过税收形式使“外部经济内在化”。这样，补偿资金就是固定而且是必需的，与同情或者扶贫的不定期、不定额有着本质的区别。这就导致生态脆弱或资源富集地区的利益长期受损，丧失了地区经济发展的机会。因此，必须建立“谁受益，谁负担”的生态环境补偿机制，以确保生态环境的重建有足够的资金支持。

最后，社会监督体制有待完善。工业绿色转型具有很强的外部性，需要社会的广泛参与，监督政府和企业的绿色转型。然而，在中国，公民个体监督和媒体监督长期流于形式，社会监督的声音很弱。甚至一些地区的社会监督如果触犯了某些利益集团的利益，监督者（公众个体或者媒体）就会遭到打击报复。

（二）中国工业绿色转型的技术障碍

中国绿色技术特别是其中的绿色核心技术储备，远远滞后于西方发达国家。目前，中国企业的创新还是以外围技术和外观设计为主，核心技术创新数量还较少，特别是在一些高新技术领域，国外拥有的有效发明专利数量数倍于中国，如在半导体、光学和发动机领域，国外拥有的有效发明专利数量依次为中国的2.2倍、2.9倍和3.1倍。截至2009年，在中国绿色技术领域专利申请量排在前5位的申请单位有4个是高校，只有比亚迪股份有限公司一家是企业。日本、美国等主要发达国家在绿色技术领域处于领先地位，在很大程度上取决于其企业的优异表现。

由于缺乏核心技术的前期积累，中国绿色技术发展现状令人担忧。有些只是简单地模仿和照搬欧美等发达国家技术，这种短视行为不仅引发水土不服问题，而且直接影响和制约绿色技术的自主创新。如目前中国风电生产设备基本上是模仿欧洲，但是，中国与欧洲的自然环境差异性很大，针对欧洲自然环境开发的风电生产设备功能难以在中国得以有效发挥。这种不经过详细研究对绿色技术的简单照搬，不仅会丧失技术上的自主权，而且有可能使中国新兴的绿色产业受到致命的打击。另外，由于本土工业企业掌握绿色技术后会对跨国公司造成或多或少的冲击，因此，一些掌握绿色核心技术的跨国公司，会凭借其市场势力，阻止中国本土企业获得自主创新所需要的新能力，甚至对其技术发展设置障碍，以避免中国本土企业与其共享核心能力，对其垄断势力与既得利益构成威胁，这也明显增加了中国本土企业进行绿色技术创新的成本和难度。

二　中国工业绿色转型升级的路径

（一）积极发展现代制造技术

当前，中国制造已经深深地嵌入全球价值链，但是，中国制造长期处于全球价值链低端。低端产品通常消耗的原材料和能源多，造成环境污染大，获取的附加值少，难以满足绿色经济的要求。与此相反，高端产品则能获得消耗低、污染小、附加值多的经济和社会效益，符合绿色经济的要求。目前，制造业技术链高端几乎被现代制造技术垄断，符合绿色经济要求的高端产品，几乎都是由现代制造技术生产出来的。所以，中国工业实现绿色转型升级，必须加快发展现代制造技术，通过现代制造技术，促使制造业及其产品向技术链高端延伸，以便降低技术链低端产品的比重，相应提高技术链高端产品的比重。

（二）运用信息化改造传统产业

信息化促使技术创新取得一系列的突破性进展，特别是推动高新技术迅猛发展，催生出许多高新技术产品和新兴工业。信息化过程的计算机集成方法，可以形成高效率、柔性化的先进智能制造系统，融合多学科的相关知识和技术，生产出体现多学科交叉的新品种、小批量、个性化、高价值的集成创新产品。尤其是运用信息技术进行企业资源管理（ERP）、供应链管理（SCM）、客户关系管理（CRM）、柔性制造系统（FMS）、计算机集成制造（CIMS）等，实现生产、管理、控制一体化，产销、经营、服务一体化，用信息技术重构过程管理、物流管理和资金管理，可以提高传统制造业的自动化和智能化程度，增强传统制造业的产品研发能力，有利于推动传统制造业及其产品向价值链高端迈进，从而使传统制造业遵循绿色经济原则，生产出低消耗、少污染、高附加值的产品。

（三）通过基地建设获取集聚经济效益

加速推进绿色经济，要将大力发展产业集群作为着力点。一方面是建设生态工业园。生态工业园以“生态经营、综合集成、整体优化、融合发展”为特征，以生态化、集成化、智能化、信息化为主要依托，使园区企业间形成一种共生关系。生态工业园对整个工业园区进行生态规划和污染控制，再也不是像以前那样，对某一企业或工厂进行污染控制。另一方面是在高新技术开发区创建绿色工业园。循环型工业是绿色经济的有效主体，选择示范企业应根据循环经济理念，以产品生态设计、循环利用、清洁生产等措施节能减排，建立工业共生和代谢生态链关系，构筑循环经济微观基础。

（四）发展“静脉产业”实现资源循环利用

构建产品“资源—生产—产品—消费—废弃物—资源”的循环使用，这其实也就是清洁生产，其根本目的就是解决废弃物再循环利用问题，争取实现“零排放”。这就需要加大再生资源科技开发投入，努力突破制约回收利用的技术瓶颈，组织开发具有普遍推广意义的回收处理技术、绿色再制造技术以及降低再利用成本技术等。同时，要利用已有绿色技术突破传统工业的技术锁定，把高污染、高能耗、高排放的高碳产业改造成低污染或无污染、低能耗、低排放或零排放的绿色工业。

三　构建有效促进中国工业绿色转型升级的政策体系

在资源日益枯竭、环境保护日益重要的今天，中国工业要保持持续竞争优势，亟须进行绿色转型升级。在这个过程中，政府应该创造良好的绿色转型环境，重点需要做好以下几个方面的工作：

（一）完善绿色考评体系

改革现行的偏重以 GDP 为核心的干部政绩考核体系，探索建立一套适合推进绿色经济的政绩考核体系。而且需要通过政府、政策以及法律的社会影响力，进一步增强企业和普通居民对发展绿色经济、循环经济的认识。

（二）实施绿色税制

充分利用税收杠杆的作用，加大节能产品研发和使用的优惠；在增值税方面，对关键性的、节能效益异常显著但因受价格等因素制约而影响其推广的重大节能设备和产品，在一定期限内，实行一定的增值税减免优惠政策；对个别节能效果非常明显的产品，在一定期限内，可以实行增值税即征即退措施；通过制定税费政策，引导居民合理消费、绿色消费。

（三）健全政府绿色采购制度

政府应出台财政性资金采购绿色产品的政策，对绿色产品进行重点扶持；各级地方政府也可以建立一个绿色采购网络，以便互通信息，促进各级政府及消费者、公司等绿色消费理念的形成与绿色消费行为的实现；在遵守 KML 协议和规则基础上，明确政府支持绿色共性技术研发的责任与义务，划分中央和地方财政在各自层次上投入绿色共性技术的责任和义务，通过政府采购方式，促进绿色共性技术的转移和扩散，最大限度地发挥共性技术的社会经济效益。

（四）支持绿色金融发展

鼓励金融机构对绿色技术项目给予优惠的信贷支持，建立健全鼓励中小企业技术创新的知识产权信用担保制度和其他信用担保制度；要从财政支持的角度对绿色技术采用的融资进行差别贴现，提高企业的预期收益，从而推动企业的绿色技术采用；搭建多种形式的科技金融合作平台，政府应引导各类金融机构和民间资金参与绿色技术开发，鼓励金融机构加强对绿色技术企业的金融服务；形成绿色金融的管理合力，建立多部门的配合机制，特别是相关部门要联合制定更为细化的具体规定，明确职责分工，实现多部门共同参与和有效合作，对金融扶持和限制行业领域，进行明确的目录指导，增强制度的科学性、有效性和可操作性，形成绿色金融，形成环保的管理合力。

第三章

浙江海宁综合要素改革经验与借鉴的调研报告

自2013年9月以来，浙江省在海宁市率先实施要素市场化配置综合配套改革，实践中引入亩均效益综合评价体系，实现产出、税收、能耗、排放一揽子综合评价，为工业要素市场化改革提供了思路。本章在对海宁试点深入调研后，提出了推进工业要素市场化改革倒逼中小企业转型升级的建议。

第一节　中国工业要素流转和使用现状与问题

现阶段，中国工业要素流转和使用情况可以概要地归纳为以下两点。

一　受体制与市场双重约束，工业要素难以市场化流转，导致配置效率低下

以工业用地为核心的要素供应历来是地方招商引资的重要筹码，行政干扰充斥整个要素流转过程，致使市场机制无从发挥配置效率。行政干扰下的工业要素配置以GDP和经济规模为导向。2005年中国正式将节能减排单位指标列为约束性指标，2007年之后，各地陆续增加亩产指标。但效率指标在要素进入市场的初次配置过程中依然处于从属地位，而且管理较为分散，效率评价体系不明确，配置导向性不强。另外，由于工业要素交易市场体系还很不健全，存在着交易渠道不畅、交易信息不对称、效率配置导向不明等诸多问题。市场机制较难通过完全的自由市场交易实现对初次配置的纠偏。发展前景看好的优秀企业往往受制于要素供应而难以扩大投资再生产。另外，部分落后产能却又无法顺利变现退出，造成土地、资金等宝贵的要素资源无效沉淀。

二　工业要素使用“三高一低”问题突出，要素流转失灵，降低转型升级活力

一方面，企业生产过程中“三高一低”（高投入、高消耗、高污染、低效率）问题普遍较为严重，致使地方经济发展陷入“资源撑不住、环境容不下、社会受不起、发展难持续”的战略困境。据联合国报告，中国原材料消耗量约占全球的1/3，是美国的4倍，全国近17%的土地受重金属污染，约三成的主要河流和六成的地下水资源遭到污染，全国325个城市中仅40.9%的城市空气质量达标。“三高一低”问题的症结在于“一低”，即中国工业要素效率过低。中国单位GDP能耗是世界平均水平的2.03倍、美国的2.37倍、德国的4.18倍、日本的4.39倍；单位GDP碳排放是世界平均水平的3.39倍、美国的5.5倍、德国和日本的7.3倍。

另一方面，要素流转困难提高了部分落后产能的退出门槛，抑制了中小企业主动转型升级的意愿，也削弱市场倒逼的激励机制，甚至滋生出一批占据要素资源却无法正常营运的僵尸企业。部分中小企业既无动力也无压力推进转型升级，导致粗放型增长方式难以转变，并成为地方经济的顽疾。据调研，2014年春节过后，75%的企业无意当年投资，仍以稳定生产为主，67%的企业近期暂无转型升级意愿。

第二节　海宁要素市场化配置综合配套改革的基本情况

2013年9月开始，浙江省在海宁实施要素市场化配置综合配套改革试点，为要素市场化改革和增进要素效率提供了新思路。早在2011年，海宁就曾尝试倒逼转型升级，增进要素效率，但受体制制约，主要依靠行政手段，成效一般。此次综合配套改革伊始，便以深化体制改革为切入点，省、市、县三级联动，取消、下放一批审批权限，使原338项许可事项精简为164项，非许可事项也从84项削减为20项，使海宁成为浙江省行政审批事项最少的县（市）。同时，再造审批流程，先证后照，加强事中事后服务和监管，部门职能重设与内设机构调整，取消所有涉企涉农类

行政事业性收费。引入“零审批”、“先证后照”等创新机制，使一个工业项目上马“涉及部门节点只有2个，再加上公示的7天，一共只需要10天时间，若按照以往的审批，企业起码要经过20多个部门，上百个环节，审批时间需100多天。”上述改革措施不仅营造了良好的改革氛围，还使政府职能转变为事后监管，减少行政力量对要素流转的干扰，监管力量下沉至乡镇，为提高要素效率提供了基本保障。

海宁改革试点明确提出，要以要素效率评价为导向，采用亩产税收（50%）、亩产销售收入（12%）、亩产工业增加值（10%）、单位能耗增加值（10%）、排放每吨COD工业增加值（10%）和全员劳动生产率（8%）等按权重构建亩产效益指标。第一轮改革中，将占地三亩以上的1659家工业企业按亩产效益综合评价排名分为A类（细分为A1类109家和A2类1098家）、B类327家、C类84家，暂未分类41家。评价结果每年进行动态更新并向社会公示，并同时告知企业后续差别化要素配置政策。“以前是一个班级，不考试，仅少数班主任喜欢的学霸拿奖学金。现在则是全面考核，主课和素质科目都考，凭成绩说话。”亩产效益评价机制为企业确立了清晰的效率导向的要素配置标准。

围绕亩产效益评价机制，海宁采用差别化手段，改进要素市场化配置效率。对A1类企业，保障用地需要；对A2类企业，鼓励“零增地”技改；对B类企业，限制低效产能扩张；对C类企业，不予核准和审批新投资项目，不准其参与土地招拍挂，禁止C类企业之间、C类与B类企业间转让工业用地。除了用地供应外，海宁还根据亩产效益评价结果，在拍卖地价、城镇土地使用税、新增土地使用年限、排污权、污水处理费、电价、信贷评级、信贷投放等方面，全方位采用差别化市场供应，充分利用倒逼机制，迫使B类和C类企业转型升级或资产重组。截至2013年年底，首批84家C类企业中，有19家企业被关停，13家企业计划关停，17家企业完成兼并重组或正在实施兼并重组，10家企业计划兼并重组，完成“退低”项目70个；退出落后产能33.6亿元，腾退低效用地2647亩。板子“打”在仅占5%的C类企业上，但“疼”在所有企业身上。“再不想办法提升工艺，转型升级，企业就没有明天。”

第三节　对策与建议

按照打通大数据的要求建立综合要素效率档案，加速构建多层次专业要素市场体系，及时跟进全局性要素价格改革。具体对策与建议如下：

一　明确改革的实施主体、优先次序与路线图

首先是顶层设计，简政放权，县市主体。工业要素流转地域性强，与地方产业发展紧密相连，应尊重基层首创，建议以县级政府为主体开展试点改革。中央和省级政府应统筹做好顶层设计，明确改革导向，制定改革的负面清单，画红线、守底线，简政放权，制定权力清单和改革时间表，帮助县级试点实现自我革命。

其次是先东后西，先硬后软，配套跟进。建议在要素制约更为严重的东部沿海地区加速试点，逐步完善后再推广至中西部地区。同时，率先针对工业用地、排污权、用能等“硬”要素围绕亩产效益评价开展区域性市场化改革，然后配套开展金融、科技、人才等涉及全局性体制机制改革的“软”要素改革。以深化体制改革为主线，围绕综合要素效率评价，制订一揽子改革计划，其他综合性改革配套及时跟进。

最后是试点一批，系统总结，对标推广。重视试点县市的个性化改革方案，鼓励地方措施与全国政策合理搭配，系统总结可标准化的地方经验，试点县市对标国际经验，跟进地区对标试点县市，逐步形成全国性、系统化的政策措施。

二　以审批制度改革和体制机制创新为先手

工业要素供应主要掌握在地方政府手中，新增要素流转的审批环节多、行政干扰多、利益牵扯多，严重影响了市场力量发挥应有的配置作用。之前，各地也曾提倡“亩产论英雄”，借助倒逼机制转型升级。然而，多年来，上述举措成效一般。其要害还在于地方政府闲不住不该动的手。行政审批制度对工业要素流转的制约集中表现是“事前审批多、流程环节繁、事后监管弱、公共服务少”。应以简政放权为契机，省、市、县三级政府联动，大力度取消、下放审批权限，以承诺制、备案制代替事前审批，引入“零审批”等创新机制，推动政府职能向事后监管转变，

力量配置前移至乡镇。同时，再造审批流程，先证后照，加强事中事后公共服务，部门职能重设与内设机构调整，取消所有涉企涉农类行政事业性收费。2013 年，浙江在海宁试点的要素市场化配置综合配套改革就以深化体制改革为先手，不仅营造了改革氛围，切实减少行政干扰，使“无形之手”、“有心之手”无从下手，为增进要素效率提供了保障。

三　以亩产效益一揽子评价为牛鼻

招商式的要素配置往往以 GDP 为导向，标准含糊，主观性强，工业要素配置存在导向偏差。近年来，各地纷纷提倡加入“亩产税收”、“投资强度”等附加指标，加以纠正，但依然走不出“重规模、轻效率”的窠臼。要素效率指标监管呈现“零散化、碎片化、边缘化”，经信、发改、环保各提各的效率指标，部门间画地为牢，政策措施相互牵制，单位排放指标在地方实际监管中往往被忽略甚至被省略。新一轮工业要素市场化改革应当明确以增进要素效率为导向。海宁以亩产税收、亩产销售收入、亩产工业增加值、单位能耗增加值、排放每吨 COD 工业增加值和全员劳动生产率等分项指标，综合构建“亩产效益”这一综合要素效率指标，评价结果每年动态更新向社会公示，同时按评价结果，采取差别化要素配置政策，值得借鉴推广。

四　以差别化市场规则制定为手段

实现市场化配置最有效的武器是价格机制。在目前行政主导意识尚未弱化、市场规则尚不完善、流转体系尚未完备的情况下，价格机制容易受人为因素干扰，容易遇到市场失灵。另外，完全依赖市场价格机制有可能会导致要素价格飙升，凸显负面效应，增加改革阻力。建议按亩产效益评价排序，分产业将企业评定为四个效率等级，扶强、保优、促良、汰劣，制定涵盖用地保障、拍卖地价、城镇土地使用税、新增土地使用年限、排污权、污水处理费、电价、信贷评级、信贷投放等方面的一揽子差别化定价规则和供应规则，排序最前的强企享受优惠待遇，保障需求；优企享受正常待遇；鼓励良企转型升级，限制扩张；帮助劣企资产重组，有序退出。合理设置强企、优企、良企、劣企的比例十分关键，海宁大致按 20%、55%、20%、5%的比例，实践效果较好。淘汰倒逼类企业比例不宜设置得过大，一是考虑到减少改革阻力；二汰劣更多是手段，最终是建立动态倒逼机制，实现整体促强。

第四章

新形势下浙江县域经济治理及风险防范模式的调研报告

本报告分析了传统县域治理模式在新形势下面临的问题，总结了浙江先行经验，提出了构建新型县域治理模式新思维，并就先行试点中的突出问题提出了对策建议。

第一节　传统县域治理模式在新形势下面临严峻考验

县（市）一级是落实深化改革措施的攻坚地，是促增长保稳定的主战场和防范系统性风险的前沿线。随着中国宏观经济步入新常态，县（市）级政府普遍面临着“较低增长、较高负债、转型困难”的治理难题，以往行之有效的县域治理模式在新形势下面临严峻考验。

一　在简政放权背景下，传统的政府强势主导兼积极微观介入的县域经济治理模式难以奏效

传统的县域经济治理思维重审批、轻监管、多干预，强势政府过多地浸透市场，形成了“事前审批多、流程环节繁、事后监管弱、公共服务少”的治理痼疾。在权力清单约束下，县域经济治理模式亟须新思维、新作风、新手段。

二　在要素制约加剧情况下，严重依赖要素引资与固定投资的县域经济增长模式难以为继

传统的县域增长模式偏好招商引资，争夺项目增量，偏好大项目大平台，严重依赖投资增长，实质是靠粗放式的要素投入来推动经济发展，致使县域经济陷入“资源撑不住、环境容不下、社会受不起、发展难持续”的战略困境。

三　在公共服务开支加大与债务风险防范双重压力下，粗放式的县域财政模式难以维持

当前，县级政府普遍面临基础设施建设和社会民生投入持续加大的财政压力，资金缺口较大、负债率高企的县（市）不在少数，县级建设资金的预算、筹集与使用环节普遍缺少规范，部分地区面临切实的债务风险。既要维持巨额投入，又得提防系统性债务风险，县域财政模式亟须走出粗放式人治管理的窠臼。

综上所述，在深化改革措施逐步落实，经济转型切实推进的大背景下，及时探索新型县域治理模式已是当务之急。

第二节　新型县域治理模式探索亟须新思维

我们对参与浙江深化改革先行试点的德清、海宁、嘉善、富阳、平湖、开化等县（市）深入调研后发现，亟须超越既有的县域治理模式，以新思维探索新型县域治理模式。

一　省市县联动落实权力清单，以法治思维界定县域治理的施政权力架构

一是要省市县三级联动，摸清权力家底，落实简政放权，为县域治理释放权力空间。所调研的各县（市）的发展直接受益于简政放权，因此，对落实各项深化改革措施积极性很高。浙江经过清权、减权、制权全面梳理，57 个省级部门的 1. 23 万项行政权力削减为 4236 项，并进一步委托下放和实行市县属地管理 2255 项，有效地扩大了县域治理的自主权。

二是要科学地制定行政权力清单，形成可检查、可追溯、可监督的县域权力运行体系。富阳 2014 年晒出首个县域权力清单，行政审批事项削减 60%，常用权力削减 40%。每一项行政权力的名称、类型、法定依据、实施主体、办理地点、办事条件、办事流程和承诺时限等都在网上公示列出，有效地界定了基层政府的具体施政行为。

三是按照“法无授权不可为”的原则，确立权力边界，使基层政府施政有为有界，将基层政府施政行为纳入法律、立法机构与公众监督框架。富阳权力清单实施以来，行政权力运行内容公开、依据公开、流程公开和结果公开，有效的监督机制得以激活，政府服务满意度大幅提高。

二　落实负面清单，完善规则监管，以改革思维重塑县域经济的增长模式

一是要推进审批制度改革，落实负面清单管理，从要素引资转向环境育资，释放民间投资活力。海宁引入“零审批”、“先证后照”等创新机制，大幅度改造审批流程，使投资项目审批从100天缩短为10天。嘉善、柯桥、舟山试行负面清单管理，更是大幅度减少了行政干扰。上述措施的实施显著地优化了投资环境，激发了企业扩大有效投资的意愿。

二是构建亩产效益评价体系，运用差别化市场规则，推动存量要素流转，激活经济增长动力。海宁按照亩产效益评价对工业企业分类评价，采取一揽子差别化定价规则和供应规则，强化倒逼机制，实施三个月便完成“退低”项目70个，退出落后产能33.6亿元，腾退低效用地2647亩。平湖进一步创新工业项目准入标准动态调整机制，用5%的淘汰比例促使全县域动态升级产生了鲶鱼效应。

三是推动基层政府职能转型，行政执法重心下移，落实与加强监管责任。富阳、海宁、嘉善等地实践表明，重构县域经济治理模式的要害是实现基层政府向服务型和监管型政府的定位转型，减权不减责，强化监管职责，结合负面清单和权力清单改进监管理念、监管内容和监管手段，应将规则重构和落实监管作为县域经济治理的主抓手。

三　健全科学规范的县域财政模式，以底线思维防范系统性金融风险

截至2013年6月，浙江56个县级政府总负债为4316亿元。有18个县级、97个乡镇政府负债率超过100%，其中6个县级、29个乡镇政府借新还旧率超过20%，短期内防风险压力较重。一是要健全县级财政预算管理和地方债务管理，规范地方融资行为，强化主政官员的责任考核。二是适时动态地调整地方留成比例及转移支付力度，适当增设县域性地方税种，减缓县域财政对土地出让金的依赖程度。三是加速市政债试点，支持有偿还保障的县（市）以市场化方式筹集资金，鼓励民间资本参与市政设施和地方项目建设。四是加快清理和规范地方融资平台，及时掌握地

方融资平台与地方骨干企业之间的资金链关系，防范互保联保风险。五是创建“早介入、快处置、防蔓延、保稳定”的风险事件处置模式，警惕金融风险和社会风险的混合传染，防范债务风险群体化与社会化。六是打破刚性兑付与隐性担保，合理应对各方诉求，防止将危机矛头引向基层政府，加剧群体性抗争的风险。

第三节 问题与对策

一 监管问题

无论是监管理念、监管内容、监管力量还是监管手段都全面落后于简政放权和其他深化改革措施的落实步伐，突出表现为将管制当监管的观念偏差、以罚代管的懒政行为、基层监管力量缺乏、专业监管能力弱等。为此，一是要结合权力清单和负面清单制定和界定监管边界。二是加快机构设置调整，充实基层监管力量。三是加强基层监管队伍的专业培训，提高专业技术人员比例，充实相关技术与设备，提高执法的专业水准。四是加快专业监管服务市场培育，探索特殊专业监管任务的政府采购。

二 中介问题

实施权力清单后，专业中介亟须加强。但是县域中介市场普遍培育不充分，专业服务水平难以满足要求。突出地表现为专业服务流于形式、垄断高收费、品牌信用差，甚至与企业合谋逃避政府监管。为此，一是加快发展专业中介服务，提高市场竞争程度；二是加强中介服务的政府采购，改变中介机构的利益激励机制；三是加强中介服务的行业监管，加大对失信机构的惩处力度。

三 市县协调

地级市的存在客观上加大了简政放权实施的复杂性；简政放权后县级自主权提高，市县协调和县际协调难度加大；财政省管县背景下，强县扩权与撤县设区的争议更为突出。为此，一是进一步推动事权、财权直接放到县，夯实县域治理基础。二是同步推进较大的市和直管县建设，发挥地级市的城市群协调职能。三是积极探索、稳妥推进行政区划的合理调整。

第五章

大力发展农村电子商务带动中国农业现代化的调研报告

本报告在总结中国当前农村电子商务发展的新鲜经验的基础上，分析了其存在的问题，并就进一步加快发展中国农村电子商务提出对策建议。

第一节　中国农村电子商务发展的新鲜经验

最近，我们通过对浙江遂昌、义乌、海宁、临安，福建安溪，河北清河，山东博兴，江苏沙集等地发展农村电子商务的调查发现，发展农村电子商务对于带动当地农业实现现代化具有重要的战略促进作用：一是有利于扭转当前农业经营和农产品流通发展滞后的难题；二是有利于促进农民生产生活的就地城镇化；三是有利于提高农民市场经营能力，保持农民收入持续较快增长。其新鲜经验有以下特征：

一　依托当地特色资源，发展多样性电子商务交易，是中国农村电子商务发展的主要模式

一是依托农村特色产品资源的发展模式，如浙江遂昌依托土猪肉等生鲜土特产、福建安溪依托铁观音茶叶、浙江临安依托山核桃等农村特色产品的网上销售，发展农村电子商务。

二是依托特色产业资源的发展模式，如河北清河东高庄依托羊绒产业、山东博兴湾头村依托手工草编业发展“淘宝村”。

三是依托特色渠道资源的发展模式，如浙江义乌依托小商品批发专业市场、浙江海宁依托皮革专业市场发展农村电子商务。

四是依托特色要素资源的发展模式，如河北高碑店地处京津石三城地

理中心，地理要素资源对其发展推动显著；江苏沙集邻近中国最大的胶合板生产基地，原材料资源对其发展组装家具提供了重要支撑。

二 "市场牵引"、"政策催化"取代"政府主导"，是中国农村电子商务发展的主要动力机制

一是农民网商抱团集聚推动。如江苏沙集、湾头农民网商抱团，新产业基于电商从无到有形成集群，并进一步推动当地电子商务经济蓬勃发展。

二是标杆龙头网商示范带动。如福建"世纪之村"为代表的龙头企业，以及四川青川的赵海伶、山东博兴的贾培晓等带头网商，通过示范和引领作用带动了区域农村电子商务的发展。

三是政策联合市场共同催化。如浙江义乌江东以电子商务协会通过网商培训、信息和技术分享，完善相关产业链；浙江遂昌以本地化综合服务商为核心，协同政府（金融、土地、政策等支持）、供应商、支撑服务商（物流、银行、电信运营商等），加速区域电商发展。

三 "区域营销"、"网络预售"、"订单农业"，是多样性农村电子商务的主要实现形式

一是区域品牌的整体营销形式成热点。如淘宝网通过特色中国项目，进行区域农村电子商务品牌的整体营销，如特色中国山西馆上线运营仅四天，网上销售的老陈醋相当于2012年省外销售的1/10，截至2014年2月，已有各类特色地方馆25个。

二是农产品预售形式逐渐升温。阿里巴巴推出以抢鲜购为代表的"预售+订单农业"的销售模式，通过网络预售定制模式，减少农产品中间环节，降低农业生产经营风险和损耗。以天猫预售平台为例，2013年完成的预售农产品销售达2.6亿元。

第二节　中国农村电子商务存在的主要问题

一 电商发展城乡差距大

中国农业农村信息服务基础薄弱，农民信息获取能力差，信息需求难以得到有效满足。据农业部统计，城乡数字鸿沟达到45%，农村和城市

的电子商务发展严重失衡。

二　东中西部地区农村电子商务发展差异大

据中国社会科学院与阿里巴巴合作的涉农电子商务研究报告显示，无论按地区农民网商、网店数量还是交易商品数量分析，浙江、江苏、广东、福建、上海、北京、山东等东部地区明显领先，而西北等偏远地区则发展滞后。

三　农村电子商务的后发地区发展基础薄弱

产业基础、交通物流、农民信息素质以及农村电商带头人等因素的制约，都会影响农村电子商务的发展。

四　农村电子商务的先发地区面临可持续发展的诸多挑战

发达地区在发展过程中遇到农民网商简单复制、同质化恶性竞争、农村人才引留难、知识产权纠纷等问题，面临电商生态化、集群化、规模化协同成长的诸多挑战。

第三节　对策与建议

一　政府投入，市场发力，合力加大对农村电子商务的优先扶持

一是现阶段农村电子商务即信息化基础设施建设需要依靠政府投入。鉴于城乡二元结构的国情，城乡电子商务的发展机会明显是不公平的。据农业部统计，仅1.6%的涉农企业开展面向农民的信息服务，政府必须加大对农村电子商务的政策扶持。

二是要通过政策，吸引更多的优秀企业共同培育开发农村电商9亿人的巨大市场。例如，引导阿里巴巴、京东、一号店等各类电子商务平台，有针对性地激励草根农民网商创业、促进其成长，为缩小城乡差距做出贡献。

二　因地制宜，上下联动，大力发展后发地区农村电子商务

一是中西北部地区在农村电子商务发展模式上要因地制宜。鉴于中西北部等后发地区普遍不具备产业资源基础，农村电子商务发展模式的选择，必须立足于挖掘产品资源、渠道资源和要素资源优势。

二是中西北部等后发地区农村电子商务动力机制要加强市场和政府的联动。既要注重市场牵引、社会投入，鼓励农民网商利用市场化平台发展，也要注重政策环境的催化和助推，加强对电子商务的交通、宽带、产业园区的基础设施投入和金融、财政、人才等各方面的政策支持。在具体策略上，地方政府可引入成熟的公司化运作电子商务综合服务商，培育特色产品和农民网商，带动特色农业发展；政策环境加强引导服务商、农民网商、政府有效互动，催生当地特色农业产业，构建电子商务生态。

三　优化机制，改善监管，前瞻性政策服务推动先发地区农村电子商务可持续发展

一是对先发地区农村电子商务提供前瞻性政策服务。对于农村电子商务的先发地区，农民网商在公司化、组织优化、品牌建设、规模经济和范围经济以及电商生态、系统开放合作等方面的发展要求日趋强烈。为此，需要政府在政策环境上做出有针对性的改进，在尊重市场规律的基础上，提供前瞻性的公共服务。

二是政策重点放在创新机制、改善监管与提供保障上。为此，需加强农产品质量安全监管、经营主体与商品的信息认证，建设完善农村电子商务经营者诚信记录的数据库，强化网商企业的知识产权规范与管理，推动农民网商和电子商务协会开展信息交流及知识分享，为先发地区农村电子商务可持续发展提供保障。

四　创新形式，整合资源，更大程度发挥农村电子商务对农业现代化发展的推动作用

一是发展农业预售和个性化定制等新型农村电子商务模式，革新传统农业流通方式。农村电子商务要不断加强“农业预售”和“个性定制”等新型流通方式在农村电子商务销售中的比重。新型农村电商模式采用互联网和社交网络，革新原来的农业生产流程，在农业生产之前，就通过生产者与消费者进行双向互动，为用户提供个性化的农业定制产品，促进双方信息对称，革新传统农业流通方式。

二是发展农业众筹等农村电商新形式，有效整合资源，突破传统农业发展瓶颈。传统农业生产格局难以突破农业升级发展要求中的资金、技术及市场等多方面的发展瓶颈。众筹等新型电子商务模式可以有效地进行跨

资源整合，社交性聚拢，全方位分享，通过将众筹等创新性和现代化的思维方式与农业相结合，整合社会资源，参与农业育种、农产品流通、生态农场、农业机械、生物肥料、农业科技、农业金融等各环节，通过农业众筹，整合农业生产经营链所需资源，突破传统农业发展瓶颈，革新农业发展模式。

第六章

构建创业生态系统的调研报告

创业生态系统是孕育创业创新的“土壤”、“雨水”和“阳光”，它的构建对激活万众创业活力、推动创新驱动发展是极其重要的支撑。浙江省李强省长明确指出，要着力打造政务生态系统、产业生态系统、创业生态系统、自然生态系统等“四大生态系统”，创业生态系统是重中之重。本报告系统梳理了国内外创业生态系统构建的经验，提出了加快构建浙江省创业生态系统的对策与建议。

第一节　系统化集成与配套支持体系

纵观国内外成熟的创业生态系统，都有如下特点：

一　系统化的集成

创业创新要素集聚效应显著。美国硅谷形成了由大学与科研机构、风险资本机构、综合服务机构、人才库、创业精神和创业板市场构成的创业创新生态系统；巴黎大区创新中心将区域内的大学、科研中心、大型集团和中小型工业企业有机地整合在一起，形成有效互补的创新生态系统；北京中关村也形成了包括领军企业、高校和科研机构、人才、科技资本、创业服务体系、创业文化等六要素构成的创业生态系统。

成熟的创业生态系统具有几个方面的特征：一是成熟的风险投资。美国硅谷集中了近1.5万个天使投资人。以色列特拉维夫集中了大量的风险投资，相当一部分属于“纯风险投资”，其中39%属于种子阶段和早期阶段的资金注入。二是创业创新繁荣，创新驱动效应显著。上海张江实施“聚焦张江”战略，园区集聚了中芯国际、辉瑞等近2000家科技型企业，科技中介服务机构56家，复旦大学等多所知名院校和研究机构，以及一批国家级、省市级的公共研发机构和评测平台。三是同类型或互补型产业的集聚。澳大利亚悉尼科技园、布里斯班科技园和墨尔本拉筹伯大学R&D Park等，聚集了一大批以信息技术为代表的互补产业。

二 全方位的支撑

全方位、全过程、立体化的高质量配套支持体系，对于创业生态系统的高速运转是必要条件。包括：一是激励创业创新的法律和政策环境完备。美国硅谷为创业创新构建了技术流动、技术许可、知识产权保护法、员工流动的劳动法、保护企业商业秘密等完善的法律保障环境；深圳市实施普惠式的小额担保贷款政策，并通过创业孵化园，提供创业社保补贴、场租补贴、税费补贴、首次创业补贴、带动就业奖励等一揽子资助政策。二是创业创新基础设施齐全。芬兰Jyvaskyla产业生态系统，边界与行政区边界一致，系统内的能源实现了以Rauhalhti电厂为源头的四层级式能源梯级利用系统；丹麦卡伦堡生态工业园Asns电厂和卡伦堡市政两个核心企业，为园区提供公共服务和能源供应。三是创业配套服务完善。创业孵化器、创业加速器等创业孵化设施众多。北京中关村拥有联想之星、创业邦、创业家、3W咖啡等众多创业孵化和服务机构，开展各类创业服务。加拿大达特默思市伯恩赛德工业园设置了工业效率中心，统一发布园区内物资流及企业信息，并为企业提供培训教育等综合性服务。

第二节 网络化组织与持久性动力

一 网络化的组织

创业生态系统内部创业主体之间的呈现出网络化、生态化的自组织特征。一是开放式的网络连接结构。基于大数据、云计算的创新型经济正在崛起，亚马逊的Amazon Web Service（AWS）云服务是云计算领域的领军型企业，同时也构建了一个独特的连接“线上”和“线下”的创业生态系统。其为创业企业提供虚拟机、计算、存储、网络、快速建立商业化应用、数据管理和拓展服务等。二是创业组织呈现产业链式连接。Facebook生态系统内的创业企业呈现出产业链式的疯狂成长。其衍生的创业公司包括：社交游戏公司 Zynga、广告公司 Wildfire、求职服务的公司 BranchOut、以及商务网站 Payvment，这些企业都迅速在其生态系统中呈产业链式的扩张，相当一部分企业已经是准 IPO 级企业。三是创新要素自由流动。阿里巴巴目前是全球最大的在线电子商务企业。其通过电子商务生态系统，将金融资源、信息资源、实体制造业的商品资源、物流供应商和独立软件提供商服务资源有机融通在一个系统内。四是创新要素重组和价值创新。谷歌（Google）的创新是致力于打造一个创新的生态系统，包括谷歌、第三方创新者、广告商和用户，通过谷歌平台，共同开发出融合了谷歌功能元素的新型应有产品，并向用户测试和营销其产品。

二 持久性的动力

一是青年创业人才集聚。硅谷、纽约、巴黎、新加坡四地的创业者平均年龄低于 35 岁，加拿大温哥华、圣地亚哥、巴西圣保罗、伦敦和以色列特拉维夫五地创业者的平均年龄也仅为 36 岁。二是受到创新辐射效应影响显著。美国西雅图不仅拥有亚马逊、微软、Avalara、Zillow 等世界级企业巨头。同时，它毗邻硅谷，拥有地理位置优势，并在住房、教育、医疗、商业配套和娱乐等方面具有低生活成本的比较优势；日本筑波科技产业城，由筑波大学城为中心和外围六个技术园区组成。筑波大学城实施资源共享工程，设立科研机构的资讯交换中心，提供最新科研成果信息及知识产权交易等。三是形成了有型的创业创新文化。美国硅谷精神包含着广泛的包容性及其推崇创业、宽容失败、鼓励冒险的价值观，其核心是宽容失败。北京中关村经过 20 多年的积淀和传承，形成了“勇于创新，不惧风险，志在领先”的创业文化。四是创业创新培训、教育体系完善。新加坡自 20 世纪 70 年代，其经济发展局（Economic Development Board，EDB）就实施了青年海外培训计划即“职业化”创业教育。新加坡国立大学建立了“国大开创网”和国大创业中心等一批科研机构，承担国家的重点研究项目，直接服务于生产。

第三节 对策与建议

借鉴国内外成熟经验，因地制宜提出以下构建浙江省创业生态系统的对策与建议。

一　构建“区域核心链”式的创业生态系统

一是建立基于“大区域内协同”的创业生态系统。形成以“中心城市+周边县市区”为格局的大区域内协同的创业生态系统；以“专业镇区”为要素单元，在大区域内合理布局构建创业企业群落、科研院所、产业共性技术平台、人才、风险资本、创业服务机构等产业生态系统的要素模块。继续深化完善“杭州上城区基金小镇”、“西湖区云计算小镇”、“桐乡天使投资小镇”、“富阳硅谷”、“青山湖科技城”等以“专业镇区”为行政单位的创业生态系统要素模块的构建。

二是加强系统内“创新核心”要素的构建。支持企业和高校、科研院所联合组建产业技术联盟，参与国家和浙江省重大科技项目。针对电子、医药、通用设备、专用设备、电气机械、汽车、金属制品等产业领域，搭建基础材料、关键设备、核心元器件及软件工具等公共技术和产业服务平台，增强创业生态系统的自主创新能力。

三是完善以“科技+金融”为重点的全产业链式配套服务体系。在创业生态系统中引进科技金融机构和科技中介机构，重点是引进科技银行、知识产权中介机构、技术转移、天使投资人、风投公司、创投基金、信用中介机构、产权交易机构等。

二　增强创业生态系统的自组织功能

一是建设“法制营商”环境。构建全方位、多角度、有效、协同的鼓励创新创业的政策支持体系。深化以“三张清单一张网”为抓手的网上政务改革。通过体制机制创新，健全法治建设，推进依法行政，建设“阳光、公平”的营商环境，促进创业创新要素加速集聚。

二是深化“财税政策”改革。设立“浙江省创业风险投资引导基金”，为风险投资等社会资本匹配杠杆资金。建立商业化模式运行，吸引更多社会资本参与风险投资。政府加强监管，明确“支持”和“导向”的职能，细化投资原则：投资对象、投资方式、基金运行规则，引导基金健康运行。

三是加强“科技政策”创新。重点是知识产权的保护，科技成果转化的创新政策。通过高校和科研院所的科技成果处置权管理改革、收益分配方式改革、设立科技成果转化岗等方式，加快推进高校科技成果转化和科技协同创新，提高科技服务业整体服务效率。搭建企业和中介机构间信息资源共享平台，促进信息共享、规则相容、流程对接。

三　促进创业创新要素集聚流动

一是重点突破“六维度”的信息技术领域，促进创业创新要素的网络聚集和流动。重点加强“物联网、智慧城市、跨境电子商务、互联网金融、数字内容产业、云计算和大数据”六个信息技术领域的研发投入与应用推广。改变创业创新企业的空间（实体）集聚模式为虚拟集聚，通过互联网（虚拟）集聚创业创新企业。

二是依托“云平台”和“大数据”，建立“互通互联”开放式的创业生态系统。加快互联的基础设施的完善和升级，将互联网上的数据、信息、终端和人等创新要素有效连接起来，整合、汇聚、流通、衍生和创新信息资源。以阿里云等大数据平台为核心，建设“公共商业数据服务中心”、“工业经济信息网络平台”。

三是构建和谐的“大平台 + 中小微网商”网络生态系统，促进创新要素的流动与重组。着重建立中小微网商促进中心，为中小微网商提供融资、法律、技术服务和政务服务等综合性服务，推动互联网产品、互联网应用服务的方式的创新。

四　“内孵”“外引”持续推动创业孵化

一是加强引导，建立市场化的创业孵化机制。在产业集聚区建设特色创业孵化载体，鼓励平台型企业、创业投资机构、天使投资人、成功企业家等社会资本投资兴办创业孵化器。引导各类孵化机构建立市场化运行机制。完善创业项目孵化机制和优秀初创企业发掘培养机制，重点开展创业孵化、产业链孵化、早期投资、创业教育、创业社区、创业媒体等环节的创业服务业。

二是优化城市综合创业环境，降低创业成本。建设“创业社区”，提高浙江省集聚创新的人才的吸引力。提供大量高质量的公共服务，配套低成本的居住、教育、医疗、娱乐、交通、办公服务，低价甚至免费的互联网接口，实现低成本甚至零成本创业。吸引国内外优秀人才来浙江创业，特别是互联网创业。

第七章

发展小微养老机构促进中国养老社会化的调研报告*

本调研报告在借鉴国外小微养老机构发展经验的基础上，分析了中国小微养老机构运营存在的问题，并就进一步完善小微养老机构政策环境提出对策建议。

第一节 国外小微养老机构发展新趋势及其经验

最近，我们研究了美国、西班牙、德国、日本、韩国等养老体系发展的新趋势，发现鼓励开办小微养老机构，一是有利于民间资本介入养老照护产业，减轻政府财政负担；二是满足不同养老需求，创新养老服务模式；三是增强全民参与意识，提高社会养老水平。其新鲜经验值得国内借鉴。

一 以“自立”为核心，维护老人自尊与生活品质

自 2001 年起，世界卫生组织扩大老年人“自立援助”的范围，不仅要求“克服被援助者自身的障碍”，还增加了“关注被援助者自身所具有的能力”的要求。传统“圈养”式机构养老向增加老人物理及社会活动机会、尽力提高老人自理能力、建设像家一样的小规模群居养老转变。如美国寄养式家庭、日本单元护理床位数均在 20 张以下，按照独立空间，围绕公共生活空间的家庭套房设计，介护人员鼓励并帮助老人提高自理能力和生活自信心。

二 借助高科技产品，提高护理效率

小微养老机构为降低人工成本，通过使用智能化介护产品（身体监

---

* 本报告为浙江省民政政策理论研究规划课题（ZMZD201403）研究成果。

控手环、辅助站立工具等)，将医生、护士、护理管理人员、康复师、护工、心理咨询师等专业团队整合在信息化系统中，提高有限空间下人工医护的单位时间利用率。

三 倡导全员参与养老，鼓励家庭成员介入

一方面，通过机构建立在社区中心（包括改造学校、幼儿园、CCRC社区空闲场地或者就近建设在其附近）的便利，在机构内部开设多年龄层次的文娱活动，如幼儿园手工绘画比赛、大学生读书日等；一些小型养老公寓将部分房间出租给青年人，通过共同生活，传达互助理念。另一方面，机构对亲人探视频率进行规定，并举办周末活动（如亲子农场等)，吸引家庭成员到访助养。

四 开发多功能养老区域，创新机构运营增收

基于规模不经济的劣势，小微养老机构在特色化与运营模式上进行创新，尤其是在机构养老与居家养老之间形成对接，如开发兼营日照、短托、上门服务等，并通过连锁经营平摊成本，提高养老护理的标准化。

五 以法制促保障，加强政府扶持力度

经过数十年的摸索，老龄化发达国家已经形成了比较完备的老年人法律体系，并逐渐延伸到小微养老机构。如美国将入住小型养老公寓的个人护理纳入补充医疗保险范畴；日本严格制定了小规模单元护理的空间设计和护工配比标准。

第二节 中国小微养老机构运营实践中面临的问题

中国小微养老机构多以城市社区托老所、农村家庭养老院等形式存在，在运营实践中面临诸多问题。

一 机构身份不清

虽然国家已经将养老机构设立的最低床位数量降低到 10 张，并实施许可证制度。但是，大部分社区小微养老机构使用老社区改造住房或违章搭建用房，无法通过消防安全验收而拿不到许可证。如成都朗力 18 家微

型养老机构、晚霞40家养老服务机构至今“无证经营”。

二　运营主体弱势

当前，小微养老机构的创办人多为小微企业主或者下岗工人，没有养老和管理经验，家庭成员身兼数职，超长时间和负荷维持日常运营，以“谋生”为目的。国家规定“民非”机构不可分红，而登记为企业的小微养老机构又无法享受政策扶持，难以盈利，处于两难困境，部分甚至放弃两类登记而游离于“监管之外”。

三　政策保障缺失

目前，国家及各省市对养老机构的政策保障还是基于“民非”法规，主要关注床位补助且设有最低标准，力度不大。但是，对于大部分“微利”或者“亏损”的小微养老机构而言，机构保险、人员培训、融资倾斜等保障措施的缺失使得“一告即倒”的现象屡见不鲜。

四　护理能力堪忧

养老服务业作为近年来的新兴行业，护理人员数量和能力严重短缺。小微养老机构更囿于低工资、低福利而难以吸引和留住专业护理人员，更无法形成配套的医疗和康复团队，使得机构主要功能仅仅停留在“看好”老人的阶段。

第三节　对策与建议

一　因势利导，一视同仁，符合条件即支持

一是鼓励开设小微养老机构，简化登记程序，严格实施年检“负面清单”。国家卫生计生委2014年5月14日发布《中国家庭发展报告》指出，家庭规模缩小和经济性功能收缩成为中国家庭变化的主要特征，老人独居家庭、留守家庭更多地依赖家庭外养老。为鼓励符合设立基本条件的小微养老机构，可以适当灵活执行登记标准，如对于消防硬件有问题的机构采取“人防”补充要求，并通过年检“负面清单”设立消防标杆事件加以监督。

二是明确营利性和非营利性小微养老机构补助标准一致。考虑到小微

养老机构前期投入大，回报周期长，对于用房新建、用房改造或租用满一定年限的新增床位补助费用设立最低统一补助标准。

二 加强立法，权责明晰，现有资源再规划

一是加快推进《老年法》及相关配套法案的起草与实施。明确中央政府承担养老金全覆盖、推进老年护理保障制度（医养保险互通等）、统一规范小微养老服务设施等职责；地方政府通过公办民营、公租民营、公建民营、公助民营等多渠道、多形式吸引社会资本进入小微养老机构并开展服务监管等责任；两级政府按照比例规定养老财政投入额。

二是合理规划小微养老机构场所设施，有效整合现有资源。政府制定详细的养老机构中长期发展规划，与区域发展战略、相关产业发展规划、城乡建设规划实现无缝对接。如在新建设小区，把小微养老机构设施作为公建配套的刚性规定；在老式小区，将旧区改造被拆除的小微养老机构，采取强制性的建章立制，在旁边拆一还一予以保护。充分利用好国有企业改革中闲置厂房，效益差、冗员多的中央企业社区医疗机构，空置小产权房等改造成小微养老机构。

三 制定标准，试点改革，以人为本提效能

一是加快养老服务标准化建设。建立小微养老机构基础标准和额外标准，健全老年人健康评估体系，细化自理、半自理、完全不自理、临终关怀等多层次分类照护体系。

二是推进“先试先行”，创新小微养老机构发展模式。在京津冀、珠三角、长三角等经济较发达地区，在财政、税收、土地、融资等各方面创新政府购买服务方式和内容，示范建立“老龄友好型”社会。如发展小微养老机构行业协会、探索民办小微养老机构收费权抵押贷款办法、研究小微养老机构与社区医院合作机制、实施连锁化经营扶持、设计O2O养老平台及APP辅助功能等。

三是加强养老服务人员岗位培训与技能考核。通过护理资格证书等方式，实现对护理人员的统一管理，逐步形成具有专业医护能力的各类养老社会化服务人员。通过推动健康产业发展，尤其鼓励养老移动设备、浴室用品、康复及护理用品、防止感染用品等开发与利用，提高养老从业人员信息化水平。

四　嵌入教育，全员动员，营造氛围助养老

一是加强生命教育，将社工实践纳入必修学分环节。在义务教育阶段，落实生命教育课程，定期与小微养老机构开展互动活动；在高等教育阶段，创设社工助老必修学分；进一步探索“时间储蓄”银行与“老老互助”等社会互助制度的顶层设计和全国推广路径。

二是树立典型，弘扬敬老、养老、助老的优良传统。多渠道宣传特色鲜明、服务口碑良好、具备一定营利能力和较好发展前景的小微养老机构；加强小微养老机构集聚效应，鼓励利用“产官学”整合养老产业链并发挥声誉效益。在老年人监护体系中探索形成机构赡养探视制度。

第八章

德国制造业发展的经验与借鉴的调研报告

制造业尤其是装备制造业是浙江省国民经济发展的重要支柱产业。浙江省的资源禀赋、产业结构、发展模式等与德国极为相似。学习借鉴德国制造业发展的成功经验，探索适合浙江产业结构和特点的制造业发展道路，对于实现浙江省制造业的成功转型升级，整体提升浙江工业的能力和水平，将浙江省打造成为中国制造业强省、世界重要制造业基地，实现高端产业引领和经济可持续发展，具有非常重要的战略意义。

第一节　德国制造业简要发展历程

从西方历史发展角度看，德国属追赶型工业化国家，国家政权强有力地干预经济，主导现代化进程。在西方各国中，德国制造业的发展可谓后来居上，经历了“落后—赶超—再落后—再赶超”的发展历程。

第一次工业革命时，德国以铁路建设为龙头，带动煤炭、钢铁、机械等重工业的高速发展，快速实现了工业化。第二次工业革命期间，德国自然科学的发展和工业生产紧密结合，取得了许多重大成就，推动生产力的巨大发展，西门子、戴姆勒、奔驰等企业由此成为德国制造业的象征。1895 年，德国取代英国，成为世界制造中心。

第二次世界大战后至今，德国制造业经历了三个发展阶段：1945—1966 年的恢复发展和重新崛起时期，1966—1990 年德国统一前的提升发展和转型升级时期及 1990 年至今的制造业信息化和新一轮发展时期。20 世纪 90 年代初，德国信息技术落后于美国和日本，1991 年开始实施快速赶超战略，制定一系列相关政策，国家通过推动制造业部门部署全球领先的现代制造业发展战略，实施多技术融合发展，综合运用信息管理技术，提高“德国制造”产品的科技含量，降低管理成本。进入21世纪以来，德国的制造业技术水平重新领先世界。

第二节　德国发展先进制造业的经验启示

一　把发展先进制造业作为发展国家和地方经济的核心战略

第二次世界大战以来，德国实施“社会市场经济”体制，发挥“有为政府”的作用，开展科学超前规划与政策支持，重点发展实体经济特别是制造业。德国联邦政府站在全球科技发展和产业链高端的角度，选择具有未来潜力的产业、科技和产品，制定赶超战略，通过自主创新，逐步超越竞争者。在制造业的不同发展阶段，根据全球科技和经济发展趋势，适时制定出台不同的发展策略，如1999年出台的德国21世纪的信息社会行动计划、2010年出台的德国2020高技术战略等，既体现了国家的发展意志，又为制造业的良好发展提供了政策保障。此外，政府特别重视为制造业发展提供公平、开放和竞争的市场环境。

二　把积极抢占价值链高端作为制造业结构调整和产业升级的重要导向

一是大力发展高端装备制造业。在机械制造的31个部门中，模具制造、数控机床、机械搬运、电力传输设备和印刷技术等17个领域都保持世界领先水平。行业始终坚持创新导向，每年用于R&D的费用占销售收入的5%以上，保证了产品质量性能高、解决问题的专有技术。

二是密切关注全球产业科技发展、把握全球需求动态，适时制定新的发展战略以维持全球高端价值链。针对高端制造业服务化的发展趋势，实施高端制造业相关的知识密集型服务战略。比如终身保修、系统整合和更新服务等策略。德国大型成套设备制造业已经由以制造为中心转向以定向设计制造和全方位营销服务为中心。随着装备工业服务化趋势的发展，许多企业的销售额中全球服务的比重在不断提高，服务对行业毛利润率、营业利润率的提高的作用不断增强。

三是着力突破制约产业发展的关键领域，占据全球价值链高端。德国制造业企业在发展构成中，重点关注核心技术、关键零部件、基础材料等工业基础，保持制造业的工业整体质量，获取全球核心竞争力。

三　培育行业内“精、专、特、新”“隐形冠军”，提升制造业全球竞争力

德国制造业的支柱是具有创新活力的中小企业，特别是一大批极具全球竞争力的细分行业内“隐形冠军”。这些企业在几十年到上百年的发展过程中，专注于生产单一的专业化产品，不断提高技术质量，灵活应对市场需求变化，并向全球范围内扩展市场。无论是机械制造、汽车零部件、精细化工、电子电气等制造行业的中小企业，以及新兴的风机制造、生物工程、环境工程等领域，均在本行业内处于全球细分市场的领导地位。以机械制造为例，在印刷机械、卷烟机机械、机场行李托运车、家具五金、自动车顶天窗以及滤水器、气压弹簧、螺丝和螺母等连接件等领域，均是该领域内的“全球冠军”。根据一项研究统计，德国机械制造领域的“隐形冠军”高达1200个以上。

四　依托于国内需求基础之上，促进向全球出口

德国政府始终重视在培育国内需求基础上，实施对外出口战略。以汽车产业为例，拥有8200万人口的德国汽车存有总量高达约5000万辆；德国高端机床首先在本国使用，在不降低本国竞争力的前提下才对外出口。在其他细分的制造业领域，德国制造也多数首先满足国内需求，在此基础上，不断改进质量并出口到全球各地；德国内需占GDP的比重达到56%。德国始终重视通过降低税率，增加个人与企业收入，来提振国内消费需求。在此基础上，德国积极推行开放型经济，将高质量产品向全球出口。尽管德国GDP总量长期以来位居全球第3—5位，但其一直保持全球“出口冠军”的荣誉。出口历来占德国GDP的25%以上，出口拉动了德国经济增长，为德国赚来了巨额外汇。特别是近年来抓住新兴经济体工业快速发展的时机，德国在精密机床、深加工产品和配套技术服务等方面对“金砖国家”的出口比重持续上升。

五　有效的人才队伍培养模式和充足的R&D资金投入，促进制造业可持续发展

德国制造业保持长盛不衰的全球竞争力，除了得益于德国文化中认真、执着和勤奋的精神之外，也源于德国有效的产业技术人才队伍培养模式、充足的产业R&D资金投入。

德国产业技术人才培养模式和培训体系为其制造业发展奠定了坚实的基础。一方面，在长期发展过程中，德国建立起一套完善的工业技术教育体系，提供了从小学到职业学校、从工艺学院到工程技术大学的人才培养体系，为产业发展提供了大量实用性和高技能人才。另一方面，德国高度重视职业培训，制定了《职工技术培训法》，规定企业有义务为青年技术工人提供技术培训岗位，实施“双轨制”或“双元制”技术培训制度，强制要求从事某种专业技术工作的人员需要同时学习理论知识和以学徒身份参加实践；由联邦政府出资在各州设立跨行业培训中心。

长期以来，德国高度重视“创新立国”，发展制造业也以科技和工艺为本，德国在制造业领域的 R&D 投入高居全球前列。2001 年以来的十多年中，德国用于 R&D 的费用占销售额比例达到 5.6%。这些研发费用推动德国制造业不断地融合产业发展的最新技术，促使德国企业引领全球市场需求的发展模式，按照用户的订单研发、生产专有性的技术密集型产品，并提供高质量的产品售后服务。持续的 R&D 投入还得益于德国的宏观金融治理体系。德国通过制定相关法律，鼓励德国复兴信贷银行和德国平衡银行两大政策性银行向中小企业放贷，政府设立专项资金资助中小企业参加全球展览会，并针对中小企业实施减免税政策以确保企业有充足的自有资金用于研发。

六　多层次的行业中介服务体系和全球视野的运行规则，有效地保障了制造业的全球领先地位

一方面，德国的商会和行业协会在推动制造业发展中发挥关键作用；另一方面，中介服务体系遵循全球视野的运行规则。在制造业的标准化战略中，德国有严格的质量认证和监督体系。德国标准化协会（DIN）每年发布上千个行业标准，其中，约 90% 被欧洲及世界各国采用。这些标准从根本上保证了产品质量，也确保了“德国制造”的优势。在推行“国际化”战略中，充分发挥商会和行业协会的重要作用。

七　良好的社会保障体系，形成推动创新的收入分配政策和不断完善的公共治理机制，促进德国形成了独特的敬业求精的社会价值和创新文化导向

早在“铁血宰相”俾斯麦时期，德国就建立了良好的社会保障体系，长期以来，不断完善科研、教育和社会发展的公共治理机制，稳健

的金融治理体系、稳定的社会体系和立法体系，形成推动创新的收入分配的政策体系，激发全社会从事创新活动。这些社会公共机制的建立，不仅为德国社会独特的敬业精神、精益求精提供了良好的保障基础，而且也鼓励企业、政府和全社会上下重视并形成了以创新为导向的社会文化。

第三节　基于德国和全球制造业比较视角下的浙江制造业现状

一　浙江制造业的发展简史和现状

浙江制造业的发展经历了三个阶段：起步阶段（1960—1990 年）、快速发展阶段（1990—2005 年）和整合发展阶段（2005 年至今）。目前，浙江已成为全国重要的制造业基地。到 2010 年年底，浙江省形成了具有显著区域特征的 56 个县域“板块经济”，规模以上企业数量居全国第一；在中国制造业 500 强中，浙江省有 67 家，居全国第一位；在 532 种主要工业产品中，浙江有 56 种产量全国第一位。浙江在装备制造业七大类中有四大类总产值占全国的比重超过 10%，泵、阀、风机、轴承、环保设备、仪器仪表制造的产量比重居全国第一位。

二　全球视角下浙江制造业与德国的比较分析

浙江制造业 GDP 占比和德国相当，发展战略均立足发展实体经济。但是，浙江制造业大而不强，2011 年，行业人均劳动生产率仅相当于德国的 1/20。归纳而言，浙江制造业具有如下特征：

（一）从产业结构看，浙江制造业具有“轻、小、散”特征

第一，相对于德国重工业优势明显，而浙江省以轻、小工业体系为主体，制造业结构仍然以偏轻工业为主，表现为装备制造在制造业中的比重不到 30%，德国为 46.4%。

第二，浙江制造业企业以小微企业为主，全球影响力较小；德国各制造业细分领域的企业拥有数以千计的“全球隐形冠军”。

第三，相对于德国制造业集群而言，浙江制造业“板块经济”之间协作较散，产学研协同创新效应、地理空间集聚效应不够明显。

（二）从全球价值链看，浙江省制造业具有劳动密集型、同质性、粗放型经营等特征，处于全球“微笑曲线”中的低端

相对于普遍采取“专、精、特、新”战略的德国制造业企业而言，浙江制造业，一是中小企业产业层次较低，多从事劳动力密集产业，缺乏将多种新兴技术融合和整合创新的发展战略，如现代装备制造业、新兴的生物、纳米新材料等制造技术发展相对滞后；二是同质性竞争严重，普遍采取低成本和模仿创新战略；三是粗放型经营，缺少全球行业内知名品牌。从全球制造业价值链角度看，浙江制造业处于“微笑曲线”中的下游，产业附加值较低。尤其缺乏具有全球市场定价权的优势中小企业。

（三）从区域创新系统角度看，产业创新系统建设取得一定效果，但创新要素集聚不明显，创新驱动效应有待提高

首先，创新主体的研发投入有待提高，企业素质总体不高，缺乏核心竞争力。技术积累较少，相比较于德国制造业一百多年的技术积累，浙江制造业的技术积累仅三十年左右；R&D 投入低，2011 年，浙江 R&D 经费相当于 GDP 的比例为 1.92%，远远低于德国的 3.0%。浙江省制造业目前仍主要以模仿为主，技术研发力量较薄弱，创新体系有待加强与完善。

其次，高端生产要素聚集程度不明显，浙江高端制造业人才积累缺乏，高端技术人才和技工队伍尤其缺乏；相对于“房地产”、“金融”等高利润行业，投资于高端制造业的资本相对有限。相比之下，德国具有雄厚的制造技术人才优势，可以说是一个“工程师的国度”，德国稳健的金融体系为制造业创新和发展提供良好的资金支持。

再次，浙江促进高端制造业发展的商会、行业协会和其他中介机构贡献有限，有待进一步理顺相关关系，充分发挥不同层次中介体系的功能。

第四节　对策与建议

一　瞄准全球产业科技发展高端前沿和社会重大需求，前瞻性地制定浙江省高端制造业中长期发展战略和实施路径

在全球制造业演化发展过程中，先后经历了制造和电气化融合的“机电一体化”和“自动化”、制造技术和信息技术融合的“信息化”、

制造业“服务化”和“绿色化”等发展趋势。进入21世纪以来，特别是2008年全球金融危机爆发以来，世界各国纷纷出台了振兴实体经济的举措，并超前制定了面向未来产业制高点的“战略性新兴产业”各种政策和扶持措施。同时，当前和未来全球社会需求显现出一些新的特征，如人口老龄化、应对气候变化、全球性问题等对未来全球制造业发展都提出了新的要求。浙江省制造业发展在近十年来取得了长足发展，在新时期，应该立足于全球产业科技发展高端前沿和全球重大需求，建议尽快制定出台《面向2020年的浙江省高端制造业中期发展规划》和《面向2030年的浙江省高端制造业长期发展规划》，前瞻性地制定浙江省高端制造业中长期发展战略和实施路径，为浙江省制造业长期可持续发展和抢占全球制高点提供战略指导。

二　发挥“有为政府”在“协同创新”中的引导作用，实施重点攻关战略，着力突破浙江省高端制造产业的关键领域

积极发挥政府在推动产业发展中的关键引导作用，有所作为、有所不为。一方面，由省委省政府出台浙江省先进制造业发展战略，确定高端制造业和战略性新兴产业在浙江省经济发展中的战略性地位和作用，建立促进制造业发展的长效机制；健全完善产业发展扶持政策。另一方面，积极发挥政府在“协同创新”战略中的引领作用，依托国家和浙江省重大科技专项、重点工程、重点项目和国际交流合作，重点针对高端制造业发展的核心技术、关键部件、基础材料和系统集成能力等进行攻关突破，解决阻碍浙江省高端制造业发展的瓶颈问题；切实构建以企业为主导的产业技术研发体系，解决官产学研等创新主体的协同创新，提高浙江省高端制造业的原始创新能力。

三　根据产业现有基础，分门别类地出台细分领域产业扶持发展政策，培育少数具有全球竞争力的大企业和一批潜在的“隐形冠军”

在进一步摸底调查浙江省现有制造业体系基础上，确定不同产业在全球和全国的地位，分析其与全球领先水平的差距及其原因。在此基础上，根据细分产业发展基础，有针对性地出台细分行业领域的扶持政策。

针对传统制造业转型升级，结合国家十大产业振兴计划，重点在支撑产业发展关键领域的精密机床、深加工产品和配套技术支持服务领域进行突破。通过组织上下游企业和科研院所联合攻关、“走出去”海外并购发达国家的相关企业等方式，提高产业的全球竞争力。重点促进浙江省具有相对优势的空分设备、工业汽轮机、余热锅炉、除尘脱硫等成套设备的设计、制造及集成能力。积极发展新型纺织机械、轻工塑料机械、汽车关键零部件、船舶制造、数控机床、仪器仪表、电气机械等产品，积极发展量大面广和市场急需的专用生产设备。鼓励通过市场并购等方式，在相对成熟的传统制造业领域培育几个具有全球竞争力的现代制造企业。

对接国家培育战略性新兴产业的总体战略，结合浙江省战略性新兴产业基础，积极拓展技术新兴的、具有良好市场前景的产业领域，结合《战略性新兴产业十二五发展规划》，重点发展高效节能、新能源关键设备、环保设备、核电、轨道交通等领域的设备及关键部件，努力培育装备制造业发展的新优势。推动浙江省形成新的“板块经济”，培育一大批具有“专、精、特、新”的战略性新兴产业领域潜在“隐形冠军”。

四　鼓励支持企业“走出去”获取全球市场和先进技术，结合“引进来”政策，推进浙江省制造业在国际化过程中培育全球竞争优势

一是鼓励和支持浙江省制造业企业充分探索全球合作新模式，融入全球制造业产业链，并通过海外并购、全球联合研发等模式，支持企业培育全球创新能力和国际化品牌，提升在全球价值链中的位置。

二是深入分析制造业“走出去”市场和信息服务，支撑浙江省制造业产品在海外拓展市场。

三是实施“引进来”战略，鼓励全球著名制造企业和科研机构在浙江省设立研发机构，开展重大技术联合研发和创新。

五　营造良好的产业发展环境，推行综合扶持政策，发挥中介机构的重要作用

制定和完善浙江省发展高端装备制造业法律法规体系，制定相关的扶持政策，营造良好的产业发展环境。调整重大技术装备的进口关税结构来促进国外先进技术的转让和重大装备的国产化进程，制定鼓励企业优先订购和使用国产重大技术装备的政策，省财政在年度投资安排中设立高端装备制造业专项资金，对重大技术装备研发、技术改造项目和重点企业给予扶持。积极推动银企合作，促进金融机构对装备制造业企业的信贷支持。鼓励和支持有条件的高端装备制造业企业通过发行股票、债券等直接融资方式筹集资金。落实税收优惠政策，引导企业加大研发投入。

规范行业协会、商会和相关中介机构的发展模式，由政府和企业联合出资引导中介机构，探讨中介结构服务高端制造业国际化发展的新模式，发挥其在行业发展的重要作用。

六　推动人才培育和培训模式创新，为浙江省制造业可持续发展提供高端生产要素基础

推动浙江省高端制造业可持续发展的要素投入环境建设。一是推动浙江省高端制造业人才培育模式，依托“协同创新”指导思想和国家“2011 计划”推动人才培育模式，重视创新和实践型人才培育；由政府在各地市建立培训中心，发放免费培训券，鼓励企业新员工接受专业培训以提高专业技能。二是通过税费减免、引导基金等政策，引导社会资本投向高端制造业；并向不合理高利润的非实体经济征收较高税收，引导资本回归实体经济。三是加强营造鼓励创新创业、敬业敬岗、精益求精的社会文化，形成推动创新的收入分配政策体系，激发全社会从事创新活动的热情。

第　二　篇

中国中小微企业转型升级若干专题调研报告

第九章

中小企业减负调研报告

第一节　中小企业负担沉重现状

中国改革开放30多年来，中小企业抓住经济发展机遇期，如雨后春笋般大量涌现。截至2012年年末，中国企业总量5425.87万户，其中，在全国工商登记企业1366.6万户，小微企业（含个体工商户）4059.27万户。中小企业在繁荣经济、吸收就业、改善民生、推动创新上起着不可替代的作用，已经成为市县经济的支柱和中国城镇化的重要支撑；中小企业还在推动市场体制机制建设上发挥了主导作用。2014年2月，张德江副总理在天津调研时指出："发展中小企业不是权宜之计，而是长期的战略任务。"这既是对中小企业发展政策的全新概括，也指明了政府下一个阶段的工作方向。

自2008年经济危机以来，尽管中国中小企业在数量和产值上不断增长，但是，在出口增速上逐年回落；受通货膨胀和人民币升值、工资支出上涨、税费上涨等因素影响，中小企业的生产要素价格全面上涨；加上中国金融结构和中小企业融资结构不匹配等因素所造成的融资难、融资贵等问题，使陷入困境的中小企业不断增多。为此，减轻中小企业负担已经由企业呼声变成了社会各界的共识。2012年，国务院将中小企业减负列入了《政府工作报告》。2009—2012年，财政部、国家发改委两次大规模清理收费项目，工信部也下发了《企业减负专项行动方案》。尽管如此，中小企业的负担依然沉重，财政收入增长速度依然远高于经济增长速度和居民收入增长速度。如2009—2010年，全国行政性事业收费总额由2317亿元上升到2996亿元，增长了29.3%，远远超过了GDP增速。而收费增量负担的很大部分是中小企业。

第二节　中小企业负担沉重原因探析

中国之所以出现“一边减负、一边增收”的奇怪现象，主要原因如下：

一　财政体制上的原因

目前，减负政策主要由相关部委推动，而中小企业税费是地方收入，在减负问题上存在责、权、利不对称问题。地方政府若找不到替代财源，或者不能切实降低政府支出，就缺乏减负动力，即使名义上“减”了，也会用其他方式将损失“补”回来。

二　税制设计上的原因

中国的主体税种是增值税、营业税和所得税，其他税费往往与其挂钩。比如，增值税的税基由劳动者工资和利润构成，由于通货膨胀所导致的企业工资支出增加而带动增值税支出增长。又如，“五险一金”大约占工资总额的42%，企业工资总额增长就会带动“五险一金”费用上涨。

三　存在大量的行政性收费

目前，地方的行政性收费大致可以分为显性收费和隐性收费两类，后者往往搭车于企业商业性支出，如水电煤费支出中。此外，有些还被包装成市场经济的正常收费，比如事业单位的检验、检测项目收费，金融、电力、港口等大型国有企业的各种超过市场正常价格的收费，学会、协会乘年检之机搭车收取的会费，等等。

四　统计上的原因

例如，政府提高土地拍卖价格，导致中小企业多支付的土地费用是不统计入通货膨胀指数的。再如，执法部门的工作人员以执法之名，向企业“吃拿卡要”，对企业也是一项沉重的负担。由于这些支出无法统计为企业负担，因而企业主对负担的感受，远高于统计上的负担。

在中国，中小企业产品是面对市场的，它们很难通过涨价来转嫁相应负担，而只能自我消化。一旦消化不了，中小企业就只有停工破产。

第三节　对策与建议

既然支持中小企业发展是中国的一项长期战略，减轻中小企业负担就不能够“避重就轻”，搞“形象工程”，而是应该采取“釜底抽薪”式的果断措施，切实减轻中小企业负担。在这方面，我们的建议是：

一　变结构性减税为普惠性减税

当前，减负政策的重点，从行业看，主要是对科技型、创新型、创业型、劳动密集型中小企业减税。从规模看，主要是对小微型企业减税。从效果看，2012 年，我们通过对东部某省的企业负担调研，发现享受中央规定的小微企业所得税减半征收的企业还不到同类型企业的 4%。可见，这个省“减税政策”的宣传效果远远大于实际效果。如果对某类中小企业减税，而其他不减税，这就会造成市场不公，并且会给地方政府留有很大的操作空间和管理“黑洞”，容易形成新的政企不分，滋生腐败。为此，我们应采取普惠制减税政策，给所有中小企业以喘息之机。

二　积极推动事业单位和垄断性企业的改革

在中国，事业单位是政府政策制定和执行的重要一环，政府把部分提供公共服务的职能和收费权放给了部分事业单位，它们就能依托行政权力收取垄断高价，其结果是政府得的不多，却担了“敛财”之名，这其实是得不偿失。为此，各级政府应按照党的十八大的要求，严格实行政企分开、政事分开，积极推动事业单位和垄断性企业改革。此外，我们还应建立国家监察机制，支持媒体曝光那些不执行政企分开、政事分开的地方政府。

三　继续推动费改税

中国目前涉企收费仍高达 183 项，其中，属于行政事业性收费的 131 项，基金性的 29 项、罚款的 23 项。此外，还有一些地方性收费项目。减轻中小企业负担，既要继续减少收费项目，同时也要把那些必需的收费项目以税收的形式确定下来，使其明确化、显性化。同时，在推进费改税过程中，还应该理顺不同层级政府之间的财权和事权的关系，使地方政府有相应的财权来提供有效的公共服务。

四 建立减负跟踪调查机制

通过建立对中小企业的长期跟踪调查，了解当前各地区、各类中小企业负担的真实情况，并及时公布结果。通过这种方式，给那些“明减暗增”的地区以相应的压力，促使其将减负政策落到实处。

第十章

外资侵蚀中国品牌加剧的调研报告

第一节 外资侵权王老吉商标案件现象

前不久，号称“中国第一商标案”的王老吉商标纠纷案引发了社会的高度关注。专家认为，王老吉商标事件是近年来众多外资侵蚀民族品牌的典型代表，需要引起国家的高度重视。建议通过制定长远发展战略、完善体制等措施，切实保护民族品牌和民族产业的发展。

目前，根据北京市一中院终审裁定，国有企业广州医药集团有限公司拿回了本属于自己的王老吉品牌，胜诉的广药版红罐“王老吉”凉茶也已在北京大规模铺货。广药集团为此专门组建了广州王老吉大健康产业有限公司经营红罐“王老吉”凉茶，并迅速提升产能，保障销售旺季的大量需求。

但是，纠纷并未就此结束。败诉的外资企业鸿道集团仍坚持自己拥有“王老吉”红色罐装和瓶装饮料的独家使用权，通过捏造合同、投入大量虚假广告等恶劣手段阻挠广药版红罐“王老吉”凉茶的正常销售，并继续在全国经营侵权的凉茶产品。

第二节 外资侵蚀中国品牌的特点与方式

近年来，随着中国对外开放的深入，外资已经渗透到了中国绝大部分产业、行业与地区，一方面有力地推动了中国经济转型和产业升级，另一方面也对中国各产业的市场份额和产业结构造成了深刻影响，甚至威胁到中国的产业安全。2008 年，商务部发布的《年度中国产业安全状况评估报告》认为，近年来，外资并购国内知名和规模企业甚至龙头企业增多，并购领域不断拓宽，中国产业安全形势颇为严峻。

在并购过程中，控制民族品牌成为外资打开国内市场的重要手段，由此导致了大量知名品牌日益消亡。很多民族品牌与外资并购后被打入“冷宫”，如国人耳熟能详的“美加净”、“中华”牙膏、“熊猫”、“活力28”等品牌。2000 年，“乐百氏”被达能公司收购，现在乐百氏品牌已基本退出市场。2003 年，法国欧莱雅收购“小护士”，小护士和欧莱雅的下属品牌卡尼尔进行合作，后者借助小护士销售网络实现二者资源互补。而今天，小护士在市场上几乎销声匿迹。

在王老吉商标纠纷中，外资企业鸿道集团虽未进行直接并购，但走的仍然是先租用民族品牌、控制其宣传推广和销售渠道获利，进而完全占有民族品牌并将其榨干利用的路子。

广州医药集团有限公司副总经理倪依东介绍，王老吉品牌创始于 1828 年，至今已经有 184 年历史。广药集团下属企业王老吉药业是这个百年老字号在国内的唯一传承实体。1992 年，王老吉药业生产出盒装和罐装王老吉，开始进军饮料市场，这是中国最早的凉茶植物饮料。1995 年，公司将红罐和红瓶王老吉凉茶的生产经营权授予鸿道集团。王老吉这个百年品牌的沉淀和积累，成为鸿道集团成功运作红罐王老吉的基石。1997 年，广药集团正式成立，王老吉商标等无形资产都划归广药集团。1997—2000 年，王老吉商标的租用都按照当时羊城药业（原王老吉药厂）与鸿道集团签订的合同进行。但鸿道集团在合同到期后仍违规使用“王老吉”商标，并拒绝与广药集团进行协商解决，从而导致了纠纷的发生。

广州医药集团有限公司总经理李楚源说，在商标纠纷发生之初，广药集团希望与鸿道集团沟通协商解决，但多渠道沟通均未得到回应，迫不得已提请中国国际贸易仲裁委员会进行仲裁，并得到了支持。北京市一中院终审判决最终确认“王老吉”商标属于广药集团。

近年来，外资企业对民族品牌的侵蚀甚至占有已成为一种普遍现象。它们往往采取利用民族品牌直接获利、低价并购获得民族品牌所有权以拓展国内市场、最终打压民族品牌以扩大自身品牌影响力三种方式实现对于国内市场的最终占领。

王老吉商标纠纷对于研究外资企业如何侵蚀民族品牌极具代表性。鸿道集团作为外资先是租用“王老吉”品牌进入中国市场，在做大后就想占为己有。在没有得逞之后，就希望通过违规更名等虚假宣传将百年品牌“王老吉”的影响力转移到自身“加多宝”品牌上，并拼命延长诉讼时间来破坏王老吉的品牌价值和影响力。

第三节　对策与建议

针对外资对民族品牌的侵蚀状况，我们建议，国家有关部门需采取实质行动对民族品牌进行保护，特提出以下对策与建议：

一　应尽快出台相关法律措施，由政府出面保护民族品牌安全

虽然2006年商务部等六部委颁布了《关于外国投资者并购境内企业的规定》，其中有“拥有驰名商标或中华老字号的境内企业实际控制权转移的，当事人应就此向商务部进行申报”等规定，但并未包括对外资租用民族品牌等情形的管理规定，仍需细化或者单独设定相关规定。

二　有关部门应尽快从实质上取消外资的“超国民待遇”，保护民族企业

2007年，中国出台了“两税合一”政策，结束了外资企业的“超国民待遇”。2011年，国务院又发布了《关于建立外国投资者并购境内企业安全审查制度的通知》。但在具体操作上外资企业仍然比民族企业享有更多的优惠，外资打我国政策“擦边球”的胆量十足。比如鸿道集团在媒体上播出明显违反《反不正当竞争法》的更名广告，以及藐视中国合同法规以擅自修改合同日期的行为。

三　国家保护民族品牌应从长远战略考虑，并建立相关制度

日本实行“日本品牌发展支持事业”，政府面向中小企业，募集和挑选具有日本文化特色及地域特色的品牌，为其承担2/3的研发、宣传和推广资金，帮助其开拓市场，还专门设立“知识产权战略本部”，作为负责以国策推行日本品牌战略的政府部门。中国也应对保护民族品牌进行系统调研，尽快制定出保护民族品牌、民族产业的长远战略和有效政策，造福于子孙后代。

第十一章

浙江省民营企业跨国并购战略机遇与运作风险的调研报告

当前，全球经济格局的深度调整和国内经济环境的变化为浙江省民营企业跨国并购带来了新的机遇和挑战，如何准确把握跨国并购的重大战略意义、正确看待和规避跨国并购运作和整合过程中的风险及障碍，对政府的政策制定和企业的并购战略选择具有重要意义。本报告结合124宗浙江省民营企业跨国并购案例，通过深入相关政府部门和企业访谈，分析了浙江省民营企业跨国并购的新情况和新问题，对浙江省民营企业跨国并购提出了新建议。

第一节　浙江省民营企业跨国并购的新情况

预计今后五至十年，浙江省民营企业跨国并购将出现高潮，如何把握这一重大战略机遇，培育本土跨国企业，构建未来经济发展的新引擎是摆在浙江省面前的重大课题。

一　跨国并购呈现新特征

并购对象多为发达国家海外制造行业的廉价资产，并购主体多为发展瓶颈显现的成熟企业，并购形式多为产业链上下游纵向控股型并购，获取和整合海外优质战略性资产意图明显。

（一）并购规模：总体强劲，单个较小，并购对象多为海外廉价资产

近年来，浙江省民营企业跨国并购涉及金额总体呈现快速上升趋势。据案例分析，2005—2012年浙江省民营企业跨国并购的新增并购金额增长了7000%以上，年均增长70.5%。相比总金额，浙江省民营企业实施的跨国并购大多数还是比较小规模的并购，整体上热衷于收购廉价资产。

一方面是由于浙江省民营企业整体上规模还较小，对运营状况良好、价格高昂的潜在收购对象望而却步；另一方面也反映了浙江省多数民营企业通过跨国并购实施全球化战略的学习和试水心态。

（二）并购主体：地区差异显著，以成熟企业为主，企业发展瓶颈显现，海外扩张需求迫切

从并购企业的年限特征上看，浙江省民营企业在进行跨国并购时，成立年限主要集中在11—20年（占42.5%），而6—10年、21—30年和30年以上的分别占16.7%、15.8%和13.3%。调研发现，这些国内并购重组的经验，受国内市场饱和、生产要素成本不断攀升影响，企业发展遭遇“天花板”，迫切需要通过国际并购突破发展瓶颈。预计未来几年，随着企业的不断发展和壮大，国内资源和发展瓶颈的制约及后金融危机触发的并购机遇的推动，浙江省民营企业跨国并购的发展将出现并购的高潮。

在跨国并购主体来源地区分布上，浙江省十一个地市民营企业跨国并购的发展很不均衡。在并购数量上，杭州、宁波、绍兴位列前三；在并购金额上，台州、杭州、绍兴位列前三。

（三）行业区位：制造业纵向并购，集聚发达经济体，控股倾向强烈，获取和整合海外优质战略资产意图明显

从跨国并购投资的区位看，浙江省民营企业跨国并购主要集中在发达国家或地区（美国、德国、中国香港或日本分别位居前三）。从海外投资企业行业看，浙江省民营企业实施跨国并购集中在制造业，尤其是汽车制造业。行业分布中东道国国别和来源地地市的差异较为明显。73%的跨国并购集中在制造业，接下来是信息软件行业、批发和零售业。进一步分析发现，行业差异呈现出明显的地区产业集群特征。杭州民营企业制造业跨国并购主要集中在通用设备制造业和电气机械制造业，宁波集中在化学原料、化学制品制造业和交通运输设备制造业，绍兴则集中在纺织业。

调查发现，浙江省民营企业倾向于沿着产业链上下游，在经济技术发达国家和地区进行纵向并购（占总数的56.47%），以获取目标企业的核心技术、品牌、国际市场网络及研发能力等优势资源，从而控制包括高附加值环节的完整产业价值链，提高产品附加值。

调研也发现，浙江省民营企业在跨国并购过程中倾向于对并购企业控

股。57.5%对并购企业实现了100%控股，20%对并购企业实现了50%以上的控股，这有利于民营企业对并购标的进行有效的整合，带动本土的相关业务。

二　跨国并购效益显著

跨国并购效益不仅表现在部分企业快速获得了战略性资源，更重要的是凸显了其对于培育本土跨国企业的战略意义，是浙江省经济未来发展的新引擎。

在强劲的民营企业跨国并购的增长趋势背后，我们通过调研深入剖析了浙江省民营企业跨国并购的动机。一是后金融危机时代，市场激烈竞争和低成本优势的逐渐丧失，使民营企业产生升级价值链的内生性迫切需求。二是国内要素市场普遍缺乏所需的先进技术和品牌，而合资、代工等方式下知识溢出和技术吸收的效率极其低下，自身构建需要极大的投资和漫长的周期，而海外并购是企业快速获取战略资产、构建核心竞争力的最优选择。三是企业成长到一定阶段后必须通过外部扩张来打破内部发展瓶颈，这对兼并收购产生了硬性需求。四是企业实施海外并购有利于贴近国际客户，有效打破贸易壁垒。当然，金融危机、汇率变化、产业结构转移等因素也为民营企业海外并购提供了良好机遇。案例分析也证实，浙江省44%的企业跨国并购的动机是为了获取目标市场，31%的企业跨国并购的目标是为了获取先进技术，19%的企业是为了获得知名品牌，6%的企业是为了获取自然资源等，而这其中近90%的企业都有以海外并购推进全球布局，作为企业国际化的跳板。

结合124宗并购案例，我们调研得出，浙江省民营企业的跨国并购具有显著的并购效益和重要的战略意义。

（一）民营企业通过跨国并购快速获取了品牌、技术、市场、渠道等战略性资产，为其在全球价值链的升级奠定了重要基础

吉利等民营企业通过跨国并购获得了目标企业的国际知名品牌的使用权，然后利用知名品牌的市场影响力、分销网络以及整合进来的生产体系，迅速增加母国企业产品在海外市场的销售量，促进海外业务量在企业总业务量的比重的迅速上升。万向等民营企业通过跨国并购获得了先进技术、研发资源和研发团队，提升了技术水平和研发能力，取得相应技术上的协同效应。宁波华翔等民营企业通过跨国并购推进了分销渠道、客户关

系、供应链等方面的全球布局，并通过整合全球供应链，降低了采购成本和运营成本。卧龙等民营企业在并购扩张中形成了独特的“反向 OEM 模式”，即收购国外知名品牌，把产品转移到国内生产，再贴上所收购的品牌返销国际市场，实现了供应链升级。

（二）跨国并购带动了民营企业家国际化经营理念上的转变，推动了民营企业与国际惯例、国际规则的接轨

跨国并购有利于打破民营企业发展瓶颈，是培育本土跨国企业的必经之路，更是浙江省经济未来领跑全国的新增长引擎。本土民营企业成长到一定阶段后，内部的资源和能力难以满足企业继续成长的需求，企业发展也会陷入停滞。若要突破发展的“天花板”，民营企业必须通过外部扩张来获取所需的资源和技术，以打破企业发展瓶颈，促进企业的进一步发展成长。通过跨国并购，民营企业不仅获得了海外并购的实体和相应的战略性资产，更是倒逼企业在国际化观念、思维和经营理念上的转变，强迫企业与国际惯例和国际规则接轨，快速网罗全球人才。从培育本土跨国企业的角度看，在当前经济全球化的背景下，只有实行跨国并购，才能快速实现全球布局、全球资源配置和全球市场拓展，使企业真正成为有国际竞争力的跨国企业。通过海外并购，企业不断改进其技术水平、组织设计和管理技能，而当这些知识和技能传递到国内并扩散至本土产业集群时，区域产业的整体竞争力将得到提升。因此，跨国并购将是未来浙江省经济领跑全国新的增长引擎。

第二节　浙江省民营企业跨国并购的新问题

民营企业受自身条件限制、国内市场配套不到位、国际环境持续恶化等因素使目前民营企业在跨国并购运作和整合过程中面临巨大的风险。

一　民营企业自身

规模、技术、人才和治理等方面的局限是抑制民营企业开展跨国并购和进行有效整合的巨大障碍。

（一）制度不完善，管理水平低

浙江民营企业大多是家族制企业，很多民营企业相对注重设备和技术

的提升而忽略了对公司内部治理的考虑，企业缺乏良好的管理体制和监督机制。企业制度缺位、管理水平不高，影响了民营企业整体实力的提升，也制约了企业实施跨国并购的步伐。

（二）信息不对称，并购风险大

并购过程中的信息不对称往往是导致并购失败的致命风险。特别是民营企业在实施跨国并购时，要获取标的企业的准确信息更是难上加难。很多民营企业自身缺乏进行海外调研能力，过分依赖国外中介机构，即使进行了长时间的认真调查，也只能取得"相对翔实"的信息，真正的"价值底牌"永远攥在被并购方手中。

（三）专业人才少，经营管理难

跨国并购是一项复杂的系统工程，涉及国际投资、国际金融、国际会计、国际法规和惯例以及东道国的政治法律、社会制度、文化风俗等许多领域的知识，但民营企业大都缺乏这方面的人才，以致在跨国并购过程中经常处于被动地位。而且，并购后的整合也需要能够胜任跨国经验的管理人才。浙江省民营企业在成功收购国外企业后，一般都只能在国外聘请专业经理人进行管理。因为民营企业内部，很难选派通晓外语，熟悉国际惯例，有良好经营策略胆识的高级管理综合型人才。

二　市场配套

国内中介机构、金融服务等配套的发展还远远满足不了民营企业跨国并购的需求。

（一）国内中介机构乏力

整个跨国并购过程，从咨询、融资到评估等都离不开中介机构的参与。但是，国内中介机构无论是实力还是经验都明显欠缺，许多中介机构甚至还从未接触过跨国并购业务。所以，目前绝大多数民营企业的跨国并购都过度依赖国外中介机构。这些外资中介机构虽然具有专业化资质及丰富的跨国并购经验，但本土化水平不高，无法从中国经济发展角度出发。而且也不排除国外中介机构出于本国利益的考虑，而将自身经营存在问题的企业介绍给中国民营企业。

（二）缺乏配套金融保险服务

关于跨国并购中的贷款融资、投资保险、信用担保等重要环节，国内相关的配套金融机构还很缺乏，服务效率普遍较低。特别是在贷款融资方面，要受国内贷款担保额度的限制，特别是外币贷款不仅要受国内贷款额度的限制，还要受特定外汇额度的限制。这在很大程度上限制了民营企业的融资能力，无法为境外并购项目提供强有力的资金支持。并且，跨国并购比国内并购面临更多的不确定性，需要建立境外投资保证制度来协助企业规避风险。但国内的境外投资保险尚处于试验阶段，难以满足民营企业跨国并购的需求。

三　国际环境

廉价并购资产的经营困境和不断恶化的国际经济环境对民营企业跨国并购后的整合提出了严峻挑战。

国际经济环境的不断恶化，海外市场的不断萎缩，汇率市场的剧烈波动，对于并购企业的海外经营本身就是一个巨大的挑战。而与国际上第五次跨国并购潮“强强联合”的主流不同，浙江省民营企业的跨国并购对象常常是陷入经营困境的廉价企业。由于民营企业发展水平相对较为落后，其所急需的战略性资产也带有一定特殊性，比如，在发达国家已经落后但在国内却十分稀缺的技术专利等，另外就是壳公司。由于在国内上市比较困难，民营企业也倾向于通过跨国并购，借壳上市。比如，万向集团通过收购美国UAI公司，间接地获取了上市融资能力。

尽管金融危机令许多西方企业资产大幅贬值，但金融危机本身是一个很好的淘汰机制，市场竞争作为一个优胜劣汰的过程，那些经不起金融危机考验的企业，很可能在基本面上出了问题，或者由于不能适应后金融危机时代的竞争环境，本身已面临衰亡的命运。此外，如果经营管理水平更高的西方发达国家企业都难以整合，民营企业要带其走出经营困境，其难度无疑是更加巨大。

四　政府扶持

民营企业对于政府在支持政策和监管制度上进一步扶持民营企业跨国并购有着强烈的诉求。

（一）审批程序相对复杂

虽然国家对民营企业跨国并购的审批较以前有所放松，审批权也不断下放，但调研中企业普遍反映目前的审批规定对于民营企业跨国并购上市融资、市场准入、外汇管理等方面仍然存在较大的限制，审批程序持续时间较长。这些政策在很大程度上限制了民营企业跨国并购的步伐。特别是在上市融资和外汇管理等方面的歧视性规定，成为民营企业跨国并购的阻碍。

（二）支持政策不完善

调研过程中，很多并购企业对于政府政策层面出台相应的税收优惠政策、海外并购企业回归的落地支持、土地支持等政策有着强烈的诉求。提出希望政府能给予跨国并购企业与引进的外资企业相同的税收优惠政策，在企业并购后，支持企业将并购海外企业在本土落地，在土地政策等方面，支持企业将海外研发基地、生产基地等移到本土，帮助企业降低生产成本，有效整合全球供应链。

第三节　对策与建议

政府政策支持对于民营企业跨国并购的运作和整合具有重要的制度影响力。如何进一步推动浙江省民营企业跨国并购的发展，培育世界级本土跨国企业，支持民营企业在全球整合资源，并反哺浙江、回归浙江是当前的政策重点。

一　加强并购专题研究，积累经验

毫无疑问，我们的企业是国际跨国并购市场竞争中的新玩家。作为一个发展中国家，我们在文化、制度、技术、品牌、管理等诸多方面与发达国家企业存在很大的差距，传统跨国并购理论和方法常常难以指导当前民营企业的跨国并购实践，因而政府在指导和管理民营企业跨国并购活动时也面临着巨大的挑战。建议由主管部门牵头，协同相关学术研究机构开展专题民营企业跨国并购的研究，加强对国外发达国家跨国并购经验的系统梳理，开展对典型民营企业跨国并购的跟踪研究，不断完善和更新国外不同地区的投资环境及产业匹配等信息，不断总结发现企业跨国并购过程中出现的新问题、新情况，为政府部门决策和企业并购实践提供有益参考。

二　形成学习共享机制，避免企业重复交学费

虽然浙江省民营企业跨国并购正处于飞速发展阶段，但只有少数像万

向这样的大企业才具有一定的跨国并购经验，大部分参与跨国并购的中小民营企业都是首次试水。我们调研了大量跨国并购案例发现，民营企业常常缺乏跨国并购经验而陷入并购的技术陷阱、工会陷阱、环保陷阱等。民营企业跨国并购摸着石头过河，在实践过程中频频碰壁，如何形成知识或经验共享的机制，减少它们在并购过程中的孤军奋战：一是构建企业间并购经验交流和分享的平台，通过并购峰会、企业家并购沙龙等促进并购企业之间相互学习和经验交流分享。二是要建立促进并购企业经验交流的激励机制，鼓励通过主管部门、行业协会的政策，推动企业加强并购实践中的战略合作，提高并购成功率。三是主管部门出台相关政策鼓励或推动并购企业负责人及并购团队参加定期或不定期的学习与培训，尤其是要加大培养具有跨国并购能力的管理人才。

三　大力发展中介服务，健全社会化服务机制

浙江省金融办从2007年开始对在浙江省开展IPO、再融资和上市公司重组并购等业务的中介机构进行信誉评价，并对部分优秀中介机构进行表彰。虽然浙江省非常注重为上市企业打造优质的中介服务体系，但鲜有省内机构提供专业的跨国并购中介服务。省内企业跨国并购过程中，往往只能依赖国外中介机构。因此，要大力发展和完善跨国并购相关的本土中介服务，为企业境外投资提供资信调查、信用评级、行业风险分析、国别信息信用管理咨询与培训等服务。培育面向企业境外投资和跨国经营的社会化服务机构，鼓励服务机构“走出去”设立境外服务站点，加强信息、法律、维权等境外服务。

四　扶持民营企业组建集团，推进跨国并购，培育世界级跨国公司

浙江省以中小企业为主，比较缺乏能带动中小企业“走出去”的领军企业。建议浙江省在有跨国经营需求并具备很强规模实力的本土企业中，选择一批企业纳入计划，予以重点扶持，引导企业加快制订实施品牌、资本、市场、人才、技术国际化战略和跨国经营发展计划，加强对跨国经营领军企业的培育，重点联系和大力支持，实施发展领军型民营企业跨国公司的激励政策，支持金融、保险、中介服务机构等各类企业，通过契约、协议等形式行成风险共担的跨国并购联合体或战略联盟，组建集团公司，推进跨国并购，增强规模优势，共同开发市场，培育世界水平的本土跨国公司。

五　支持被并购企业回归浙江，反哺浙江，支持企业在全球整合资源，构建新的价值链

政府努力搭建回归发展平台，出台一系列政策支持和鼓励跨国并购企业回归浙江，反哺浙江。建议省政府依托产业集聚区和各类国家级、省级经济开发区（园区）以及青山湖科技城、未来科技城等平台，主动引导一批拥有国际品牌、掌握核心技术的企业回归投资高端制造业、战略性新兴产业和现代服务业，发展集“研发设计、运营管理、集成制造、营销服务”为一体的总部经济，进而推动浙江省企业转型升级和产业整体价值链的提升。给予跨国并购企业与引进的外资企业相同的优惠政策，支持企业将并购海外企业在本土落地，有效地整合全球资源，在全球重构企业价值链，不断培育新的利润来源，以及成长、发展空间。

第十二章

完善小微企业种子基金的调研报告

第一节　种子基金能够有效解决小微企业融资难的困境

小微企业是实体经济的基础。然而，融资难、融资贵一直是困扰小微企业融资的根本，尤其是自 2013 年以来的民间信用危机冲击下，因担保链连锁传导风险加剧，很多小微企业无法获取融资的有效担保，从而导致资金链异常紧张甚至断裂、不良贷款骤增的现象频繁出现。在这种背景下，以杭州市中小企业转贷引导基金为代表的一批种子基金，为各级政府支持小微企业发展、缓解融资困境提供了一种创新服务模式。

所谓种子基金模式，是指政府机构、园区、核心企业、商会、协会等与商业银行合作，以缴纳保证金形式形成的资金池作为主要风险缓释措施，为小微企业贷款进行担保，提供数倍于保证金金额的融资额度。例如，杭州市中小企业转贷引导基金由杭州市经信委设立，与市财政局共同管理，总规模 2.5 亿元，分 5 年到期，首期 2000 万元从工业专项扶持资金中安排，转贷引导基金和社会资本按 1∶3 的比例出资设立转贷资金池，杭州市中小企业服务中心在合作银行开设转贷资金专用账户，委托第三方银行监管，实行封闭运行，纳税地点在杭州市范围内、符合产业导向，企业运行正常、自身转贷困难，符合银行续贷条件的小微企业均可申请，单笔金额最高达 1500 万元。该基金成立 3 个月来，已对 46 家企业、共 48 笔业务进行转贷支持，累计发放贷款 3.25 亿元。由东莞市辖内最大的塑胶专业市场——“常平大京九塑胶城”市场管理方出资设立种子基金，在不到一年的时间内，就已为市场内近 20 户小微企业授信 1.5 亿元，在塑胶城总融资的比例超过 40%，有效地解决了该市场内小微企业因缺乏有效的抵质押担保而形成的融资难问题，实现了银企共赢。

目前，中国很多省市都成立了类似杭州和东莞的种子基金，为小微企业提供融资服务。在为小微企业提供融资服务过程中，种子基金主要有如下优点：

一　融资成本低

传统融资模式下，很多小微企业由于没有房产、设备等银行偏好的抵押物，为了获得信用增级和融资，往往会寻求专门的融资性担保公司以获得有效担保，使小微企业在融资过程中除了需要付给银行 10%—15% 的高额利息外，还要付给担保公司贷款金额 2% 左右的担保费以及抵押登记费等反担保费用，造成小微企业融资贵；而种子基金业务不收取贷款利息之外的任何费用，极大地降低了小微企业的融资成本。据测算，杭州市中小企业转贷引导基金成立三个月左右的时间内，累计为企业节省融资成本 396 万元。

二　贷款保障足

种子基金业务的融资放大倍数一般在 3 倍左右，低于大多数担保公司 5—10 倍的放大倍数，信用风险敞口相对更小；同时，种子基金的资金质押于银行，银行有权在债务人逾期时，通过扣划基金资金进行代偿，快速弥补风险损失，贷款保障更为充足，小微企业能够将主要精力和时间投入到经营活动中去。

三　资金到账快

通过种子基金提供担保的小微企业，往往是政府、园区、核心企业、商会、协会等较为熟悉的会员企业，其生产经营情况、信用状况和潜在风险点等关键信息可获取性较强，因此银行放款意愿较强。据统计，杭州市中小企业转贷引导基金下的小微企业转贷，一般 2—3 个工作日即可完成，大大缩短了企业融资时间。

四　转变财政资金使用方式

政府财政扶持资金相对有限，对小微企业融资覆盖面较小，通过设立种子基金模式，可以在有限的财政扶持资金基础上，引导规范民间资金进入金融服务领域，重点支持小微企业发展，有效发挥政府职能。

第二节 种子基金业务模式面临的主要问题

一 存在集体违约风险

在经济增速放缓、通货膨胀加剧、原材料及人力成本攀升的经济形势下，依托于某个供应链、商圈、市场、商会或者园区的种子基金，贷款集中度相对较高，在出现区域性风险或者行业不景气等系统性风险时，借款人盈利能力急剧下降、资金周转困难，借款人集体违约风险较大。

二 存在较大的信用敞口风险

种子基金业务模式下，小微企业融资总金额往往数倍于保证金额度，而银行的风险偏好依托于大数定律。如果仅仅部分企业违约，保证金金额能够覆盖不良贷款；一旦违约概率超过一定水平，比如出现系统性风险等情形导致借款人集体违约时，种子基金保证金无法全面覆盖贷款本息。

三 种子基金管理人水平参差不齐

种子基金业务模式下，种子基金管理方的角色非常重要，承担着向银行推荐优质小微企业、提供各项业务经营数据、协助银行进行贷后管理等职能，如果管理能力跟不上，或者管理人员与借款方恶意串通、存在“寻租”空间等情形时，会给银行带来信用风险。

四 存在一定的操作风险

种子基金业务涉及基金设立、质押担保、基金代偿等多个环节，任何一个环节的操作失误，都会引起操作风险。

第三节 对策与建议

一 制定种子基金相关的法律法规

目前，全国各地设立的各种小微企业种子基金形式多样，规模差别很大，放大倍数不同，担保条款和偿还机制不统一，基金管理办法千差万别，为种子基金的统一规范管理带来了不便，各种环节监管的缺失都容易形成信用风险。建议政府相关部门或银监会等机构尽快制定出台相关法律法规，对种子基金的发起、设立和管理予以规范，明确参与各方的权利和义务，完善各项管理措施，引导种子基金健康发展，切实发挥对小微企业贷款融资的促进作用。

二　成立全国性种子基金，为小微企业提供信用担保

目前，设立的种子基金都是地方、市场或者园区等适用范围较小的区域，覆盖面不大，建议财政部或工业和信息化部等相关政府部门牵头，出资一部分财政扶持资金，并吸纳一部分社会资本，组建全国性种子基金，为全国范围内的小微企业融资提供信用担保，搭建类似于日本信用保证协会和中小企业信用保险公库等信用担保体系，解决困扰小微企业担保难、融资贵的社会问题。

三　提高种子基金管理水平，完善市场运作机制

一方面，要加强对基金管理人员的专业化培训，使其能够有效地识别小微企业经营过程中的风险，及时提供各种预警信息，供商业银行在第一时间化解。另一方面，对种子基金担保的企业选择要进行市场化运作，减少政府部门的行政干预，降低所担保的小微企业行业集中度，尽量避免系统性风险。

四　完善风险补偿措施

建立多种层级的风险补偿措施，通过保险或再担保等多种手段为种子基金进行信用增级，防止因违约概率过高而导致种子基金保证金无法覆盖贷款本息的情况出现，提高种子基金的整体抗风险能力。

第十三章

中国中小企业移动电子商务发展的调研报告

第一节　中国中小企业移动电子商务的发展现状

欧美国家的移动电子商务从1997年开始起步，而中国的移动电子商务起步较晚，2006年当当网首先开始进入，2008年淘宝网发布手机购物网站，2009年智能手机和3G网络的迅速普及，为移动电子商务的发展提供了条件。

一　中国中小企业移动电子商务的发展过程

从广义上讲，在手机等移动终端上进行的消费都属于移动电子商务范畴，如2000年12月中国移动正式推出的移动梦网和2004年3G门户上线后提供的移动服务都有移动电子商务的影子。但从狭义上讲，移动电子商务在中国发展较晚，主要从2006年手机当当网开通，独立移动电商网站买卖宝上线，中国移动电子商务开始起步。总体来看，中国移动电子商务的发展经历了三个阶段：第一阶段（2009年以前）：为用户提供信息服务，如天气和路况预测、股市行情、新闻等。这些服务的特点是用户在消费前必须和商家签订合同，属于预付费服务，支付于非在线上进行，资金的流动形式比较简单，交易规模几乎可以忽略不计。第二阶段（2009—2012年上半年）：为用户提供具有在线支付能力的移动商务服务，比如，移动电子银行、移动贸易、移动购物、移动证券、移动缴费等。这个阶段，中国电子商务进入3G时代，智能终端开始普及，以手机网购为代表的移动电子商务开始得到消费者的认可，但由于受安全性和支付便捷性影响，移动电子商务消费习惯和信任度尚未建立。第三阶段（2012年下半年以后）：移动电子商务发展进入爆发期，这一时期，随着价格下降，千元以内智能手机开始普及，同3G网络资费下调。加上各大传统电商积极推动移动端建设和培育用户移动终端消费习惯，消费者开始更加主动地尝试移动电子商务。

二　中国中小企业移动电子商务主要提供的服务类型

中国目前的移动电子商务市场主要分为两个部分：一是虚拟商品。主要是依附于各运营商旗下的SP所提供的，收费图铃、游戏下载或其他资讯类业务。工商银行等多家银行和支付宝也开通了通过手机交水电费、话费等业务。二是实体商品。国内主要有淘宝、立即购、“掌店”移动商城、买卖宝等电商均涉足这一领域。

三　中国中小企业移动电子商务发展的市场潜力巨大

2012年下半年开始，中国移动电子商务发展进入爆发期，这与政策支持、移动互联网用户规模、3G用户规模、智能手机普及等各方面的发展密切相关。一是政策支持移动电子商务的发展。近年来，国家连续出台有利政策，加大对移动电子商务实施的支持力度。2012年3月，工信部发布《电子商务“十二五”发展规划》，决定推进移动电子商务发展，要求推动移动支付标准制定。各地纷纷开展移动电子商务试点工程，推进区域移动电子商务建设，为移动电子商务的发展创造了良好的条件。二是移动互联网用户规模巨大。根据相关机构统计，2011年，中国移动互联网用户规模达到3.56亿，2012年达到4.5亿，2013年达到6.48亿，移动网民数量或首次超过互联网用户。移动互联网用户规模的迅速扩大，为移动电子商务的快速发展奠定了庞大的用户基础，将推动移动电子商务的快速增长。

四　中国中小企业移动电子商务将成为电子商务监管的主要内容

当前，移动电子商务面临终端设备、支付环境等方面的限制，但仍显示出增长的强大爆发力。可以预见，不远的将来，移动电子商务将成为电子商务的主流形式，工商系统发展电子商务监管，必然要将移动电子商务监管作为主要内容。另据中国电子商务研究中心监测数据，2013年上半年，网络购物投诉占45.40%、网络团购占13.15%、移动电子商务占9.50%、物流快递占6.64%、B2B网络贸易占5.83%、其他为15.16%。其中，移动电子商务领域投诉较前一年同期占比增加明显，随着市场的不断扩大，如果不能实行有效监管，必然成为违法行为、消费纠纷高发的热点区域。

第二节　中国中小企业移动电子商务监管面临的主要问题

一　法律法规不健全

作为一种崭新的商务交易模式，中国移动电子商务产业才刚刚起步，还没有国家标准和统一的管理机构，而且市场机制还不够规范和完善，不可避免地出现一些经济纠纷和法律问题。截至目前，国内还没有一部针对移动应用市场的相关法规，这也是恶意广告、暗扣、病毒、虚假信息、色情信息等现象难以禁绝的原因之一。而与普通 APP 不同的是，电商类 APP 涉及商品交易、支付等环节，并且正在暴露出一系列问题，对于用户来说，这有可能造成更大的损失。

二　准入门槛低，认证体系缺失

在 PC 端，一般网站通常需要具备通信管理局发放的 ICP 证，并由当地公安局备案才能合法运营，以经营为目的的电商网站还需要具备《经营性网站备案信息》，特殊类目的电商还需要具备相应的许可证，如出版物经营许可证、音像制品经营许可证、互联网药品信息服务资格证等。而在移动端，目前只有 wap 网站有 ICP 备案，但对于上述经营性网站、特殊类目商品经营方面并没有相应的资质认证体系。对于购物类移动应用来说，更是不受监管部门的直接监管，而是主要依靠移动应用市场进行审核准入。快速发展带来的巨大收益吸引了诸多企业进入，其中难免鱼龙混杂，由于缺少主体审核和诚信体系，造成移动电子商务乱象频发。

三　运营环节管理真空，相应的监管体制更加匮乏

即便有审核权力的移动应用市场也容易成为甩手掌柜，一旦电商应用进入用户移动终端，假货、虚假宣传、恶意插件、隐私泄露等情况就难以监控和阻止。当前，PC 端电商生态和规则已经相对成熟，工信部、工商总局、质检部、海关、食品安全部门都在开始倾注精力。而移动电商方面，目前主要涉及的监管部门只有工信部和工商部门，由于移动电子商务整体交易规模还有限，商业生态还处于初级探索中，可变性很强，很多规

则需要在摸索中形成和完善，所以，未纳入监管视线，监管机制、监管手段、监管技术都未形成体系，对违法行为通常是靠消费者申诉来监管。

四　企业自我监管缺失

企业自我监管的缺失也是目前移动电商市场极不规范的一个重要原因。目前，国内多数纯移动电商企业均处于初创阶段，商品质量并没有安排独立的部门负责，导致自我审查和约束的缺失。相比之下，发展时间更长的传统电商则已经具备了较为成熟的自我监控系统。

第三节　对策与建议

一　加强基础理论研究

近年来，随着移动电子商务的高速增长，人们把关注点从传统电子商务开始向移动电子商务转移，相关理论文章数量呈现增长趋势，但研究内容大多是“移动安全”和“无线移动通信系统”方面的文章，对于其发展和监管的研究远远不够。移动电子商务源自传统电子商务，对其监管的重点虽然也离不开主体、客体和行为三个环节，但由于移动电商的特点带来的新变化，使得在实际监管中主体更加难以确定、行为模式更加复杂，必须要加强对移动电子商务行为、模式、安全和跨文化等方面的理论研究，为实现有效监管及早奠定理论基础。

二　完善法律体系

中国周边的日本和韩国，移动电子商务发展迅速，得益于政府的支持和配套的法律法规健全。但电子商务在中国属于新兴产业，监管面临法律法规不健全问题，移动电子商务作为电子商务的自然延伸，支持配套的法律法规和行业规范更是少之又少，很多问题例如电子代理人效力问题、合同的生效地点问题以及电子传输发生错误的责任问题等均没有明确界定。因此，应结合电子商务的法律完善，将移动电子商务一并考虑，推动相关部门完善法律法规和技术标准。

三　推动可信交易保障环境建设

移动电子商务是基于网络载体的变化，在传统电子商务的基础上发展而来，由于其自身特点产生了多种多样的消费模式，电子商务可信交易环境建设对移动电子商务同样具有重要的意义。建议国家工商总局在推进电子商务可信环境建设中，针对移动电子商务的形式和特点，将移动电商主体、客体、合同等环节要素一并考虑，纳入电子商务可信环境建设，统一部署。

第十四章

构建转贷引导基金破解中小微企业连环倒闭难题调研报告

资金链断裂是造成中小微企业濒临连环倒闭的直接原因，其直接根源是现有金融制度缺陷。因此，各地区、各部门都在探讨解困路径，以解决制度缺陷造成的小微企业连环倒闭问题。杭州新模式——中小微企业转贷引导基金最独具特色，风险最小，深受广大小微企业欢迎。杭州市中小微企业转贷引导基金成立近一年来，政府首期出资 2000 万元，吸纳社会资金 6000 万元，基金运转近 50 次，帮助中小微企业转贷 25 亿元，为企业节省支出 3000 万元。该转贷基金不仅弥补现行金融制度下流动资金“先还后续”给中小微企业带来的困境，为中小微企业排忧解难，有效地破解因此造成的中小微企业连环倒闭现象，而且，发挥了政府扶持资金四两拨千斤的作用。本报告调研杭州市中小微企业转贷引导基金的运行模式、发展优势及实施效果，为解决中小微企业融资难、融资贵提供新思路、新方案与经验，对扶持浙江省中小微企业发展，鼓励、引导和规范民间资本进入金融服务领域，具有重要的借鉴意义与启示。

第一节　中小微企业连环倒闭的原因

小微企业贷款分为流动资金贷款与固定资产贷款。流动资金贷款需求是量大面广，而固定资产贷款则是根据扩大再生产需要。对于小微企业来说，由于缺乏固定抵押物，因此，不管流动资金还是固定资产贷款都需要担保，因此，往往形成了贷款担保链，一旦一家企业出现银行抽贷、贷款周转出问题，就会波及几十家甚至上百家企业贷款被抽贷，小微企业正常经营立即被打乱，出现连环倒闭现象。

现行金融制度下，企业流动资金贷款以 12 个月为期限，到期以后，必须先归还贷款入账，银行才能审核续贷。这样就出现了两个问题：一是中小微企业流动资金是在生产流通中周转，无法筹集现金归还银行贷款；二是从归还到续贷款到账会出现一个资金断档期，若临时资金紧缺，这个“断层”如何弥补？多数中小企业选择从“投资咨询公司”、“担保公司”、“寄售行”获取“高利贷”，而企业的正常经营往往因筹资还贷而被打乱。与此同时，不少银行采取了压贷、抽贷、延贷的手段以保证银行的资金安全，使现金流已经出现断裂迹象的企业雪上加霜，更使企业背负起高额的民间“高利贷”。不少企业的资金链就是由此断裂，中小企业徘徊于倒闭边缘，只要一家企业资金链断裂，就会引起骨牌效应，产生中小微企业连环倒闭现象。

我们调查发现，资金链断裂首先受打击的是当事企业，由于资金链断裂，企业无法正常运转，生产停滞，工人失业。同时，由于中小微企业的担保链存在，通过贷款担保的传递作用，引发大批企业同时倒闭，给社会经济的正常运行和发展带来巨大的障碍，甚至会导致整个经济体系瘫痪，从而引发经济危机。2011 年，温州大批中小微企业因为资金链断裂纷纷倒闭，引发中小企业老板“跑路潮”就是一个典型例子。又例如，杭州天煜建设于 2011 年 12 月 20 日被法院查封，2012 年 1 月起，受天煜建设影响，为其互保、联保的多家企业开始遭遇银行收贷。之后，这场始于天煜建设的借贷危机因错综复杂的互保、联保关系不断传染、蔓延、辐射，引发了 50 多家企业的资金链危机。

第二节　中小微企业连环倒闭原因分析

我们跟踪调查发现，为了解决中小微企业融资难问题，全国各地陆续推出相关补救政策措施，以保障中小企业持续健康发展，有效防范和化解企业因资金周转困难发生资金链断裂的风险，维护企业有序经营和社会稳定。浙江省政府出台了一揽子配套扶持政策，其中包括省财政出资 10 亿元专门建立中小微企业再担保基金，为全省融资性担保机构开展小微企业担保业务提供再担保；温州市政府也推出“一揽子”救市措施，要求银行不抽资、不压贷，并协助银行了解贷款企业情况，按照“属地管理、一企一策”的原则，切实为中小企业解决问题，强化对小额贷款、民间借贷等方面的规范、监管和服务，全力保障温州金融稳定和发展，防止中小企业出现资金链断裂；同时，多地相继成立“企业转贷互助基金”、“企业互助担保基金”、“社会转贷基金”、“政府应急转贷基金”、“资金池”、“共同基金”，给面临资金链断裂的中小企业紧急输血，遏制中小企业资金链断裂现象蔓延的趋势，缓解经济下滑的压力。然而这些措施往往只针对当地重点企业，惠及面较窄，而且属于事后挽救措施，无法事先预防中小微企业资金链断裂发生。另外，此类政策措施具有阶段性，只有当地区大量中小企业遭遇资金链断裂时才会实行，具有很大的局限性。

第三节　杭州市中小企业转贷引导基金模式创新与运行效果

鉴于现行金融制度与中小微企业融资状况，本着“为中小微企业排忧解难，营造和谐金融环境，服务实体经济发展”的功能定位和运作思路，从切实解决中小微企业转贷困难，有效地保障工业企业资金链安全和基金规范运作、严控风险出发，通过与国内其他“社会转贷基金和政府应急转贷基金”的反复比对、分析和研究，为更好地发挥中小企业转贷引导基金的功能作用，惠及更多的中小微企业，杭州市经济和信息化委员会发起设立杭州市中小企业转贷引导基金，由市财政局共同管理。按照“服务企业、微利经营、规范运作、严控风险”的原则，基金支持中小微企业发展，鼓励、引导和规范民间资本进入金融服务领域，发挥政府扶持资金四两拨千斤的作用，帮助中小微企业解决贷款过程中的融资难、还贷难等问题，保障杭州市中小微企业正常有序运转，有效防止中小微企业因续贷、转贷而引发资金链断裂以及企业连环倒闭等现象发生。此举符合杭州地方实情，具有独特作用和优势，有效地改善了杭州中小微企业的融资环境，实施效果明显，也获得了社会各界和企业的一致好评。

一　运行模式与优势

杭州市中小企业转贷引导基金融合了政府应急转贷基金与民间资本转

贷基金，将政府引导推动与市场机制相结合，以此实现有限的政府资源撬动潜力无限的社会资源。同时，该基金面向纳税所在地杭州市范围内、符合产业导向，企业运行正常、自身转贷困难，符合银行续贷条件的中小微企业，具有普惠特征。

对于企业而言，准公共转贷降低企业融资风险，转贷更为有保障。杭州新模式为进一步提高基金使用效率，为中小微企业提供更为专业、便捷的融资咨询、融资指导和申请转贷等全方位、一站式服务，使中小微企业将主要精力、时间投入到企业经营中去。企业申请使用本基金不用政府审批，程序简单、快捷。银行承诺在一定期限内为企业续贷的前提下，由转贷引导基金垫资为企业偿还贷款。在银行向企业发放全部贷款后，这笔贷款应直接转账至转贷引导基金指定的银行账户。在整个流程中，企业只支付了服务费（转贷收取利息、服务费和风险准备金三项费用合计每天不超过0.1%，一般2—3个工作日即可完成）。对于转贷基金而言，资金直接在银行和担保方之间流动，避免企业拿到还贷资金却不还贷的风险。

杭州市中小企业转贷引导基金独具先进性及优势。首先，该基金由政府主导，市经信委与银行联手合作，帮助企业顺利完成转贷，不影响企业信用记录，解决了企业的后顾之忧。

其次，为民间金融实现规范化、阳光化开辟通道。一般而言，民间资金更多地像一股“暗流”在地下涌动，如何通过金融创新，让其涌到地上来，转化为实体经济投资，亟须进行积极的探索和突破。转贷引导基金为民间资金的投融资搭建新的平台和载体，引导规范了民间资金进入金融服务领域，重点支持中小微企业发展，实现了有限的政府资源，撬动潜力无限的社会资源。

另外，转贷引导基金作为政府引导基金，通过发挥政府资金的杠杆作用，吸引各类社会资本、民间资本和境外资本，放大政府对地区产业转型升级投资机构的导向效应和对企业发展的支持效应，具有准公共性和低盈利性。

二　运行效果

截至2013年年底，杭州市中小企业转贷引导基金经人民银行杭州中心支行同意，分别在杭州联合银行、杭州银行和建设银行开设了转贷资金专用账户，账户由合作银行作为第三方监管行。基金已对杭州华一塑胶有限公司、杭州钱塘塑料制品厂等46家单位，共48笔业务进行转贷支持，累计发放贷款32511万元，平均每笔业务两天内完成，累计为企业节省转贷成本396.01万元。

据我们对使用转贷基金企业的调查，企业人员规模基本在15—300人之间，涉及塑料化工、制造加工、食品加工、印刷等多个行业，注册资本为30万—1000万元，属于小微企业。以往企业转贷，有17%的企业是通过人脉关系相互借贷，有78%的企业主要依赖民间高利贷资金，因民间借贷资金的不确定性，故单笔转贷还需通过多个途径解决。拆借资金周转成本平均每天为3‰，一般需要5—10天，企业每年转贷成本平均占其财务成本的25%（财务成本=借贷利息+转贷成本），杭州市通过转贷引导基金，大大降低了企业财务成本，还可减少企业在人力、物力上的投入。此外，杭州市转贷引导基金，不仅提供转贷引导资金，而且，提供经营管理咨询、融资策略等服务。不仅让中小微企业受益，而且有利于引导民间借贷行为，净化了金融市场，减少民间贷款纠纷，有效地保障了小微企业正常生产经营。同时，也进一步规范了银行、信贷员的续贷审批程序。到2013年年底，政府专项资金增加到3000万元，加上吸纳的社会资金，转贷基金总额达1.2亿元，合作银行达7家，可帮助中小微企业实现转贷25亿元，为企业节省支出3000万元。

第四节　对策与建议

一　加大支持力度，壮大资金规模

扶持和培育中小微企业发展，鼓励、引导和规范民间资金支持中小微企业发展，已引起各级政府的高度重视。转贷引导基金源于政府专项资金，引导社会（机构）资本注入方式组建而成。杭州市经信委发起并筹建转贷引导基金，利用政府专项资金为种子，总规模2.5亿元，预期五年内到位，按照政府资金和社会资金1∶3的比例放大，注入杭州市中小企业服务中心（事业）全资的杭州中小企业服务有限公司设立转贷资金。但对于庞大的中小微企业群体的需求来说，转贷资金的规模还需进一步扩大。

二　复制成功经验，推广杭州新模式

杭州市中小微企业转贷引导基金的推广使用，可以有效缓解中小微企业在转贷过程中骤增的资金链压力，避免因转贷导致资金链断裂而出现连环倒闭，确保企业正常生产经营活动不受影响，不仅大大提高了财政扶持资金的效率，降低了中小微企业融资成本，而且净化了民间融资市场，降低因民间高利贷而引起的金融纠纷，减少社会不安定因素和风险事件。同时，转贷引导基金可以通过吸引社会资金实现放大，再通过规范化的操作流程帮助企业顺利转贷，其“四两拨千斤”以及对中小微企业的普惠作用无疑是明显的。

杭州转贷引导基金的成功设立与运行为中小微企业融资创造了新模式，这种模式可以在中小微企业发达的地市县复制，构建多层次中小微企业转贷引导基金，切实解决小微企业融资难、融资贵问题。各级政府应该切实加强投入，扶持转贷引导基金建设与发展。

三　加强品牌宣传，提升自身能力

目前，中小微企业转贷引导基金尚处于起步发展阶段，基金规模十分有限，服务企业数量有限，社会认知度不足，因此，应该加强转贷引导基金的宣传，进一步规范基金管理制度，开展基金理论研究、论坛研究，促进转贷引导基金在更大范围形成。进一步提高知晓度，扩大惠企面。同时，加强基金管理人员的专业知识培训，不断扩充专业人才队伍，引入服务企业理念。根据转贷业务的运行情况，进一步细化、完善业务流程，确保转贷业务逐步有序、稳妥细致地推进。努力提升服务能力，扩大合作银行的范围。目前，除了杭州银行、联合银行和建设银行已经开展转贷业务，浦发银行、民生银行也将加入转贷合作的队伍，与银行的合作提升到管理层次。

四　加强政策与法律指导，完善风险管控机制

中小微企业转贷引导基金的发展离不开政策法律的支持，地方政府部门应根据《中小企业促进法》，充分结合地区的实际情况，制定相关基金的法律地位与政策保障，确保中小微企业转贷引导基金运行有法可依。中小企业转贷引导基金建立在信用基础之上，因此，政府应加强中小微企业信用体系建设，提高对中小企业的监管力度，建立和完善中小企业信用评级制度。同时，加强对民间金融阳光化和民间金融规范化的法律支持，建

立一个规范民间融资活动的秩序框架，在加强监管、不断完善对其管理的同时，为民间借贷构筑一个合法的活动平台，以规范、约束和保护正常的民间借贷行为。

风险控制是基金项目长远发展的重中之重，要完善转贷引导基金风险管理体系。研究转贷引导基金信用评价体系，开展转贷引导基金评价，建立基金信用档案，严格控制中小微企业申请者的信用记录，从源头管控基金风险。

第十五章

浙江省民营企业境外投资审批制度改革调研报告

第一节 境外投资审批新政传递出“审批便利化”的强烈信号

十八届三中全会《决定》明确要求：深化投资体制改革，确立企业投资主体地位。企业投资项目，除关系国家安全和生态安全、涉及全国重大生产力布局、战略性资源开发和重大公共利益等项目外，一律由企业依法依规自主决策，政府不再审批。《国务院机构改革和职能转变方案》也明确要求最大限度地减少和下放投资审批事项，切实落实企业投资自主权。《政府核准的投资项目目录（2013）》是在贯彻落实上述精神的背景下出台的。

深入研究国务院正式颁布的《政府核准的投资项目目录（2013）》（以下简称《2013 年目录》）关于境外投资项目的核准规定，并与此前颁布的《政府核准的投资项目目录（2004）》（以下简称《2004 年目录》）相比较，以下两个变化非常值得关注：

一 境外投资项目的核准及备案范围均大幅度缩小

《2004 年目录》规定，3000 万美元以上资源类境外投资和 1000 万美元及以上的非资源类境外投资均需国家发改委核准，其他非央企投资的项目由地方政府核准。而《2013 年目录》指出，中方投资 10 亿美元及以上项目，涉及敏感国家和地区、敏感行业的项目，由国家发改委核准，央企和地方企业投资 3 亿美元及以上项目报国家发改委备案。而 3 亿美元以下的地方企业投资项目是否需要备案，《2013 年目录》并未做出明确规定。

根据三中全会《决定》和《国务院机构改革和职能转变方案》精神，从最大限度地减少和下放投资审批事项，切实落实企业投资自主权角度，我们有理由推断，3 亿美元以下的地方企业投资项目不需要再备案。

二 进一步下放了审批的权限和转变境外投资审批管理方式

比较发现，此次投资目录的修改进一步下放了审批权限，从项目核准角度，从《2004 年目录》规定的1000 万美元的发改委核准权限提升到10亿美元；从对外投资企业审批的角度，将《2004 年目录》规定的国内企业对外投资开办企业一律由商务部核准改为除涉及敏感国家和地区、敏感行业由商务部核准外，央企报商务部备案，地方企业报省级政府备案。此外，比较发现，《2013 年目录》修改在境外投资审批管理方式上也呈现出明显的转变。除境外项目审批由一律实行核准制改为区别不同情况实行核准制或备案制，境外企业的审批由一律实行核准制改为非敏感地区及行业全部实行备案制外，《2013 年目录》将管理界限从原来的“资源类非资源类对外投资”转变为“是否涉及敏感国家和地区、敏感行业”，这也体现出审批把关范围已缩小到“国家安全和生态安全”的底线，以及由此传递出的“最大限度地减少和下放投资审批事项，切实落实企业投资自主权”的信号。

第二节 浙江省民营企业境外投资审批体制的改革空间和改革红利

国家境外投资审批体制改革力度空前，这为民营经济占主导地位、民营企业走出去位居全国前列的浙江省改革和发展带来了新的战略机遇，同时也对政府职能转变提出了更高的要求。境外投资审批体制改革，有利于进一步调动企业投资的自主权和积极性，激发经济发展的内生动力，进一步释放改革红利。具体如下：

一 浙江省的境外直接投资以民营企业主导，浙江省民营境外直接投资的企业数量和投资金额位于全国前列，浙江省民营企业“走出去”对于浙江经济发展和产业转型升级具有重要作用

根据中国对外直接投资统计公报，浙江省对外直接投资流量增速迅

猛，数量与规模领军全国。浙江省2012年与2003年相比，ODI流量增加58倍，大大超过全国平均水平。截至2012年年底，浙江省经审批核准的境外企业和机构已有5827家，中方累计投资额149亿美元，覆盖世界上141个国家和地区，数量规模均位居全国省市前列。其中，浙江省民营企业成为浙江省企业“走出去”的主力军，占68%，其中有近10%的民营企业已经实现上市。民营企业“走出去”有利于企业提升自主创新能力、实施品牌战略、拓展销售渠道，延伸了浙江省企业的产业链，加速了浙江省企业在全球整合资源和竞争力，从而在产业层面推动了浙江经济转型升级。

二　现行的审批体制由于多头审批，手续复杂，期限过长，导致民营企业错失投资良机甚至以非正规渠道对外投资，使得政府难以全面掌握企业境外投资的实际情况，不利于引导、指导和规范管理

现行的审批体制中既有项目核准，又有企业核准，民营企业境外投资必须经过发改、商务部门分别审批，而且还有市级、省级、国家级的逐级上报层次，多元（多层次、多部门）审批增加了企业负担，审批时间长，难以满足企业并购过程的时效要求，审批中的随意性增加了企业实施投资的不确定性，许多企业的对外投资因此而错失良机，导致了企业的畏难情绪和非正规渠道的对外投资，这不仅增加了企业对外投资的风险，也使得政府难以全面掌握企业境外投资的实际情况，从而在对企业的引导、指导和规范管理中陷入被动。

三　进一步放宽对民营企业境外投资的审批，对于经济发展可能产生的负面影响很小，反而会因为审批的弱化进一步释放改革红利

考虑到国际收支双顺差的格局在短期内很难改变、资本项目开放进度不断加快等因素，进一步放宽对民营企业跨国并购的审批，对于经济发展可能产生的负面影响很小，同时民营企业的境外投资行为本身是自担风险、自负盈亏，美国、日本等发达国家对企业实施境外并购的管制也是非常宽松的，部分行业甚至不需要获得政府批准，国际经验也表明，放宽民营企业的对外直接投资的政策和经济风险很小。放宽对民营企业“走出去”的审批制度，可以进一步有效地促进浙江省外贸发展方式转变、推动产业结构调整和技术升级，缓解省内资源不足、资产过剩、就业压力等问题。

第三节　对策与建议

境外审批制度改革红利巨大，这为民营经济占主导地位的浙江省改革和发展带来了新的战略机遇。建议浙江省政府进一步解放思想，先行先试，简化境外投资的审批手续，进一步改善企业境外投资服务。

一　改变目前境外投资多头审批的框架，建议对民营企业境外投资实施单部门备案制，即地方对外投资企业报省级政府备案即可，对外投资项目不再进行备案

根据《2013 年目录》规定，地方企业投资 3 亿美元及以上项目需报国家发改委核准或备案，而对于 3 亿美元以下的地方企业投资项目是否需要备案，《2013 年目录》并未做出明确规定。如果对 3 亿美元以下的投资项目仍需实行省级发改委备案，在现行的制度框架内，不改变前置备案的政策流程，即使核准制改为备案制后的文件材料有所减少，但前置备案的流程和期限不会减少，企业在境外投资的多头审批格局并未真正落实，审批便利化和企业投资自主权并未得到真正落实。建议浙江省政府解放思想，先行先试，对民营企业境外投资实施单部门备案制，即地方对外投资企业报省级政府商务部门备案即可，省级商务部门通过公开平台公开发布备案信息，而对外投资项目不再进行备案，以切实实现民营企业境外投资的便利化。

二　重新定位政府职能，变审批为服务，变前置备案为全程服务，协助企业系统谋划统筹利用全球创新要素资源，促进浙江产业升级和经济发展

当前民营企业在“走出去”过程中仍面临不少问题和困难，有些问题并非企业一己之力可以解决，迫切需要政府和企业齐心协力，攻克难关，系统谋划，统筹利用国际国内两个市场、两种资源。一是要加强对外投资保护，保障海外利益。积极利用中国政府与其他国家（地区）政府之间的多边高层交往和对话磋商机制，为民营企业的境外投资创造有利的经济、法律和政治环境，从法律制度上充分保障海外利益。二是要改善企业对外投资服务，加强对外投资信息、法律、融资、保险（放心保）等

服务。为民营企业提供境外投资东道国（地区）的经济、政治和法律等相关信息服务，在民营企业境外投资过程中的行业和地区选择上给予必要的政策指导及支持，必要时在投资集中的区域支持民间机构建立专业的中介服务机构。三是进一步为企业的海外部门（子公司）与国内部门（子公司）之间的物流、人流、信息流、资金流等提供制度支持，以利于企业在全球整合资源，提升竞争力。

三　要以对外投资审批制度改革为切入点，充分调动民营企业对外投资积极性和自主性，以民营企业走出去为抓手，从制度层面制定和实施培育本土跨国公司的扶持政策，打造世界水平的跨国公司

重视民营企业在对外投资中所扮演的作用，政府部门要以对外投资审批制度改革为切入点，充分调动民营企业对外投资的积极性和自主性，根据民营企业发展优势，顶层设计对外投资战略定位和长期规划，系统制定本土跨国企业培育的扶持政策，充分盘活民营企业的存量资源，结合通过“走出去”所获得的外部资源，进一步提高民营企业在生产经营方面的互补优势，充分利用东道国企业在全球营销网络、产品市场上的品牌优势和市场号召力，整合全球战略性要素资源，拓展浙江省民营企业的海外市场空间，全面参与全球生产体系和市场竞争，进而实现民营企业的国际化发展策略，打造世界级民营跨国企业。

第十六章

建立中小企业经营安全互助基金的调研报告*

第一节　建立中小企业经营安全互助基金势在必行

近年来，由于主要出口国家市场疲软、国内劳动力成本上升以及央行紧缩银根等多种原因的叠加，从珠三角的广东到长三角的江苏和浙江等，再到中西部地区的鄂尔多斯等，集中在特定时期、特定区域及特定行业，由于资金链断裂，出现了部分中小企业老板跑路和企业连锁倒闭的危机。其中特别需要引起关注的是，由于不同利益主体之间形成的复杂的联保互保借贷关系，近几年来中国一些地方中小企业的倒闭问题已经不再是孤立事件，而是通过联保互保网络的扩散和放大，对地方经济的稳定健康发展产生了较为严重的负面影响。

分析其原因，一是受国际市场不振和国内经济下行趋势影响较大；二是中小企业内生增长质量问题；三是与中国中小企业政策体系不完善有关。特别是在政策机制方面，作为确保中小企业经营安全的对策之一，我们认为，有必要以浙江温州金融综合改革试点为契机，积极开展金融创新，建立由政府资金投入为主导，中小企业以会员制方式加入的中小企业连锁倒闭防止基金制度。当中小企业出现资金链断裂并可能通过联保互保链扩散时，通过对联保互保链上的核心会员企业的资金支持，中小企业连

* 本报告为国家社会科学基金项目“中小企业连环倒闭风险传递与防范机制的国际比较研究”（14BJY084）和浙江省教育厅一般项目“现代日本中小企业创新成长研究——技术经营与国际化战略”（Z20120194）研究成果。

锁倒闭防止基金可以阻断联保互保网络链上由于个别企业资金链断裂引发的风险传播，从而可以减少中小企业连锁倒闭现象的发生。

第二节　建立中小企业经营安全互助基金制度的有效性

作为防止中小企业倒闭的长效机制，西方发达国家很早就基于国家层面构建了本国中小企业融资体系，并明确制定了符合本国国情的扶持政策。根据政府扶持方式的不同，目前大致可分为美国和日欧两大模式。作为典型案例，日本长期实施的防止中小企业连锁倒闭共济政策，通过实践，充分证明了其有效性。

一　美国模式：政府出面提供信贷支持，贷款项目配合信用担保计划共同实施

美国金融市场发达，形成了有利于融资竞争的良好环境，因而在解决中小企业资金短缺问题上主要强调市场主导，政府不向中小企业直接注资，鼓励、督促金融机构向中小企业投资。但在信贷支持上，联邦政府和各级政府分别成立了信用担保机构，建立了全国中小企业信用担保网络。政府对在市场融资中处于弱势的中小企业主要通过反垄断和不正当竞争等法律法规的形式给予扶持。

美国对中小企业的资金支持系统，一是依据其《小企业法》（1953）通过小企业管理局（SBA）代理联邦政府直接负责向中小企业提供直接贷款（SBA 提供全额贷款）、协调贷款（SBA 会同有关银行共贷）和保证贷款（由有关银行给予贷款，SBA 给予 90% 的担保）。其所提供的贷款项目往往与信用担保计划配合共同进行。二是政府鼓励中小企业参与政府采购。通过制定一些标准，鼓励中小企业在资本市场上获取资金。三是政府支持一些非营利组织和机构直接向中小企业投资。四是发挥风险投资和天使基金的作用，为众多具有发展潜力但又无法取得银行贷款的中小企业提供融资。

当然，联邦政府也设立了面向中小企业的财政专项基金，主要是通过出资专项科技成果的研发基金、产品采购基金、中小企业的创业基金、失业人口就业基金等鼓励中小企业产品创新和吸纳就业；通过出资风险补偿基金、特殊行业再保险基金等帮助中小企业降低市场风险，但有严格的管

理要求。美国这种多层次的资金支持体系，较好地满足了美国小企业的资金需求。有统计显示，在美国近45年历史中，小企业投资公司（隶属于SBA）通过14万个投资项目，向大约9万家小企业提供了400亿美元的资金，创造了大约100万个新的工作岗位。

二　日欧模式：政府出资组建或帮助民间组建专门为中小企业融资的金融机构

日本是典型的政府主导型国家，其每建立一个中小企业机构就有一部法律与之相配套，通过世界上最完备的中小企业法律体系为中小企业提供全方位政策护航。为保障中小企业融资，日本除了动用国家财政直接为中小企业提供符合产业政策的政策性贷款外，政府还100%出资建立了中小企业金融公库、国民金融金库、商工组合金融公库、环境卫生金融公库、冲绳振兴开发金融公库等中小企业政策性金融机构（2008年以后整合组建了日本政策金融公库），向中小企业提供低于市场2—3个百分点的较长期的优惠贷款。同时，政府还以立法形式设立了全国“信用保证协会”和“中小企业信用公库”，为中小企业从民间银行所借信贷提供担保。此外，日本政府金融机构还向新兴高技术型中小企业提供风险投资，目前，其风险企业达2万多家。日本有关防止中小企业倒闭的经营安全共济制度非常有特色，也颇有效果，稍后专节说明。

欧盟的主要国家在政府政策层面与日本有较多类似之处。英国在《麦克米伦报告》（1931）出台之后，政府立即着手建立中小企业融资支持体系，其中重要的举措是向小企业提供各种财政资助。1945年英国工商业金融公司成立，主要为中小企业提供长期资本。自1981年起，英政府开始实施“小企业信贷担保计划”，由政府向30多家金融机构对7.5万英镑以下的中期贷款提供贷款额80%的担保，旨在扶持那些有可行的商业计划，但因缺乏抵押或信用而得不到贷款的小企业。德国由于本国证券市场发展相对滞后，不具备美国、英国、日本那样发达的资本市场，其国家复兴银行、担保银行等对中小企业的融资有很强的支配力。专门面向中小企业的政策性银行主要有合作银行、储蓄银行和国民银行等，年营业额在1亿马克以下的企业，可得到总投资60%的低息贷款，年利率7%，还款期长达10年。法国成立了中小企业发展银行（主要职能是为中小企业提供商业银行的贷款担保，小部分直接向中小企业贷款）和中小企业设备贷款银行（主要为中小企业购买设备、技术革新和自动化建设提供专项贷款）。意大利政府成立的中小企业政策性金融机构主要是手工业金融金库（以向本国手工业企业发放信贷和利息补贴为主要业务）和中小工业企业中长期信贷中央金库（专门为中小工业企业的创建、扩建和设备更新等提供资金支持）。

三　典型案例：日本防止中小企业倒闭的三大政策措施

日本现有中小企业约420万家，占企业总数的99.7%，从业人数约2830万人，约占总从业人数的70%。根据日本东京商工调查统计，引起日本中小企业倒闭（负债总额1000万日元以上）的主要原因包括市场销售不振、散漫经营、连锁倒闭、管理不善及累计赤字、资本过少、信用低下、库存恶化等原因。针对不同原因引起的企业倒闭，日本政府相应采用了以下三大对策加以防止。

（一）推进防止倒闭的经营安定特别咨询事业

近几年来，日本因“销售不振”而倒闭的中小企业上升到60%左右。这与整个经济景气相关，日本政府的对策是：基于其完备的中小企业法律

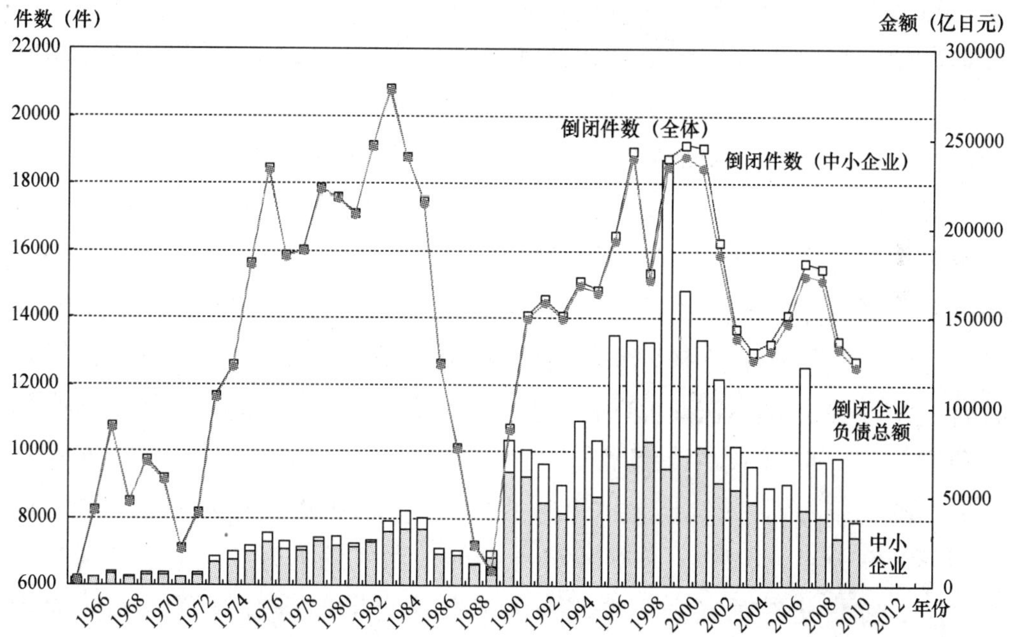

说明：“中小企业”定义基于日本《中小企业基本法》第二条第一项。“倒闭”基准为负债总额1000万日元以上。
资料来源：株式会社东京商工调查（TSR）数据。

图16－1　1966年以来日本中小企业倒闭状况

体系，改善中小企业发展环境，努力恢复经济景气。因“散漫经营”和“管理不善”引起的企业倒闭近年来约占30%。对此，日本政府的对策是大力推进防止倒闭的经营安定特别咨询事业。具体做法是：通过在具有中小企业中介服务机构职能的日本全国主要商工会议所和都道府县商工联合会设置“经营安定特别相谈室”，并聘请通晓经济、经营、法律和中小企业政策的知名人士担任咨询师，都道府县知事和中小企业厅长官委任具有较高威望和能力的人士为工商仲裁士，再加上有较高专业知识的律师、税理师、会计师等调停士组成咨询团队，向中小企业经营者提供具体的咨询指导，帮助经营危机和处于倒闭边缘的中小企业解决实际问题，防患于未然。该相谈咨询处理中小企业倒闭危机的方法，主要有金融调解、订单合同调解、经营事业转换、债权人支援及改进管理方式、改进理财等方式。根据日本中小企业厅历年统计，全日本接受倒闭防止咨询的件数每年都在2000—3000件，迄今日本共建立特别咨询相谈室近300所，政府通过提供上述具体的咨询服务，使许多中小企业避免了倒闭危机。

（二）建立中小企业倒闭防止共济基金

20世纪60年代到70年代前半期，受产业结构调整和石油危机影响，日本大量中小企业陷入困境，1975年开始，因交易对方破产或受关联影响而引起的连锁倒闭约占倒闭企业总数的20%以上。为了有效防止连锁倒闭的扩大，1977年政府制定颁布了《中小企业倒闭防止共济法》，并依法建立了防止中小企业倒闭共济基金制度。该制度于1978年4月正式实施，最早由通产省中小企业厅管辖的中小企业综合事业团负责运营。2004年以后，统一由基于相关事业团改组成立的中小企业基盘整备机构（SMRJ）运营管理。该制度采用企业自愿申请、进出自由的原则，只要符合《中小企业基本法》的相关界定，设立企业一年以上的中小企业都可免费加入。按2010年最新修订的内容，参加共济的中小企业只要每月认缴5000—20万日元的挂金（互助保险金，以5000日元为单位，最高累计限额800万日元，税法上按经费支出项目做优遇处理），连续交满6个月以上，如果交易对方企业倒闭、无法收回合同款等企业资金无法周转时，参加共济的企业就可持相关票据通过向SMRJ或其委托—代理机构申请累计最高8000万日元挂金以内、最长可7年偿还的无担保、无息贷款。会员企业中途可申请退会，并仍可得到规定比例的挂金退还及一定量的临时低息共济金贷款。该制度明确规定，凡被裁定为“夜逃”（跑路）的企业主，不作为申请倒闭共济金的适用对象。据统计，从1978年至2011年年末，利用该制度提供的贷款件数超过26万件，提供贷款共1806亿日元，平均每件贷款近700万日元。

表16－1　　日本中小企业倒闭的原因构成　　单位：%

倒闭原因	1995年	1996年	1997年	1998年	1999年	2006年	2007年	2008年	2009年	2010年	2011年	2012年6月
销售不振	52.1	47.4	46.9	47.5	50.5	8.2	64.9	65.2	69.4	74.8	73.5	71.6
散漫经营	19.0	17.4	17.3	15.6	13.7	6.0	6.6	6.3	5.3	3.9	4.1	4.6
连锁倒闭	7.7	7.5	7.9	9.8	9.9	7.1	7.1	7.7	6.5	5.8	5.6	6.1
管理不善	13.7	19.6	17.3	16.0	13.9	77.7	20.3	19.9	17.9	14.5	15.2	15.7
其　他	7.5	8.1	10.6	11.1	12.0	1.1	0.9	0.9	1.0	1.6	2.0	2.0

资料来源：根据东京商工调查数据计算整理。

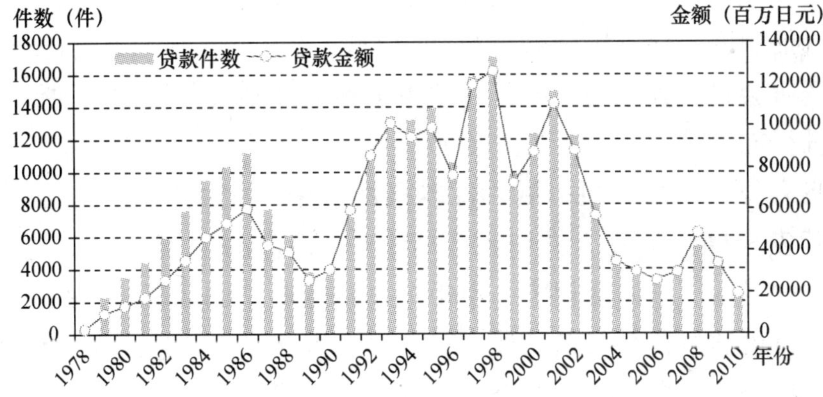

图16－2　日本中小企业倒闭共济贷款情况

资料来源：根据东京商工调查数据计算整理。

此外，为鼓励个人投资办企业，防止小微企业倒闭和解决经营者的退休养老问题，日本政府还制定了《小规模企业共济法》（1965）。根据该法律，小规模企业经营者或高级职员每月自愿交纳保险费500—7000日元，免征所得税。退休后按每月交纳的保险费发给退休金。目前约有150万人参加这项共济制度，存入金额达7万亿日元。

（三）中小企业倒闭对策贷款制度

对于包括因累计赤字、资本过少、信用低下等其他原因引起的企业倒闭，日本政府专门制定了强化中小企业经营基础，特别是强化资金链的贷款制度。主要政策措施包括：（1）设立中小企业经营支援贷款，帮助因经营暂时恶化，资金周转遇到困难的中小企业渡过难关；（2）设立中小企业应对金融环境变化贷款，向因往来金融机构惜贷或经营失败资金周转陷入困境的中小企业发放周转资金贷款；（3）设立支持创业的特别贷款，为支持新开业和扩大发展的中小企业提供贷款。

为了防范因突发自然灾害和事故、全国性行业恶化或撤退等情况下的中小企业连锁倒闭，日本政府还积极推广中小企业业务持续计划（BCP），各政策性金融机构专门设置中小企业倒闭对策贷款制度，以保证企业整体业务的持续经营，防止连锁倒闭范围扩大。该制度规定，中小企业金融机构每年设立额外预算，专门用于中小企业倒闭防止贷款，贷款利率按基本利率，对于特别指定行业或业种，贷款利率下浮。2008 年 10 月，在之前各政策性金融机构的基础上组建日本政策金融公库，目的是扩充中小企业的信用保证制度，促进民间金融机构放贷。当中小企业无力偿还贷款时，信用保证协会将代其偿还欠款，而政策金融公库则会负责对这种代替偿还行为等进行支援。

2008 年国际金融危机以后，日本根据《中小企业信用保险法》确立了“经营安全网”制度，并引入政府 100% 担保的“紧急担保制度”以扩充安全网贷款。该制度规定，中小企业在营业额同比减少 3% 以上等特定情况下，可通过银行及信用保证协会的全国网点获得信用认定后适用申请获得专项贷款。据日本中小企业厅的统计数据，从 2008 年 12 月到 2012 年 3 月底，经营安全网制度提供贷款共实施 69 万件，贷款数额 15 万亿日元。紧急担保制度提供担保承诺 150 万件，承诺金额超过 27 万亿日元。2011 年，针对直接受大地震影响倒闭的企业，日本政府又及时设立了“东日本大地震复兴特别贷款”制度，到 2012 年 3 月底，已对近 20 万件、实施了约 4.4 万亿日元的特别贷款。

（四）日本防止中小企业连锁倒闭共济基金政策效果评述

根据 SMRJ 统计，1978—1988 年的 10 年间，平均每年加入共济的中小企业 33700 多家，其中，仅 1986 年，就加入 76000 多家，为该制度创设以来最高；1992 年次之，一年间加入数也超过 7 万家，随后加入数一路减少，最少时的 2005 年减少到 13500 多家。2008 年金融危机以来，加入数稍有增加，近两年保持在3万家左右的水平。从1978年该制度实施以来到2010年年末共计加入件数103万件，平均每年有37万家会员企业，其中，新加入企业平均约4万家。退会集中在2001年以后，平均每年有2万家成功退出，近几年会员企业维持在30万家以内，连锁倒闭的企业比例由之前的15%—20%降至7%以下。显然，日本上述防止中小企业倒闭共济制度的不断充实和持续实施，极大地降低了中小企业的经营风险，减少了中小企业连锁倒闭事件的发生，起到了稳定企业、稳定社会的作用。该共济制度的实施对中小企业的经营安全具有明显的积极效果，受到广大中小企业的好评和支持。

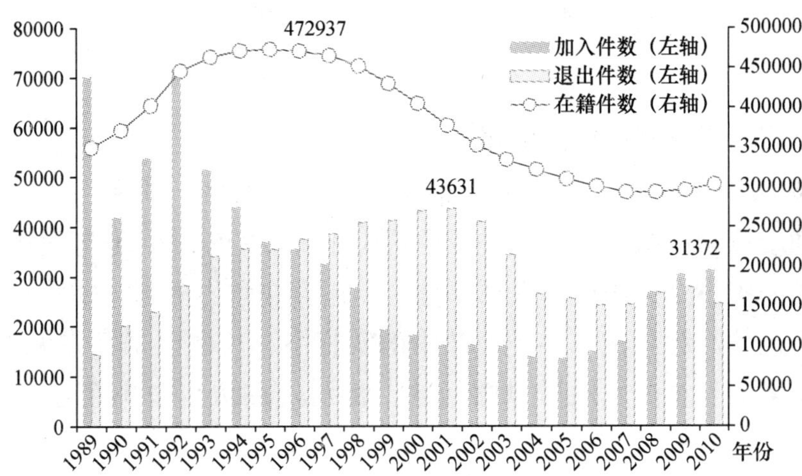

图16－3　1989年以来日本中小企业连锁倒闭防止共济基金加入状况

资料来源：根据东京商工调查数据计算整理。

事实上，韩国及中国台湾等东亚其他国家和地区从20世纪90年代初就开始注意引进日本该政策理念。韩国政府注资设立的防止中小企业连锁倒闭共济基金由中小企业协同组合中央会负责管理运用。此外，韩国中小企业厅还设立了总规模为3000万美元的“创造工作岗位基金”。该基金吸收国外风险投资，由STICIT公司具体操作，为期7年，韩国促进中小企业发展的政府部门也参与投资，采取商业化运作方式，重点投向拥有先进技术和市场前景的IT相关产业及增长潜力巨大的新兴产业，以此间接地扩大青年人就业机会（目标为创造3000个工作岗位）。中国台湾在其

1991 年发布的“中小企业发展条例”第二十三条中规定，“为防止中小企业受往来企业倒闭之牵累而发生连锁倒闭，主管机关得协调、辅导产业同业公会，设置或联合设置防止中小企业连锁性倒闭互助保证基金，对因此发生周转或业务困难之中小企业，提供特别融资之信用保证”，并在实践中参考日本的做法，建立了台湾防止中小企业连锁倒闭保险制度。韩国和中国台湾在 1997 年、2008 年两度金融危机中最大限度地规避了中小企业连锁倒闭的风险，这与有效地推广应用该共济制度是分不开的。这也为中国解决当前中小企业存在的突出问题提供了有益的借鉴。

第三节　对策与建议

一　国内现行制度相关背景

自从 2002 年中国颁布《中小企业促进法》以来，国家和地方也制定了一系列政策和措施，大大促进了中国中小企业的发展。但与发达国家相比，中国的中小企业法律体系还不健全，还存在政出多门、财政支持和监管力度不足等问题。在中小企业政策的实施中，长期以来存在偏重数量、忽视内生增长和总体发展质量的问题，特别是在防止中小企业“连锁倒闭”问题上一直存在政策缺失。

2008 年国际金融危机发生以后，中国江苏、浙江、广东等省的部分地市也尝试设立了一些中小企业临时应急周转基金。其中，江苏省南通市、海安市、启东市、海门市、沭阳县等较早成立了“中小企业应急互助基金会”。浙江省杭州市设立了中小企业金融超市；萧山区设立了中小微企业服务合作社暨互助基金；温州市在 2011 年跑路事件接连发生后设立了“应急转贷金”，温州市民间资本投资服务中心成立了“企业重组救市基金”，温州市鹿城区工商联设立了“中小企业转贷临时周转金”，乐清市成立了“民营企业互助基金”；嘉兴市设立“互助成长基金”，嘉善县也设立了“中小企业转贷基金”；永康市推出了“互助基金池”担保模式，等等。但这些地方性的、临时性的应急基金目前都未上升到国家层面的制度设计上，无论是资金来源还是运行管理，都存在很大的不确定性，效果有限。

就国家层面现有的中小企业相关基金政策来看，2012 年 2 月国务院决定扩大中小企业专项资金规模，中央财政安排150亿元设立中小企业发展基金，这无疑是非常重要的战略举措。但该基金不是基于用来防止中小企业连锁倒闭而设立的，而是主要用于支持初创小型微型企业的专项基金，而且在支持适用面上没有涵盖中小企业全体。更重要的问题是，目前中央财政每年预算安排扶持中小企业发展的资金分散在多个部门，主要包括财政部和发改委共同管理的“中小企业发展专项资金”、科技部管理的“科技型中小企业技术创新基金”、商务部管理的“外贸发展基金”、财政部和人保部共同管理的“小额贷款担保基金”等，实践表明，这种“五龙治水”的政策实施效果并不理想。

为此，结合前述国内外相关背景和现行经验，中国迫切需要在国家层面建立统一的防止中小企业连锁倒闭的经营安全互助基金制度。

二　总体框架建议

（一）基金名称

考虑到企业的立场和感受，提案以“中国中小企业经营安全互助基金”指代“防止中小企业连锁倒闭互助基金”，简称“中小企业互助基金”。

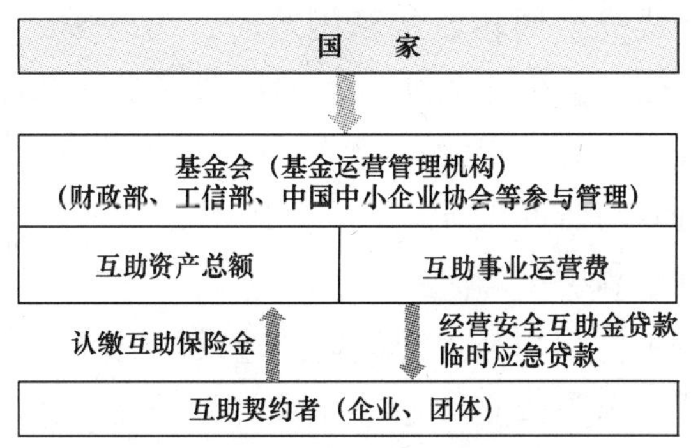

图16－4　中国中小企业互助基金制度框架构想

（二）基金性质

为准政府基金。由中央财政注资、中小企业自愿加入，以防止连锁倒闭为目的设立的全国统一的中小企业经营安全互助基金。

（三）资金来源

主要源于中央财政预算安排（20%以上）、企业认缴资金、基金运营收益、社会捐赠等，还可在政府指导下，通过合法吸收风险投资等渠道不断扩大基金规模。

（四）基金目的

基于国家层次，把分散在各地区、各部门、各领域的相关资金或基金捆绑在一起，独立建制，实行专款专用，为防止中小企业连锁倒闭，强化现有资金链，实现安全经营和健康发展提供长期稳定的资金来源。

（五）立法依据

根据《中华人民共和国中小企业促进法》（第十条、第十二条、第十三条、第十七条、第二十一条、第二十三条等）进行解释。同时制定新的《中小企业经营安全互助法》。

（六）入退会资格

凡符合《中华人民共和国中小企业促进法》和《中小企业划型标准规定》（工信部联企业〔2011〕300号）中相关概念界定的中国中小企业均有资格自愿申请加入和退出基金会。

（七）主要契约内容

加入中国中小企业经营安全互助基金制度者，受到交易对方企业破产或受关联影响而造成资金周转或经营困难时，按已缴纳互助保险金10倍范围内，选择其中较小金额作为所获得的经营安全互助金，并可在一定期限内（按约定）偿还，以无担保、无利息方式提供贷款。详细契约标准及内容等需要进行专门研究论证。

三 管理运行机制

成立运营管理机构和国家主管机构。建议由财政部、工信部、发改委等中央政府职能部门牵头成立“中小企业经营安全互助基金会”，并负责起草基金会章程和基金管理办法。尽早整合相关资源，组建中国“国家中小企业局”，以对中国中小企业发展进行一元化管理。建议中国尽早设立政府100%出资的“中小企业政策银行”。“国家中小企业局”代表政府通过“中小企业政策银行”等为互助基金注资、划拨运营经费，并对会员企业提供法律、税收和政策等全方位支持。基金设立初期，必要时由中小企业发展基金中有关专项基金统筹启动资金（见图16-5）。

（一）政策实施与服务机构

基金会具体通过相关金融机构、中小企业协会、工商联、商会等中小

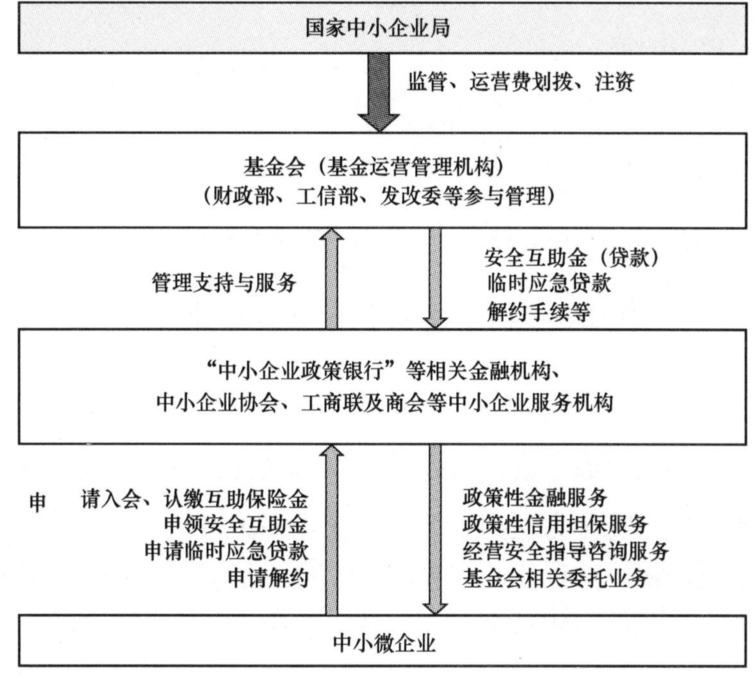

图 16－5　中国中小企业互助基金管理运行示意

企业服务和中介机构办理经营安全互助金（贷款）、临时应急贷款及合同手续等，中小微企业会员也可通过身边这些服务窗口办理申请入会、认缴互助保险金、申领安全互助金、申请临时应急贷款、申请解约等。同时，作为中小企业经营安全共济基金制度内容的有机组成部分，为防止连锁倒闭、规避突发事件及自然灾害等带来的风险，基金会还通过相关金融及担保机关实施政策性金融及信用担保服务、通过各地中小企业服务机构向会员企业提供经营安全指导咨询服务等。

（二）监督检查体制

建议新成立的“国家中小企业局”对各省市各地区组织申报、项目评审、资金使用和管理等工作进行不定期抽查。财政部驻各地财政监察专员办事处对资金拨付使用情况及项目实施情况进行不定期监督检查。各省级财政部门负责对经营安全互助资金的使用情况进行管理和监督；省级中小企业主管部门负责结合日常工作和中小企业服务平台对项目实施情况进行管理和监督。

第十七章

建构知识产权产业化转化与交易流转综合平台的调研报告

浙江省建设创新型省份和科技强省，亟待依托中小企业将专利等知识产权潜在的生产力转化为现实生产力，实现保护创新与促进运用的有机结合，加速知识产权经济价值的交易流通，进而形成知识产权产业化转化的创新驱动力，切实提升我省中小企业核心竞争力。

第一节　浙江省专利研发及其利用现状

2009—2012 年，浙江省专利申请总量与授权量以每年 20% 以上的速度递增，总量多年稳居全国前三位。特别是 2012 年，浙江省专利申请总量为 249373 件，授权量达到 188431 件，分别比上年同期增长 40.8% 和 44.7%，高出全国平均增速 13.8 个百分点和 12.7 个百分点，居全国第 2 位。但据《2011 年全国专利实力状况报告》，将全国 31 个地区划分为五类，广东省、北京市、江苏省、上海市位居第一类。浙江省 2010 年专利实力居全国第 9 位，处于中游的第二类。2011 年，浙江省在全国的专利实力名次下滑至第 12 位，有向第三类靠拢的趋势。进一步调研还得知，虽然浙江省在专利申请和授予总量上常年稳居前列，但有效发明专利占全部有效专利的比例仅为 6.69%（2010 年），低于全国平均水平（14.2%），也低于广东、江苏等省的水平，甚至还低于云南、贵州等省的水平。

上述专利总量排名与专利实力排名上的悬殊差距，凸显出浙江省专利等知识产权产业化率偏低，尚未形成与中小企业创新驱动的有效衔接等现实状况。这与浙江作为全国中小企业发达省份的身份不相符合，也无法满足当前浙江省中小企业转型升级的现实需求。

第二节　中小企业对专利等知识产权的现实需求和主要问题

宏观上看，中小企业对专利等知识产权的现实需求，是企业技术创新与知识产权战略融合这一重要理念的具体化，体现为企业对知识产权保护创新与促进运用之间有机结合的渴望。具体来说，拥有自主研发能力的企业需要从技术、市场和经济层面充分评估企业自身创新成果的价值，整合创新资源，通过产业化等形式，实现对自主知识产权价值的充分运用。而对暂无能力自主研发新专利、新技术，但在生产经营中依赖新专利、新技术的中小企业而言，自由开放、安全可靠的知识产权交易流转平台则是必不可少的。

应该说，近些年来中国各级政府都在大力推进技术成果产业化平台建设，在国家和地方层面均设立了一些专利（技术）交易、转化平台，还配套出台了许多扶持政策，如鼓励中小企业利用知识产权质押融资手段缓解转型发展中的资金困境等。这些都在一定程度上满足了中小企业在技术创新资源的有效配置和知识产权高效流转利用等方面的现实需求，成效明显。但现实中仍然暴露出一些问题，浙江省也不例外。主要体现在以下几个方面：一是信息不对称现象比较严重，以专利技术为核心的技术成果交易在供需双方之间缺乏有效的信息沟通和交流机制；二是现有技术成果转化交易平台在载体、规模和成交业绩方面都较为局限或单一；三是在对专利等技术转移的价值评估和风险防控方面都缺乏完善的机制，影响了技术成果交易的有效完成；四是对转化、交易和流转等行为引发的纠纷协调处理机制存在一定缺陷等。

第三节　对策与建议

针对上述现状和问题，综合《中共浙江省委关于全面实施创新驱动发展战略，加快建设创新型省份的决定》和《国家技术创新工程总体实施方案》等文件精神和要求，我们认为，浙江省应尽快建构全国领先的知识产权产业化与交易流转综合平台运作机制，形成依托知识产权转化、流转的创新驱动，切实提升浙江省中小企业在转型升级中的核心竞争力。

一　综合平台功能

该平台的功能框架应按照“需求导向、服务产业；创新机制、盘活资源；政府引导、多维联动；明确权责、协同发展”的原则来建构，并注意集合“产业化转化、交易流转、质押融资、企业创新”等服务于一身，主要功能应包括以下几个方面：

（一）实现“需求”与“资源”的畅通对接

即通过该综合平台，建立专题性的知识产权信息数据库和检索分析系统，提高知识产权产业化的信息化水平。并通过充分共享和利用国内外有效的专利等知识产权资源和信息，以产业需求为导向，以市场需求为技术创新的原动力，以中小企业为实施主体，提升专利技术等知识产权产业化的比重，同时兼顾科技型中小企业的孵化和培植。

（二）推动“政、企、学、研”的良性互动

该综合平台的建设无疑需要政府有关主管部门出台对专利等知识产权产业化、交易流转等有利的扶持政策。同时，政府还应有效地引导该综合平台运行机制下的多方参与主体开展实名认证，利用该平台，引导企业“接管”高校和科研机构不具备产业化条件或者难以产业化的专利；通过出资购买专利、支持正在进行的研究项目等手段，推动各方主体间形成“委托→发明→价值评估→增值→专利/其他知识产权资源→风险评估→市场评估→许可/转让→谈判→合同”的良性互动，提升专利等知识产权资源从研发到投产的效率，并起到防止高价值专利流失和降低外部风险干扰的作用。

（三）形成“实体”加“网络”的立体服务

即除了在中小企业聚集的产业园区、经济开发区设置专门的固定场所作为该综合平台的实体服务终端、适时开展知识产权转化交易展会等以外，应充分认识专利等知识产权资源更新迅速、转化运用频率快等特征，并基于信息网络传播的重要作用，建设好网络化的在线服务平台，实现与

网络空间和远程服务的对接及衔接，以提高知识产权转化、交易信息的传播面和覆盖面，全面实现“实体”与“在线”的立体服务。

（四）实施“公开”并“及时”的跟踪反馈

当事人通过综合平台履行相关法律手续，只是完成了知识产权产业化或交易流转的第一步，后续进展情况如何，直接关系到项目实施的长远效果，这就需要及时进行跟踪反馈，以更好地实施后续服务或采取合理的应对措施。即通过该综合平台的信息端口，对项目反馈信息进行公开发布，实时跟踪，及时终止不良项目的继续，把风险和损失降到最低。

二　综合平台建设

为更好地推进该综合平台的运行机制建设，还应注意做好以下几项工作：

（一）细致周密的实施方案

在具体的方案制订中，应全面考虑目标定位、服务对象、资源配置、制度规范、建设重点、实施步骤和具体措施等相关内容。要注意做好与创新型省份和科技强省的建设目标以及浙江省中小企业发展现状和实际需求的紧密结合。还应注意对现已建成并投入使用的其他同类平台开展优化整合和改造升级，避免重复建设和资源浪费。

（二）全面科学的政策扶持

该平台的建设和发展，离不开全面科学的政策环境作为支持。诸如知识产权产业化和交易税率优惠政策、专门人才引进和培养政策、区域战略性产业重点扶植政策、重大项目经费配套政策等。

（三）职责明确的建设团队

基于该平台的综合职能，其建设团队的人员组成必然呈现专业结构上的多元化。这不仅要求团队成员具备较高的专业化技能，更需要明晰各自的职能和彼此间的协同关系，以便高效地开展工作。

（四）自上而下深入宣传

政府相关职能部门要充分利用现有的信息传播手段和途径，加强对将该综合平台自上而下的宣传介绍。只有让更多的中小企业和相关单位获悉信息，才能促使更多的知识产权资源在该综合平台得以转化、流转和利用。

第　三　篇

中国中小微企业景气动态数据研究报告*

* 本报告为国家社会科学基金项目“中小企业连环倒闭风险传递与防范机制的国际比较研究”（14BJY084）、浙江省哲学社会科学规划课题重点项目“我国中小微企业景气指数预警系统的理论与实践研究”（14BJY084）、浙江省哲学社会科学规划课题重员项目“我国中小微企业景气指数预警系统的理论与实践研究”（13NDJC004Z）和浙江省委组织部、省人力资源和社会保障厅“钱江人才计划”择优资助项目“我国中小微企业景气指数预警机制研究——理论与实践”（QJC1302016）研究成果。

第十八章

中小微企业动态景气指数理论与方法

景气指数（Climate Index）是用来衡量经济发展状况的“晴雨表”。企业景气指数是对企业动态景气调查所得到的企业家关于本企业生产经营状况及对本行业景况的定性判断和预期结果的定量描述，用以反映企业生产经营和行业发展所处的动态景气状况及发展变化趋势。在企业动态景气调查和指数编制方面，自德国伊弗（IFO）研究所于1949年正式开始实施以来，在世界发达市场经济国家已有半个世纪以上的理论研究和实践经验。中国国家统计局1998年将企业动态景气调查纳入了统计制度，但从政府机构和学术界对企业动态景气指数的研究及应用来看，大都以工业企业和大中型企业为对象。在企业运行监测和管理方面，2004年，中国农业部开始建立全国乡镇企业信息直报系统，2009年国家工业和信息化部也在全国建立了中小微企业生产经营运行监测平台，使中国中小微企业动态景气监测和预警机制逐步得以确立。但从目前的监测企业数量和类型等来看，还不能充分客观地反映中国中小微企业发展景气特征。本章首先跟踪国内外有关景气指数研究的理论前沿和最新动态，其次阐述分析中国中小微企业景气指数研究的意义，最后介绍本课题组采用的中小微企业景气指数编制流程和评价方法。

第一节　国外动态景气指数研究前沿

一　经济周期波动与景气指数研究

经济周期波动是经济发展过程中难以回避的一个重要现象。在20世纪初，对于经济周期波动的研究在欧美各国的学术界引起普遍重视，相关机构及学者提出了各种定量方法来测量经济的周期性波动。1909 年，美国巴布森统计公司（Babson）发布了“巴布森经济活动指数”，这是最早较为完整地提出景气指数分析的经济预测和评价活动。早期研究中影响最大的是哈佛大学 1917 年开始编制的“哈佛指数”，其在编制过程中广泛地收集了美国经济发展的历史数据，选取了与经济周期波动在时间上存在明确对应关系的 17 项经济指标，在三个合成指数的基础上，利用它们之间存在的时差关系来判断经济周期的波动方向并预测其转折点，对 20 世纪以来美国的四次经济波动都得到了较好的反映。“哈佛指数”从 1919 年起一直定期发布。此后，欧洲各国涌现出了许多类型的指数研究小组，从不同角度分析经济、产业与市场等运行状况。

米切尔（W. C. Mitchell，1927）总结了历史上对经济景气指数以及经济周期波动测定等方面的一些结果，从理论上讨论了利用经济景气指标对宏观经济进行监测的可能性，提出了经济变量之间可能存在时间变动关系，并由此来超前反映经济景气波动的可能性。这些理论的提出为 W. C. 米切尔和 A. F. 伯恩斯（Burns，1938）初步尝试构建先行景气指数提供了基础，他们从 500 个经济指标中选择了 21 个构成超前指示器的经济指标，最终正确地预测出经济周期转折点出现的时间。1929 年美国华尔街金融危机爆发后，学术界认为，仅凭借单个或几个指标已经难以全面、准确地反映整个经济运行状况，由此季节调整就成为经济监测的基本方法。

在对经济周期进行系统性的研究后，米切尔和伯恩斯（1946）在《预测经济周期》（*Measuring Business Cycles*）一书中提出了一个关于经济周期的定义：“一个周期包括同时发生在许多经济活动中的扩张、衰退、紧缩和复苏，复苏又融入下一个周期的扩张之中，这一系列的变化是周期性的，但并不是定期的。在持续时间上各周期不同。”这一定义成为西方经济学界普遍接受的经典定义，并一直作为 NBER 判断经济周期的标准，也为企业景气指数的研究提供了理论支撑。

从 1950 年开始，NBER 经济统计学家穆尔（J. Moore）的研究团队从近千个统计指标的时间序列中选择了 21 个具有代表性的先行、一致和滞后三类指标，开发了扩散指数（Diffusion Index，DI），其中先行扩散指数在当时能提前 6 个月对经济周期的衰退进行预警。虽然扩散指数能够很好地对经济周期波动的转折点出现的时间进行预测，却不能表示经济周期波动的幅度，没能反映宏观经济运行的效率与趋势，这使得扩散指数的推广和应用受到了一定的限制。为了弥补这一缺陷，希金斯和穆尔（J. Shiskin and G. H. Moore，1968）合作编制了合成指数（CI），并且在 1968 年开始正式使用，合成指数有效地克服了扩散指数的不足，它不仅能够很好地预测经济周期的转折点，而且能够指出经济周期波动的强度。其中，经济周期波动振幅的标准化是构建合成指数的最核心问题，不同的经济周期波动振幅标准化后获得的合成指数也不相同。合成指数为经济周期波动的度量提供了一个有力的工具，至今被广泛地应用于世界各国的景气指数评价研究。

由于指标选取会直接影响到最终构建的景气指数，所以一些经济学家开始尝试利用严谨的数学模型作为分析工具，利用多元统计分析中的主成分分析法来合成景气指数，以此尽量减少信息损失。斯托克和沃森（J. H. Stock and M. W. Watson，1988，1989）还利用状态空间模型和卡尔曼滤波建立了 S—W 型景气指数，这种指数方法也被许多国家用来监测宏观经济周期波动状况。

二　企业与行业景气研究

经济衰退和经济增长过快都会影响到企业的运营与行业发展。而客观判断企业与行业发展景气状况主要是通过企业景气指数分析来实现的。企业景气指数是对企业景气监测调查所得到的企业家关于本企业生产经营状况及对本行业景况判断和预期结果的定量描述，用以反映企业生产经营和行业发展所处的景气状况及发展趋势。1949 年德国伊弗研究所首次实施了企业景气调查（IFO Business Climate Index），具体对包括制造业、建筑业及零售业等产业部门约 7000 家企业进行月度调查，主要依据企业评估目前的处境状况、短期内企业的计划及对未来半年的看法等编制指数。这种企业景气指数评价方法很快被法国、意大利及欧共体（EEC）等采用，并得到日本、韩国与马来西亚等亚洲国家的重视。

日本是世界上中小微企业景气调查机制最为健全完善的国家之一。日本在 1957 年以后实行了两种调查，即 17 项判断调查和定量调查。日本的权威性企业景气动向调查主要有日本银行的企业短期经济观测调查（5500 家样本企业）、经济企划厅的企业经营者观点调查和中小微企业厅的中小微企业景况调查。其中，中小微企业景况调查和指数编制及研究始于1980年，其会同中小企业基盘整备机构，依靠全国533个商工会、152个商工会所的经营调查员、指导员及中小企业团体中央会的调查员，对全日本约1.9万家中小企业（2011年度）分工业、建筑业、批发业、零售业和服务业五大行业按季度进行访问调查，并通过实地获取调查问卷信息来实施。2004年以后，日本还从全国420万家中小企业中选出11万家，细分为10个行业，在每年8月进行定期调查，并发布研究报告。

此外，美国独立企业联合会（NFIB）自1986年开始面向全美47万家小企业每月编制发布《小企业乐观程度指数》（The Index of Small Business Optimism），该指数已成为反映美国小企业景气状况的"晴雨表"。

三　景气监测预警研究

经济预警（Economic Early Warning）基于经济景气分析，但比景气分析预测要更加鲜明，属于经济突变论的概念范畴。其最早的应用可追溯到1888年巴黎统计学大会上发表的以不同色彩评价经济状态的论文。但经济预警机制的确立是在20世纪30年代第一次世界经济危机之后。20世纪60年代引入合成指数和景气调查方法之后，美国商务部开始定期发表NBER经济预警系统的输出信息（顾海兵，1997）。具有评价功能的预警信号指数始于法国政府制定的"景气政策信号制度"，其借助不同颜色的信号灯对宏观经济状态做出了简明直观的评价。

1968年，日本经济企划厅也发布了"日本经济警告指数"，分别以红、黄、蓝等颜色对日本宏观经济做出评价。1970年，联邦德国编制了类似的警告指数。1979年，美国建立"国际经济指标系统"（IEI）来监测西方主要工业国家的景气动向，这标志着经济监测预警系统研究开始走向国际化。到20世纪80年代中期，印度尼西亚、泰国、新加坡、中国、中国香港等国家和地区先后将景气预警作为宏观经济的政策支持基础。

作为反映国际贸易情况的领先指数，波罗的海干散货运价指数（BDI）近年来日益受到企业和行业的重视（卿倩、赵一飞，2012）。该指数是目前世界上衡量国际海运情况的权威指数，由若干条传统的干散货船航线的运价，按照各自在航运市场上的重要程度和所占比重构成的综合性指数，包括波罗的海海岬型指数（BCI）、巴拿马型指数（BPI）和波罗的海轻便型指数（BHMI）三个分类指数，由波罗的海航交所向全球发布。其预警功能表现为：如果该指数出现显著上扬，说明各国经济情况良好，国际贸易火热。前几年由于中国的经济快速发展也带动了全球经济的复苏，全球对于原材料的需求大大增加，导致了海运的快速繁荣。根据波罗的海航运交易所公布的2014年上半年的BDI指数，半年收报1413点，与2013年年末的1773点相比，下跌360点，跌幅为20.3%。市场监测分析认为，指数连续低迷的主要原因是市场船舶过多、船吨过剩，加上欧美国家仍深受债务困扰，经济持续放缓，未能完全走出金融海啸的阴霾；而中国也在进行经济调控，对大宗商品的需求下跌，导致干散货运输市场继续在低水平下运作，BDI在半年内处于低位徘徊。

第二节　国内景气动态指数研究前沿

一　宏观经济景气循环研究

在中国，吉林大学董文泉（1987）的研究团队与国家经委合作首次开展了中国经济周期的波动测定、分析和预测工作，编制了中国宏观经济增长率周期波动的先行、一致和滞后扩散指数及合成指数。后来，国家统计局、国家信息中心等政府机构也开始了这方面的研究并于90年代初正式投入应用（朱军、王长胜，1993；李文溥等，2001）。陈磊等（1993、1997）通过多元统计分析中的主成分分析方法，构建了先行、一致两组指标组的主成分分析来判断中国当时的经济景气循环特征。高铁梅等（1994、1995）通过运用S—W型景气指数很好地反映了中国当时经济运行状况。

毕大川和刘树成（1990）、董文泉等（1998）、张洋（2005）等系统地总结了国际上研究经济周期波动的各种实用的经济计量方法，并利用这些方法筛选的指标合成适合中国的景气指数和宏观经济预警机制。李晓芳等（2001）利用H—P滤波方法和阶段平均法对中国的经济指标进行了趋势分解，利用剔除趋势因素的一致经济指标构造了中国增长循环的合成指数，并与增长率循环进行了比较。阮俊豪（2013）实证研究了BDI指数风险测度及其与宏观经济景气指数关系。陈乐一等（2014）运用合成指数法分析了当前中国经济景气走势。史亚楠（2014）基于扩散指数对中国宏观经济景气进行了预测分析。近年来，不少研究者从投资、物价、消费、就业和外贸等宏观经济的主要领域，对转型期中国产业经济的周期波动进行了实证研究（高铁梅等，2009；许谏，2013；许洲，2013；王亚南，2013；冯明、刘淳，2013；谌新民等，2013；陆静丹等，2014）。

二 企业与行业景气研究

中国人民银行1991年正式建立5000户工业企业景气调查制度，但所选企业以国有大、中型工业生产企业为主。自1994年8月起，国家统计局开始进行企业景气调查工作，调查主要是借助信息公司的技术力量，开展对工业和建筑业企业直接问卷调查。到1998年，国家统计局在全国开展企业景气调查，编制了企业家信心指数和企业景气指数，分别按月度和季度在国家统计局官网上发布。

1997年，国家统计局建立了一套专门针对中国房地产发展动态趋势和变化程度的"国房景气指数"。从2001年开始，国家统计局又根据对商品与服务价格进行抽样调查的结果，编制发布了全国居民消费价格指数（CPI）。王呈斌（2009）基于问卷调查分析民营企业景气状况及其特征；浙江省工商局2010年结合抽样调查、相关部门的代表性经济指标，运用国际通行的合成指数法编制发布了全国首个民营企业景气指数。黄晓波、曹春嫚、朱鹏（2013）基于2007—2012年中国上市公司的会计数据信息研究了企业景气指数。中国社会科学院金融研究所企业金融研究室尝试开发编制中国上市公司景气指数。浙江工商大学开发编制了义乌中国小商品指数。中国国际电子商务中心中国流通产业网开发编制了中国大宗商品价格指数。

迄今，国内学术界对中小企业景气指数的研究大都集中在工业企业领域。其他相关指数有中国中小企业国际合作协会与南开大学编制的中国中小企业经济发展指数、复旦大学编制的中小企业成长指数、中国中小企业协会编制的中小企业发展指数、中国企业评价协会编制的中小企业实力指数、浙江省浙商研究中心编制运营的浙商发展指数以及阿里巴巴主要为中小微企业用户提供行业价格、供应及采购趋势的阿里指数，等等。

伴随着景气指数分析的进一步深入，关于景气指数的评价对象也逐渐出现了分化，目前更多的研究将景气指数评价应用于某一具体区域、具体行业、领域的企业及其他组织的分析。中国学术界迄今对行业和企业监测预警的研究大都集中在房地产（张宇青等，2014；崔霞等，2013；张斌，

2012；朱雅菊，2011；陈峰，2008；隋新玉，2008；王鑫等，2007；李崇明等，2005）、旅游（何勇，2014；刘晓明，2011；倪晓宁、戴斌，2007；梁留科等，2006）、金融（徐国祥、郑雯，2013；刘恩猛等，2011；薛磊，2010；周世友，2009；陈守东等，2006；吴军，2005）、商业（张伟等，2009；李朝鲜，2004）、海洋航运及进出口贸易（周德全，2013；殷克东等，2013；朱敏等，2008；苏春玲，2007）、资源及能源（肖欢明等，2013；支小军等，2013；刘元明等，2012；李灵英，2008）等领域。

三　景气监测预警研究

1988年以前，中国经济预警研究主要侧重于经济周期和宏观经济问题的研究（石良平，1991），最早由国家经委委托吉林大学系统工程研究所撰写的中国经济循环的测定和预测报告，而首次宏观经济预警研讨会是由东北财经大学受国家统计局委托于1987年9月以全国青年统计科学讨论会为名召开的（龚盈盈，2005）。

1988年以后，中国学者更多地关注先行指标，在引入西方景气循环指数和经济波动周期理论研究成果基础上，将预测重点从长期波动向短期变化转变。中国经济体制改革研究所（1989）在月度经济指标中选出先行、一致和滞后指标，并利用扩散指数法进行计算，找出三组指标分别对应的基准循环日期。同年，国家统计局也研制了六组综合监测预警指数，并利用五种不同颜色的灯区来代表指数不同的运行区间，从而更直观地表示经济循环波动的冷热状态。

相关早期研究方面，毕大川（1990）首次从理论到应用层面对中国宏观经济周期波动进行了全面分析；顾海兵、俞丽亚（1993）从农业经济、固定资产投资、通货膨胀、粮食生产和财政问题五个方面进行了预警讨论。吴明录、贺剑敏（1994）利用经济扩散指数和经济综合指数设计了适合中国经济短期波动的监测预警系统，并对近年来中国经济波动状况进行了简要评价。谢佳斌、王斌会（2007）系统地介绍了中国宏观经济景气监测的预警体系的建立、统计数据的处理和经济景气度的确定以及描绘等，从总体上，客观、灵敏、形象地反映中国经济运行态势。除此之外，还有学者构建了基于BP神经网络的经济周期波动监测预警模型系统，并进行了仿真预测和预警（张新红、刘文利，2008），在实证应用方面产生了较大的影响。

新近的区域景气监测预警研究方面，池仁勇、刘道学等（2012、2013、2014）连续三年基于浙江省中小企业景气监测数据对浙江省11个地市中小微企业的综合景气及主要行业景气指数进行了研究分析；王亚南（2013）对湖北省20年文化消费需求景气状况进行了测评；何勇等（2014）探讨了海南省旅游景气指数的构建；肖欢明等（2014）基于链视角专门研究了浙江纺织业景气预警。

第三节　中小微企业景气指数研究的意义

一　中国中小微企业的重要地位与发展困境

中国经济30多年来的快速发展充分证明，中小微企业是中国数量最大、最具活力的企业群体，是吸纳社会就业的主渠道，是技术创新和商业模式创新的重要承担者。目前，中国中小微企业在国民经济发展中的贡献格局已基本形成“56789”，即中小微企业占50%以上的税收、占60%以上的GDP和技术创新、占70%以上的产品创新、占80%以上的就业和占90%以上的企业数量，是中国实体经济发展的根基。

但转型期中国宏观经济运行的波动规律越发复杂和难以把握。企业特别是中小微企业所面临的经营风险和不确定性日益增加。特别是近几年来，在复杂严峻的国内外经济形势下，中国处在微利或亏损状态的小微企业数量在增加，中小微企业总体面临“用工贵、用料贵、融资贵、费用贵”与“订单难、转型难、生存难”这“四贵”“三难”的发展困境（林汉川、池仁勇等，2012）。尤其是在中小微企业管理上，中国长期以来实行“五龙治水”，即工信部负责中小微企业政策制定与落实，商务部负责企业国际化，农业部乡镇企业局负责乡镇企业发展，工商管理部门负责企业工商登记，统计局主要负责统计规模以上企业，而占企业总数97%以上的小微企业总体被排除在政府统计跟踪范围之外。这样，各部门数据统计指标不统一，数据不能共享，统计方法各异，经常存在数据不全及数据交叉的混乱状况，缺乏统一的数据口径。这使得现行数据既不能客观地反映中小微企业景气现状，也难以用来做科学预测预警，这影响到制定政策的前瞻性和针对性及政策实施效果评价，也会影响到小微企业的健康持续发展。中国中小微企业信息不对称、缺乏科学的监测预警和决策支持系统是当前政产学研共同关注和亟待解决的理论与现实课题。尤其是随着中国中小微企业面临的区域性、系统性风险的增大，今后有关区域中小微企业和行业景气监测预警的研究更具有重要的学术价值与现实意义。

二　中国中小微企业景气指数研究的理论意义与应用价值

如前所述，在经济发达国家，客观地判断企业发展景气状况主要是通过企业景气监测预警分析来实现的。在企业景气指数编制方面，世界上自1949年德国先行实施以来已有60多年的研究与应用历史。在企业景气指数预警理论及应用研究上，目前，国际通用的扩散指数（DI）和合成指数（CI）得到了广泛应用，各个国家或地区越来越重视先行指数和一致指数的指导作用，这也说明这两种经典的指数分析方法的可靠性。随着景气指数研究的深入，世界上对中小微企业景气指数的评价也日益成为经济景气研究领域的重要内容。

从预警方法看来，基于计量经济学的指标方法和模型方法，以及基于景气指数监测的景气预警法是比较有效的方法。其中，计量经济学方法是政府部门使用一定的数学计量方法对统计数据进行测算，从而向公众发布对经济前景具有指导性作用的信息；而景气预警方法是利用结构性模型的构建，以及它们之间相关联的关系来推测经济发展可能位于的区间。目前，在研究宏观经济和企业运行监测预警过程中，多是两种方法相结合。

中国1998年才正式将企业景气调查纳入国家统计调查制度，近几年来，中国政府部门、科研机构、金融机构等虽然在经济景气预警方面的研究比较多，但政府和学术界对企业景气指数研究及应用，受长期以来“抓大放小”的影响，迄今主要以特定行业为对象，而对企业特别是中小微企业的景气波动过程少有系统研究，对于中小微企业的监测预警研究更少，大多数研究还停留在理论探索阶段，还没有形成较成熟的理论与实证分析模型，特别是对小微企业发展景气预警进行全面系统的研究基本上还是空白。

本报告正是基于上述国内外研究现状，旨在建立和完善中国中小微企业景气指数与预警评价体系，并开展区域中小微企业发展的实证研究。课题研究既跟踪国内外企业景气监测预警理论前沿，又直接应用于中国区域中小微企业发展的实践，因此研究具有理论意义和现实应用价值。

三 中国中小微企业景气指数评价的经济意义

相对于大型企业而言，中小微企业一般是指规模较小、处于成长或创业阶段的企业。中小微企业景气指数是对中小微企业景气调查所得到的企业家关于本企业生产经营状况以及对本行业发展景气状况的定性判断和预期结果的定量描述，用以反映中小微企业生产经营和行业发展的景气程度，并预测未来发展趋势。由于中国中小微企业量大面广，为了尽可能全面地反映中国中小微企业的景气状况，本报告以中国规模以上工业中小微企业、中小板及创业板上市企业和规模以下中小微企业为评价对象，先根据数据指标的特性，基于扩散指数和合成指数的方法分别计算出分类指数，然后基于主成分分析法和专家咨询法等确定各分类指数的权重，最后进行加权计算，合成得到中国中小微企业综合景气指数。

中国中小微企业综合景气指数的取值范围在0—200，景气预警评价以100为临界值。100上方为景气区间，100下方为不景气区间，100上下方又根据指数值的高低分别细分“微景气/微弱不景气”区间、“相对景气/不景气”区间、“较为景气/不景气”区间、“较强景气/较重不景气”区间和“非常景气/严重不景气”区间。

第四节 中小微企业景气指数编制流程及评价方法

编制景气指数是一项系统工程。本报告的中小微企业景气指数编制流程主要包括评价对象确定、指标体系构建、数据收集及预处理、景气指数计算与结果讨论等步骤。本报告构建的中国中小微企业景气指数评价体系大致如图18-1所示。

图18-1中，虚线框表示该步骤只存在于某些特定的景气指数评价分析中，例如合成指数评价中的先行指标、一致指标与滞后指标指标分类等。

需要特别指出的是，本报告在对中国中小微企业景气状况进行分析时，是依据上一年度各省级行政区或地区的中小微企业景气指数值作为当年度景气测评依据的。本课题组按以下四个步骤计算中国中小微企业景气指数。

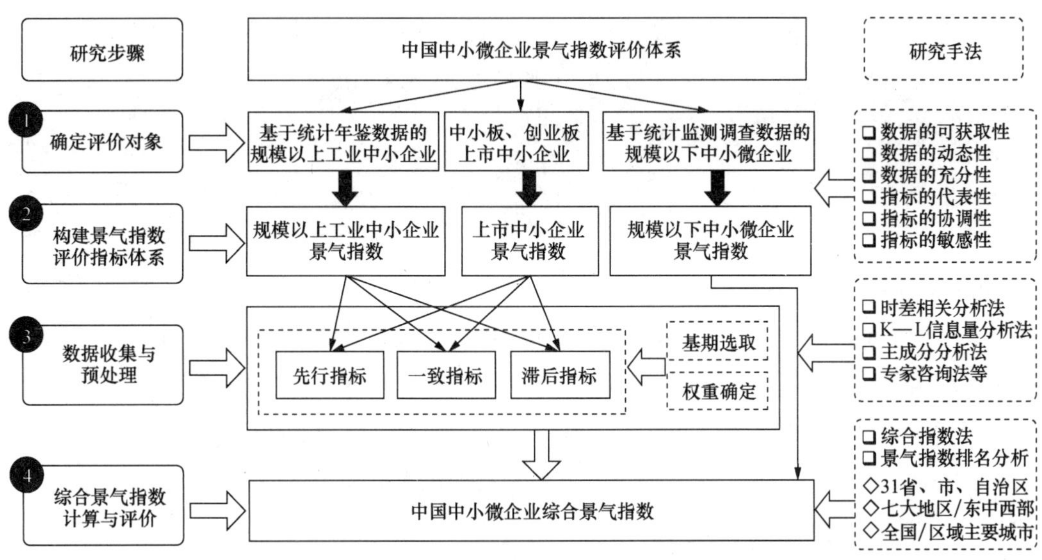

图 18－1　中小微企业景气指数编制流程

一　确定评价对象

本报告确定评价对象主要考虑两方面的因素。一是明确景气指数评价针对的不是宏观经济而是中微观经济对象，所以，评价指标主要关注特定类型企业或特定行业的经济运行情况，在满足评价指标具有广泛代表性的前提下，还充分考虑指标能够反映评价对象的显著性特征。二是从时间序列上看，明确了短期景气指数评价和中长期指数评价的对象，中长时期的评价充分考虑时间因素的影响，短期评价则对时间因素的影响做了忽略处理。

为尽可能全面地反映中国中小微企业发展景气状况，本报告确定以下三类中小微企业为评价分析的对象：（1）规模以上工业中小微企业（2010 年以前主营业务收入达到 500 万元及以上，2011 年以后同标准提高到 2000 万元及以上）；（2）中小板及创业板上市中小微企业；（3）景气指数研究重点监测调查的规模以下中小微企业。

二　构建景气指数评价指标体系

在指标选取过程中，本报告主要遵循经济重要性、统计充分性、指标协调性与灵敏性以及数列平滑性等原则。根据评价对象的不同性质，指标选取过程中遵循的原则及其侧重点也有所差异。例如，对评价指标进行长期观察分析，重视指标获取数列的平滑性；对于微观层面的评价对象，如对中小微企业的短期评价，反映中小微企业运行状态的总资产、流动资产以及净收益等指标就显得尤为关键。

课题组在按前述第一步确定三类评价对象之后，运用扩散指数和合成指数方法分别计算出中国工业中小微企业景气指数（Climate Index of Manufacturing SMEs，ISMECI）、中小板及创业板上市中小微企业景气指数（Climate Index of SMEs Board and ChiNext Board，SMBCBCI）和中小微企业比较景气指数（Comparison Climate Index，CCI），然后采用定量与定性相结合，运用合成指数法构建了中国中小微企业综合景气指数（Composite Climate Index of SMEs，CCSMECI）。评价体系总体框架参见图 18－1。

三　数据收集与预处理

2014 年的研究报告，课题组在计算工业中小微企业景气指数时，收集了中国 31 个省、市、自治区 2 万余家工业中小微企业数据，时间跨度为 2001—2013 年；在计算中小板及创业板上市企业景气指数和中小微企业比较景气指数时，收集了全国 500 家中小板和创业板上市企业财务数据和全国近 2 万家规模以下中小微企业运行及景气监测调查数据，时间跨度为 2007 年至 2014 年第一季度；重点监测中小微企业的原始数据主要从中小微企业景气监测系统平台、中国经济监测中心、国家和地方中小微企业运行监测调查数据等获得。

关于数据的预处理，主要是对收集到的数据进行统计学处理，由于景气指数评价所收集的数据一般规模较大、种类繁多且时间跨度也较长。因此，景气指数评价所收集的数据预处理主要包括无量纲化、消除季节性因素以及剔除非常规数据处理等。

四　指标权重的确定

对于工业中小微企业和中小板及创业板企业景气指数，本报告根据前述指标权重的确定方法，选择使用主成分分析法，通过 SPSS 软件实现。首先，将原有指标标准化；其次，计算各指标之间的相关矩阵、矩阵特征根以及特征向量；最后，将特征根从大到小排列，并分别计算出其对应的主成分。本报告关于中小微企业比较景气指数权重的确定主要参考国家统计局中国经济景气监测中心关于企业景气指数指标权重的确定原则。对于中小微企业综合景气指数，课题组运用 AHP 法来确定工业中小微企业景气指数、中小板及创业板企业景气指数和中小微企业比较景气指数的权重。

五　景气指数计算与分析

关于工业中小微企业景气指数，课题组主要采用合成景气指数进行计算。由于考察对象期间中国经济一直处于增长阶段，经济周期性并不是很明显，因此，在后续运用合成指数计算时，课题组将经济周期对于工业中小微企业景气指数的影响做了忽略处理。

此外，考虑到本报告是关于某一特定时间段的中小微企业景气指数评价，因此，在运用合成景气指数算出先行指数、一致指数和滞后指数后，再根据权重法，合成计算出了工业中小微企业景气指数（ISMECI）。

关于中小板及创业板企业景气指数，课题组首先使用扩散指数法计算获得各个指标的扩散指数，然后按照合成景气指数进行计算。与工业中小微企业景气指数一样，考虑到本报告是关于某一特定时间段的中小微企业景气指数，因此着重对一致指数进行了分析，再根据权重法合成计算出中小板与创业板上市中小微企业景气指数（SMBCBCI）。

关于中小微企业比较景气指数，课题组采用中国国家统计局及本课题组在全国范围开展的中小微企业景气监测调查的最新数据。企业景气监测调查是通过对部分企业负责人定期进行问卷调查，并根据他们对企业经营状况及宏观经济环境的判断和预期来编制景气指数，从而准确、及时地反映宏观经济运行和企业经营状况，预测经济发展的变动趋势。课题组主要选取企业景气监测调查中针对中小微企业的综合经营状况指数和企业家信心指数算出中小微企业比较景气指数（CCI）。

为了更全面地反映中国中小微企业景气发展状况，本课题组将工业中小微企业景气指数、中小板及创业板企业景气指数和中小微企业比较景气指数进行综合，最后获得了一个中小微企业综合景气指数（CCSMECI）。本年度研究报告中所示的中国中小微企业景气指数在内涵方面未做特别限定的情况下，即指的是这种综合景气指数。

第十九章

2013年中国中小微企业景气指数评价研究

第一节 2013年中国工业中小微企业景气指数测评

工业中小微企业景气指数计算以中国31个省级行政区统计年鉴数据为基础，在对中国各省、直辖市、自治区中小微企业发展情况进行定量描述的基础上，计算各省、直辖市和自治区的合成指数。

一 评价指标的选取

工业中小微企业景气数的计算基于中小微企业自身的历史数据。根据经济的重要性和统计的可行性选取了以下指标（见表19-1）。

反映工业中小微企业自身内部资源的指标：（1）总资产，反映企业综合实力；（2）流动资产，体现企业短期变现能力，确保企业资金链；（3）固定资产，反映企业设备投资及其他固定资产的投资。

反映工业中小微企业股东状况的指标：（1）所有者权益，即反映资产扣除负债后由所有者应享的剩余利益，即股东所拥有或可控制的具有未来经济利益资源的净额。（2）国家资本，即反映了工业中小微企业得到国家投资的政府部门或机构以国有资产投入的资本，体现了国家对中小微企业的扶持力。

反映工业中小微企业财务状况的指标：（1）税金，即包括主营业务税金及附加和应交增值税，主要体现企业支付的生产成本，影响企业收入和利润。（2）负债，即影响企业的资金结构，反映企业运行的风险或发展的条件和机遇。（3）利息支出，即作为财务费用的主要组成部分，反映企业负债成本。

表 19－1　　工业中小微企业景气指标选取

指标类型	指标项目
反映工业中小微企业内部资源的指标	总资产
	流动资产
	固定资产
反映工业中小微企业股东状况的指标	所有者权益
	国家资本
反映工业中小微企业财务状况的指标	税金
	负债
	利息支出
反映工业中小微企业经营状况的指标	主营业务收入
	利润
反映工业中小微企业规模的指标	总资产
	企业数量
	从业人员数

反映工业中小微企业生产经营状况的指标：（1）主营业务收入，即企业经常性的、主要业务所产生的基本收入，直接反映一个企业生产经营状况。（2）利润，即直接反映企业生产能力的发挥和市场实现情况，也显示了企业下期生产能力和投资能力。

反映工业中小微企业规模的指标：（1）总产值，即体现企业创造的社会财富，直接反映出区域中小微企业的发展程度。（2）企业数量，即直接反映了中小微企业在一个区域的聚集程度。（3）从业人员数，即反映企业吸纳社会劳动力的贡献率和企业繁荣程度。

二　数据收集及预处理

工业中小微企业景气指数计算数据来自国家及各地的统计年鉴和工业经济统计年鉴。最新年鉴为 2012 年版，实际统计时间跨度为 2006—2011 年，在指标信息齐全和不含异常数据的基本原则下采集数据。课题组先收集了中国大陆 31 个省、直辖市和自治区的工业中小微企业数据，然后按七大行政区域，即东北、华北、华东、华中、华南、西南和西北地区分别进行了汇总整理（见表 19－2）。

表 19 - 2　　工业中小微企业景气数据样本的地区分布

地　区	省、直辖市、自治区名称	省份数量
东　北	黑龙江、吉林、辽宁	3
华　北	北京、天津、河北、山西、内蒙古	5
华　东	山东、江苏、安徽、浙江、江西、福建、上海	7
华　中	河南、湖北、湖南	3
华　南	广东、海南、广西	3
西　南	四川、云南、贵州、重庆、西藏	5
西　北	陕西、甘肃、青海、宁夏、新疆	5
全　国		31

由于基于统计年鉴所获得的数据较为庞大，有些年份和地区的数据存在缺失值。另外，不同指标的数据在数量级上的级差较大，为了保证后续数据分析和数据挖掘的顺利进行，对收集到的年度数据分别进行了预处理，包括无量纲化、消除季节性因素以及剔除非常规数据等。一方面，尽量保证数据的完整性，避免缺失年份或地区的数据存在；另一方面，考虑到中国各地区经济发展差异性较大，在数据处理过程中，本报告还关注到数据样本中孤立数据与极端数值之间的影响。

三　指标体系及权重的确定

为了确定指标体系，首先对指标进行分类。在计算工业中小微企业景气指数时，主要采用时差相关系数法，先确定一个能敏感地反映工业中小微企业经济活动的重要指标作为基准指标。最能反映工业中小微企业的经济状况的指标确定为工业增加值增长率。同时，采用工业中小微企业总产值作为基准指标，并考察了全国工业中小微企业总产值与 GDP、第二产业产值和工业总产值之间的相关性，具体实证结果如表 19 - 3 所示。

表 19 - 3　　工业中小微企业景气指数基准指标

相关性	GDP	第二产业总产值	工业总产值
工业中小微企业总产值	0.998**	0.998**	0.997**

说明：①相关分析时间为 2001—2011 年。②** 表示在 0.01 水平（双侧）上显著。

资料来源：根据《中国统计年鉴》和《中国工业经济统计年鉴》各年度数据整理计算。

实证结果表明，工业中小微企业总产值基本和整个经济循环波动保持一致，这种相关性很好地反映了工业中小微企业的发展状况。因此，综合考虑到重要性、适时性和与景气波动的对应性，这里选取工业中小微企业总产值作为基准指标。

根据时差相关系数分析法计算各指标与总产值的时差相关系数和先行、滞后、一致的期数指标，结果如表 19－4 所示。

表 19－4　　工业中小微企业景气指标类型时差分析结果

指标	企业单位数	资产合计	流动资产	固定资产合计
期数	0	0	Lead4	Lag3
相关系数	0.987	0.996	0.992	0.999
指标	负债合计	所有者权益	国家资本	主营业务收入
期数	Lag4	Lag4	Lead4	0
相关系数	0.995	0.995	0.920	0.999
指标	税金	利息支出	利润总额	全部从业人员
期数	0	0	0	Lag4
相关系数	0.997	0.991	0.997	0.963

说明：表中期数栏中 Lag 表示滞后指标，Lead 表示先行指标，0 表示一致指标。

另外，课题组还使用 K—L 信息量法、文献综述法、马场法、聚类分析法、定性分析法等，并咨询了专家意见，综合考察了各类先行指标、一致指标和滞后指标的选取方法，确定中国工业中小微企业的先行指标、一致指标和滞后指标，并根据主成分分析法求出先行指标组、一致指标组和滞后指标组小类指标的权重；然后利用全国规模以上工业中小微企业数据，具体计算各分类项目评价指标的权重；最后为了改善迄今基于单一的一致指标计算工业企业景气指数的计算方法，采用专家咨询法首次确定了先行指标组、一致指标组和滞后指标组大类指标的权重，结果如表 19－5 所示。

四　2013 年省际工业中小微企业景气指数计算结果及排名

为了使各省、直辖市和自治区工业中小微企业景气指数波动控制在 0—200 的取值范围之间，2013 年工业中小微企业景气指数计算以 2006 年的全国平均值作为基年数据。由于实际统计的 2006—2011 年间没有明显

表 19－5　　工业中小微企业景气评价指标的权重

指标类别	指标项目名称	小类指标权重	大类指标权重
先行指标组	流动资产合计	0.339	0.30
	国家资本	0.322	
	利息支出	0.339	
一致指标组	工业总产值	0.167	0.50
	企业单位数	0.166	
	资产总计	0.167	
	主营业务收入	0.167	
	利润总额	0.166	
	税金总额	0.167	
滞后指标组	固定资产合计	0.250	0.20
	负债合计	0.250	
	所有者权益合计	0.250	
	全部从业人员平均人数	0.250	
合　计			1.00

的多个经济周期循环，因而本报告在运用合成指数算法进行计算时省略了趋势调整。经过计算，分别获得 2006—2011 年中国省际与地区工业中小微企业先行、一致与滞后合成指数，并按三组大类指标的权重（见表 19－5）合成省际和地区工业中小微企业综合景气指数。为了获得 2013 年工业中小微企业景气指数，本报告运用最小二乘法对 2011 年省际中小微企业景气指数进行预测，得到 2012 年度的预测值，并以此作为 2013 年度景气指数评价数据。

表 19－6 显示，2013 年，中国省际工业中小微企业景气指数评价结果及排名状况。2013 年中国省际工业中小微企业景气指数具有以下特点：

第一，各省、直辖市和自治区之间工业中小微企业景气指数差异较上年有所缩小但仍然巨大。最高的广东（148.66）与最低的西藏（2.03）相差约 72 倍。

第二，中国工业中小微企业发展活跃地区的分布非常集中，且阶梯式分布非常明显。

表 19－6　　2013 年中国省际工业中小微企业景气指数

省　份	先行指数	一致指数	滞后指数	景气指数（ISMECI）	排　名	与 2012 年排名比较
广　东	139.87	139.09	185.77	148.66	1	—
江　苏	123.26	131.35	144.58	131.57	2	—
浙　江	107.95	122.82	126.99	119.19	3	—
山　东	82.97	82.81	99.27	86.15	4	↑17
河　南	72.00	53.24	73.74	62.97	5	—
上　海	52.77	58.11	62.23	57.33	6	↓2
河　北	66.29	47.30	62.03	55.94	7	↓1
辽　宁	76.67	34.17	56.73	51.43	8	↑1
湖　北	47.09	34.51	46.15	40.61	9	↓1
福　建	41.75	34.79	47.05	39.33	10	↓3
四　川	47.23	26.12	42.56	35.74	11	—
湖　南	35.35	22.29	34.67	28.68	12	↑1
天　津	25.47	29.00	31.95	28.53	13	↓3
北　京	31.55	25.27	27.47	27.59	14	↓2
山　西	36.39	18.68	35.81	27.42	15	—
安　徽	30.61	20.24	31.2	25.55	16	↓2
广　西	37.81	15.37	25.15	24.05	17	↓1
陕　西	33.91	14.49	26.62	22.74	18	—
云　南	35.10	13.08	23.14	21.70	19	—
吉　林	24.31	14.56	23.64	19.30	20	↓3
江　西	23.90	13.25	21.70	18.13	21	↓1
黑龙江	22.75	12.91	21.41	17.56	22	—
内蒙古	25.68	9.79	17.59	16.12	23	↑2
重　庆	20.99	11.82	19.00	16.00	24	—
新　疆	26.17	8.94	16.17	15.56	25	↑2
甘　肃	18.16	11.93	16.97	14.81	26	↓3
贵　州	18.90	8.96	14.45	13.04	27	↓1
海　南	8.72	3.50	5.27	5.42	28	—

续表

省 份	先行指数	一致指数	滞后指数	景气指数（ISMECI）	排 名	与2012年排名比较
宁 夏	6.48	2.53	5.20	4.25	29	—
青 海	3.41	1.79	3.56	2.63	30	—
西 藏	3.36	1.31	1.83	2.03	31	—

说明：与2012年排名比较栏："—"表示持平，"↑"、"↓"的数字分别表示上升、下降的位数。

资料来源：基于2012年《中国统计年鉴》数据计算整理。

图19－1显示，2013年，中国省际工业中小微企业景气指数大体上可分为四个层次。第一层次仍为广东、江苏和浙江3个省份，前三位排名与2011年和2012年一致，其指数值在110以上，工业生产持续保持"微景气区"以上的高位运行趋势；第二层次为山东、河南、上海、河北、辽宁、湖北、福建、四川8个省份，指数在35—90之间，与第一层次相差1倍以上，但山东、辽宁、湖北等多省由2012年的第三层次上升到了2013年的第二层次；2013年第三层次包括湖南、天津、北京、山西、安徽、广西、陕西、云南8个省份，指数值在20—35之间，与第二层次的距离有所拉近；第四层次为余下12个省份，指数值平均为12.07，比第一层次相差11倍多，距离在拉大。

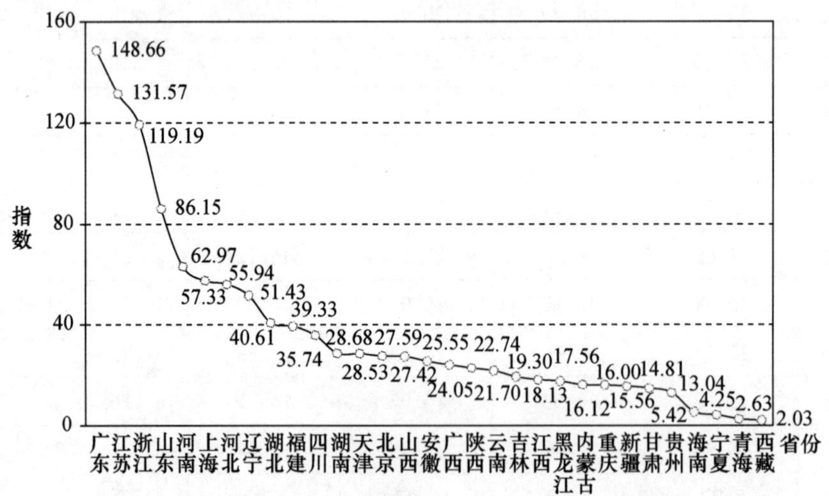

图19－1 2013年中国省际工业中小微企业景气指数

第三，在中国四大直辖市中，上海工业中小微企业景气指数值最高（57.33），天津和北京次之，最低的是重庆（16.0）。五个自治区工业中小微企业景气排名靠后。其中，广西的工业中小微企业景气指数较高（24.05），内蒙古和新疆的排名分别上升两位，西藏的同指数在全国排名最低（2.03）。

与2012年相比，2013年省际工业中小微企业景气指数平均为38.07，比上年（30.64）提升7个点以上。从省际排名看，2012年排名下滑较大的山东省2013年的工业中小微企业景气指数排名强劲返回至全国4位，福建、天津、吉林、甘肃分别下滑3位，其他各省排名变化基本不大。但总体看来，2013年中国省际工业中小微企业景气指数差异仍然非常大，这也是造成后述省际和地区中小微企业综合景气差异的主要原因之一。

五　2013 年七大地区工业中小微企业景气指数计算结果及排名

表19－7显示了2013年中国七大地区工业中小微企业景气指数评价结果及排名状况。

表 19－7　　2013 年中国七大地区工业中小微企业景气指数

地　区	先行指数	一致指数	滞后指数	景气指数（ISMECI）	排　名
华　东	165.96	200.00	185.69	186.92	1
华　南	65.13	67.62	75.95	68.54	2
华　北	63.10	55.49	61.35	58.94	3
华　中	52.49	45.90	52.76	49.25	4
西　南	42.07	25.16	35.20	32.24	5
东　北	40.69	25.61	35.50	32.11	6
西　北	29.66	16.39	24.37	21.97	7

资料来源：根据表19－6整理。

2013年，中国七大地区工业中小微企业景气指数具有以下特点：

第一，中国七大地区工业中小微企业发展仍然很不平衡，东西部地区差异仍较明显。最高的华东地区（186.92）与最低的西北地区（21.97）的差距有所缩小，但仍相差7.5倍以上。从全国来看，华东、华南地区工业中小微企业发展的区域集聚优势仍然明显。东部省份工业中小微企业景气指数比中部和西部省份高出很多。

第二，华南地区工业中小微企业景气指数排名第二，但指数值与华东地区相差近2倍，这与前述中国工业中小微企业发展较好的省份主要分布在华东地区相吻合。华南地区中广东的工业中小微企业发展虽然较好，但其他地区，如广西和海南等发展却相对落后，从而整体上与华东地区的差异显著。

第三，华南、华北、华中、西南、东北和西北6个地区呈依次递减趋势，但递减幅度差异不是很大（见图19－2）。特别是中部地区与西部地区工业中小微企业景气指数差异不大，说明中西部工业中小微企业景气指数总体仍处于不景气区低位运行。

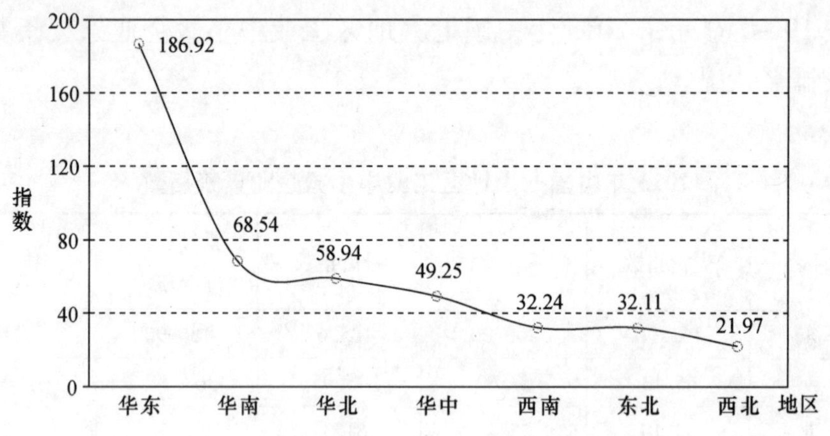

图19－2　2013年中国七大地区工业中小微企业景气指数

第二节　2013年中国中小板及创业板景气指数测评

一　指标体系构建及评价方法

中小板及创业板上市企业景气指数测评方面，2013年报告基本沿用了2012年相关评价指标和评价方法，包括中小板及创业板两类数据；数据预处理持续采用扩散指数编制方法。只有一点不同的是，为了更加科学合理，改变了以前单以一致指数代替工业中小微企业指数的做法，最终按权重合成计算分类综合指数。

扩散指数又叫扩张率，是所研究的经济指标系列中某一时期扩张经济指标数的加权百分比，其表达式为：

$$DI_t = \sum_{i=1}^{N} I_i = \sum W_i[X_i(t) \geqslant X_i(t-j)] \times 100\%$$

其中，DI_t 为 t 时刻的扩散指数；$X_i(t)$ 为第 i 个变量指数在 t 时刻的波动测定值；W_i 为第 i 个变量指标分配的权数；N 为变量指标总数；I_i 为示性函数；j 为两比较指标值的时间差。若权数相等，公式可简化为：

$$DI_t = \frac{t\text{时刻扩散指标数}}{\text{采用指标总数}} \quad (t=1,2,3,\cdots)$$

扩散指数相对来说是较为简单的景气评价指数，其算法简单，容易操作，但问题是扩张（或收缩）指标的认定标准难以确定。

扩散指数的计算可以分为三个步骤：

第一步，确定两个比较指标值的时间差 j，本报告中确定 $j=1$，将各变量在 t 时刻和 $t-1$ 时刻的波动测定值进行比较，若 t 时刻的波动测定值大，则是扩张期，$I=1$；若 $t-1$ 时刻的波动测定值大，则 $I=0$；若两者基本处于相等水平，则 $I=0.5$。

第二步，将这些指标值升降状态所得的数值相加，即得到扩张指数指标值，即在某一时阶段的扩张变量个数，并以扩张指数除以全部指标数，乘以 100%，即得到扩散指数（DI）。

第三步，绘制扩散指数变化图，即将各阶段的景气指数用图表来表达。

由于部分创业板以及少数中小板上市企业财务数据缺失严重，同时，为了使抽样企业样本更具科学性和代表性，因此，2013 年研究报告根据深交所建立的中小板及创业板 500 指数收集了 500 家企业作为数据样本，其中包括中小板企业 415 家和创业板企业 85 家。

由于中小板及创业板企业景气指数受企业数量影响较大，因此，关于中小板及创业板企业景气指数的计算，本报告将企业数量考虑在内。首先，采用 Min - max 标准化，将企业数量进行无量纲化处理；其次，将合成的景气指数和企业数量与其相对应的权重相乘；最后，将获得的乘数相加作为反映中小板及创业板企业景气指数的值。调整公式如下：

调整后的中小板及创业板企业景气指数 = 原始中小板及创业板企业景气指数 ×60% + 企业数量 ×40%

二　2013 年中国省际中小板及创业板企业景气指数排名分析

根据上述算法算得 2013 年省际中小板及创业板企业景气指数如表19－8 所示。

表 19－8　　2013 年中国省际中小板及创业板企业景气指数

省　份	先行指数	一致指数	滞后指数	景气指数（SMBCBCI）	排　名	与 2012 年排名比较
广　东	157.09	145.25	164.48	136.94	1	—
浙　江	131.61	122.24	139.07	115.26	2	—
江　苏	111.98	105.28	124.32	99.90	3	—
北　京	98.47	97.36	115.76	91.52	4	—
山　东	88.09	87.15	104.02	82.00	5	—
河　南	88.78	79.32	95.53	76.52	6	↑2
四　川	85.51	78.02	98.20	75.75	7	↑3
甘　肃	93.77	71.29	102.15	74.83	8	↑10
吉　林	84.23	76.43	93.28	73.72	9	↑10
上　海	78.06	76.44	97.04	73.24	10	↓4
湖　南	88.22	73.73	92.36	72.98	11	↓2
辽　宁	88.12	70.79	91.89	71.40	12	↑4
安　徽	70.19	75.78	96.10	71.15	13	↓6
重　庆	84.69	68.70	92.24	69.74	14	↓3
福　建	81.72	70.32	87.00	68.91	15	—
陕　西	80.39	65.56	90.02	66.86	16	↓2
新　疆	67.82	65.34	94.91	65.22	17	↑3
天　津	74.33	65.25	88.45	65.18	18	↓5
河　北	64.14	67.50	89.06	64.39	19	↑4
贵　州	68.11	67.38	79.07	63.12	20	↑1

续表

省　份	先行指数	一致指数	滞后指数	景气指数（SMBCBCI）	排　名	与 2012 年排名比较
海　南	71.14	65.90	79.57	63.09	21	↑4
湖　北	72.32	60.92	76.83	60.29	22	↓5
江　西	53.16	63.45	73.82	57.12	23	↓1
云　南	42.24	61.40	74.91	54.13	24	—
广　西	68.03	48.66	65.08	50.95	25	↓13
山　西	68.34	51.96	44.33	48.51	26	—

说明：与 2012 年排名比较栏："—" 表示持平，"↑"、"↓" 的数字分别表示上升、下降的位数。黑龙江、内蒙古、宁夏、青海、西藏因数据缺失在此未进行评价排名。

资料来源：本课题组计算整理。

2013 年，中国省际中小板及创业板企业景气指数具有以下特点：

第一，各省、直辖市和自治区之间中小板及创业板企业景气指数差异很大，最高的广东省（136.94）与最低的山西省（48.51）相差近 2 倍，与 2012 年相比差距有所扩大。

第二，中国省际中小板及创业板企业景气指数分布层次感明显。其中，广东、浙江、江苏处于第一层次，平均指数为 117.37；北京、山东、河南、四川、甘肃、吉林、上海、湖南、辽宁、安徽为第二层次，平均指数为 91.52；第三层次包括重庆、福建、陕西、新疆、天津、河北、贵州、海南、湖北，平均指数为 65.20；第四层次包括江西、云南、广西、山西，平均指数为 52.68。

第三，中国中小板及创业板企业发展活跃地区的分布非常集中，中小板及创业板企业景气指数和中小微企业数量分布相关性较大。截至 2013 年第一季度，处于前三位的广东、浙江和江苏三省的中小板及创业板上市企业数量都在 100 家以上，其中，广东 221 家，浙江 155 家，江苏 134 家，山西省的上市中小微企业数量仅为 5 家，从而影响到景气指数值的高低。内蒙古、黑龙江、西藏、青海和宁夏 5 个省份的中小板及创业板上市企业数量因在 5 家以下而未进行相关评价。

第四，东部地区中小板及创业板企业景气指数比中部和西部地区高出很多。东部省份中，广东省中小板及创业板企业景气指数最高（136.94），中部省份中最高的是河南省（76.52），而西部省份中指数最高的是四川省（75.75）。但总体上看，中部地区与西部地区中小板及创业板企业景气指数之间差异不是很大，中部各省、直辖市及自治区中小板及创业板企业景气指数值比西部各省、直辖市和自治区中小板及创业板企业景气指数高出不是很多。

第五，四大直辖市中，北京的中小板及创业板企业景气指数值最高（91.52），最低的是天津（65.18）。5 个自治区中，中小板及创业板企业景气指数最高的是新疆（65.22），其次是广西（50.95），从中国省级行政区域的整体排名来看，5 个自治区的中小板及创业板企业景气排名都较为靠后（见图 19－3）。

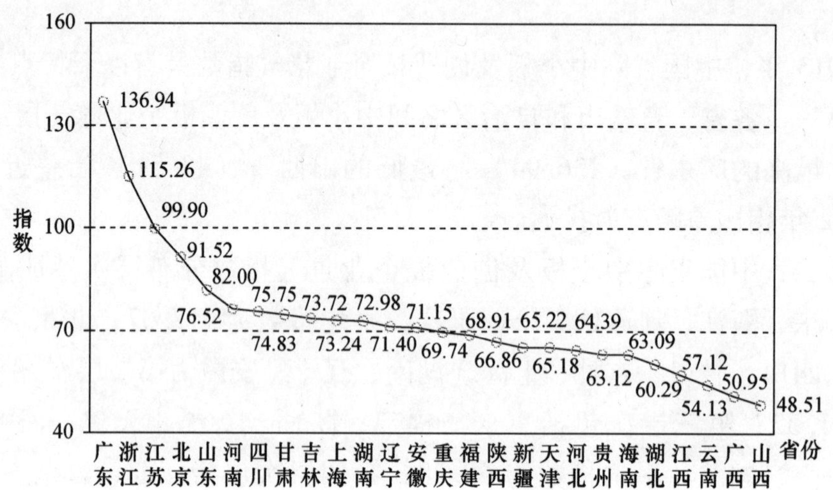

图 19－3　2013 年中国省际中小板及创业板企业景气指数

三　2013 年中国七大地区中小板及创业板企业景气指数排名分析

根据表 19－8 计算得到 2013 年中国七大地区中小板及创业板企业景气指数（见表 19－9）。

2013 年中国七大地区中小板及创业板企业景气指数具有以下特点：

第一，东西部地区差异明显，最高的华东地区（159.80）与最低的西北地区（83.69）相差近一倍。华东、华南地区因中小板及创业板上市

表 19-9　2013 年中国七大地区中小板及创业板企业景气指数排名

地　区	先行指数	一致指数	滞后指数	景气指数（SMBCBCI）	排　名
华　东	142.17	172.51	154.47	159.80	1
华　南	106.76	130.83	114.73	120.39	2
华　北	74.84	107.85	90.74	94.52	3
华　中	77.58	102.81	82.95	91.27	4
西　南	67.93	100.06	80.76	86.56	5
东　北	74.06	96.28	80.69	86.50	6
西　北	68.46	91.66	86.62	83.69	7

资料来源：根据表 19-8 整理计算。

企业数量和发展质量较高，而在同类企业的区域景气指数排名中明显处于优势地位。

第二，华北、华中、西南、东北和西北 5 个地区依次递减，且这些地区之间的中小板及创业板企业景气指数值的递减幅度差异不大。

总体来看，2013 年，中国七大地区中小板及创业板企业景气指数差异较大。各地区中小板及创业板企业发展仍不平衡，以华东、华南地区为中心，中小板及创业板上市企业的区域集聚现象非常明显（见图 19-4）。

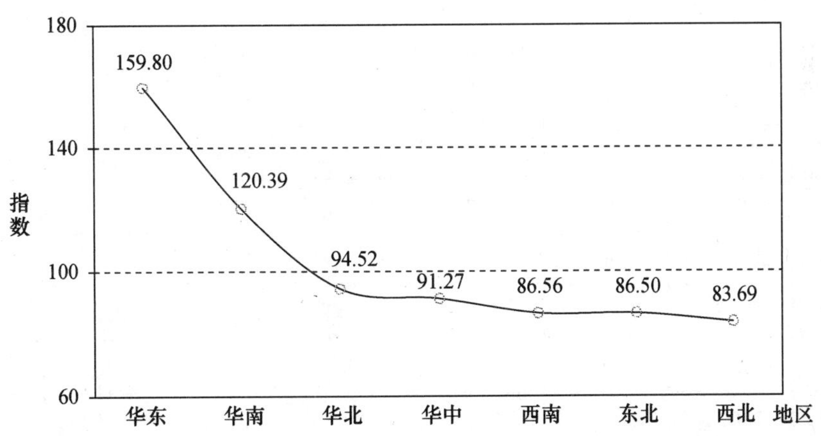

图 19-4　2013 年中国七大地区中小板及创业板企业景气指数

第三节 2013 年中国中小微企业比较景气指数测评

一 2013 年中国省际中小微企业比较景气指数排名分析

中小微企业比较景气指数反映中小微企业家对当前微观经营状况判断结果和预期宏观经济环境的信心进行量化加工整理得到的景气指数，是对基于统计年鉴的工业中小微企业景气指数和基于上市公司的中小板及创业板企业景气指数的补充。

为了获得 2013 年中小微企业比较景气指数，本报告尽可能收集到 2012 年统计部门公开发布的各省、直辖市、自治区的最新企业综合生产经营景气指数及企业家信心指数的实际值，而对于数据缺失的部分省际中小微企业比较景气指数则运用最小二乘法对其进行预测。也就是说，2013 年，中国中小微企业比较景气指数评价尽可能基于重点监测的实际数据，这样更能客观准确地反映企业最新景气状况。表 19－10 显示的是 2013 年基于监测调查数据的省际中小微企业比较景气指数评价结果。图 19－5 更直观地反映了其排名及特点。

表 19－10　　2013 年中国省际比较景气指数

省份	景气指数（CCI）	排 名	与 2012 年排名比较	省 份	景气指数（CCI）	排 名	与 2012 年排名比较
黑龙江	151.68	1	↑20	海 南	126.52	17	↓4
贵 州	148.72	2	↑25	湖 北	125.09	18	↓8
山 东	144.95	3	↑20	福 建	124.80	19	↑7
安 徽	138.42	4	↓2	云 南	124.77	20	↓2
河 北	137.06	5	↑23	西 藏	124.70	21	↓15
陕 西	135.99	6	↑25	江 西	122.31	22	↓14
广 西	134.75	7	↑12	江 苏	120.44	23	↑7
上 海	134.65	8	↓5	广 东	120.15	24	↓9
山 西	133.85	9	↑15	重 庆	118.87	25	↓5

续表

省份	景气指数（CCI）	排　名	与 2012 年排名比较	省　份	景气指数（CCI）	排　名	与 2012 年排名比较
青　海	133.25	10	↑1	北　京	117.91	26	↓1
湖　南	132.65	11	↑6	新　疆	116.86	27	↓20
辽　宁	132.06	12	↑5	宁　夏	116.33	28	↓19
甘　肃	131.92	13	↑16	浙　江	116.20	29	↓17
吉　林	129.93	14	↓10	天　津	115.71	30	↓8
内蒙古	129.35	15	↓14	河　南	114.07	31	↓15
四　川	127.13	16	↓2				

说明：排名比较一栏“—”表示与 2012 年排名持平，“↑”、“↓”分别表示与 2012 年排名相比上升、下降的位数。

资料来源：本课题组计算整理。

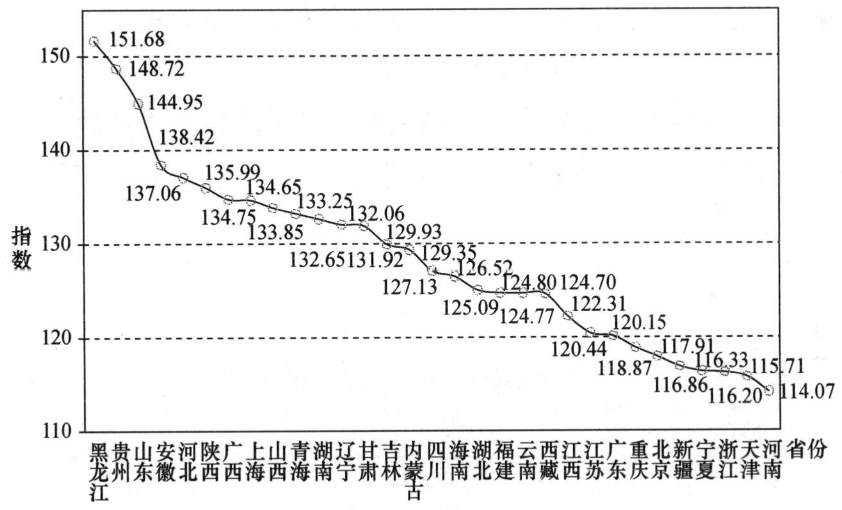

图 19－5　2013 年中国省际中小微企业比较景气指数

中国 2013 年省际中小微企业比较景气指数具有以下特点：

第一，与 2012 年相比，2013 年中小微企业家信心指数与企业生产经营指数的总体水平有较大回复，但区域间也存在差异。东北的黑龙江，中西部的贵州、陕西、河北、甘肃、山西、广西等省份，东南沿海地区的山东、江苏、福建等省份的企业生产经营指数和企业家信心指数排名大幅度上升，特别是中西部地区的逆转趋势更加明显；中西部的新疆、宁夏、河南、内蒙古、西藏、江西、湖北、云南等，东北的吉林，华北的天津、北京，东南沿海的浙江、广东等省份的比较景气指数都有不同程度下降。总体来看，景气指数下降的省份多于上升省份。可见，2013 年，中国中小微企业综合经营指数和企业家信心指数受国内外宏观经济形势影响仍呈现下滑趋势。

第二，省际中小微企业比较景气指数差异不大，但相关省份较上年排名变化较大。特别是贵州、陕西、山东、河北、黑龙江、山西等省份的企业家信心及企业景气指数上升幅度很大，其中，贵州、陕西上升了25 位。新疆、宁夏、浙江、河南等省份的比较景气指数排名比上年下跌了 15 位及以上，再现了近年来中小微企业景气波动较大的一般特征。

第三，在中国四大直辖市中，上海的中小微企业比较景气指数值最高(134.65)，其次是重庆（118.87）和北京（117.91），最低的是天津(115.71)。在5 个自治区中，指数最高的是内蒙古（129.35），最低的是宁夏（116.33)，但彼此之间的差距不是很大。

二 2013 年中国七大地区中小微企业比较景气指数排名分析

基于上述2013 年中国省际中小微企业比较景气指数的计算，可以算得七大地区中小微企业比较景气指数，相应排名状况如表 19－11 和图 19－6所示。

表 19－11 2013 年中国七大地区中小微企业比较景气指数排名

地 区	景气指数（CCI)	排 名
东 北	137.89	1
西 南	129.87	2
华 东	128.82	3
华 南	127.14	4
西 北	126.87	5
华 北	126.77	6
华 中	123.94	7

资料来源：根据表 19－10 整理计算。

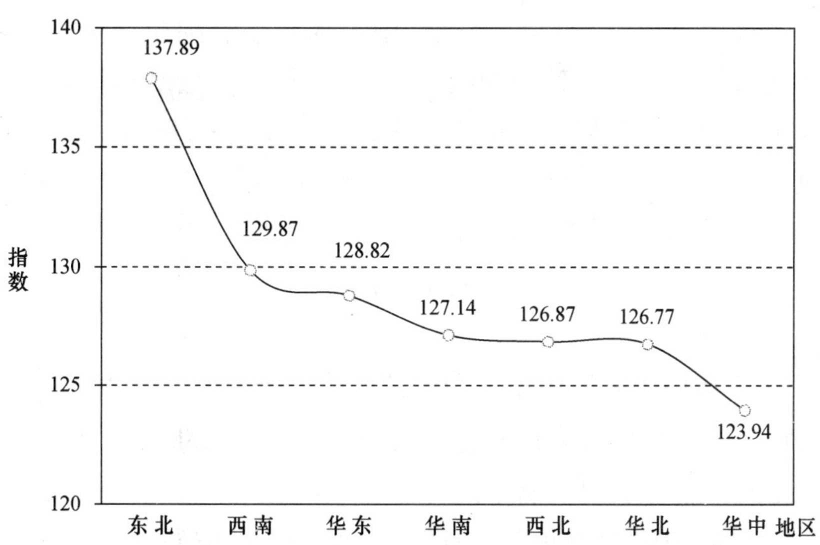

图 19－6　2013 年中国七大地区中小微企业比较景气指数

2013 年，中国七大地区中小微企业比较景气指数具有以下特点：

第一，东北地区（137. 89）、西南地区（129. 87）的企业家信心与企业景气指数高于华东地区（128. 82）和华南地区（127. 14），华中地区最低（123. 94），各地区差异不大。

第二，七大地区中小微企业比较景气指数排名与基于统计数据的工业中小微企业景气指数和基于中小板的企业景气指数差异较大，主要源于各地区企业家对本地区发展环境的判断不同。华东、华南地区受近两年内外环境和资金链问题等影响大，企业家对经营环境的信心指数明显下降。另外，中部和西部地区鉴于实施产业转移发展战略、区域中小微企业发展促进对策的效果在逐渐显现，企业家信心相对较高，中小微企业比较景气指数与华东、华南地区相比略高。

第四节　2013 年中国中小微企业综合景气指数测评

一　计算与评价方法

鉴于数据扩充和方法调整，2013 年报告在评价 2007—2009 年中小微企业景气指数时，采用工业中小微企业景气指数作为中小微企业景气指数，在此基础上，2010 年以后加入了中小板及创业板企业景气指数和中小微企业比较景气指数，2013 年中小微企业景气指数基于调整后的工业中小微企业、中小板及创业板企业和比较景气指数三部分指数，根据专家咨询法确定如下权重，最终按以下合成指数的计算方法进行综合测评。

2013 年中小微企业综合景气指数 = 调整后的工业中小微企业景气指数值 ×60% + 调整后的中小板及创业板企业景气指数值 ×20% + 调整后的比较景气指数值 ×20%。

二　2013 年中国省际中小微企业综合景气指数排名分析

中小微企业综合景气指数既能反映中小微企业的繁荣程度，也是反映中小微企业发展差异的重要指标之一。计算结果显示，对于中国大部分省级行政区来说，加入中小板及创业板景气指数和基于监测调查的中小微企业比较景气指数对于原先只有工业中小微企业景气指数的修正作用明显。2013 年中国中小微企业综合景气指数的计算结果及排名如表 19－12 和图 19－7 所示。

表 19－12　　2013 年中国省际中小微企业综合景气指数排名

省份	综合景气指数（CCSMECI）	排名	与 2012 年排名比较	省份	综合景气指数（CCSMECI）	排名	与 2012 年排名比较
广　东	141.87	1	—	天　津	55.13	17	↓6
浙　江	118.60	2	—	甘　肃	54.74	18	↑6
江　苏	118.45	3	—	广　西	53.83	19	↓2
山　东	100.42	4	↑11	吉　林	53.56	20	↓4
上　海	78.18	5	↓1	贵　州	51.66	21	↑4
河　北	77.95	6	—	云　南	50.15	22	—
河　南	76.92	7	↓2	重　庆	48.48	23	↓3
辽　宁	74.08	8	—	江　西	48.29	24	↓5
福　建	64.55	9	—	新　疆	47.30	25	↓2
湖　北	63.10	10	↓3	黑龙江	45.63	26	↑2
四　川	62.78	11	↑1	海　南	42.10	27	↓1
北　京	60.91	12	↓2	内蒙古	36.46	28	↓1
陕　西	60.07	13	↑8	青　海	30.24	29	↑2
湖　南	59.72	14	—	宁　夏	27.33	30	↓1

续表

省　份	综合景气指数（CCSMECI）	排名	与2012年排名比较	省份	综合景气指数（CCSMECI）	排名	与2012年排名比较
安　徽	58.40	15	↓2	西　藏	24.48	31	↓1
山　西	56.06	16	↑2				

说明：排名比较一栏"—"表示与2012年排名持平，"↑"、"↓"分别表示与2012年排名相比上升、下降的位数。

资料来源：本课题组计算整理。

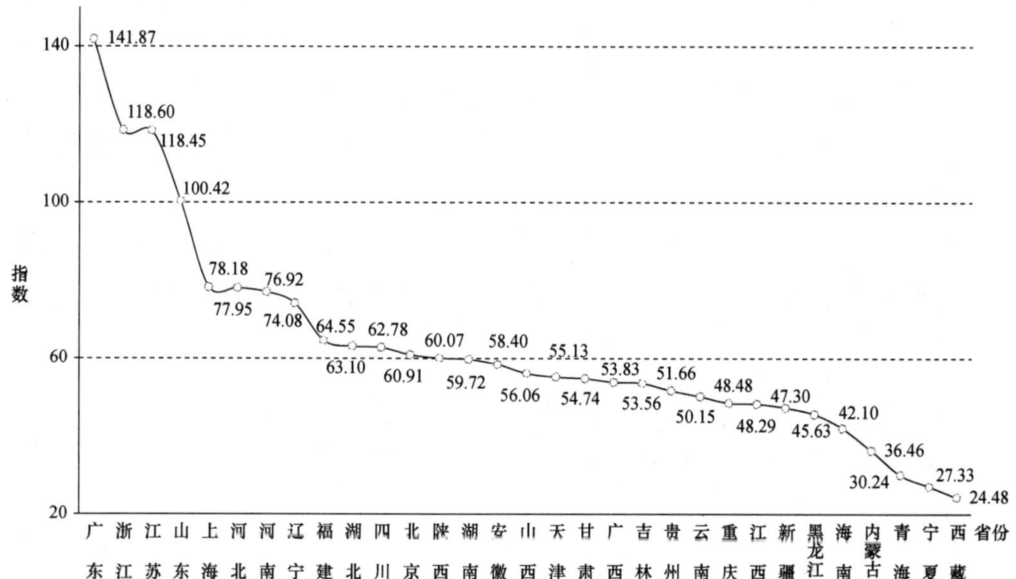

图19－7 2013年中国省际中小微企业综合景气指数

2013年，中国省际中小微企业综合景气指数具有以下特点：

第一，中国省际中小微企业综合景气指数总体呈现分布差异大、阶梯式分布明显的特点。其中，最高的省份广东（141.87）与最低的西藏（24.48）相差4.8倍。图19－7显示，中国省际中小微企业综合景气指数大体分为四个层次。第一层次包括排名全国前四位的广东、浙江、江苏和山东4个省份，平均指数为119.84；第二层次则为上海、河北、河南和辽宁四个省市，平均指数为76.78；第三层次包括福建、湖北、四川、北京和陕西共5个省市，平均指数为62.28；第四层次包括湖南、安徽、山西、天津、甘肃、广西、吉林等18个省份，平均指数为46.86。第二层次以下的指数都低于100，第一层次排名前三甲的广东、江苏和浙江三省中小微企业综合景气指数发展优势明显。

第二，东部省份中小微企业综合景气指数相较于中西部省份高出很多。东部省份中，广东省（141.87）中小微企业综合景气指数最高。东部沿海地区在中小微企业发展历史中一直扮演着重要的角色，尤其在长三角及珠三角地区。其相较于中西部地区更为繁荣的主要原因在于其有较好的经济基础和相对更为广阔的贸易手段。东部沿海地区中小微企业近年的转型升级步伐加快，外贸贡献度继续提升，也让其景气指数一直领先于其他地区，广东省就是其中最具代表的省份。

中部省份中指数最高的是河北省（77.95），河北省中小微企业完成工业总产值始终保持占全部工业总产值的60%左右，成为推动河北省工业经济发展的主体力量。而西部地区省份中综合指数最高的是四川省（62.78），四川省是中国中西部中小微企业大省，近年来西部大开发战略的实施为四川中小微企业的发展提供了良好的机遇，也是四川省景气指数稳步增长的主要原因。总体来看，中西部大部分省份之间中小微企业综合景气指数差异不是很大。

第三，四大直辖市中，上海市中小微企业综合景气指数值最高（78.18），但受国内宏观调控、外需萎缩等因素影响，上海中小微企业综合景气指数上涨趋势缓慢。直辖市中重庆的综合景气指数值（48.48）最低，其主要原因是其约六成中小微企业存在流动资金紧张情况，对中小微企业成长造成较大的阻碍。而北京（60.91）和天津（55.13）居中。

第四，五个自治区之间景气指数差距不大，排名都较为靠后。五个自治区中，中小微企业综合景气指数最高的是广西（53.83），由于其地方政策支持力度较大以及金融机构的扶持能力较强，虽然地处中南部，广西的综合景气指数上升的趋势还是较好的。而自治区中最低的是西藏（24.48），相较于2012年，其综合指数变化不大。

总体来看，2013年中小微企业面对世界经济温和复苏、国内经济企稳回升、政策累积效应释放等积极因素，各省份综合景气指数较2012年都有所上升。其中，山东、河北、甘肃、陕西4个省份综合景气指数上升趋势较为明显。广东、浙江、江苏省连续三年保持全国前三名，可以说这三省仍然保持着较好的发展基础和较大的综合优势，但其上涨趋势有所减缓。从 2013 年的数据可以看出，中国中小微企业发展不平衡，中小微企业发达地区集聚现象十分明显。处于排名靠前的广东、浙江、江苏、山东等省份占中国中小微企业经济中的主要部分，也说明长三角地区和以广东为主体的珠三角地区是中国中小微企业最具活力的地方。

三　2013 年中国七大地区中小微企业综合景气指数排名

根据表 19－12，我们整理计算出了 2013 年中国七大地区中小微企业综合景气指数并进行了排名，如表 19－13 和图 19－8 所示。

表 19－13　2013 年中国七大地区中小微企业综合景气指数排名

地　区	指　数	排　名
华　东	173.42	1
华　南	92.35	2
华　北	82.37	3
华　中	73.94	4
东　北	66.96	5
西　南	62.92	6
西　北	58.49	7

资料来源：本课题组计算整理。

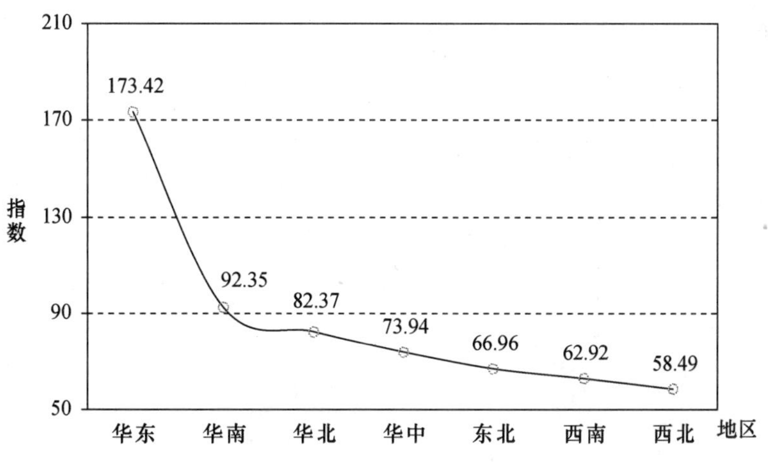

图 19－8　2013 年中国七大地区中小微企业综合景气指数

2013 年，中国七大地区中小微企业综合景气指数具有以下特点：

第一，各地区中小微企业发展不平衡，排名靠前的华东地区、华南地区是中国中小微企业发展最具活力的区域，继续保持地区均衡发展的明显优势。华东地区中小微企业综合景气指数值最高（173.42），高出第 2 位的华南地区接近一倍，华东地区呈现出一枝独秀的特征。

第二，华南、华北、华中、东北、西南和西北 6 个地区呈依次递减趋势，而且每个地区的递减幅度差异不是很大。华北、华中、西南地区中小微企业综合景气指数近年来提升较快，这与这些地区实施产业转移发展战略、推进区域中小微企业发展促进对策逐渐取得积极效果有很大关联。

第三，东西部地区差异非常明显。华东地区与综合指数最低的西北地区（58.49）相差近两倍，表明西北地区中小微企业发展的综合环境与发展水平仍存在很大的改善余地。但是近年来随着国家有关西部开发战略的实施，西北地区中小微企业发展景气提升较快，与华东地区的差距在逐渐缩小。

第二十章

2014年中国中小微企业景气指数评价研究

第一节 2014年中国工业中小微企业景气指数测评

工业中小微企业景气指数计算以中国31个省级行政区统计年鉴数据为基础，在对中国各省、直辖市、自治区中小微企业发展情况进行定量描述的基础上，计算各省、直辖市和自治区的合成指数。

一 评价指标的选取

工业中小微企业景气数的计算基于中小微企业统计整理汇总数据。本报告根据经济的重要性和统计的可行性选取了以下指标（见表20-1）。

表20-1 工业中小微企业景气指标选取

指标类型	指标项目
反映工业中小微企业内部资源的指标	总资产
	流动资产
	固定资产
反映工业中小微企业股东状况的指标	所有者权益
	国家资本
反映工业中小微企业财务状况的指标	税金
	负债
	利息支出
反映工业中小微企业经营状况的指标	主营业务收入
	利润

续表

指标类型	指标项目
反映工业中小微企业经营规模的指标	总产值
	企业数量
	从业人数

（一）反映工业中小微企业自身内部资源的指标

此类指数包括：（1）总资产。反映企业综合实力。（2）流动资产。即体现企业短期变现能力，确保企业资金链。（3）固定资产。即反映企业设备投资及其他固定资产的投资状况。

（二）反映工业中小微企业股东状况的指标

此类指数包括：（1）所有者权益。反映资产扣除负债后由所有者应享的剩余利益，即股东所拥有或可控制的具有未来经济利益资源的净额。（2）国家资本。反映工业中小微企业得到国家投资的政府部门或机构以国有资产投入的资本，体现国家对中小微企业的扶持力。

（三）反映工业中小微企业财务状况的指标

此类指数包括：（1）税金。包括主营业务税金及附加和应交增值税，主要体现企业支付的生产成本，影响企业收入和利润。（2）负债。影响企业的资金结构，反映企业运行的风险或发展的条件和机遇。（3）利息支出。作为财务费用的主要组成部分，反映企业负债成本。

（四）反映工业中小微企业生产经营状况的指标

此类指数包括：（1）主营业务收入。企业经常性的、主要业务所产生的基本收入，直接反映一个企业生产经营状况。（2）利润。直接反映企业生产能力的发挥和市场实现情况，也显示企业下期生产能力和投资能力。

（五）反映工业中小微企业经营规模的指标

此类指数包括：（1）总产值。体现企业创造的社会财富，直接反映出区域中小微企业的发展程度。（2）企业数量。直接反映了中小微企业在一个区域的聚集程度。（3）从业人数。反映企业吸纳社会劳动力的贡献率和企业繁荣程度。

二　数据收集及预处理

工业中小微企业景气指数计算数据来自国家及各地的统计年鉴及工业经济统计年鉴。最新年鉴为 2013 年版，实际统计时间跨度为 2007—2012 年，在指标信息齐全和不含异常数据的基本原则下采集数据。课题组先收集了中国 31 个省、直辖市和自治区的工业中小微企业数据，然后按七大行政区域，即东北、华北、华东、华中、华南、西南和西北地区分别进行了汇总整理（见表 20 - 2）。

表 20 - 2　　工业中小微企业景气数据样本的地区分布

地　区	省、直辖市、自治区名称	省份数量
东　北	黑龙江、吉林、辽宁	3
华　北	北京、天津、河北、山西、内蒙古	5
华　东	山东、江苏、安徽、浙江、江西、福建、上海	7
华　中	河南、湖北、湖南	3
华　南	广东、海南、广西	3
西　南	四川、云南、贵州、重庆、西藏	5
西　北	陕西、甘肃、青海、宁夏、新疆	5
全　国		31

基于统计年鉴所获得的数据较为庞大，有些省份和年份的数据存在缺失值。另外，不同指标的数据在数量级上的级差较大，为了保证后续数据分析和数据挖掘的顺利进行，对收集到的年份数据分别进行了预处理，包括无量纲化、消除季节性因素以及剔除非常规数据等。一方面，尽量保证数据的完整性，避免相关年份或省份的数据缺失问题；另一方面，考虑到中国各地区经济发展差异性较大，在数据处理过程中，本报告还关注到了数据样本中孤立数据与极端数值的影响。

三　指标体系及权重的确定

为了确定指标体系，先对指标进行分类。在计算工业中小微企业景气指数时主要采用时差相关系数法，首先确定一个能敏感地反映工业中小微企业经济活动的重要指标作为基准指标。最能反映工业中小微企业经济状况的指标确定为工业增加值增长率。同时采用工业中小微企业的总产值作为基准指标，并考察全国工业中小微企业总产值与 GDP、第二产业产值和工业总产值之间的相关性，具体实证结果如表 20－3 所示。

表 20－3　　工业中小微企业景气指数基准指标

相关性	GDP	第二产业总产值	工业总产值
工业中小微企业总产值	0.998**	0.998**	0.997**

说明：①相关分析时间为 2001—2012 年。②**表示在 0.01 水平（双侧）上显著。

资料来源：根据《中国统计年鉴》和《中国工业经济统计年鉴》各年份数据整理计算。

实证结果表明，工业中小微企业总产值基本和整个经济循环波动保持一致，这种相关性很好地反映了工业中小微企业的发展状况。因此，综合考虑到重要性、适时性和与景气波动的对应性，这里选取工业中小微企业总产值作为基准指标。

根据时差相关系数分析法计算出了各指标与总产值的时差相关系数和先行、滞后、一致的期数指标，结果如表 20－4 所示。

表 20－4　　工业中小微企业景气指标类型时差分析结果

指标	企业单位数	资产合计	流动资产	固定资产合计
期数	0	0	Lead4	Lag3
相关系数	0.987	0.996	0.992	0.999
指标	负债合计	所有者权益	国家资本	主营业务收入
期数	Lag4	Lag4	Lead4	0
相关系数	0.995	0.995	0.920	0.999
指标	税金	利息支出	利润总额	全部从业人员
期数	0	0	0	Lag4
相关系数	0.997	0.991	0.997	0.963

说明：表中期数栏中 Lag 表示滞后指标，Lead 表示先行指标，0 表示一致指标。

另外，课题组还使用 K—L 信息量法、文献综述法、马场法、聚类分析法、定性分析法等，并咨询了专家意见，综合考察了各类先行、一致和滞后指标的选取方法，确定中国工业中小微企业的先行、一致和滞后指标，并根据主成分分析法，求出先行指标组、一致指标组和滞后指标组小类指标的权重；然后利用全国规模以上工业中小微企业数据，具体计算出各分类项目评价指标的权重；最后为了改善迄今基于单一的一致指标计算工业企业景气指数的计算方法，采用专家咨询法首次确定了先行指标组、一致指标组和滞后指标组大类指标的权重，结果如表 20－5 所示。

表 20－5　　　　工业中小微企业景气评价指标的权重

指标类别	指标项目名称	小类指标权重	大类指标权重
先行指标组	流动资产合计	0.339	0.30
	国家资本	0.322	
	利息支出	0.339	
一致指标组	工业总产值	0.167	0.50
	企业单位数	0.166	
	资产总计	0.167	
	主营业务收入	0.167	
	利润总额	0.166	
	税金总额	0.167	
滞后指标组	固定资产合计	0.250	0.20
	负债合计	0.250	
	所有者权益合计	0.250	
	全部从业人员平均人数	0.250	
合　计			1.00

四　2014 年中国省际工业中小微企业景气指数计算结果及排名

为了使各省、直辖市和自治区的工业中小微企业景气指数波动控制在 0—200 取值范围内，2014 年工业中小微企业景气指数计算以 2006 年全国平均值作为基年数据。由于实际统计的 2006—2012 年间没有明显多个经济周期循环，因而本报告在运用合成指数算法进行计算时省略了趋势调整。经过计算，分别获得中国省际与地区工业中小微企业先行、一致与滞后合成指数，并按三组大类指标的权重（见表 20－5），最终合成计算省际和地区工业中小微企业综合景气指数。

由于各省份工业中小微企业景气指数受各省份企业数量影响较大，因此本报告关于工业中小微企业景气指数的计算考虑了企业数量调整。首先，采用 Min－max 标准化将企业数量进行无量纲化处理；其次，将合成的景气指数和企业数量与其相对应的权重相乘；最后，将获得的乘数相加作为反映各省工业中小微企业景气指数的值。调整公式如下：

调整后的工业中小微企业景气指数＝调整前的工业中小微企业景气指数×60%＋企业数量×40%

为了获得 2014 年工业中小微企业景气指数，本报告基于历年数据，运用最小二乘法对 2013 年省际工业中小微企业景气指数进行预测，并以 2013 年的预测值作为 2014 年度工业中小微企业景气指数评价数据。

表 20－6 及图 20－1 显示了 2014 年中国省际工业中小微企业景气指数评价结果及排名状况。

表 20－6　　2014 年中国省际工业中小微企业景气指数

省　份	先行指数	一致指数	滞后指数	景气指数（ISMECI）	排　名	与 2013 年排名比较
广　东	140.12	138.88	185.76	150.99	1	—
江　苏	123.13	131.30	143.58	140.78	2	—
浙　江	108.15	122.31	126.75	124.86	3	—
山　东	82.39	83.06	98.15	96.53	4	—
河　南	71.28	53.07	72.48	65.31	5	—
上　海	53.29	57.70	62.12	55.43	6	—
河　北	65.92	46.97	60.99	55.26	7	—
辽　宁	76.88	34.24	56.30	54.82	8	—
福　建	41.53	34.72	46.86	42.94	9	↑1
湖　北	47.08	34.32	45.64	41.83	10	↓1
四　川	46.93	26.21	42.15	38.28	11	—
湖　南	35.04	22.24	34.42	32.26	12	—
安　徽	30.44	20.10	31.00	30.53	13	↑3
天　津	25.55	28.92	31.63	27.76	14	↓1
北　京	31.23	24.99	26.96	25.78	15	↓1

续表

省　份	先行指数	一致指数	滞后指数	景气指数（ISMECI）	排　名	与 2013 年排名比较
山　西	36.09	18.54	35.18	25.68	16	↓1
广　西	37.83	15.29	24.91	23.80	17	—
陕　西	33.91	14.44	26.27	22.06	18	—
云　南	34.22	12.98	22.78	20.32	19	—
江　西	23.60	13.19	21.39	19.77	20	↑1
吉　林	24.13	14.52	23.46	19.71	21	↓1
黑龙江	22.72	12.89	21.32	17.43	22	—
重　庆	20.91	11.79	18.85	17.00	23	↑1
内蒙古	25.63	9.82	17.45	16.38	24	↓1
新　疆	25.84	8.85	15.83	14.40	25	—
甘　肃	18.11	11.98	16.97	13.82	26	—
贵　州	18.79	8.90	14.22	12.79	27	—
海　南	8.87	3.52	5.26	4.93	28	—
宁　夏	6.48	2.52	5.18	4.13	29	—
青　海	3.40	1.78	3.54	2.47	30	—
西　藏	3.31	0.78	1.84	1.55	31	—

说明：与 2013 年排名比较栏："—"表示持平，"↑"、"↓"的数字分别表示与 2012 年相比排名升降的位数。

2014 年，中国省际工业中小微企业景气指数具有以下特点：

第一，2014 年，中国工业中小微企业平均指数为 39.34，较 2013 年微增了 1.27，有企稳回升趋势，表明中国工业中小微企业总体上生产经营基本面良好。但平均指数水准偏低，高于全国平均指数的省份为广东、江苏、浙江、山东、河南、上海、河北、辽宁、福建和湖北 10 省市，其他大部分省份在平均指数以下，反映中国多数地区的实体经济面临转型升级和创新发展的难题。

第二，2014 年中国工业中小微企业景气指数最高的广东（150.99）与最低的西藏（1.55）相差达 96 倍（见图 20－1），表明省际工业中小微企业景气指数的差距较 2013 年（72 倍）有所拉大。

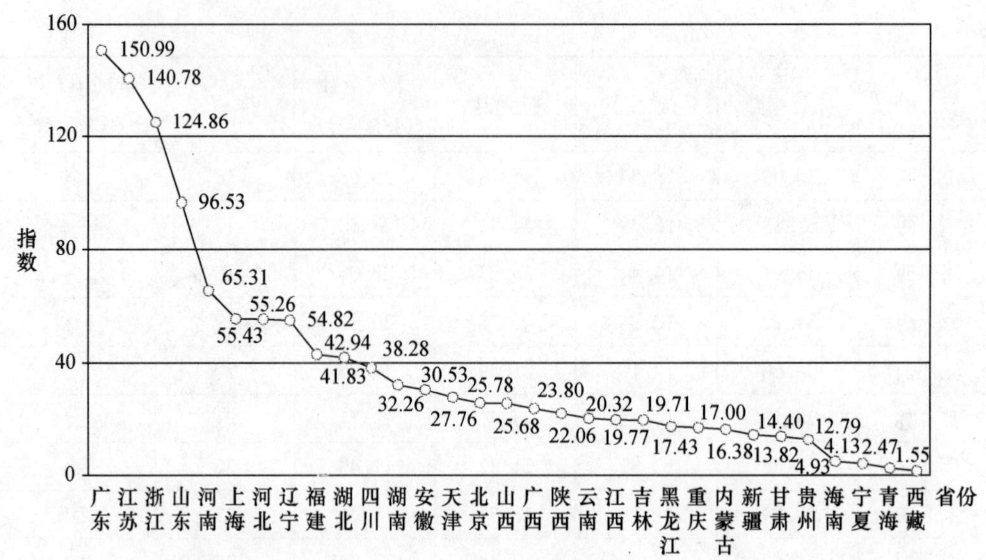

图 20－1　2014 年中国省际工业中小微企业景气指数

第三，中国工业中小微企业发展活跃地区分布的梯次感明显。图 20－1显示，2014 年中国省际工业中小微企业景气指数大体上可分为四个层次。第一层次为广东、江苏和浙江三省，前三位排名连续四年位次相同，指数值均在 120 以上，工业生产总体持续保持“相对景气区”以上的运行趋势。其中，广东和江苏省的指数值连续四年保持上升态势，2014 年分别达到 150 和 140 以上；浙江省中小微企业的工业生产在经历了 2013 年的小幅回落之后，2014 年有所回升，但仍与广东和江苏省存在一定距离；第二层次为山东、河南、上海、河北、辽宁、福建、湖北、四川等，指数在 35—100 之间，地区分布与 2013 年基本相同，层次内部福建和湖北易位，总体上与第一层次仍相差 1 倍以上；第三层次包括湖南、安徽、天津、北京、山西、广西、陕西、云南，指数值在 20—35 之间，其中安徽排名提升 3 位，景气值逼近第二层次，天津、北京、山西等的指数值有小幅下滑；第四层次为余部 12 个省份，指数值在 20 以下，平均比第一层次相差 11 倍多，层次内部江西和重庆的排名有所提升，吉林和内蒙古位次有所下降，总体上与第一、第二层次之间工业生产的差距仍很大。

第四，2014 年四大直辖市工业中小微企业景气指数排名与 2013 年相同，上海工业中小微企业景气指数值最高（55. 43），天津（27. 76）和北京（25.78）次之，重庆最低（17.00）。五个自治区中，2014年广西（23.80）的工业中小微企业景气排名继续位列第三层次，其他自治区工业中小微企业景气排名总体靠后，西藏的同指数值（1.55）继续全国垫底。

第五，从2014年省际排名来看，除安徽省工业中小微企业景气指数排名变化较大之外，其他各省前后1位小升小降，排名变化基本不大。但总体来看，2014年中国省际工业中小微企业景气指数差异仍然很大，这也是造成后述综合景气指数差异的要因之一。

五　2014年七大地区工业中小微企业景气指数计算结果及排名

根据表20－6，按中国七大地理分布地区划分进行数据整理，得到2014年中国七大地区工业中小微企业景气指数评价结果及排名状况（见表20－7和图20－2）。主要趋势特点如下：

表20－7　　2014年中国七大地区工业中小微企业景气指数

地　区	先行指数	一致指数	滞后指数	景气指数（ISMECI）	排名	与2013年排名比较
华　东	188.66	134.36	128.00	166.30	1	—
华　南	69.17	95.56	127.43	82.91	2	—
华　北	59.48	71.97	125.70	69.85	3	—
华　中	49.70	69.35	120.44	62.67	4	—
东　北	32.37	61.88	134.96	51.48	5	↑1
西　南	32.51	62.34	125.74	50.78	6	↓1
西　北	22.17	54.47	199.63	49.60	7	—

说明：与2013年排名比较栏："—"表示持平，"↑"、"↓"的数字分别表示与2012年相比升降的位数。

第一，地区间工业中小微企业发展很不平衡，但东西部地区差距有明显缩小趋势。从全国来看，华东、华南地区工业中小微企业发展的区域集聚优势仍然明显，2014年工业中小微企业景气指数值最高的华东地区（166.30）与最低的西北地区（49.60）相差2.4倍，但差距趋向缩小。

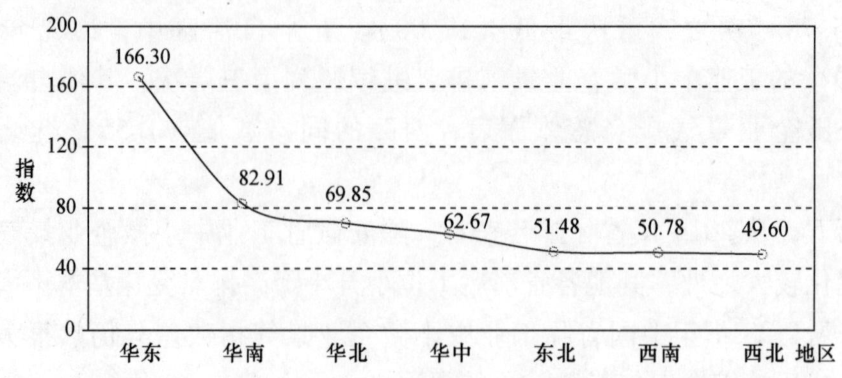

图 20－2　2014 年中国七大地区工业中小微企业景气指数

第二，2014 年华东地区工业中小微企业景气指数（166.30）与 2013 年（186.92）同比下降幅度较大，说明近年来华东地区受经济下行影响较大；华南地区工业中小微企业景气指数排名第二，但指数值与华东地区仍相差两倍，这与中国工业中小微企业发展较好的省份主要分布在华东长三角地区相吻合。华南地区中广东的工业中小微企业发展虽然较好，但广西和海南等其他地区发展仍相对落后，从而整体上与华东地区的差异显著。

第三，华南、华北、华中、东北、西南和西北 6 个地区呈依次递减趋势，但递减幅度差异不是很大（见图 20－2）。东北地区的工业中小微企业分享近年来国家振兴老工业基地战略的红利，景气指数排名有所上升，但与西南和西北地区工业中小微企业景气指数的差异不大。受宏观经济下行影响，2014 年中国大部分地区工业中小微企业总体仍处于不景气区间低位运行。

第二节　2014 年中国中小板与创业板景气指数测评

一　指标体系构建及评价方法

中小板与创业板上市企业景气指数测评方面，2014 年报告沿用了 2013 年度相关评价指标和评价方法，包括中小板和创业板两类数据；数据预处理持续采用扩散指数（DI）的编制方法。同时沿用 2013 年的计算方法，按权重合成计算分类综合指数。

扩散指数又叫扩张率，是所研究的经济指标系列中某一时期扩张经济指标数的加权百分比，其表达式为：

$$DI_t = \sum_{i=1}^{N} I_i = \sum W_i[X_i(t) \geqslant X_i(t-j)] \times 100\%$$

其中，DI_t 为 t 时刻的扩散指数；X_i（t）为第 t 个变量指数在时刻的波动测定值；W_i 为第 i 个变量指标分配的权数；N 为变量指标总数；I_i 为示性函数；j 为两比较指标值的时间差。若权数相等，公式可简化为：

$$DI_t = \frac{t\text{时刻扩散指标数}}{\text{采用指标总数}} \quad (t=1, 2, 3, \cdots)$$

扩散指数是相对较为简单的景气评价指数，具体按以下三个步骤进行推导计算：

第一步，确定两个比较指标值的时间差 j，本报告中确定 $j=1$，将各变量在 t 时刻和 $t-1$ 时刻的波动测定值进行比较，若 t 时刻的波动测定值大，则是扩张期，$I=1$；若 $t-1$ 时刻的波动测定值大，则 $I=0$；若两者基本处于相等水平，则 $I=0.5$。

第二步，将这些指标值升降状态所得的数值相加，即得到扩张指数指标，即在某一时阶段的扩张变量个数，并以扩张指数除以全部指标数，乘以 100%，即得到扩散指数。

第三步，绘制扩散指数变化图，即将各阶段的景气指数运用图表来表达。

由于部分创业板及中小板上市企业财务数据存在缺失，同时，为了使抽样企业样本更具科学性和代表性，因此，2014 年研究报告根据深交所建立的中小板及创业板 500 指数收集了 504 家企业作为数据样本，其中包括中小板企业 381 家，创业板企业 123 家。

与计算工业中小微企业景气指数一样，由于中小板及创业板企业景气指数受企业数量影响也较大，因此，本报告计算中小板及创业板企业景气指数时也将企业数量调整考虑在内。首先采用 Min - max 标准化将企业数量进行无量纲化处理，其次将合成的景气指数和企业数量与其相对应的权重相乘，最后将获得的乘数相加作为反映中小板及创业板企业景气指数值，调整公式如下：

调整后的中小板及创业板企业景气指数 = 调整前中小板及创业板企业景气指数 ×60% + 企业数量 ×40%

二 2014 年中国省际中小板及创业板企业景气指数排名分析

根据上述算法得到的 2014 年省际中小板及创业板企业景气指数如表 20－8 和图 20－3 所示。

表 20－8 2014 年中国省际中小板及创业板企业景气指数

省 份	先行指数	一致指数	滞后指数	景气指数（SMBCBCI）	排名	与 2013 年排名比较
广 东	145.32	131.58	141.62	137.71	1	—
浙 江	112.84	102.26	103.19	105.62	2	—
北 京	100.18	89.40	101.38	95.03	3	↑1
江 苏	94.02	84.36	88.07	88.00	4	↓1
山 东	79.74	77.47	78.83	78.43	5	—
河 南	87.85	63.46	74.76	73.04	6	—
上 海	72.14	69.99	71.24	70.88	7	↑3
四 川	74.63	63.36	68.97	67.86	8	↓1
湖 南	78.52	59.79	70.51	67.56	9	↑2
辽 宁	74.26	63.74	64.97	67.15	10	↑2
福 建	70.99	61.41	67.86	65.57	11	↑4
安 徽	68.57	61.00	71.10	65.29	12	↑1
湖 北	73.00	58.77	69.07	65.10	13	↑9
新 疆	73.13	59.37	64.22	64.47	14	↑3
吉 林	69.21	56.78	74.14	63.98	15	↓6
西 藏	70.10	55.70	61.77	61.23	16	↑11
江 西	72.96	51.68	62.04	60.14	17	↑6
河 北	57.15	56.38	59.48	57.23	18	↑1
广 西	63.51	51.26	61.17	56.91	19	↑6
贵 州	55.74	53.73	63.16	56.22	20	—

续表

省　份	先行指数	一致指数	滞后指数	景气指数（SMBCBCI）	排名	与 2013 年排名比较
甘　肃	60.86	52.29	58.74	56.15	21	↓13
重　庆	68.19	53.75	40.89	55.51	22	↓8
海　南	45.63	60.37	56.38	55.15	23	↓2
天　津	53.16	50.81	61.47	53.65	24	↓6
陕　西	36.97	54.93	57.04	49.96	25	↓9
云　南	50.91	45.26	54.50	48.80	26	↓2
山　西	68.79	43.25	18.46	45.95	27	↓1

说明：与 2013 年排名比较栏："—"表示持平，"↑"、"↓"的数字分别表示与 2012 年相比升降的位数。黑龙江、内蒙古、宁夏、青海因数据缺失本年度未进行评价排名。

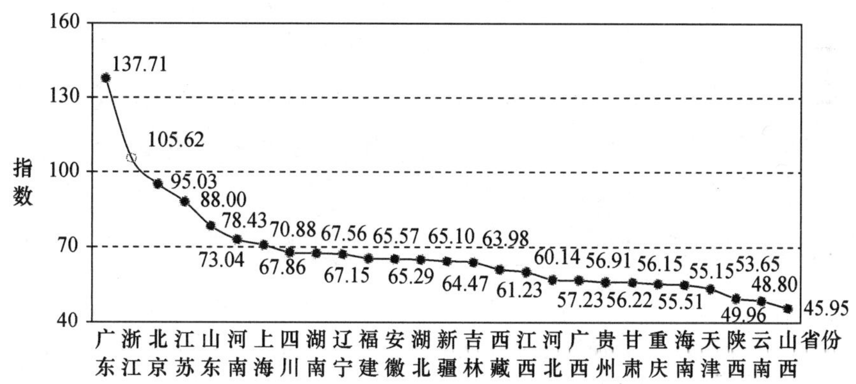

图 20－3　2014 年中国省际中小板及创业板企业景气指数

分析 2014 年中国省际中小板及创业板企业景气指数的动态趋势，具有以下特点：

第一，2014 年中国中小板及创业板企业平均指数为 67.87，比 2013 年下降了 5.7。高于中国平均指数的省份为广东、浙江、北京、江苏、山东、河南、上海，其他大部分省份在平均指数以下，可见市场景气总体呈现明显下滑趋势。指数最高的广东省（137.71）与最低的山西（45.95）相差近 2 倍，与 2013 年相比，省际间中小板及创业板企业景气指数的差异仍未得到缩小。

第二，中国省际中小板及创业板企业景气指数分布有明显的梯次感。其中，广东、浙江、北京、江苏处于第一层次，平均指数为 106.59，江苏较 2013 年下降 1 位，排名北京之后；山东、河南、上海、四川、湖南、辽宁、福建、安徽、湖北为第二层次，平均指数近 70，其中，福建、湖北的排名上升了 4 位以上，上海排名上升了 3 位；第三层次包括新疆、吉林、西藏、江西、河北、广西、贵州、甘肃、重庆等省份，平均指数为 60.20，其中，西藏、江西、广西的排名上升了 6 位及以上，重庆、甘肃和吉林的排名下降了 6 位及以上；第四层次包括海南、天津、陕西、云南、山西，平均指数为 50.70，排名均有下降，其中天津、陕西排名下降幅度较大。

第三，中国中小板及创业板企业发展活跃地区的分布非常集中，中小板及创业板企业景气指数和中小微企业数量分布相关性较大。截至 2014 年第一季度，处于前三位的广东、浙江和北京三省市的中小板及创业板上市企业数量都在 100 家以上，其中，广东 231 家，浙江 160 家，北京 100 家，山西省的上市中小微企业数量仅为 5 家，从而影响到景气指数值的高低。内蒙古、黑龙江、青海和宁夏 4 个省份的中小板及创业板上市企业数量在 5 家以下，因而本报告未进行相关评价。

第四，东部地区中小板及创业板企业景气指数比中部和西部地区高出很多。东部省份中，广东省中小板及创业板企业景气指数最高（137.71），中部省份中最高的是河南省（73.04），而西部省份中指数最高的是四川省（67.86）。但总体来看，中部地区与西部地区中小板及创业板企业景气指数之间差异不是很大，中部各省、直辖市及自治区中小板及创业板企业景气指数值比西部各省、直辖市和自治区中小板及创业板企业景气指数高出不是很多。

第五，4 大直辖市中，北京的中小板及创业板企业景气指数值最高（95.03），最低的是天津（53.65）。五个自治区中，中小板及创业板企业景气指数最高的是新疆（64.47），其次是西藏（61.23）。从中国省级行政区域的整体排名来看，五个自治区的中小板及创业板企业景气排名都较为靠后（见图 20－3）。

三　2014 年七大地区中小板及创业板企业景气指数排名分析

由表 20－8 计算得到 2014 年中国七大地区中小板及创业板企业景气

指数（见表 20－9 和图 20－4）。

表 20－9　2014 年中国七大地区中小板及创业板企业景气指数排名

地　区	先行指数	一致指数	滞后指数	景气指数（SMBCBCI）	排　名	与 2013 年排名比较
华　东	139. 70	130. 68	135. 56	134. 36	1	—
华　南	97. 12	93. 37	98. 69	95. 56	2	—
华　北	78. 83	68. 97	69. 20	71. 97	3	—
华　中	80. 58	61. 46	72. 24	69. 35	4	—
西　南	68. 33	58. 77	62. 27	62. 34	5	—
东　北	68. 00	56. 56	66. 02	61. 88	6	—
西　北	54. 60	53. 14	57. 61	54. 47	7	—

说明：与 2013 年排名比较栏："—" 表示与 2013 年排名相同。

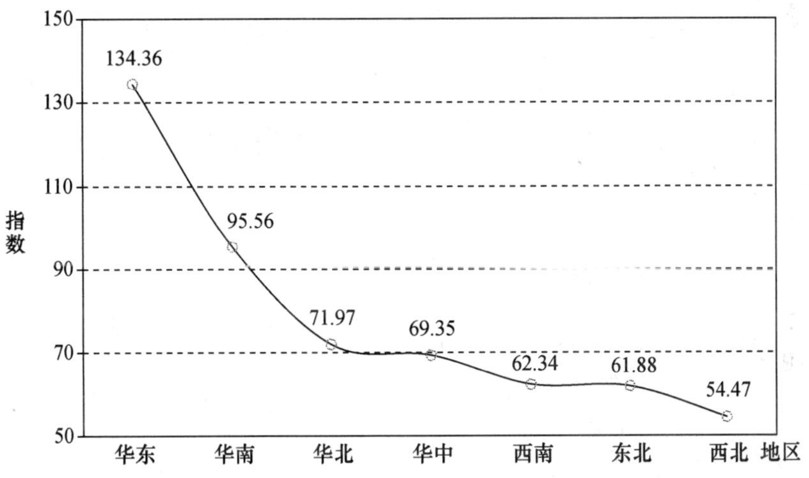

图 20－4　2014 年中国七大地区中小板及创业板企业景气指数

2014 年中国七大地区中小板及创业板企业景气指数具有以下特点：

第一，东西部地区差异明显，最高的华东地区（134. 36）与最低的西北地区（54. 47）相差大于两倍。华东、华南地区因中小板及创业板上市企业数量和发展质量较高，而在同类企业的区域景气指数排名中明显处于优势地位。

第二，华北、华中、西南、东北和西北5个地区依次递减，且这些地区之间的中小板及创业板企业景气指数值的递减幅度差异不大。

总体来看，2014年，中国七大地区中小板及创业板企业景气指数差异较大。各地区中小板及创业板企业发展仍不平衡，以华东、华南地区为中心，中小板及创业板上市企业的区域集聚现象非常明显。

第三节 2014年中国中小微企业比较景气指数测评

一 2014年中国省际中小微企业比较景气指数排名分析

中小微企业比较景气指数是反映中小微企业家对当前微观经营状况判断结果和预期宏观经济环境的信心进行量化加工整理得到的景气指数，是对基于统计年鉴的工业中小微企业景气指数和基于上市公司的中小板及创业板企业景气指数的补充。

为了获得2014年中小微企业比较景气指数，本报告尽可能收集到2013年统计部门公开发布的各省、直辖市、自治区的最新企业综合生产经营景气指数及企业家信心指数的实际值，而对于数据缺失的部分省际中小微企业比较景气指数则运用最小二乘法对其进行预测。也就是说，2014年度中国中小微企业比较景气指数评价尽可能基于重点监测的实际数据，这样，更能客观准确地反映企业最新景气状况。表20－10显示的是2014年基于监测调查数据的省际中小微企业比较景气指数评价结果。图20－5更直观地反映了其排名及特点。

表20－10　　2014年中国省际中小微企业比较景气指数

省份	比较景气指数（CCI）	排名	与2013年排名比较	省份	比较景气指数（CCI）	排名	与2013年排名比较
陕西	147.54	1	↑5	内蒙古	125.06	17	↓2
吉林	140.67	2	↑12	湖北	124.56	18	—
湖南	139.80	3	↑8	四川	124.07	19	↓3
海南	138.57	4	↑13	江西	123.64	20	↑2

续表

省　份	比较景气指数（CCI）	排　名	与2013年排名比较	省　份	比较景气指数（CCI）	排　名	与2013年排名比较
黑龙江	138.37	5	↓4	西　藏	123.32	21	—
河　北	138.03	6	↓1	天　津	121.90	22	↑8
云　南	134.72	7	↑13	甘　肃	120.35	23	↓10
福　建	133.42	8	↑11	山　西	118.25	24	↓15
安　徽	132.19	9	↓5	重　庆	116.49	25	—
江　苏	131.52	10	↑13	河　南	115.95	26	↑5
山　东	130.48	11	↓8	浙　江	115.41	27	↑2
贵　州	130.08	12	↓10	广　东	114.22	28	↓4
广　西	129.49	13	↓6	宁　夏	112.39	29	↓1
上　海	129.36	14	↓6	青　海	109.86	30	↓20
辽　宁	125.84	15	↓3	新　疆	108.01	31	↓4
北　京	125.28	16	↑10				

说明：排名比较一栏“—”表示与2013年排名持平，“↑”、“↓”分别表示与2013年排名相比升降的位数。

中国2014年省际中小微企业比较景气指数具有以下特点：

第一，与2013年相比，2014年中小微企业家信心指数与企业生产经营指数总体上有一定上升，但区域间也存在差异。东北地区的吉林，华南地区的海南，西南地区的云南，华东地区的江苏、福建，华北地区的北京，中小微企业比较景气指数排名有较大幅度的上升；西北地区的陕西，华中地区的河南、湖南，华东地区的浙江、江西，华北地区的天津等省份的中小微企业比较景气指数排名都有小幅度的上升；湖北、重庆和西藏的指数值与2013年持平；而黑龙江、河北、安徽、山东、贵州、广西、上海、辽宁、内蒙古、四川、甘肃、山西、广东、宁夏、青海、新疆16个省份的中小微企业比较景气指数排名有不同程度的下降，其中，贵州、山西、青海下降幅度较大。总体来看，比较景气指数排名下降的省份多于上升的省份。可见，2014 年中国中小微企业综合经营指数和企业家信心指数呈现略微下滑的趋势。

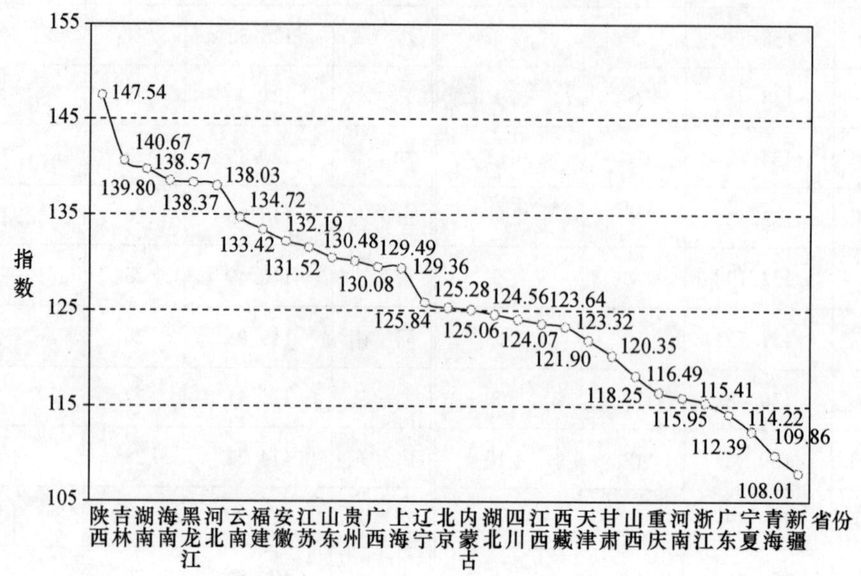

图 20－5　2014 年中国省际中小微企业比较景气指数

第二，个别省份的中小微企业比较景气指数 2014 年的排名较 2013 年相差较大。海南、云南、江苏、吉林、福建和北京分别上升 10 位以上；而青海省较 2013 年下降了 20 位，山西、贵州和甘肃省分别下降了 10 位以上。可见，2014 年中国省际中小微企业比较景气指数波动较大。

第三，上海的中小微企业比较景气指数较 2013 年有所下降，但在中国四大直辖市中依然保持最高（129.36），其次是北京（125.28）和天津（121.90），最低的是重庆（116.49）。在五个自治区中，指数最高的是广西（129.49），最低的是新疆（108.01）。

二　2014 年中国七大地区中小微企业比较景气指数排名分析

2014 年，中国七大地区中小微企业比较景气指数具有以下特点（见表 20－11 和图 20－6）：

第一，七大地区的中小微企业比较景气指数相差并不大。排名第一的东北地区仅比排名最后的西北地区高 15.33。

表 20－11　2014 年中国七大地区中小微企业比较景气指数排名

地　区	比较景气指数（CCI）	排名	与 2013 年排名比较
东　北	134.96	1	—
华　东	128.73	2	↑1
华　南	127.43	3	↑1
西　南	126.19	4	↓2
华　中	125.99	5	↑2
华　北	125.70	6	—
西　北	119.63	7	↓2

说明：排名比较一栏“—”表示与 2013 年排名持平，“↑”、“↓”分别表示与 2013 年排名相比升降的位数。

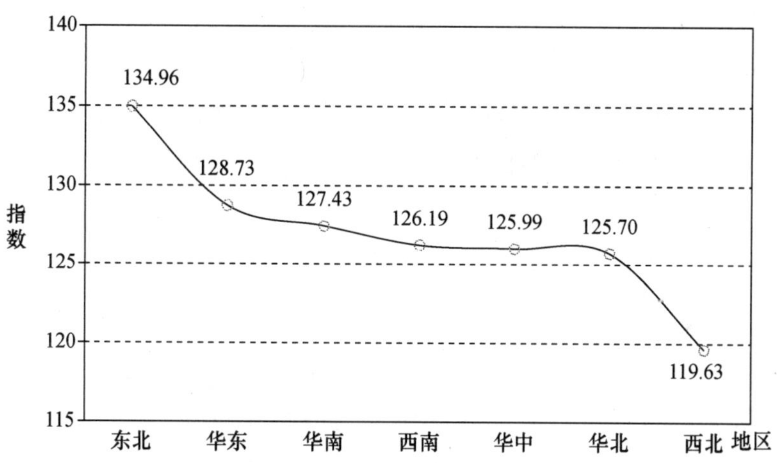

图 20－6　2014 年中国七大地区中小微企业比较景气指数

第二，2014 年中国七大地区工业中小微企业景气指数和中小板及创业板景气指数排名一致，而中小微企业比较景气指数排名差别较大。主要是因为不同地区基础设施、环境条件以及中小微企业公共服务水平相差较大，导致各地区企业家对本地区发展预期的判断不同。

第三，华东、华南地区受近两年内外环境和资金链问题等影响较大，企业家对经营环境的信心指数明显下降。另外，东北地区实施振兴老工业基地发展战略、区域中小微企业发展促进对策的效果在逐渐显现，企业家信心相对较高，中小微企业比较景气指数与华东、华南地区相比略高。

第四节 2014 年中国中小微企业综合景气指数测评

一 计算与评价方法

鉴于数据扩充和方法调整，2014 年报告在评价 2007—2009 年中小微企业的景气指数时，采用工业中小微企业景气指数作为中小微企业景气指数，在此基础上，2010 年以后加入了中小板及创业板企业景气指数和中小微企业比较景气指数，2014 年中小微企业景气指数基于调整后的工业中小微企业、中小板及创业板企业和比较景气指数三部分指数，根据专家咨询法确定如下权重，最终按以下合成指数的计算方法进行综合测评。

2014 年中小微企业综合景气指数 = 调整后的工业中小微企业景气指数值 ×60% + 调整后的中小板及创业板企业景气指数值 ×30% + 调整后的比较景气指数值 ×10%

二 2014 年中国省际中小微企业综合景气指数排名分析

中小微企业综合景气指数既能反映中小微企业的繁荣程度，也是反映中小微企业发展差异的重要指标之一。计算结果显示，对于中国大部分省级行政区来说，加入中小板及创业板景气指数和基于监测调查的中小微企业比较景气指数对于原先只有工业中小微企业景气指数的修正作用明显。2014 年，中国中小微企业综合景气指数的计算结果及排名见表 20 - 12 和图 20 - 7。

2014 年中国省际中小微企业综合景气指数具有以下特点：

第一，中国省际中小微企业综合景气指数总体呈现分布差异大、阶梯式分布明显的特点。其中，最高的省份广东（143. 33）与最低的青海（12. 47）相差 10. 5 倍。图 20 - 7 显示，中国省际中小微企业景气指数大体分为四个层次。第一层次为排名全国前四位的广东、江苏、浙江和山东 4 个省份，平均指数为 120；第二层次为河南、上海、辽宁和河北

表 20－12　　2014 年中国省际中小微企业综合景气指数排名

省　份	综合景气指数（CCSMECI）	排　名	与 2013 年排名比较	省　份	综合景气指数（CCSMECI）	排　名	与 2013 年排名比较
广　东	143.33	1	—	广　西	44.30	17	↑2
江　苏	124.02	2	↑1	陕　西	42.98	18	↓5
浙　江	118.14	3	↓1	江　西	42.27	19	↑5
山　东	94.49	4	—	山　西	41.02	20	↓4
河　南	72.70	5	↑2	云　南	40.30	21	↑1
上　海	67.46	6	↓1	新　疆	38.78	22	↑3
辽　宁	65.62	7	↑1	重　庆	38.50	23	—
河　北	64.13	8	↓2	贵　州	37.55	24	↓3
福　建	58.78	9	—	甘　肃	37.17	25	↓7
湖　北	57.08	10	—	海　南	33.36	26	↑1
北　京	56.50	11	↑1	西　藏	31.63	27	↑4
四　川	55.73	12	↓1	黑龙江	24.30	28	↓2
湖　南	53.60	13	↑1	内蒙古	22.34	29	↓1
安　徽	52.11	14	↑1	宁　夏	13.72	30	—
吉　林	51.58	15	↑5	青　海	12.47	31	↓2
天　津	44.94	16	↑1				

说明：排名比较一栏"—"表示与 2013 年排名持平，"↑"、"↓"分别表示与 2013 年排名相比升降的位数。

4 省市，平均指数为 67.48；第三层次为福建、湖北、北京、四川、湖南、安徽和吉林 7 个省市，平均指数为 55.06；第四层次为天津、广西、陕西、江西、山西等 16 个省份，平均指数为 34.10。第一层次排名前三名的广东、江苏和浙江三省中小微企业综合景气指数发展优势明显，综合指数都在 100 以上，其他省份都在 100 以下，可见省际综合指数差异较大。

第二，东部省份中小微企业综合景气指数相较于中西部省份高出很多。东部省份中，广东省（143.33）中小微企业综合景气指数最高。东部沿海地区在中国中小微企业发展历史中一直发挥着重要的牵引作用，尤其是长三角及珠三角地区。以广东、江苏和浙江等省份为代表的东部沿海地区，近年来，中小微企业转型升级步伐加快，多元化经营、国际化经营的贡献度继续提升，景气指数总体一直领先于其他地区；中部省份中指数较高的是河南省（72.70）和河北省（64.13），两省中小微企业完成工业总产值始终保持占全部工业总产值的六成左右，成为推动区域工业经济发展的主体力量。而西部省份中综合指数最高的是四川省（55.73），近年来西部大开发战略的实施为四川省中小微企业的发展提供了良好的机遇，也是四川省景气指数稳步增长的主要原因。总体来看，中西部大部分省份之间中小微企业综合景气指数差异不是很大。

第三，四大直辖市中，上海市中小微企业综合景气指数值最高(67.46)，但受国内宏观调控、外需萎缩等因素影响，上海中小微企业综合景气指数有所下降。重庆（38.50）最低，其主要原因在于其约六成中小微企业存在流动资金紧张情况，对中小微企业成长造成较大的阻碍。北京（56.50）和天津（44.94）居中。

第四，五个自治区之间景气指数差距不大，排名都较为靠后。五个自治区中，中小微企业综合景气指数最高的是广西（44.30），由于其地方政策支持力度较大以及金融机构的扶持能力较强，虽然地处中南部，但广西的综合景气指数上升的趋势还是较好的。而自治区中最低的是宁夏(13.72)，相较于2013年，其综合指数下降幅度比较大。

根据表20-12，我们整理计算出了2014年中国七大地区中小微企业综合景气指数并进行了排名，如表20-13和图20-8所示。

2014年，中国七大地区中小微企业综合景气指数具有以下特点：

第一，各地区排名与2013年相同，地区之间中小微企业发展仍很不平衡。排名靠前的华东、华南地区是中国中小微企业发展最具活力的区域，继续保持地区均衡发展的明显优势。华东地区中小微企业综合景气指数值最高（152.96），高出第二位华南地区很多，华东地区呈现出一枝独秀的特征。

第二，华南、华北、华中、东北、西南和西北6个地区呈依次递减趋势，而且每个地区的递减幅度差异不是很大。华北、华中、西南地区中小微企业综合景气指数近年来提升较快，与这些地区实施产业转移发展战略、推进区域中小微企业发展促进对策逐渐取得积极效果有很大关联。

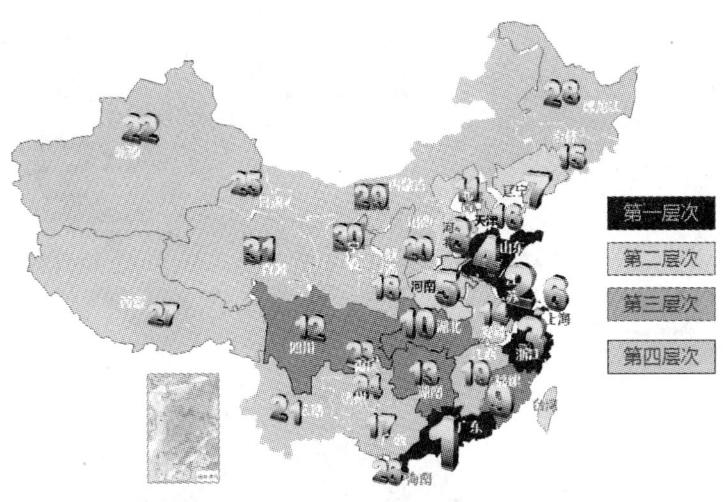

图 20－7　2014 年中国省际中小微企业综合景气指数排名分布

表 20－13　　2014 年中国七大地区中小微企业综合景气指数排名

地　区	指　数	排　名	与 2013 年排名比较
华　东	152.96	1	—
华　南	96.16	2	—
华　北	75.91	3	—
华　中	71.01	4	—
东　北	62.95	5	—
西　南	61.79	6	—
西　北	58.06	7	—

说明：排名比较一栏“—”表示与 2013 年排名持平。

第三，2014 年七大地区综合景气指数较 2013 年有所下降，东西部地区差异趋向缩小。华东地区与综合指数最低的西北地区（58.06）相差两倍以上，表明西北地区中小微企业发展的综合环境与发展水平仍存在很大改善余地。但近年来随着国家有关“西部大开发”战略的实施，西北地区中小微企业发展景气提升较快，与华东地区的差距在逐渐缩小。

图 20－8　2014 年中国七大地区中小微企业综合景气指数排名分布

第二十一章

2013年中国主要城市中小微企业景气指数评价研究

课题组在编制中国中小微企业综合景气指数的同时，进一步开展了中国主要城市的中小微企业景气指数研究工作。该研究有利于把握中国主要城市中小微企业发展的现状，有助于探索中国中小微企业发展的新规律和新课题。

第一节　评价对象与评价方法

对于中国主要城市中小微企业景气指数测评，本章主要参考前文提出的方法，即根据工业中小微企业景气指数、中小板及创业板景气指数和比较景气指数三部分进行加权来计算分析。

关于工业中小微企业景气指数，主要采用合成景气指数进行计算，评价对象是主要城市规模以上（主营业务收入达到2000万元及以上）工业中小微企业。由于考察期间中国经济周期性并不是很明显，所以在运用合成指数计算时忽略了经济周期对工业中小微企业景气指数的影响，着重对一致指数进行计算与分析，以此来表示主要城市工业中小微企业景气指数。

关于中小板及创业板景气指数，则采用主成分分析法、扩散指数法和合成指数法，其评价对象为截至2012年12月30日在中小板及创业板上市的中小微企业。

关于比较景气指数，主要通过收集国家统计局实施的企业景气监测调查资料，选取针对中小微企业的企业景气指数的数据，计算出主要城市中小微企业比较景气指数。

第二节　样本选取与指标体系的建立

一　样本选取

在样本选取上，鉴于直辖市为省级行政单位，在中小微企业数量、规模及发展水平上与一般的省级市和地级市没有可比性，所以未纳入本章的计算排名。本章首先选取了中国四大直辖市以外的省会城市，如杭州、福州、成都等。其次，参考中小微企业的具体分布情况，本章针对部分省份选取了中小微企业数量多的城市，如江苏选取苏州代替省会城市南京，山东选取青岛代替省会城市济南，辽宁选取大连代替省会城市沈阳。由此最终确定苏州、杭州、合肥、福州、青岛、郑州、武汉、长沙、广州、成都、贵阳、西安、乌鲁木齐、石家庄和大连 15 个主要城市（其中长春市由于 1 家企业被停牌，导致长春市在中小板及创业板上市的企业仅存 2 家，不具比较意义而未列入评价对象）。

工业中小微企业景气指数和比较景气指数主要是基于城市统计年鉴数据，其中，由于统计年鉴中未报告郑州、贵阳、乌鲁木齐、石家庄和长春的相关企业的调查数据，因此，在计算中小微企业综合景气指数时，根据统计原则做了部分忽略处理。

对于中小板及创业板景气指数，主要选取深交所上市的 1059 家中小板及创业板企业中注册地址位于上述 15 个城市的 256 家企业（已剔除部分数据严重缺乏的企业），对其进行计算分析，最终系统地总结了中国主要城市中小微企业的最新发展现状。

二　指标体系说明

本章作为中国中小微企业景气指数研究的补充，在指标体系的建立上参照前文提出的指标体系及权重。

关于工业中小微企业景气指数指标体系，本章主要考虑一致指标的影响，即采用工业总产值、企业单位数、资产总计、主营业务收入、利润总额和税金总额来计算工业中小微企业景气指数。而先行指标和滞后指标仅作为参考。

关于中小板及创业板景气指数指标体系，本章也只考虑一致指标的影响，选取总资产、主营业务收入、财务费用、利润总额和税金总额这五个指标作为计算依据。先行指标和滞后指标仅用作参考。

关于比较景气指数指标体系，本章参考前文的处理方式，利用企业综合经营指数和企业家信心指数来计算。

第三节　分项指数与综合指数的计算

一　计算方法

关于中国主要城市工业中小微企业景气指数，由于报告采用合成指数法，最后需要进行基年调整，为了使各主要城市工业中小微企业景气指数波动控制在 0—200，本报告以 2007 年各城市的平均值作为基年数据。同时，由于本报告收集的数据是 2005—2011 年的年度数据，没有明显的多个经济周期循环，因此，本报告在运用合成指数算法进行计算时省略了趋势调整的步骤。另外，由于本报告关注的是中国转型期工业中小微企业景气指数状况，经过计算，获得了 15 个主要城市的 2006—2012 年工业中小微企业一致合成指数。最后，对 2013 年主要城市工业中小微企业景气指数运用最小二乘法进行预测，计算结果见表 21 - 1。

关于中小板及创业板企业景气指数的计算，首先，将企业数量进行无量纲化处理；其次，将合成的景气指数和企业数量与其相对应的权重相乘；最后，将获得的乘数相加作为反映中小板及创业板企业景气指数的值。其调整公式如下：

调整后的中小板及创业板企业景气指数 = 原始中小板及创业板企业景气指数 ×60% + 企业数量 ×40%。

中小微企业比较景气指数是反映中小微企业家对当前微观经营状况判断结果和预期宏观经济环境的信心进行量化加工整理得到的景气指数，是对基于统计年鉴的工业中小微企业景气指数和基于上市公司的中小板及创业板企业景气指数的补充。本报告中，企业综合生产经营指数同样主要是对所选主要城市当前中小微企业经营状况和经营环境好坏的评估，企业家信心指数主要反映了企业家对企业可预期的未来经营状况的判断，因此，在综合本研究课题组实施的中国中小微企业景气监测调查及研究团队对于

表 21 -1　2013 年中国主要城市中小微企业景气指数分项数据及综合数据

城市	工业中小微企业景气指数	中小板及创业板景气指数	比较景气指数	综合指数
苏州	150. 31	121. 29	109. 67	136. 38
杭州	128. 64	123. 26	110. 85	124. 01
合肥	15. 19	96. 66	123. 44	53. 13
福州	35. 95	91. 39	131. 35	66. 12
青岛	72. 79	82. 71	114. 07	83. 03
郑州	39. 29	93. 21	—	42. 22
武汉	35. 22	94. 37	118. 10	63. 63
长沙	23. 20	93. 11	131. 46	58. 83
广州	102. 83	110. 80	112. 65	106. 39
成都	38. 86	98. 03	113. 55	65. 63
贵阳	10. 92	83. 25	—	23. 20
西安	14. 36	90. 59	110. 42	48. 82
乌鲁木齐	6. 88	91. 80	—	22. 49
石家庄	38. 72	77. 24	—	38. 68
大连	37. 32	88. 78	115. 39	63. 23

说明：栏中标注符号"—"的表示相应数据缺失。

各地区中小微企业实地考察评估的基础上，本报告将中小微企业比较景气指数的计算方法确定如下：

比较景气指数 = 企业综合生产经营指数值 ×40% + 企业家信心指数值 ×60%

关于中小微企业综合景气指数的计算，本报告将工业中小微企业景气指数、中小板及创业板企业景气指数和中小微企业比较景气指数进行综合，最后获得中小微企业综合景气指数。由于工业中小微企业景气指数时间跨度为 2005—2011 年，而中小板及创业板企业景气指数和中小微企业比较景气指数只有 2010—2012 年的数据，因此，在计算中国主要城市中小微企业景气指数时，分为两个阶段进行。第一阶段为 2006—2009 年的中小微企业景气指数，采用工业中小微企业景气指数作为中小微企业景气指数；第二阶段为 2010—2013 年的中小微企业景气指数，本报告综合了工业中小微企业景气指数、中小板及创业板企业景气指数和中小微企业比较景气指数三个指数。

二　计算过程

具体计算过程中，由于上述两阶段的计算均涉及两种以上景气指数的合成，本报告关于中小微企业景气指数的具体算法分以下两步：

第一步，确定工业中小微企业景气指数、中小板及创业板企业景气指数以及中小微企业比较景气指数在中国中小微企业景气指数评价中的权重。首先，运用层次分析法，确定工业中小微企业景气指数、中小板及创业板企业景气指数和中小微企业比较景气指数的权重；其次，在咨询了浙江工业大学中国中小企业研究院和国内相关专家及研究人员的意见后，结合本报告研究团队成员所获得的相关资料进行内部讨论，最终确定中国工业中小微企业景气指数、中小板及创业板企业景气指数和中小微企业比较景气指数之间的权重分别为 0.6∶0.2∶0.2。

第二步，计算不同阶段的中小微企业景气指数。对于 2006—2009 年中小微企业综合景气指数本报告采用以下方法计算：

中小微企业综合景气指数 = 调整后的工业中小微企业景气指数值

因此，2012 年中国主要城市中小微企业景气指数的计算方法如下：

中小微企业综合景气指数 = 调整后的工业中小微企业景气指数值 × 60% + 调整后的中小板及创业板企业景气指数值 × 20% + 调整后的中小微企业比较景气指数值 × 20%

根据以上计算方法及计算过程，2013 年中国主要城市中小微企业景气指数分项数据及综合数据参见表 21 – 1。

第四节　主要城市中小微企业综合景气变动趋势分析

以下通过 2006—2013 年的时序分析，来把握 15 个主要城市中小微企业综合景气指数的发展趋势。结果显示，中小板及创业板企业景气指数和比较景气指数对于综合景气指数的修正作用较为明显。

一　苏州市

2013 年，苏州市中小微企业综合景气指数位居除直辖市以外 15 个主要城市第 1 位。2006—2009 年，苏州中小微企业综合景气指数逐年平稳增长。在2010年因受金融危机影响出现了小幅下滑，但2011年和2012年两年呈回升趋稳态势，2013年，苏州市中小微企业景气指数又出现了小幅下降。图21－1显示，加入中小板及创业板企业景气指数和中小微企业比较景气指数后，对其原先的中小微企业综合景气指数的修正幅度不大。从变化趋势来看，作为长三角地区中小微企业发达城市，苏州市中小微企业综合景气指数的变化趋势与江苏省基本保持一致。

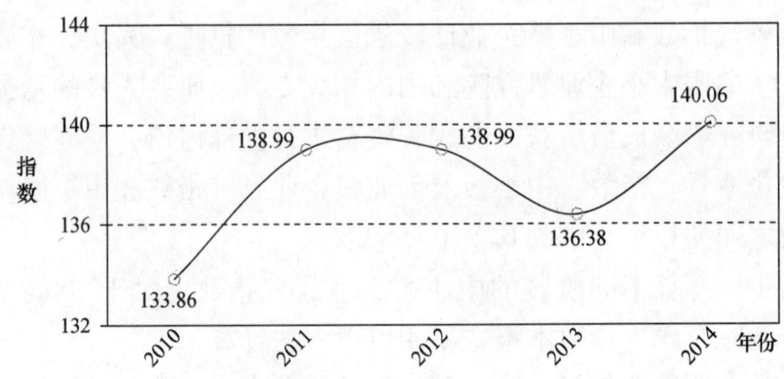

图21－1 苏州市中小微企业综合景气指数变化趋势

二 杭州市

2013年，杭州市中小微企业综合景气指数排名居全国15个主要城市第2位。2006—2012年，杭州中小微企业综合景气指数逐年平稳增长，可见，加入中小板及创业板企业景气指数和基于问卷调查法的中小微企业比较景气指数之后，对其原先的中小微企业综合景气指数的修正幅度不大。2013年，杭州市中小微企业综合景气指数有所下滑，主要是由于中小板及创业板景气指数和比较景气指数下降所致（见图21－2）。从变化趋势看，作为浙江省会城市，杭州市中小微企业综合景气指数的变化与浙江省有较大差异，这主要是因为浙江省中小微企业较为发达的地区还有宁波、温州、绍兴、台州等城市，这些地区中小微企业经营状况对浙江省中小微企业综合景气指数也有较大影响。

三 广州市

2013年，广州市中小微企业综合景气指数排名居全国15个主要城市第3位。总体来看，2006—2012年，广州市中小微企业综合景气指数逐

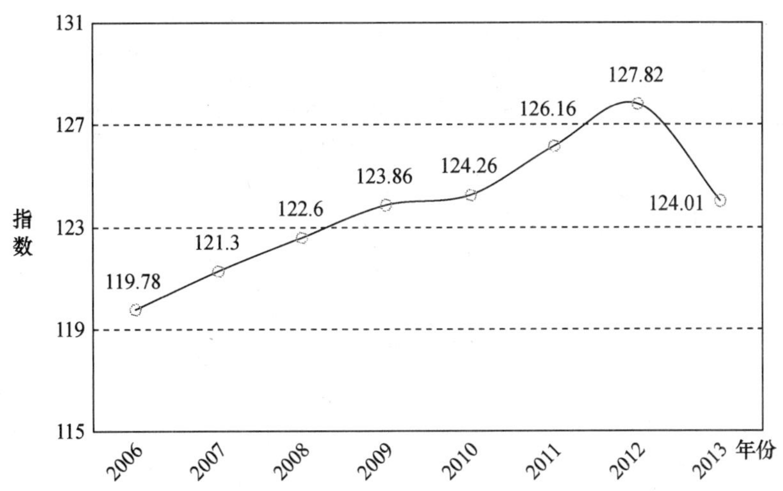

图 21 –2　杭州市中小微企业综合景气指数变化趋势

年平稳增长。类似的，2013 年，广州中小微企业综合景气指数也有所下降，其原因也是中小板及创业板景气指数和比较景气指数的下降所致。自 2009 年起广州市中小微企业综合景气指数跨入景气区间。如图 21 –3 所示，2010 年之后加入中小板及创业板企业景气指数和中小微企业比较景气指数评价方法后，对原先的中小微企业综合景气指数的修正幅度不大。从变化趋势看，作为广东省的省会城市，广州市中小微企业综合景气指数的变化与广东省有较大的差异，这主要是因为广东省中小微企业多集中于深圳、东莞、中山等城市，这些地级市中小微企业经营状况对广东省中小微企业综合景气指数也有较大影响。

四　青岛市

2013 年，青岛市中小微企业综合景气指数排名居全国 15 个主要城市第 4 位。2006—2013 年，青岛市中小微企业综合景气指数一直比较平稳，说明加入了中小板及创业板企业景气指数和中小微企业比较景气指数评价方法之后，对原先的中小微企业综合景气指数的修正幅度不大（见图 21 –4）。从变化趋势看，作为山东省中小微企业较为发达的城市，青岛市中小微企业综合景气指数的变化与山东有较大差异，虽然山东省中小微企业综合景气指数较低，但是青岛市作为山东半岛蓝色经济区的核心区域和龙头城市，具中小微企业经营状况较为良好。

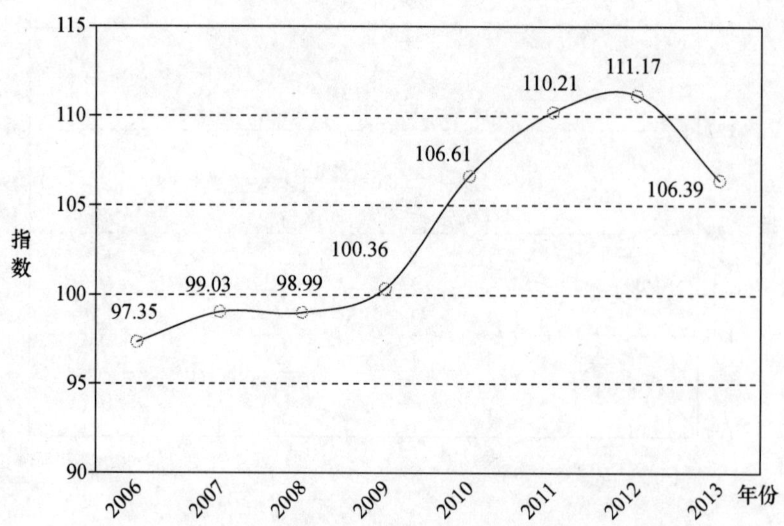

图 21－3　广州市中小微企业综合景气指数变化趋势

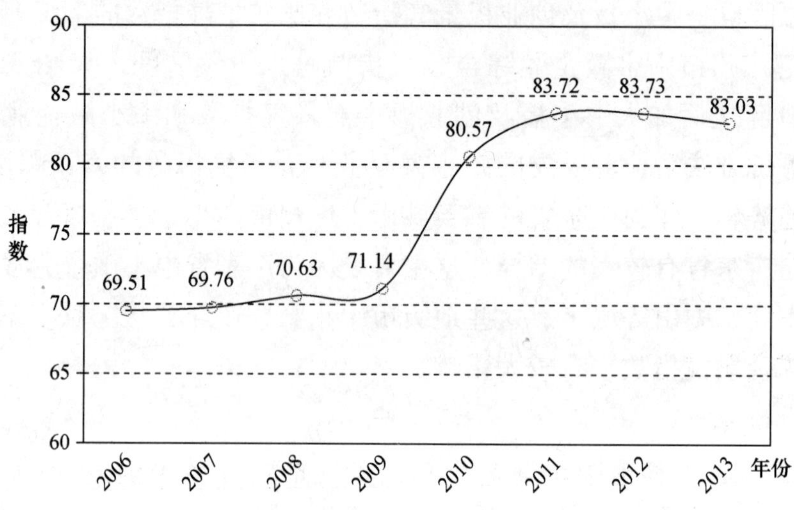

图 21－4　青岛市中小微企业综合景气指数变化趋势

五　福州市

2013 年，福州市中小微企业综合景气指数排名居全国 15 个主要城市第 5 位。2006—2009 年，福州市中小微企业综合景气指数在 30—40 缓慢增长，2010 年出现大幅提升，说明加入了中小板及创业板企业景气指数和中小微企业比较景气指数之后，对其原先的中小微企业综合景气指数有较大幅度修正。近几年来，保持稳定增长态势（见图 21－5）。作为福建省会城市，福州市中小微企业综合景气指数变化与福建省基本保持一致。

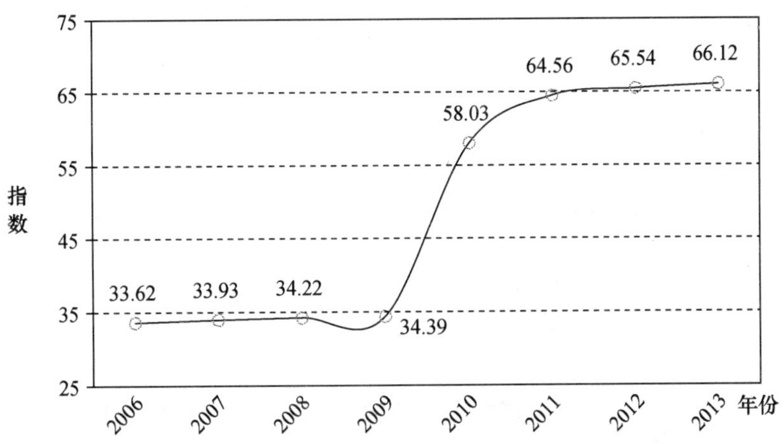

图 21－5　福州市中小微企业综合景气指数变化趋势

六　成都市

2013 年，成都市中小微企业综合景气指数排名居全国 15 个主要城市第 6 位。如图 21－6 所示，2006—2009 年，成都市中小微企业综合景气指数逐年缓慢增长，2010 年以后其景气指数有大幅提升；到 2013 年，成都中小微企业综合景气指数有所下降（见图 21－6）。可见，加入中小板及创业板企业景气指数和中小微企业比较景气指数之后，对其原先的中小微企业综合景气指数有较大幅度修正。从变化趋势看，作为四川省的省会城市，成都市中小微企业综合景气指数的变化与四川省基本保持一致。

七　武汉市

2013 年，武汉市中小微企业综合景气指数排名居全国 15 个主要城市第 7 位。2009 年之前，武汉中小微企业综合景气指数在 30—40 逐年缓慢增长，2010 年其景气指数出现较大提升。可见，加入中小板及创业板企业景气指数和中小微企业比较景气指数之后，对其原先的中小微企业综合景气指数有大幅修正。近两年呈现平稳态势（见图 21－7）。从变化趋势看，作为湖北省的省会城市，武汉市中小微企业综合景气指数的变化与湖北省基本保持一致。

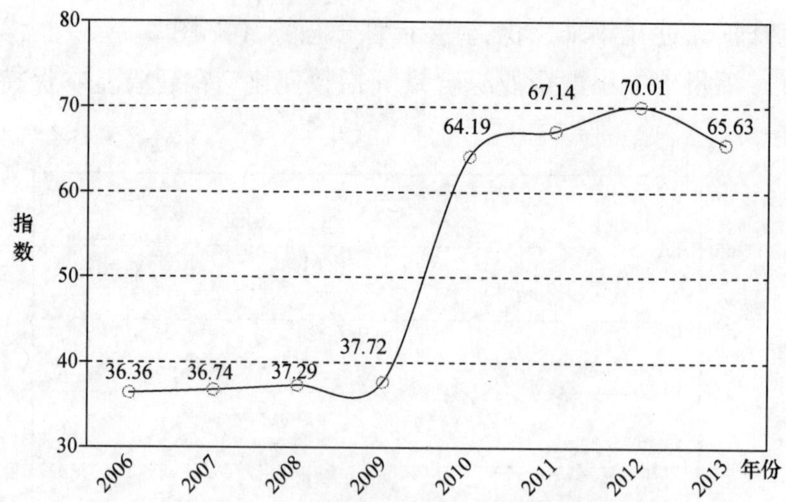

图 21－6　成都市中小微企业综合景气指数变化趋势

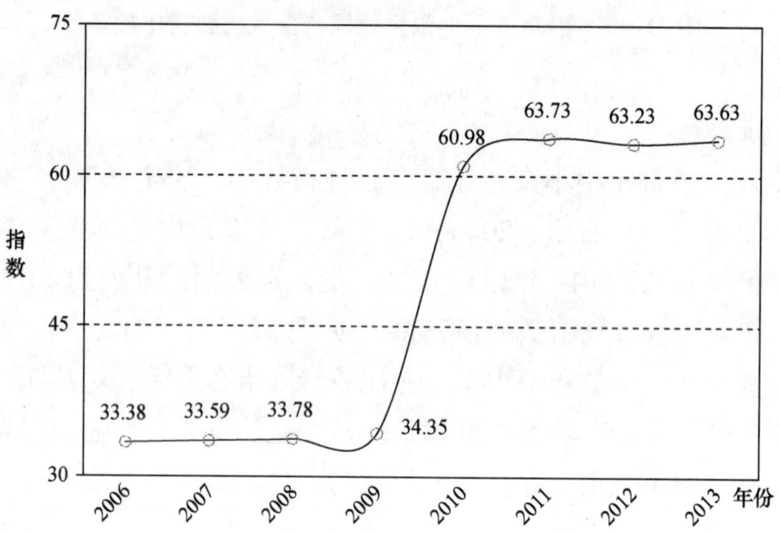

图 21－7　武汉市中小微企业综合景气指数变化趋势

八　大连市

2013 年，大连市中小微企业综合景气指数排名居全国 15 个主要城市第 8 位。如图 21－8 所示，2006—2009 年，大连市中小微企业综合景气指数呈现平稳态势，2010 年中小微企业综合景气指数有较快提升，显示加入了中小板及创业板企业景气指数和中小微企业比较景气指数之后，对其原先的中小微企业综合景气指数有较大幅度修正，2011 年以来，其景气指数呈连续下滑态势，2013 年有所回稳（见图 21－8）。从变化趋势看，大连市中小微企业综合景气指数变化与辽宁省基本一致。

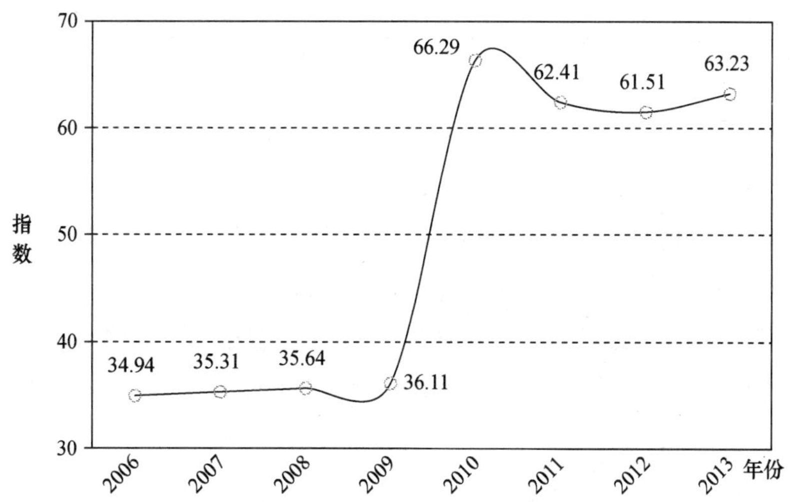

图 21－8　大连市中小微企业综合景气指数变化趋势

九　长沙市

2013 年，长沙市中小微企业综合景气指数排名居全国 15 个主要城市第 9 位。

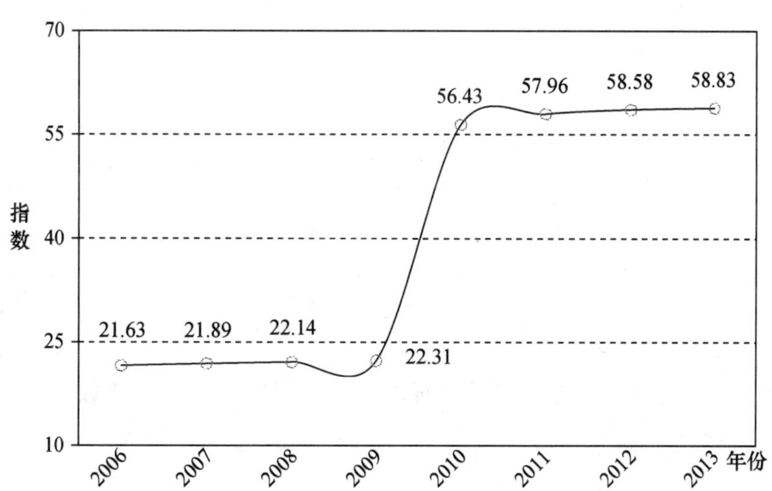

图 21－9　长沙市中小微企业综合景气指数变化趋势

图 21 - 9 显示，在 2009 年之前，长沙市中小微企业综合景气指数一直停留在 21—23 的区间运行，2010 年出现大幅提升，说明加入中小板及创业板企业景气指数和中小微企业比较景气指数后，对其原先的中小微企业综合景气指数有较大幅度修正，近两年保持稳定增长态势。从变化趋势看，作为湖南省的省会城市，长沙市中小微企业综合景气指数的变化与湖南省基本保持一致。

十　合肥市

2013 年，合肥市中小微企业景气状况处于全国 15 个主要城市第 10 位。合肥的中小微企业综合景气指数在 2010 年以前停留在 14—15 的区间低位运行，2010 年出现大幅增长，可见，加入了中小板及创业板企业景气指数和中小微企业比较景气指数对其原先的中小微企业综合景气指数有较大幅度修正。近两年呈现稳中有升态势（见图 21 - 10）。作为安徽省的省会城市，合肥市中小微企业综合景气指数的变化与安徽省基本保持一致。

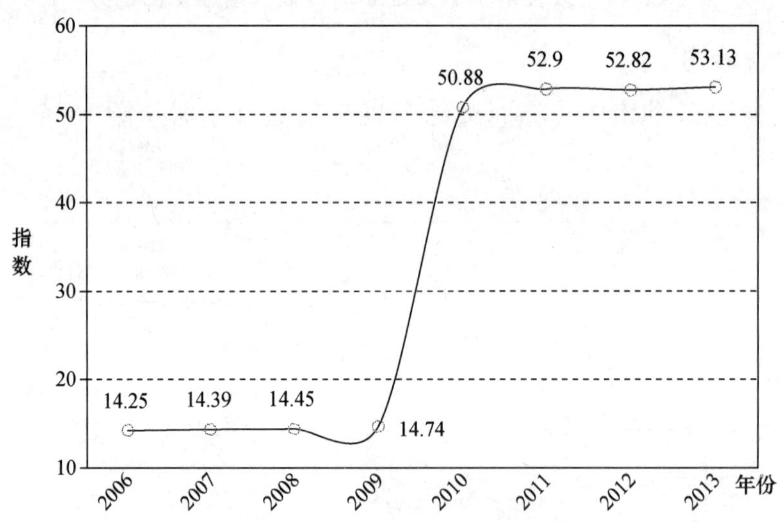

图 21 - 10　合肥市中小微企业综合景气指数变化趋势

十一　西安市

2013 年，西安市中小微企业综合景气指数排名居全国 15 个主要城市第 11 位。2006—2009 年，西安市中小微企业综合景气指数一直在 15 以下。2010 年出现了快速增长，这说明加入中小板及创业板企业景气指数和中小微企业比较景气指数后，对其原先的中小微企业综合景气指数有较大幅度修正。2012 年受经济下行影响，西安市中小微企业综合景气指数出现小幅下滑，但 2013 年已基本恢复到 2011 年的景气指数水平（见图 21－11）。作为陕西省的省会城市，西安市中小微企业综合景气指数的变化与陕西省基本保持一致。

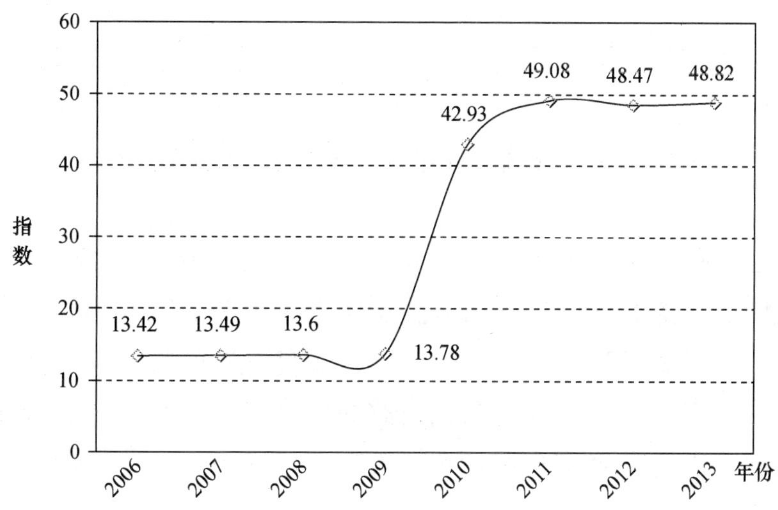

图 21－11　西安市中小微企业综合景气指数变化趋势

十二　郑州市

2013 年，郑州市中小微企业综合景气指数处于全国 15 个主要城市第 12 位。图 21－12 显示，2006—2013 年郑州中小微企业综合景气指数保持平稳增长，这说明加入中小板及创业板企业景气指数和中小微企业比较景气指数后，对其原先的中小微企业综合景气指数的修正幅度不大。从变化趋势看，作为河南省的省会城市，郑州市中小微企业综合景气指数的变化与河南省基本保持一致。

十三　石家庄市

2013 年，石家庄市的中小微企业综合景气指数处于全国 15 个主要城市

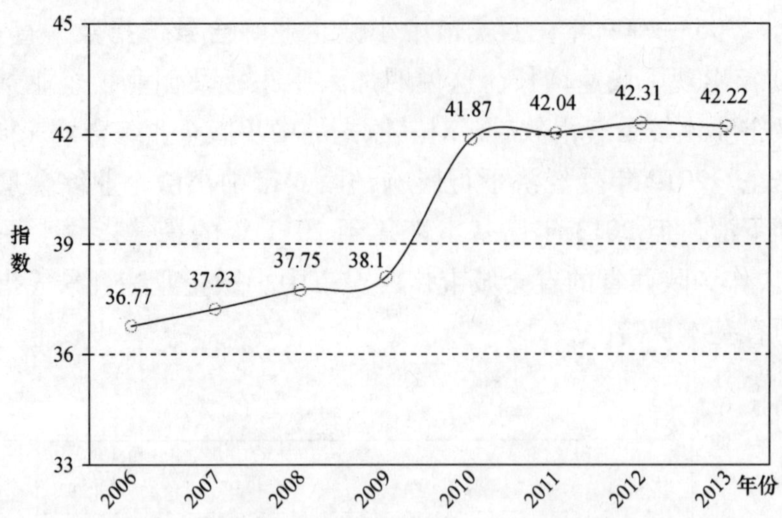

图 21－12　郑州市中小微企业综合景气指数变化趋势

第 13 位，与河北在省级行政区中的排名有较大的差异。2006—2009 年，石家庄市中小微企业综合景气指数呈缓慢上升趋势，2010 年有小幅下滑，近两年呈平稳发展态势（见图 21－13）。从变化趋势看，作为河北省会城市，石家庄市中小微企业综合景气指数的变化与河北有较大的差异，这主要是因为河北省的中小微企业分布较为分散，中小微企业综合景气指数受多方面因素影响。

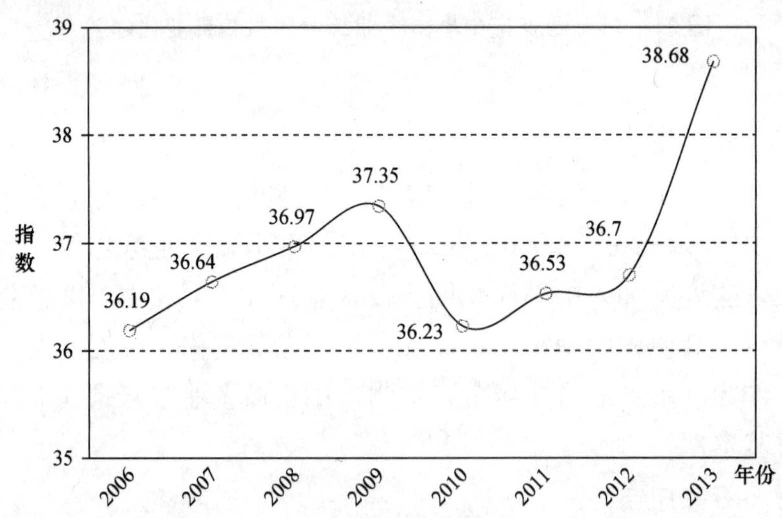

图 21－13　石家庄市中小微企业综合景气指数变化趋势

十四　贵阳市

2013 年，贵阳市中小微企业综合景气指数排名居全国 15 个主要城市第 14 位。2006—2009 年，贵阳市综合景气指数一直停留在接近 10 的低位水准，2010 年出现了大幅提升，这说明加入中小板及创业板企业景气指数中小微企业比较景气指数后，对其原先的中小微企业综合景气指数有较大幅度修正，近两年呈现稳定发展趋势，但综合景气指数仍在 15 个城市平均水平以下（见图 21－14）。作为贵州省的省会城市，贵阳市中小微企业综合景气指数的变化与贵州省基本保持一致。

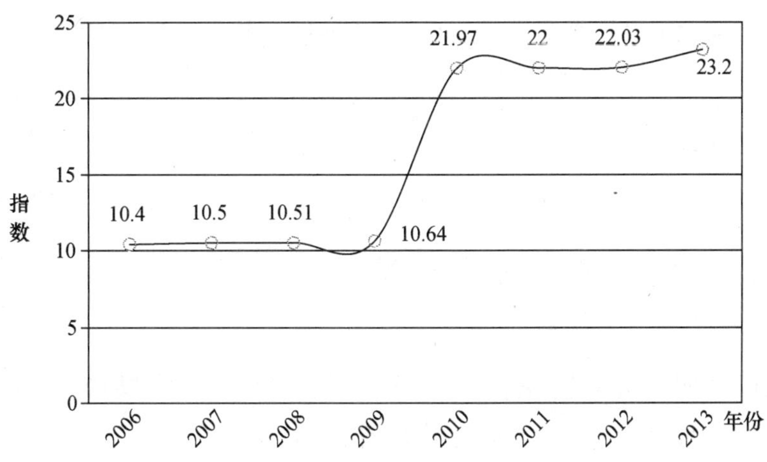

图 21－14　贵阳市中小微企业综合景气指数变化趋势

十五　乌鲁木齐市

2013 年，乌鲁木齐市中小微企业综合景气指数排名居全国 15 个主要城市最后一位。2006—2009 年，乌鲁木齐市中小微企业综合景气指数一直在 10 以下低位运行，2010 年加入中小板及创业板企业景气指数和中小微企业比较景气指数之后，对其原先的中小微企业综合景气指数有较大幅度修正，近两年呈现稳定发展趋势（见图 21－15）。作为新疆的省会城市，乌鲁木齐市中小微企业综合景气指数的变化与新疆维吾尔自治区基本保持一致。

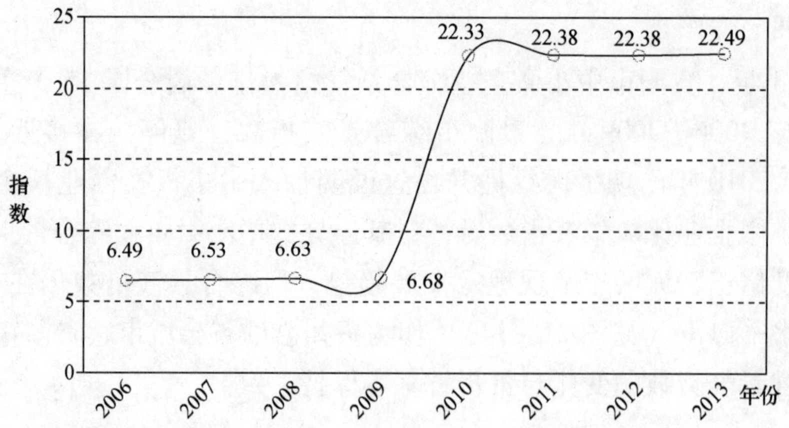

图 21－15　乌鲁木齐市中小微企业综合景气指数变化趋势

第五节　中国主要城市中小微企业综合景气指数综合性探讨

运用前述研究计算方法，2013 年，中国 15 个主要城市中小微企业综合景气指数的计算结果及排名状况如图 21－16 所示。

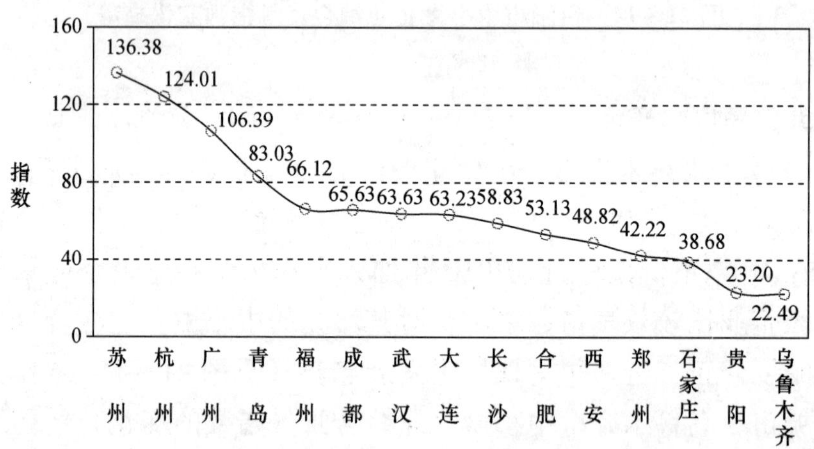

图 21－16　2013 年中国主要城市中小微企业综合景气指数及排名

2013 年中国直辖市以外的 15 个主要城市的中小微企业综合景气指数有以下特点：

第一，主要城市之间中小微企业综合景气指数差异很大。最高的苏州与最低的贵阳相差 6 倍以上。图 21 – 16 显示，中国主要城市中小微企业综合景气指数大体上可以划分为三个层次。第一层次包括苏州、杭州和广州，平均指数为 122.26；第二层次为青岛、成都、福州、武汉、大连、长沙、合肥，平均指数为 64.80；第三层次包括西安、郑州、石家庄、乌鲁木齐和贵阳，平均指数为 35.08。

第二，东部城市中小微企业综合景气指数比中部和西部城市高出很多。排名前 5 位的城市中，东部占 5 个，前三位都属于东部城市。总体来看，中部与西部城市中小微企业综合景气指数之间差异不是很大。

第三，主要城市中小微企业综合景气指数排名与前述省际中小微企业综合景气指数的层次分布相对一致，但同年排名有错位之处。如第一层次集中在华东、华南地区；与 2013 年省际排名比较，广东排名第一，但广州市在城市排名中居苏州市和杭州市之后即第三位；青岛、成都、长沙和西安等城市分别比山东、四川、湖南、陕西等 2013 年省际排名略显靠前。

第二十二章

2014年中国主要城市中小微企业景气指数测评

编制中国主要城市中小微企业景气指数是区域中小微企业景气指数研究的重要课题。该研究对于分析把握中国主要城市中小微企业发展的现状，探索中国区域中小微企业发展的新规律和新课题，都具有重要理论意义和现实意义。

第一节　评价方法与指标体系

一　评价对象与评价方法

评价中国主要城市的中小微企业景气的思路和方法与研究省际中小微企业综合景气基本相同，即根据主要城市工业中小微企业景气指数、中小板及创业板景气指数和比较景气指数三个分类指数进行加权来计算分析。

关于工业中小微企业景气指数，主要采用合成景气指数进行计算，评价对象是主要城市规模以上（主营业务收入达到2000万元及以上）的工业中小微企业。由于考察期间中国经济周期性并不是很明显，所以，在运用合成指数计算时忽略了经济周期对工业中小微企业景气指数的影响，着重对一致指数进行计算与分析，以此来表示主要城市工业中小微企业景气指数。

关于中小板及创业板景气指数，则采用主成分分析法、扩散指数法和合成指数法，其评价对象为截至2013年12月30日在中小板及创业板上市的中小微企业。

关于比较景气指数，主要通过收集国家统计局实施的企业景气监测调查资料，选取针对中小微企业的企业景气指数的数据，计算出主要城市中小微企业比较景气指数。

二　样本的选取与指标体系

（一）样本选取

在样本选取上，鉴于直辖市为省级行政单位，在中小微企业数量、规模及发展水平上与一般的省级市和地级市没有可比性，所以未纳入 2014 年的计算排名。2014 年，首先选取了中国四大直辖市以外的省会城市，如杭州、福州、成都等。其次参考中小微企业具体分布情况，本章针对部分省份选取了中小微企业数量多的主要工业城市，如江苏省选取苏州代替省会城市南京，山东省选取青岛代替省会城市济南，辽宁省选取大连代替沈阳。由此最终确定苏州、杭州、合肥、福州、青岛、郑州、武汉、长沙、广州、成都、贵阳、西安、乌鲁木齐、石家庄、大连、昆明 16 个主要城市（其中长春市由于一家企业被停牌，导致长春市在中小板及创业板上市的企业仅存 2 家，不具比较意义而未列入评价对象）。

工业中小微企业景气指数和比较景气指数主要是基于城市统计年鉴数据，其中，由于统计年鉴中未报告郑州、贵阳、乌鲁木齐、石家庄和昆明的相关企业调查数据，因此，在计算中小微企业综合景气指数时根据统计原则做了部分忽略处理。

对于中小板及创业板景气指数，主要选取深交所上市的 1098 家中小板及创业板企业中注册地址位于上述 16 个城市的 261 家企业（已剔除部分数据严重缺失的企业），对其进行计算分析，最终系统地总结了中国主要城市中小微企业的最新发展现状。

（二）指标体系说明

本章作为中国中小微企业景气指数研究的补充，在指标体系的建立上参照前文提出的指标体系及权重。

关于工业中小微企业景气指数指标体系，本章主要考虑一致指标的影响，即采用工业总产值、企业单位数、资产总计、主营业务收入、利润总和、税金总额来计算工业中小微企业景气指数。而先行指标和滞后指标仅作为参考。

关于中小板及创业板景气指数指标体系，本章只考虑一致指标的影响，选取总资产、主营业务收入、财务费用、利润总额和税金总额这五个指标作为计算依据。先行指标和滞后指标仅作参考。

关于比较景气指数指标体系，本章参考前文的处理方式，利用企业综合经营指数和企业家信心指数来计算。

三　分项指数与综合指数的计算

（一）计算方法

关于中国主要城市工业中小微企业景气指数，由于报告采用合成指数法，最后需要进行基年调整，为了使各主要城市工业中小微企业景气指数波动控制在0—200，本报告以2007年各城市的平均值作为基年数据。同时，由于本报告收集的数据是2005—2012年的年度数据，没有明显的多个经济周期循环，因此本报告在运用合成指数算法进行计算时省略了趋势调整的步骤。另外，由于本报告关注的是中国转型期工业中小微企业景气指数状况，经过计算，获得16个主要城市2006—2013年的工业中小微企业一致合成指数。最后，对2014年主要城市工业中小微企业景气指数运用最小二乘法进行了预测，计算结果见表22－1。

关于中小板及创业板企业景气指数的计算，首先，将企业数量进行无量纲化处理；其次，将合成的景气指数和企业数量与其相对应的权重相乘；最后，将获得的乘数相加作为反映中小板及创业板企业景气指数的值。其调整公式如下：

调整后的中小板及创业板企业景气指数＝调整前的中小板及创业板企业景气指数×60%＋企业数量×40%

中小微企业比较景气指数是反映中小微企业家对当前微观经营状况判断结果和预期宏观经济环境的信心进行量化加工整理得到的景气指数，是对基于统计年鉴的工业中小微企业景气指数和基于上市公司的中小板及创业板企业景气指数的补充。本报告中，企业综合生产经营指数同样主要是对所选主要城市当前中小微企业经营状况和经营环境好坏的评估，企业家信心指数主要反映企业家对企业可预期的未来经营状况的判断，因此，在综合了本研究课题组实施的中国中小微企业景气监测调查及研究团队对于各地区中小微企业实地考察评估的基础上，本报告将中小微企业比较景气指数的计算方法确定如下：

比较景气指数＝企业综合生产经营指数×40%＋企业家信心指数×60%

关于中小微企业综合景气指数的计算，本报告将工业中小微企业景气指数、中小板及创业板企业景气指数和中小微企业比较景气指数进行综合，最后获得中小微企业综合景气指数。由于工业中小微企业景气指数时间跨度为2005—2012 年，而中小板及创业板企业景气指数和中小微企业比较景气指数只有 2010—2013 年的数据，因此，在计算中国主要城市中小微企业景气指数时分为两个阶段进行。第一阶段为 2006—2009 年的中小微企业景气指数，采用工业中小微企业景气指数作为中小微企业景气指数；第二阶段为 2010—2014 年的中小微企业景气指数，综合工业中小微企业景气指数、中小板及创业板企业景气指数和中小微企业比较景气指数三个指数。

表 22 -1　　2014 年中国主要城市中小微企业景气指数分项数据及综合数据

城市	工业中小微企业景气指数	中小板及创业板企业景气指数	比较景气指数	综合指数
苏州市	151. 38	121. 52	124. 64	140. 06
杭州市	128. 24	121. 63	117. 31	124. 73
广州市	103. 57	112. 69	107. 15	106. 11
青岛市	73. 29	86. 63	120. 40	85. 38
成都市	39. 40	93. 55	166. 68	75. 69
福州市	36. 26	89. 56	146. 50	68. 97
武汉市	35. 53	82. 40	118. 99	61. 60
大连市	37. 41	86. 86	101. 32	60. 08
长沙市	23. 37	91. 29	138. 86	60. 05
西安市	14. 57	84. 75	166. 57	59. 01
合肥市	15. 36	93. 93	124. 17	52. 84
郑州市	39. 86	93. 12	—	42. 54
石家庄市	39. 03	81. 88	—	39. 79
昆明市	16. 98	73. 57	—	24. 90
贵阳市	10. 99	82. 18	—	23. 03
乌鲁木齐市	6. 94	88. 34	—	21. 83

说明：“—”栏表示相应数据缺失。

（二）计算过程

具体计算过程中，由于上述两阶段的计算均涉及两种以上景气指数的合成，本报告关于中小微企业景气指数的具体算法分以下两步：

第一步，确定工业中小微企业景气指数、中小板及创业板企业景气指数以及中小微企业比较景气指数在中国中小微企业景气指数评价中的权重。首先，运用层次分析法，确定工业中小微企业景气指数、中小板及创业板企业景气指数和中小微企业比较景气指数的权重；然后，在咨询了浙江工业大学中国中小企业研究院和国内相关专家及研究人员的意见后，结合本报告研究团队成员所获得的相关资料进行内部讨论，最终确定中国工业中小微企业景气指数、中小板及创业板企业景气指数和中小微企业比较景气指数之间的权重分别为0.6∶0.2∶0.2。

第二步，计算不同阶段的中小微企业景气指数。2006—2009 年中小微企业综合景气指数本报告采用以下方法计算：

中小微企业综合景气指数 = 调整后的工业中小微企业景气指数值

由此，2013 年中国主要城市中小微企业景气指数的计算方法如下：

中小微企业综合景气指数 = 调整后的工业中小微企业景气指数值 × 60% + 调整后的中小板及创业板企业景气指数值 × 20% + 调整后的中小微企业比较景气指数值 × 20%

根据以上计算方法及计算过程，2014 年中国主要城市中小微企业景气指数分项数据及综合数据如表 22 - 1 所示。

第二节　2014 年主要城市中小微企业景气指数测评结果

以下通过 2010—2014 年的时序分析，来把握 16 个主要城市中小微企业综合景气指数测评结果和发展趋势。结果显示，中小板及创业板企业景气指数和比较景气指数对于综合景气指数的修正作用较为明显。

一　苏州市

2014 年，苏州市中小微企业综合景气指数位居除直辖市以外 16 个主要城市第 1 位。2010—2012 年，苏州市中小微企业景气指数呈逐年增长趋稳态势，但 2013 年出现小幅下降，2014 年出现回升（见图 22 - 1），主要原因是苏州市政府大力开展工业产业转型升级管理，提供一系列扶持政策，指导中小微企业发展，使得中小板及创业板景气指数和比较景气指数有所上升。从变化趋势看，虽然苏州市中小微企业景气指数较高，但仍处在波动期，有较强的敏感性。而作为长三角地区中小微企业发达城市，苏州市中小微企业综合景气指数的变化趋势与江苏省基本保持一致。

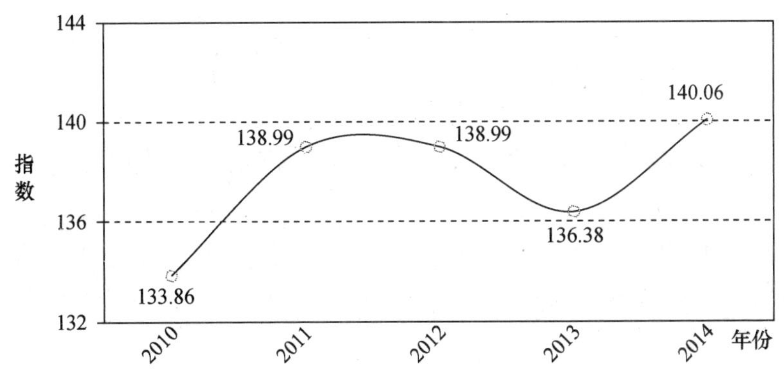

图 22 –1　苏州市中小微企业综合景气指数变化趋势

二　杭州市

2014 年，杭州市中小微企业综合景气指数排名全国 16 个主要城市第 2 位。2010—2012 年，杭州市中小微企业综合景气指数逐年平稳增长，2013 年有所下滑；2014 年，杭州中小微企业综合景气指数略微回升（见图 22 –2）。2014 年，杭州市率先助力中小微金融，为中小微企业提供金融服务，中小微企业总体发展良好。从变化趋势看，作为浙江省会城市，杭州市中小微企业综合景气指数的变化与浙江省有较大的差异，这主要是因为浙江省各地区中小微企业发展不均衡，差异显著，较为发达的地区除了杭州，还有宁波、温州、绍兴、台州等地，而丽水、衢州等地则较为落后，这些市中小微企业经营状况的差异对浙江省中小微企业综合景气指数有较大影响。

三　广州市

2014 年，广州市中小微企业综合景气指数排名全国 16 个主要城市第 3 位。总体来看，2010—2012 年，广州市中小微企业综合景气指数逐年平稳增长，在 2013 年出现小幅下滑，2014 年，广州市中小微企业综合景气

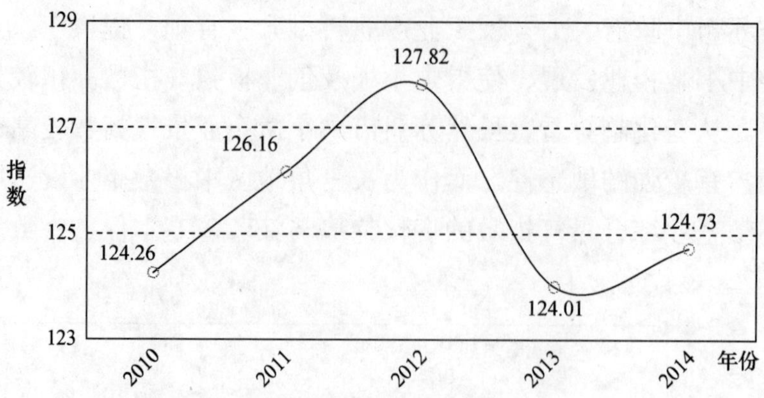

图 22-2　杭州市中小微企业综合景气指数变化趋势

指数呈小幅下降趋稳态势，下降程度明显减小，逐渐与 2010 年持平，中小微企业经营状况仍较为景气（见图 22-3）。

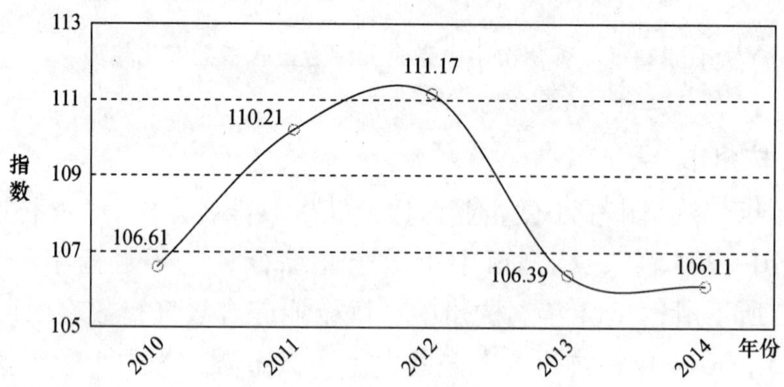

图 22-3　广州市中小微企业综合景气指数变化趋势

从变化趋势来看，作为广东省的省会城市，广州市中小微企业综合景气指数的变化与广东省有较大的差异，这主要是因为广东省中小微企业多集中于深圳、东莞、中山等地，这些地市中小微企业经营状况对广东省中小微企业综合景气指数也有较大影响。

四　青岛市

2014 年，青岛市中小微企业综合景气指数排名全国 16 个主要城市第 4 位。2010—2014 年，青岛市的中小微企业综合景气指数一直比较平稳

（见图 22－4），说明中小微企业经营状况处于一个较为平稳的发展时期。从变化趋势来看，青岛市中小微企业综合景气指数变化与山东省有较大差异，虽然山东省中小微企业综合景气指数较低，但是青岛作为山东半岛蓝色经济区的核心区域和龙头城市，其中小微企业较为发达，景气度较高。

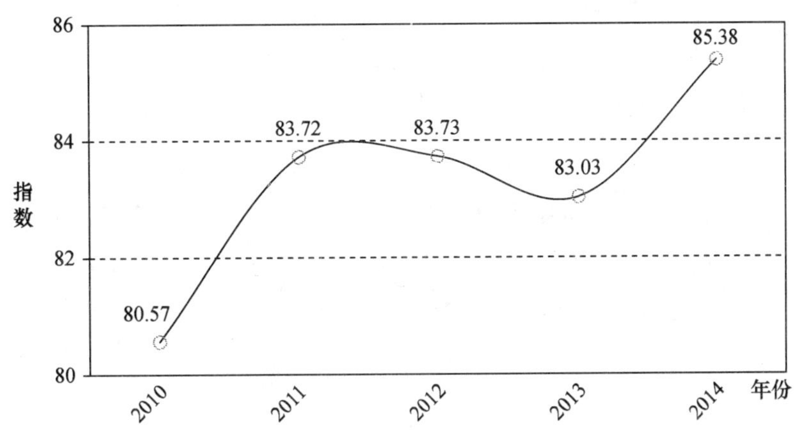

图 22－4　青岛市中小微企业综合景气指数变化趋势

五　成都市

2014 年，成都市中小微企业综合景气指数排名全国 16 个主要城市第 5 位，较 2013 年上升 1 位。如图 22－5 所示，2010—2012 年，成都中小微企业综合景气指数逐年增长，2013 年有所下降；到 2014 年，成都市中小微企业综合景气指数大幅上升。近年来，成都市加强扶持中小微企业，建设小企业创业基地，促进中小微企业健康发展，因而使中小微企业的经营景气度有了较大的提高。从变化趋势看，作为四川省的省会城市，成都市中小微企业综合景气指数的变化与四川省基本保持一致。

六　福州市

2014 年，福州市中小微企业综合景气指数排名全国 16 个主要城市第 6 位，较 2013 年下降 1 位。2010—2014 年，福州市中小微企业综合景气指数一直保持稳定增长（见图 22－6），中小微企业经营景气度不断上升。作为福建省会城市，福州市中小微企业综合景气指数变化与福建省基本步调一致。

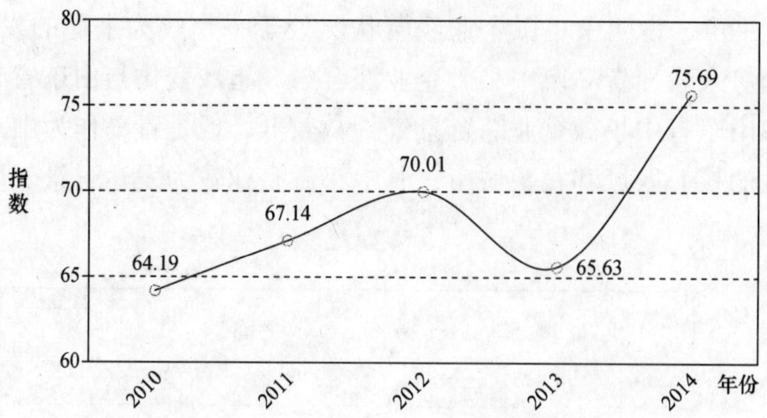

图 22－5　成都市中小微企业综合景气指数变化趋势

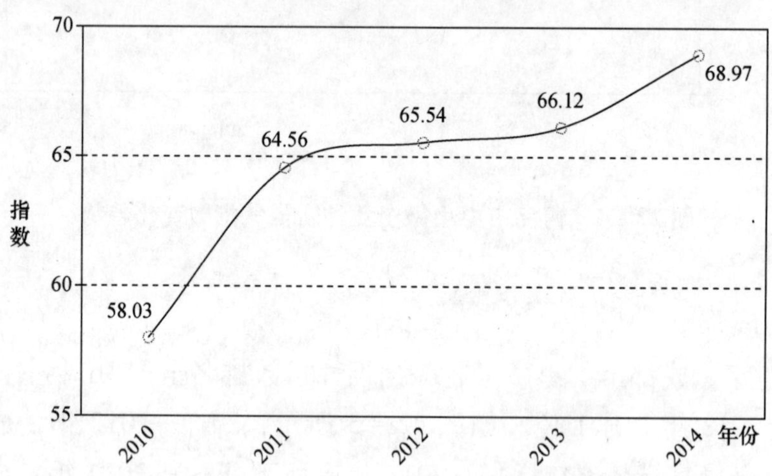

图 22－6　福州市中小微企业综合景气指数变化趋势

七　武汉市

2014 年，武汉中小微企业综合景气指数排列全国 16 个主要城市第 7 位。2011 年，武汉市中小微企业综合景气指数有小幅提升，2012 年和 2013 年呈现平稳态势；2014 年，武汉市中小微企业综合景气指数有小幅下降（见图 22－7），基本在指数为 63 上下浮动，其经营状况基本处于较为景气阶段。从变化趋势看，作为湖北省的省会城市，武汉市中小微企业综合景气指数的变化与湖北省基本保持一致。

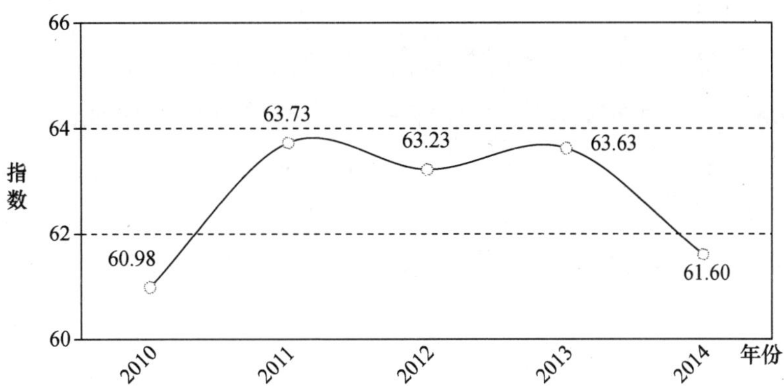

图 22－7　武汉市中小微企业综合景气指数变化趋势

八　大连市

2014 年，大连市中小微企业综合景气指数排名全国 16 个主要城市第 8 位。如图 22－8 所示，2010—2012 年，大连市中小微企业综合景气指数呈连续下滑态势，2013 年有所回稳；2014 年，大连市中小微企业综合景气指数又出现小幅下降（见图 22－8）。近年来，大连市一些中小微企业转型升级面临诸多困难，在形势不明朗的情况下，企业经营环境有所恶化，景气度不断下降。从变化趋势看，大连市的中小微企业综合景气指数的变化与辽宁省基本保持一致。

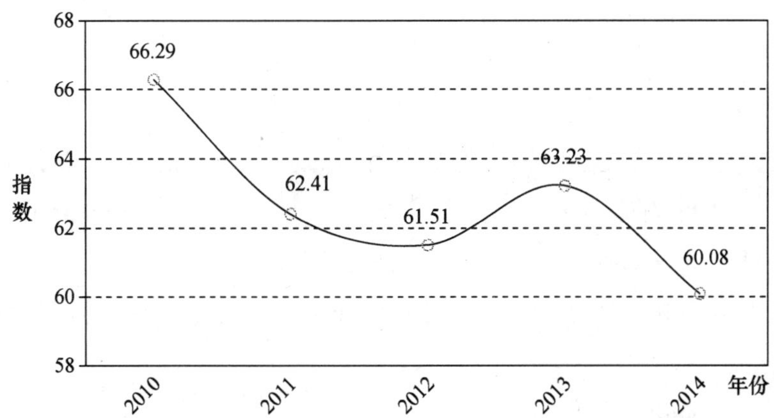

图 22－8　大连市中小微企业综合景气指数变化趋势

九 长沙市

2014 年，长沙市中小微企业综合景气指数排名全国 16 个主要城市第 9 位。如图 22－9 显示，2010—2014 年，长沙市中小微企业综合景气指数保持稳定增长态势，处于一个较为平稳的发展时期，也显示出了其中小微企业发展的活力。从变化趋势来看，作为湖南省的省会城市，长沙市中小微企业综合景气指数的变化与湖南省基本保持一致。

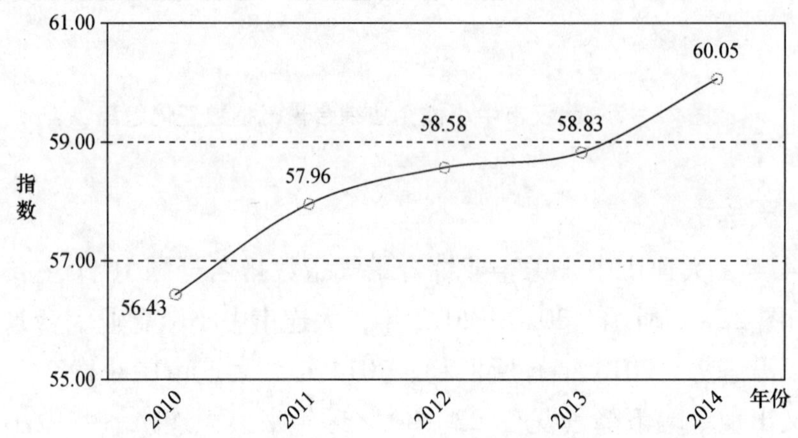

图 22－9 长沙市中小微企业综合景气指数变化趋势

十 西安市

2014 年，西安市中小微企业综合景气指数排名全国 16 个主要城市第 10 位，较 2013 年上升 1 位。2011 年，西安市中小微企业综合景气指数小幅上升，2012—2013 年基本平稳；2014 年，西安市中小微企业综合景气指数出现大幅上升，主要原因是中小板及创业板景气指数以及比较景气指数上升所致（见图 22－10）。西安作为西北地区较为发达的城市，其中小微企业发展状态持续变好，也显示了西安中小微企业的发展潜力。而作为陕西省的省会城市，西安市中小微企业综合景气指数的变化与陕西省基本保持一致。

十一 合肥市

2014 年，合肥市中小微企业综合景气状况处于全国 16 个主要城市第 11 位，较 2013 年下降 1 位。2011 年，合肥市中小微企业综合景气指数

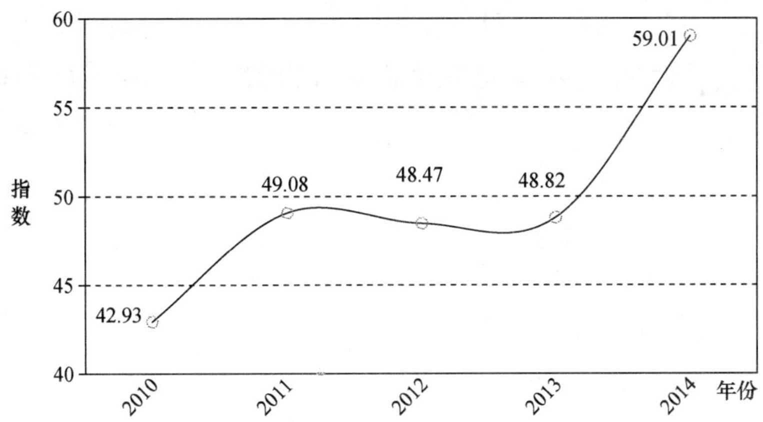

图 22－10 西安市中小微企业综合景气指数变化趋势

有小幅上升；2012—2014 年，合肥市中小微企业综合景气指数呈现稳中有升态势（见图 22－11）。从发展趋势看，基本处于平稳态势，只有略微波动，显示了合肥市中小微企业发展变化较缓慢。作为安徽省会城市，合肥市中小微企业综合景气指数的变化与安徽省基本保持一致。

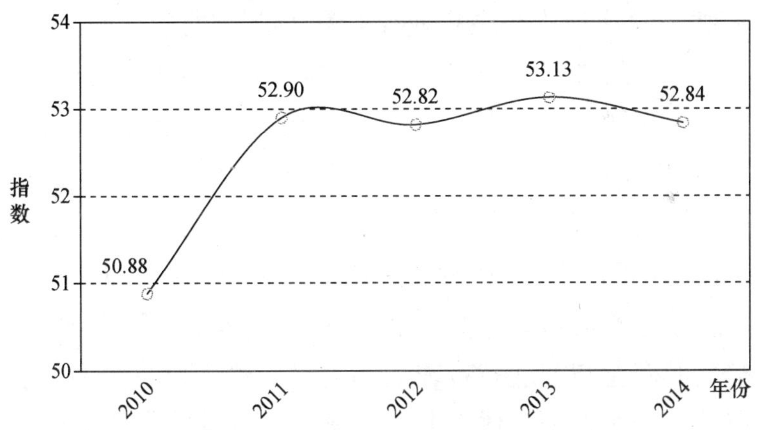

图 22－11 合肥市中小微企业综合景气指数变化趋势

十二 郑州市

2014 年，郑州市中小微企业综合景气指数处于全国 16 个主要城市第 12 位。图 22－12 显示，2010—2014 年，郑州市中小微企业综合景气指数保持平稳增长，中小微企业景气度稳中有升。从变化趋势看，作为河南省的省会城市，郑州市中小微企业综合景气指数的变化与河南省基本保持一致。

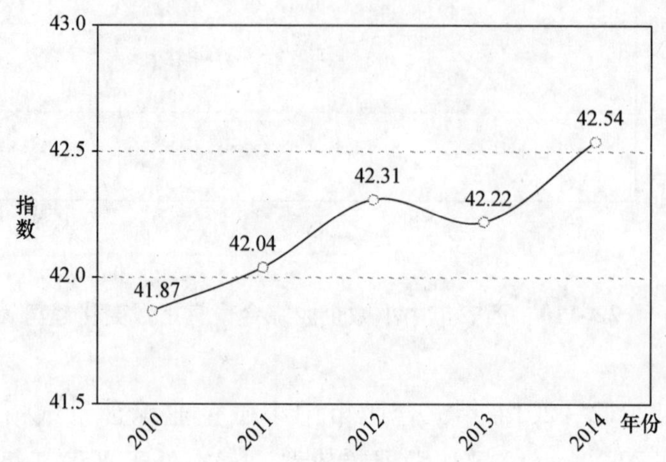

图 22－12 郑州市中小微企业综合景气指数变化趋势

十三 石家庄市

2014 年，石家庄市中小微企业综合景气指数处于全国 16 个主要城市第 13 位，与河北省在省级行政区中的排名有较大的差异。2010—2014 年，石家庄市中小微企业综合景气指数呈缓慢上升趋势（见图 22－13）。总体来看，与 2013 年相比，2014 年石家庄市中小板及创业板企业景气指数、中小微企业比较景气指数均有所上升。2014 年，石家庄市加大了中小微企业扶持政策的力度，大力培育成长型企业，综合景气指数有明显上升的趋势。从变化趋势看，作为河北省的省会城市，石家庄市中小微企业综合景气指数的变化与河北省有较大的差异，这主要是因为河北省的中小微企业分布较为分散，中小微企业综合景气指数受多方面影响。

十四 昆明市

昆明市作为本年报告新增的主要城市，2014 年其中小微企业综合景气指数排名全国 16 个主要城市第 14 位。近五年来，中小微企业景气指数值在 24—25 呈 N 字形波动，总体变化不大（见图 22－14）。作为云南省的省会城市，昆明市中小微企业综合景气指数的变化与云南省基本保持一致。

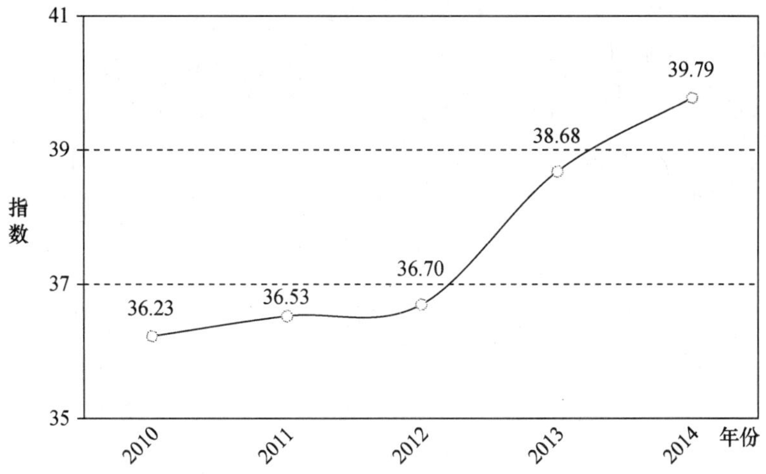

图 22 – 13　石家庄市中小微企业综合景气指数变化趋势

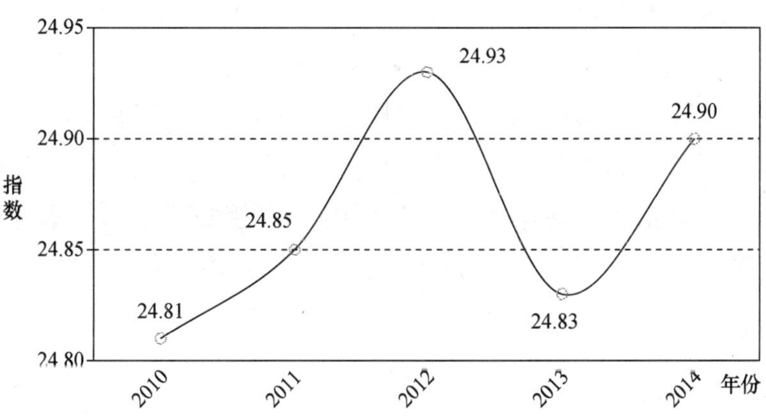

图 22 – 14　昆明市中小微企业综合景气指数变化趋势

十五　贵阳市

2014 年，贵阳市中小微企业综合景气指数排名全国 16 个主要城市第 15 位。2010—2013 年，贵阳市中小微企业综合景气指数呈现稳定发展趋势；2014 年，贵阳市中小微企业综合景气指数有小幅下降（见图 22 – 15），主要原因是其工业中小微企业景气指数较低，加之受经济下行、生产经营环境总体恶化的影响。作为贵州省的省会城市，贵阳市中小微企业综合景气指数的变化与贵州省基本保持一致。

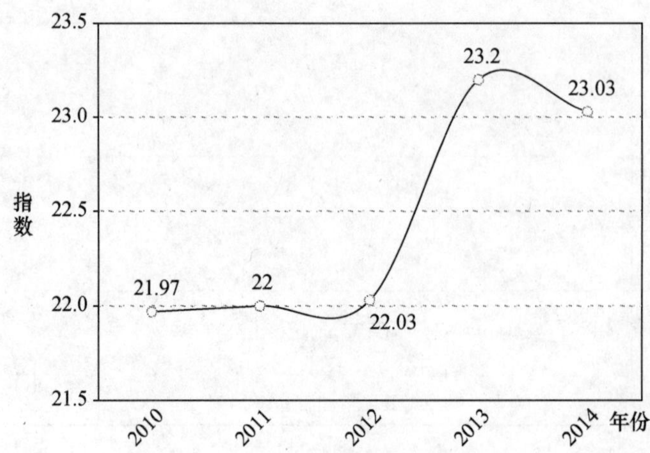

图 22－15　贵阳市中小微企业综合景气指数变化趋势

十六　乌鲁木齐市

2014 年，乌鲁木齐市中小微企业综合景气指数排名全国 16 个主要城市最后一位。2010—2013 年，乌鲁木齐市中小微企业综合景气指数呈稳步增长趋势，2014 年呈现下滑趋势（见图 22－16），主要原因是其工业中小微企业景气指数变化不大。作为新疆的省会城市，乌鲁木齐市中小微企业综合景气指数的变化与新疆维吾尔自治区基本保持一致。

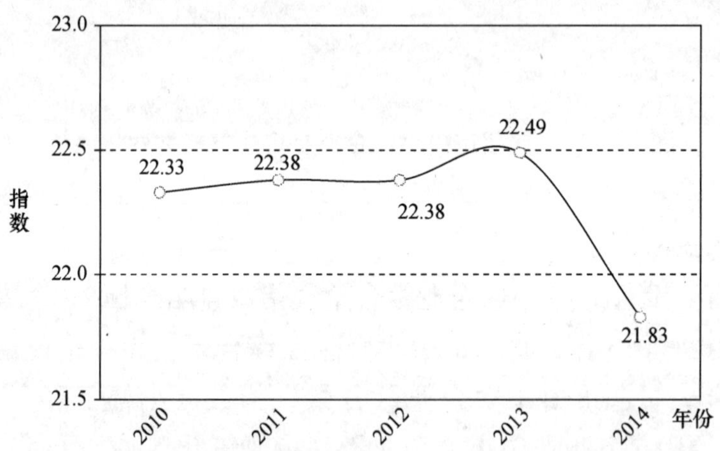

图 22－16　乌鲁木齐市中小微企业综合景气指数变化趋势

第三节　2014 年主要城市景气指数综合性探讨

运用前述研究计算方法，2014 年，中国 16 个主要城市中小微企业综合景气指数的计算结果及排名状况如图 22－17 所示。

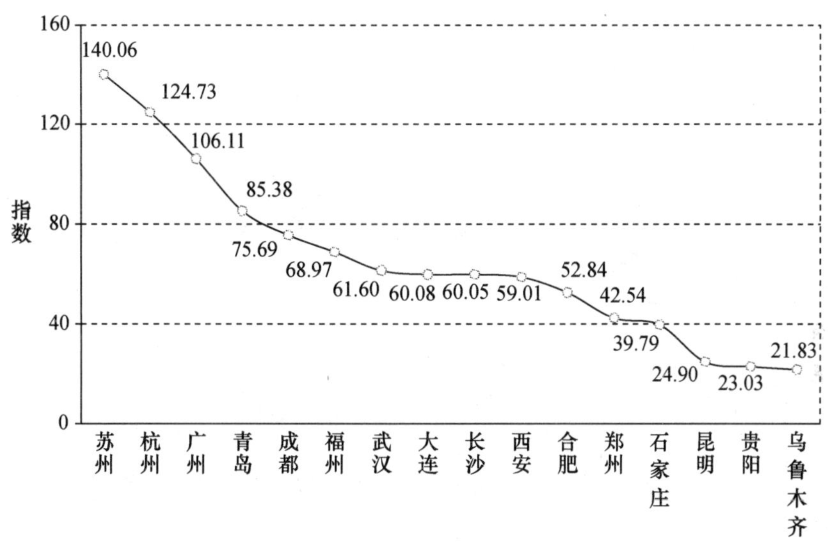

图 22－17　2014 年中国主要城市中小微企业综合景气指数及排名

2014 年中国直辖市以外的 16 个主要城市中小微企业综合景气指数有以下特点：

第一，主要城市之间中小微企业综合景气指数差异很大。最高的苏州与最低的乌鲁木齐相差 6 倍以上。图 22－17 显示，中国主要城市中小微企业综合景气指数大体上可以划分为三个层次。第一层次包括苏州、杭州和广州，平均指数为 123. 63；第二层次为青岛、福州、成都、武汉、大连、长沙、合肥和西安，平均指数为 65. 32；第三层次包括郑州、石家庄、昆明、贵阳和乌鲁木齐，平均指数为 30. 42。

第二，东部城市中小微企业综合景气指数比中部和西部城市高出很多。排名前五位的城市中，东部占 4 个，前三位都属于东部城市。总体来看，中部与西部城市中小微企业综合景气指数之间差异不是很大。

第三，主要城市中小微企业综合景气指数排名与前述省际中小微企业综合景气指数的层次分布相对一致，但同年排名有错位之处。如第一层次都集中在华东、华南地区；与 2014 年省际排名比较，广东排名第一，但广州在城市排名中居苏州和杭州之后即第 3 位；成都、长沙和西安等城市分别比四川、湖南、陕西等 2014 年省际排名略显靠前，青岛市和山东省在各自的排名榜中位次相同，都为第 4 位。

第二十三章

浙江省中小企业景气指数测评

——基于企业监测数据

本章关于浙江省区域中小企业景气指数测评研究，基于使用浙江省统计年鉴数据（2008—2013）和在浙江省 2013 年 11 个地市重点监测的 5800 余家企业的财务数据及景气监测调查收据，主要参考本报告第十八章提出的景气指数评价体系和方法，即根据先分别计算出 11 个地级市工业中小企业景气指数、中小板及创业板景气指数、比较景气指数及重点监测企业景气指数四部分分类指数，然后根据专家咨询权重法进行加权计算，最终得到浙江省各地市中小企业综合景气指数。

第一节　浙江省 11 地市工业中小企业景气指数测评

一　评价指标选取及数据的收集与预处理

参考本报告第十九章确立的工业中小企业景气指数评价体系，本章选取流动资产合计、国家资本、利息支出、工业总产值、企业单位数、资产总计、主营业务收入、利润总额、税金总额、固定资产合计、负债合计、所有者权益合计、全部从业人员平均数 13 个评价指标。计算数据全部来自浙江 11 市的历年统计年鉴。在指标信息齐全和不含异常数据两个原则下收集数据。在数据的处理方面，一方面尽量保证数据的完整性，避免缺失年份或地区的数据存在；另一方面考虑到各地级市的经济发展差异性，在数据处理过程中还关注孤立数据和极端数据的影响。在计算工业中小企业景气指数时同样主要采用时差相关分析法，采用工业中小企业的总产值作为基准指标。先行指标、一致指标和滞后指标的确定及权重分配沿用本报告第十九章实证的结果（见表19－5）。

二 计算结果与排名

据此经过计算，分别获得了浙江11地市2008—2012年工业中小企业的先行、一致与滞后指数及基于权重法的工业中小企业合成指数。在此基础上通过最小二乘法预测得到了2013年浙江11地市工业中小企业景气指数（见图23－1及表23－1）。

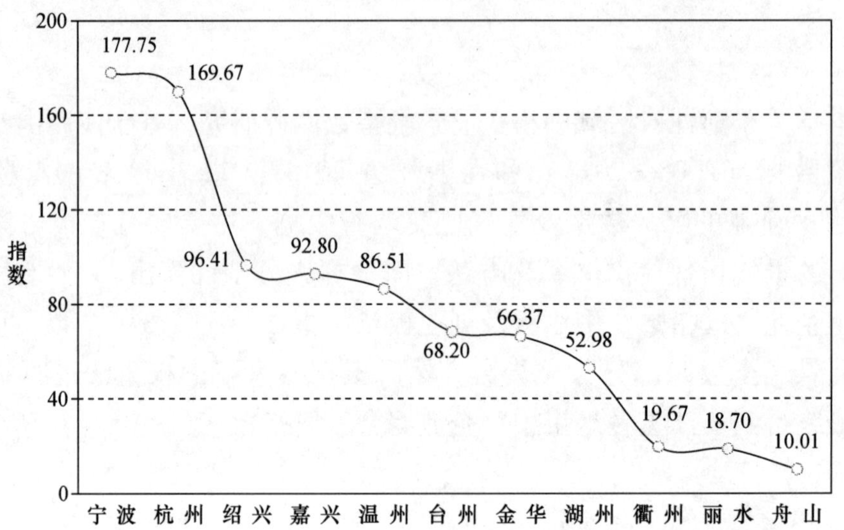

图23－1 2013年浙江省11地市工业中小企业景气指数及排名

三 趋势特点分析

如图23－1所示，2013年浙江省11地市工业中小企业景气指数有如下特点。

一是高低层次分明。以各市2013年工业总产值为权重求得的2013年全省工业中小企业平均景气指数为93.49，宁波、杭州、绍兴三市的工业中小企业景气指数高于全省平均指数为第一层次；嘉兴、温州、台州、金华和湖州5市为第二层次；第三层次包括丽水、衢州和舟山3市。从工业景气指数数量级来看，呈现出总体两头小、中间大的橄榄球状结构特征，表明浙江多数地市工业中小企业的景气指数接近居中水准，总体发展水平有待提升。

表 23－1　　浙江省 11 地市工业中小企业景气指数

先行指数	宁波	杭州	绍兴	嘉兴	温州	台州	金华	湖州	衢州	丽水	舟山
2008	195.53	178.52	101.82	96.67	98.46	64.04	71.36	51.32	17.64	17.79	11.37
2009	196.17	179.92	102.48	97.35	98.9	64.36	72	51.63	17.76	17.89	11.52
2010	197.44	181.37	103.35	98.15	99.69	64.82	72.95	52.05	17.9	18.03	11.54
2011	194.72	179.3	101.69	97.04	98.62	63.78	72.22	51.65	17.74	17.93	11.45
2012	196.83	181.59	102.58	98.3	99.62	64.55	72.42	52.18	17.88	18.09	11.62
一致指数	宁波	杭州	绍兴	嘉兴	温州	台州	金华	湖州	衢州	丽水	舟山
2008	157.27	165.88	89.66	85.54	78.46	68.56	60.6	54.83	20.02	19.7	8.92
2009	158.12	166.44	90.1	86.05	79.08	68.86	60.94	55.22	20.1	19.84	9.04
2010	160.71	169.2	91.32	87.59	80.38	69.66	62.08	55.96	20.46	20.14	9.09
2011	159.17	167.95	89.86	87.08	80.2	68.6	61.8	55.9	20.41	20.25	8.98
2012	159.66	170.11	90.36	87.94	80.77	69.2	62.18	56.5	20.57	20.26	9.04
滞后指数	宁波	杭州	绍兴	嘉兴	温州	台州	金华	湖州	衢州	丽水	舟山
2008	199.63	164.41	103.22	104.27	87.75	72.52	72.24	50.45	21.68	17.4	10.45
2009	201.01	165.9	103.98	105.08	88.5	72.99	72.64	50.87	21.86	17.56	10.59
2010	202.17	167.23	104.85	105.74	89.19	73.54	73.38	51.28	22.07	17.79	10.61
2011	199.57	165.39	103.29	104.77	88.52	72.47	72.56	51	21.91	17.78	10.53
2012	201.33	167.37	104.27	106.48	89.36	73.32	73.16	51.53	22.06	17.87	10.67
工业中小企业景气指数	宁波	杭州	绍兴	嘉兴	温州	台州	金华	湖州	衢州	丽水	舟山
2008	177.22	169.38	96.02	92.63	86.32	68	66.16	52.9	19.64	18.67	9.96
2009	178.11	170.38	96.59	93.25	86.91	68.33	66.6	53.27	19.75	18.8	10.09
2010	180.02	172.45	97.64	94.39	87.93	68.98	67.6	53.85	20.01	19.04	10.13
2011	177.92	170.84	96.09	93.6	87.39	67.93	67.08	53.64	19.91	19.06	10.03
2012	179.14	173.01	96.81	94.76	88.14	68.63	67.45	54.21	20.06	19.13	10.14
2013	177.75	169.67	96.41	92.8	86.51	68.2	66.37	52.98	19.67	18.7	10.01

说明：2013 年为预测值。

资料来源：浙江省及各地市统计年鉴（2008—2012）。

二是发展层次之间的差异较大。第一层次平均指数远远超过第二层次和第三层次的指数水平，其中工业景气指数最高的宁波市和最低的舟山市之间相差 17 倍以上，表明浙江省区域内的工业中小企业发展很不平衡。第一层次中，宁波市和杭州市的成长型中小企业数量相对较多，工业经济实力总体较强。其中作为计划单列市的宁波市，工业发展基础良好，经济外向度较高，引进消化先进技术的能力较强，现代制造业在浙江省内占有重要地位；作为省会城市的杭州，凭借得天独厚的地理、人才和技术资源优势，着力发展电子、电商行业，显示出了强大的现代制造的综合实力。第二层次中，温州的实体经济虽然近年来出现较大衰退，但发挥资本集约型经济的效率优势，工业中小企业的景气指数仍保持了较高水准；嘉兴、台州等大部分市的中小企业多从事劳动密集型产业，面对资金缺乏、成本攀升的压力，景气指数相对偏低。第三层次中，衢州以化工、钢材、水泥等传统工业或素材产业为主，容易受市场供需波动的影响；丽水长期发展生态产业，舟山近年大力发展海洋经济，发展潜力很大，但目前效果尚未充分显现。这三个地市工业中小企业较前两层次发展不足，但在政策引导下，也有一定的成长趋势。

三是总体来看，浙江工业中小企业景气指数区间分布不平衡，特别是欠发达地区的工业中小企业发展相对滞后，大部分地市在促进中小企业工业发展方面共同面临着机遇和挑战。从发展趋势来看，浙江工业中小企业成长发展的空间还很大。

第二节　浙江省 11 地市上市中小企业景气指数测评

一　评价指标选取及数据的收集与预处理

参考本报告第十九章确立的中小板和创业板企业景气指数评价体系，本章选取了总资产、流动资产、固定资产、股东权益、税金、流动负债、财务费用、主营业务收入、利润、存货计 10 个指标。在指标信息齐全和不含异常数据两个原则的基本指导思想下进行了数据收集活动。截至 2014 年 3 月，共收集了在深交所中小板上市的企业 82 家，创业板上市企业 13 家，共 95 家。考虑上市时间的不同，本报告选取的时间区间为 2008 年第一季度至 2014 年第一季度。

因为本报告是研究浙江省 11 个地级市的情况，所以在收集完成以后，将根据上市公司的注册地，分别划入各自所在的地级市，并且按照每家企业相应的资产总额、固定资产等指标的季度数据进行汇总。由于舟山市的中小板和创业板企业数据不全，因此未予测评。

对于不同中小板及创业板上市企业数据的预处理，本章主要计算各个指标的扩散指标。根据扩散指数的编制方法，首先计算各个指标各季度的环比发展速度，然后采用国际上通行的 X－11 方法消除季节变动和不规则变动的影响，再将环比发展速度与 2013 年第一季度的发展速度相比，求算每个指标的扩散指数 DI。

指标分类和权重确定方面，采用时差相关系数法确定利润作为基准指标，并考察了利润的扩散指标指数与总资产的扩散指数，净资产收益率和主营业务同比增长率之间的相关性，由此最终确定了先行、一致和滞后指标。

二　计算结果与排名

各分类指标的权重仍沿用本报告第四章确定的方法，最后再通过企业数量进行调整，最终得到浙江省 2013 年 10 市中小板和创业板企业的合成景气指数（见表 23－2）。

表 23－2　2013 年浙江省 10 市中小板和创业板企业景气指数排名

城市	指数	排名	城市	指数	排名
杭州	132.86	1	嘉兴	60.89	6
台州	88.57	2	金华	59.70	7
绍兴	82.84	3	湖州	54.53	8
宁波	74.28	4	衢州	41.07	9
温州	62.75	5	丽水	39.03	10
全省平均指数	74.50				

注：（1）浙江全省平均指数根据加权平均法以 2013 年各市工业总产值为权重算出，以下相同；（2）舟山市中小板和创业板上市企业数据存在缺失，在此未作测评。

三　趋势特点分析

如图 23－2 所示，浙江省 10 个地级市中小板与创业板企业景气平均指数为 74.5，各市之间差异较大。杭州、台州、绍兴的上市中小企业景气指数高于全省上市中小企业景气平均指数。其中杭州市中小板和创业板景气指数最高，为132.86；丽水最低，为39.03。杭州市的指数较为突出，整体指数多集中在60—80。十市指数分布大体可以分成四个层次，第一层次为杭州市；第二层次为台州、绍兴、宁波三市；第三层次为温州、嘉兴、金华、湖州；第四层次为衢州和丽水，各层次内指数差距较小。舟山市中小板和创业板上市企业数据缺失，此次未作测评。总体来看，浙江省各主要城市的中小板及创业板景气指数差异较大。各地中小板及创业板发展较为不平衡，存在地区聚集现象。

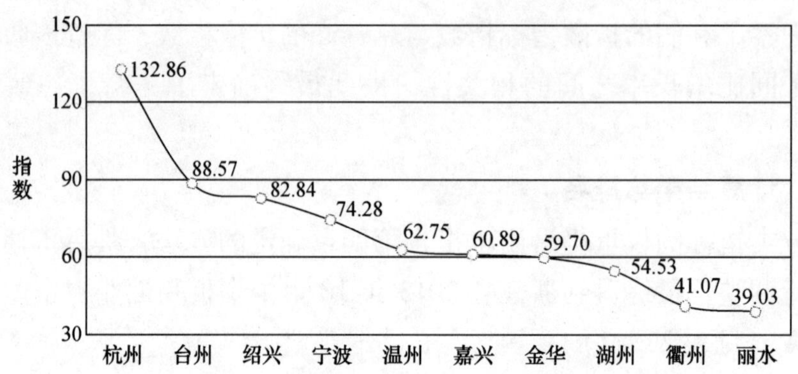

图23－2　2013年浙江省主要地级市中小板和创业板企业景气指数

第三节　浙江省11地市中小企业比较景气指数测评

中小企业比较景气指数反映中小企业家对当前微观经营状况的判断，以及对近期宏观经济环境的信心，是对基于统计年鉴的工业中小企业景气指数和基于上市公司的中小板及创业板企业景气指数的补充。本章使用的企业综合生产经营景气指数和企业家信心指数数据，主要来源于浙江省11个地级市重点监测企业数据及监测调查资料。

表23－3显示的是2013年基于监测调查数据的浙江省各市中小企业比较景气指数计算结果。图23－3更直观地反映了浙江省各市比较景气指数排名。

如图23－3所示，浙江省11地市2013年中小企业比较景气指数差异并不大，都处于景气区间。结果显示，2013年浙江省11市中小企业比较景气指数平均为119.15，在景气区间之内。其中金华市最高，其指数为127.40。

表23－3　2013年浙江省11地市中小企业比较景气指数排名

城市	指数	排名	城市	指数	排名
金华	127.40	1	湖州	117.70	7
台州	127.36	2	绍兴	113.98	8
嘉兴	121.62	3	宁波	113.87	9
衢州	121.16	4	温州	112.68	10
丽水	119.86	5	舟山	106.26	11
杭州	118.16	6	全省平均指数	119.15	

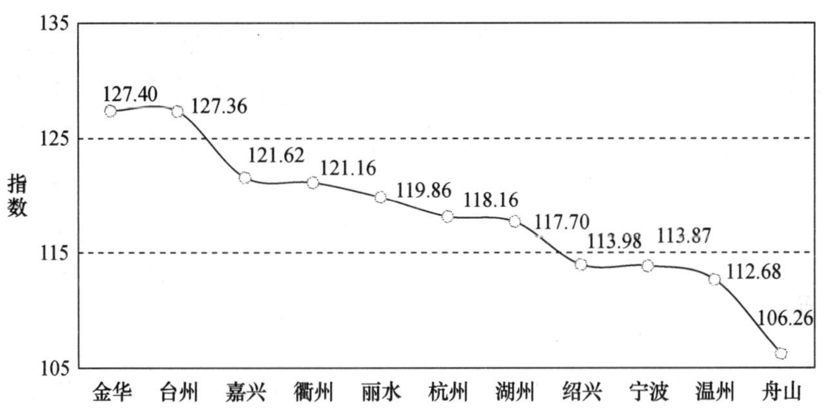

图23－3　2013年浙江省11地市中小企业比较景气指数

2013年，金华市在23项主要经济指标中，有19项指标增速高于全省平均水平，12项指标增速居全省前三位，进出口总额、出口总额、房地产投资、金融存贷款余额、金融贷款余额5项指标增速全省居首，因此企业比较景气指数上升较快经济平稳发展。其次是台州市，指数值为127.36，台州市2013年固定资产投资持续快速增长，服务业发展形势良好，消费市场稳步增长，转型升级取得一定成效，中小企业比较景气指数较好。而后嘉兴市和衢州市的中小企业比较景气指数均在120以上，排名靠前，综合经营状况总体稳步提升，企业家信心逐步加强。

11地市中，宁波市受外贸出口不振等影响，企业比较景气指数较低；温州市由于受民间借贷市场萎缩的影响，比较景气指数相对较低；舟山市的支柱产业为造船业，但受船市低迷影响，中小企业比较景气指数在浙江省11地市中为最低，反映了外贸不振、民间借贷市场萎缩、转型升级进入攻坚战给中小企业经营带来的压力和挑战。

第四节　浙江省11地市重点监测企业景气指数测评

重点监测企业数据是来自浙江省2009—2013年中小企业生产经营运行监测数据。为尽可能准确反映浙江中小企业的经营运行状况，指标选取方面，在考虑了经济重要性、统计的可行性和数据的可取性的同时，考虑到规模以上中小企业指标的选取，参考第四章相关评价指标体系，从近20项监测项目中，最终选取了工业总产值、产成品、财务费用、资产总计、主营业务收入、利润总额、应收账款、负债合计、从业人员平均数9个监测指标为评价指标，同时确定以工业总产值为基准指标，然后根据主成分分析法，确定了先行、一致和滞后指标及其权重。由此计算出的浙江省11地市重点监测中小企业分类指数和合成景气指数如表23－4和图23－4所示。

如图23－4所示，2013年浙江省重点监测中小企业景气指数各市之间差异很大。根据加权平均法以2013年各市工业总产值为权重计算出的全省重点监测企业平均指数为72.16，高于该平均指数的地市有杭州、嘉兴、台州、绍兴和金华。其中，杭州市的重点监测中小企业指数最高，为107.96；最低的是衢州市，为22.13。就各年而言，呈现出平稳上升趋势。造成各地市指数差距巨大的原因有，一方面浙江省各地市的中小企业发展存在不均衡的情况，个别地市的企业发展较为缓慢，与其他地区相比相对滞后。需要说明的是，上报的企业数据中部分指标尚存在缺失。这些因素都影响到相关指数测评的过程和结果。今后随着重点监测企业样本分布的合理化以及上报数据的完备性的提高，该类指数的评价效用会提升。

表 23－4　2009—2013 年浙江省 11 地市重点监测中小企业景气指数

地区	2009 年	2010 年	2011 年	2012 年	2013 年
杭州	104. 35	104. 42	107. 17	107. 26	107. 96
嘉兴	98. 25	98. 57	100. 51	99. 90	101. 03
台州	94. 77	95. 33	97. 56	97. 69	96. 82
绍兴	92. 46	93. 68	93. 35	93. 97	95. 56
金华	73. 01	73. 15	74. 60	75. 10	75. 91
丽水	68. 35	68. 66	70. 50	70. 81	71. 14
温州	66. 51	66. 89	66. 59	68. 43	68. 61
宁波	52. 66	53. 93	53. 84	53. 81	53. 65
舟山	38. 75	38. 99	40. 09	39. 91	39. 93
湖州	27. 05	27. 16	27. 81	28. 05	28. 15
衢州	21. 80	21. 71	22. 12	21. 93	22. 13
全省平均	—	—	—	—	72. 16

资料来源：基于浙江省中小企业生产运营监测平台数据。

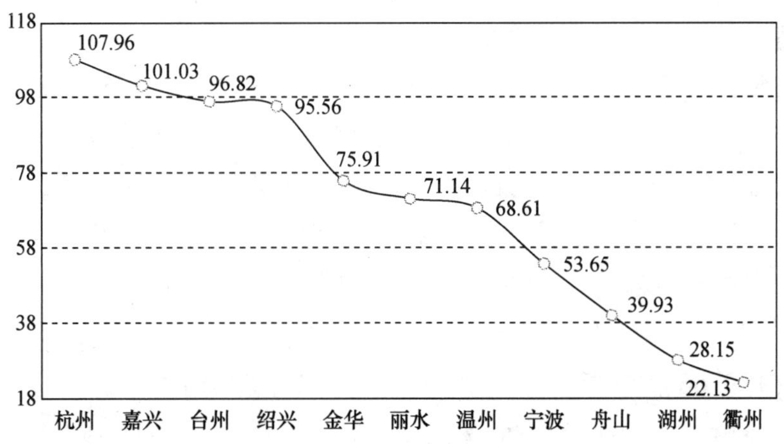

图 23－4　2013 年浙江省 11 地市重点监测中小企业景气指数排名

第五节　浙江省11地市中小企业综合景气指数测评

为了更直观地反映2014年浙江省中小企业的景气状况，本节将对上述工业中小企业景气指数、中小板和创业板景气指数、中小企业比较景气指数和重点监测中小企业景气指数这4种分类指数按4∶2∶2∶2的权重进行加权计算，最终得到2014年浙江省11个地级市中小企业综合景气指数（见表23－5）。

表23－5　2014年浙江省11地市中小企业综合景气指数排名

城市	指数	排名	城市	指数	排名
杭州	139.66	1	金华	79.15	7
宁波	119.46	2	湖州	61.27	8
绍兴	97.04	3	丽水	53.49	9
嘉兴	93.83	4	衢州	44.74	10
台州	89.83	5	舟山	33.24	11
温州	83.41	6	全省平均指数	102.51	

同时，为了便于做纵向和横向比较分析，同样根据加权平均法以2013年各市工业总产值为权重计算出了2014年和2013年浙江省中小企业综合景气指数的全省平均值。结果显示，2014年全省平均综合景气指数为102.51，远远高于2013年的平均值（69.26），表明浙江省中小企业综合景气指数尽管在全国排名有所下滑，但加入重点监测企业数据进行测评后，浙江省中小企业景气指数有较大上升。如表23－5、表23－6所示，2014年浙江省中小企业综合景气指数具有总体差异大、发展层次分明的特点。

（1）各市之间的中小企业综合景气指数总体差异很大，指数最高的杭州市（139.66）与指数最低的舟山市（33.24）相差4倍。反映了经济总量及企业数量对中小企业综合景气指数的影响。其中杭州市的高指数主要得益于其工业企业的贡献，而舟山市等在制造业方面的相对劣势，也从综合指数中有所体现。

表 23－6 2014 年浙江省 11 地市中小企业综合景气指数

城市	工业中小企业景气指数	中小板及创业板景气指数	中小企业比较景气指数	重点监测中小企业景气指数	综合景气指数	工业总产值
杭州	169.67	132.86	118.16	107.96	139.66	12962.28
宁波	177.75	74.28	113.87	119.46	119.64	4248.62
绍兴	96.41	82.84	113.98	95.56	97.04	3333.83
嘉兴	92.80	60.89	121.62	101.03	93.83	8551.25
台州	68.20	88.57	127.36	96.82	89.83	1562.99
温州	86.51	62.75	112.68	68.61	83.41	1331.00
金华	66.37	59.70	127.40	75.91	79.15	6039.93
湖州	52.98	54.53	117.70	28.15	61.27	12155.08
丽水	18.70	39.03	119.86	71.14	53.49	3530.81
衢州	19.67	41.07	121.16	22.13	44.74	3791.97
舟山	10.01	—	106.26	39.93	33.24	1199.83
全省平均	93.49	74.50	119.15	72.16	102.51	—

说明："—"栏表示相应数据缺失。

（2）发展层次分明。三个层次的分布格局一方面源于各地市中小企业发展政策落实情况不同，发展重点相异；另一方面，从基础条件、区位优势等方面来看，各地市差异较大，也最终影响到综合排名。

（3）第一、第二层次内部的综合景气指数值相差不大。内部发展较为均衡，主要原因是中小企业产业集群和专业市场都比较发达，在同一层次内的产业发展模式也都有一定的相似度。第一、第二层次中小企业发展环境总体较好。第三层次内部差异较大，中小企业发展总体滞后。

总体看来，浙江省 11 地市中，杭州市和宁波市中小企业发展处于相对安全的较强景气区间；绍兴、嘉兴、台州、温州、金华处于弱安全的微景气区间；湖州、衢州、丽水及舟山处于经营风险较强的不景气区间。目前，浙江省正着力尝试推进"个转企、小升规、规改股、股上市"等系列举措，通过实施"四换三名"，即"腾笼换鸟、机器换人、空间换地和电商换市"及培养"名企、名品、名家"，打造行业龙头，大力推进转型升级，力争实现中小企业的健康持续发展。

第二十四章

浙江省主要行业景气指数测评

——基于行业监测数据

第一节　评价指标体系

计算浙江省主要行业景气指数的数据主要来源于浙江省中小企业分行业监测数据，以及浙江省统计部门发布的分行业企业家信心指数。

浙江省中小企业分行业监测指标包括工业总产值、出口交货值、用电量、营业收入、营业成本等16个项目。为了使监测数据能够得到充分的利用，本章运用峰谷对应法对16个项目进行时差分析，在确定各指标的时间性质后，再从同一类型指标中剔除相关性较强的指标，从而最终确定了10个监测指标，并根据指标特性，参考企业景气指数评价的方法确定了先行指标、一致指标和滞后指标及其权重，具体如表24－1所示。

指标权重的确定，参考中国经济景气监测中心的指标权重确定原则，采用专家咨询法确定了各项指标的权重值。

第二节　数据收集及预处理

计算浙江省主要行业的景气指数，数据来自浙江省中小微企业运行监测平台的监测数据和浙江省统计局发布的企业家信心指数。由于监测网站的数据是实时更新的，在上一年数据的基础上，本章继续增加了2013

表 24－1　　　　　中小微企业行业景气预警评价指标

指标类别	中小企业行业景气监测指标	小类指标权重	大类指标权重
先行指标	固定资产投资额	0.484	0.3
	财务费用	0.516	
一致指标	工业总产值	0.203	0.5
	用电量	0.191	
	营业收入	0.203	
	利润总额	0.203	
	应交税费	0.200	
滞后指标	负债总计	0.339	0.2
	应收账款	0.339	
	从业人员	0.322	
合计			1.0

年 12 个月的监测数据进行分析。

本章的目的是分析浙江省的主要行业，故采集的也是行业的各项指标数据。监测报表对行业的分类是按照国家统计局最新修订的 2011 年国民经济行业分类标准来的，行业细分较为具体。而各行业包含企业数量不一，特别是浙江省中小企业数量众多，也发展得好，形成了许多有特色的地域产业，监测报表上各行业的企业数量就很好地说明了这个问题。在处理监测报表时，首先，总结工信部、国家统计局以及各类以行业、产业为研究对象的平台上对行业的分类情况，比对监测数据中的行业类别及企业数量，将各细分行业归结为五大类行业。

然后，按大类将各月报表中的行业企业明细进行编辑整理，并统计了各细分行业每月监测的企业样本数量，选取了 12 个月中监测最多的企业数作为样本数（见表 24－2）。同时，为了减少样本企业数量的变化对每月指标数据的影响，本章将各指标数据按照企业比例对应放大，使数据保持一致性和可比性。

根据表 24－2 的监测数据，本章最终选择了企业数量最大的四个行业作为研究对象，分别为通用设备制造业（744 家）、纺织业（722 家）、金属制品业（530 家）以及橡胶和塑料制品业（436 家）。

表 24－2　　浙江省中小微企业监测数据的行业分类及企业样本数

行业大类	行业细分	企业数量	行业大类	行业细分	企业数量
纺织产业	纺织业*	722	轻工业	农副食品加工业	131
	纺织服装、服饰业	297		食品制造业	57
	化学纤维制造业	26		酒、饮料和精制茶制造业	26
原材料工业	石油加工、炼焦和核燃料加工业	4		皮革、毛皮、羽毛及其制品和制鞋业	378
	化学原料和化学制品制造业	216			
	非金属矿物制品业	156		家具制造业	118
	黑色金属冶炼和压延加工业	184		造纸和纸制品业	195
	有色金属冶炼和压延加工业	109		文教、工美、体育和娱乐用品制造业	148
装备制造业	通用设备制造业*	744			
	专用设备制造业	190		橡胶和塑料制品业*	436
	汽车制造业	179		金属制品业*	530
	铁路、船舶、航空航天和其他运输设备制造业	111	其他	木材加工和木竹藤棕草制品业	216
				印刷和记录媒介复制业	77
	电气机械和器材制造业	313		医药制造业	86
	计算机、通信和其他电子设备制造业	136		其他制造业	732
				废弃资源综合利用业	12
	仪器仪表制造业	54		金属制品、机械和设备修理业	31

说明：* 表示企业数量最多的行业。

资料来源：课题组根据浙江省中小微企业监测平台数据整理。

在统计四个行业的数据时，首先将四个行业每月的数据筛选出来，再按行业归并，得到每个行业 24 个月的源数据。然后将源数据按照每月上报企业占最大企业数的比例进行放大，得到一致化的数据，并且将四个行业每月的 16 个指标数据汇总成季度数据，以便进行景气指数的计算。

在数据一致化和季度数据计算过程中，存在个别指标值特别大或是运算得到的月度数据出现负值的情况，对此本章按统计学方法进行了数据预处理。在排查数据过大的指标时可以确认到具体的企业，然后对比该企业在其他月份上报的数据，可以确定该异常数据是否为企业误报。若确认是企业误报，且该企业的各项数据对行业总体值在数量级上没有较大影响，则在月度数据中剔除该企业的各项指标数据；若企业的指标数据对行业总体值影响较大（占10%以上），则对比该企业历月数据，对该月的异常指标值进行估算，用估算值代替异常值，得到修正后的行业总体的指标值。

第三节　行业景气指数的计算

基于浙江省监测数据的中小微企业行业景气指数计算，本章采用合成指数的方法。

首先，运用峰谷对应法，确定备选的16个指标与参照指标的峰谷对应情况，选用工业总产值作为参照指标，运用Excel软件绘出折线图，观察各指标上升和下降的变化趋势，与参照指标的变化趋势作比较，将指标进行归类，最终筛选了10个指标（见表24－1）。然后，运用层次分析法计算得到每个指标的权重，用于合成指数的计算。

其次，运用合成指数方法计算每个行业的先行指数、一致指数、滞后指数，并对8个季度数据进行回归分析，得到2014年预测值。同时，将浙江省四个行业的企业家信心指数进行回归预测。

再次，将先行指数、一致指数和滞后指数三个指数按照2:5:3的权重合成计算出中小微企业行业景气指数。

最后，将中小微企业的行业景气指数与企业家信心指数按4:6权重合成，得到中小微企业行业景气指数。

第四节　结果分析及政策建议

根据以上方法，计算得到了浙江省2013年主要行业的景气指数，并预测得到了2014年相应行业的景气指数值（见表24－3）。

根据表24－3可以看出，浙江省2011—2014年中小微企业主要行业综合景气指数的波动趋势具有以下特点：

表 24－3　　　　浙江省中小微企业四大主要行业景气指数

主要行业	2011 年	2012 年	2013 年	2014 年
纺织业	121.76	114.62	114.25	108.91
橡胶和塑料制品业	129.93	128.96	128.71	141.73
金属制品业	131.32	134.55	130.86	121.37
通用设备制造业	143.80	137.55	127.55	114.54

第一，四大主要行业近四年来的景气情况总体呈下降趋势。其中三个行业的综合景气指数在 2011—2014 年出现了显著下降，金属制品业在 2012 年有所上升，但近两年呈现连续下降趋势。橡胶和塑料制品业 2014 年预测的景气指数同比有所上升。

第二，四大主要行业同比景气度不尽相同，但相差不大。2011 年和 2012 年，四大行业景气排名先后为通用设备制造业、金属制品业、橡胶和塑料制品业、纺织业。而 2013 年通用设备制造业的景气指数出现较大程度下降。2014 年受环保整顿导致的促进剂供给走紧影响，橡胶和塑料制品业整体价格上涨，其行业景气出现大幅回升。

第三，景气指数下降的三个行业中，通用设备制造业的景气指数下降幅度最大，2014 年下降了 10.2%。纺织业下降幅度最小，2014 年下降了 4.7%。橡胶和塑料制造行业与其他三个行业有所不同，2014 年景气指数上升了 10.1%。

总体来看，浙江省四大行业的综合景气指数在 2013—2014 年呈下降趋势，行业间景气指数变化差异明显，这与宏观经济环境及行业本身发展特点有关。

一　浙江省中小企业行业景气总体状况

浙江省作为中国中小企业数量较多、发展较好的省份之一，各行业有明显的地域特色，如绍兴的纺织业、海宁的皮革城、永康的五金、温州的电器等。过去的浙江经济模式取得过巨大的成功，但近年来温州、绍兴、杭州、萧山各地接连不断的中小企业倒闭潮也说明了过去模式存在的一些漏洞，金融和信用体制不健全，资金逐利性太强，缺少高科技产业等，中小企业发展中形成的这些弊端，开始阻碍企业以及浙江省的经济发展。与此同时，浙江省中小企业多年累积的产能过剩问题也日趋突出，许多行业的产能利用率跌至80%以下，有些甚至不到50%。浙江省中小企业主要聚集在纺织业、制造业和轻工业，近年来，以电子商务为代表的新型产业发展较为迅速，以义乌小商品和杭州阿里巴巴为代表的电子商务产业逐渐成为近年来浙江省发展最快的产业。2014年是中国经济转型、深化改革的新开端，浙江省纺织业及各类制造业等实体产业应抓住新的发展趋势，结合各自行业的特点，进行企业转型升级，以继续保持稳中求进，并创造出新的区域经济增长点。

二　浙江省主要行业景气分析

（一）纺织业

纺织是传统工业，又是工业文明的象征，在中国，这是一个劳动密集程度高、对外依存度较大的产业。它处于产业链的中间，包括纺纱与织布，是对棉、化纤等原材料的加工织造，为下游的服装、家纺等行业提供原料的一个行业。中国纺织业的发展经历了三个时期：从集中到分散，从东南到全国；从分散到集中，从全国到东南；从东到西，从南到北。改革开放后，发达国家向中国东南沿海地区转移了大量劳动密集型工业产业，其中，就包括纺织业，几十年的发展使得这一地区的纺织业在规模上和技术上较全国都有了较大提升，同时也萌生了许多中小纺织企业，浙江省就是中小纺织企业集群比较发达的典型地区。

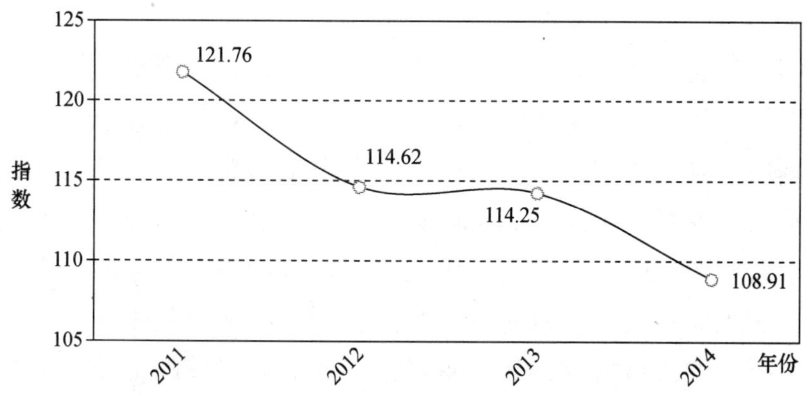

图24－1　浙江省纺织业景气指数趋势

纺织业是浙江省的支柱产业之一，一直以来以规模扩张和要素低价这种传统模式维持出口和利润的高增长，但近年来棉花差价大，劳动力、能源成本上升，以及经济不景气引起的需求低迷，多种不利因素导致了纺织业生产、利润、出口等指标的增长率明显下降，企业效益大幅下滑，产业经营压力增大，特别是中小企业经营陷入困境。从图 24－1 可以看出，2011—2013 年间浙江省纺织业整体景气度下降明显，而 2014 年景气度较 2013 年下降幅度增大。

近年来，纺织业景气度下降主要有以下五方面的原因：一是 2010—2011 年中国棉花价格暴涨狂跌，而纺织企业在价高时大量购置原料造成库存量增加，制成品卖不出原来的价格，又碰上需求不振，如服装行业一直在低谷徘徊，企业利润下降很大。二是近年来国内劳动力、能源、利息等成本上升，劳动密集型产业遭遇“人、电、钱”三荒，企业生产未能全负荷运转。三是自 2013 年以来，随着纺织业不断升级改造和结构调整，中国纺织行业产能更多地向大企业集中，使得中小企业生存压力增大。同时，大量廉价棉纱涌入国内市场，对国内棉价再次形成打压。四是由于棉花政策的实施，对中国纺织行业冲击很大。五是面对纺织市场的不景气，税负过重也是纺织业不景气的重要原因。

总的来说，纺织业环境压力大、节能减排形势十分严峻，综合成本上升压力突出。在外需不振、内需趋缓、效益下滑、市场低迷的形势下，预计 2015 年浙江省纺织业的前景也不容乐观。

（二）通用设备制造业

通用设备制造业是制造业的核心组成部分，它生产机械设备和各式工具，为国民经济生产和国防建设提供装备。浙江省是中国重要的装备制造和出口基地，其出产的机械产品在全国具有很强竞争力。省内比较有特色的产业基地主要有杭州大型成套设备、绍兴节能环保设备、温州电工电气装备、宁波塑料机械、衢州动力机械等，优势产品有泵、阀、轴承等。浙江省的机械工业在改革开放前一直处于全国中间偏下的水平，发展成为现在的排名靠前的机械大省，是民营经济不断竞争发展的结果。但机械大省多体现在规模上，行业内在的技术水平不高，产品多是零配件，整机产品少，产业结构低、层次重复、技术创新和产品研发能力弱，这些都和机械大省不相称，还存在较大发展和提升的空间。

图 24－2 显示，浙江省通用设备制造业景气指数四年来一路下跌，由 143. 80 降至 114. 54，下降幅度不断增大，目前是四行业中跌幅最大的。这里可以考虑的原因，主要有以下几方面：一是浙江省通用设备行业中小微企业的产成品以阀门、轴承、泵、机床、磨具这类零配件为主，其同质性较高，容易在竞争中被淘汰；二是面临着越来越大的成本上升压力，主要是由于钢材、石油、电力、交通、人力等要素价格不断上涨，由于主营业务收入增速放慢，而成本上升，行业利润出现明显下降；三是产品销量增幅回落，表现出市场需求增长率减少，而利润在销量及成本的双重影响下增幅回落更甚；四是在需求增长趋缓之下，行业的产能依然高速膨胀，产能过剩，库存较高。

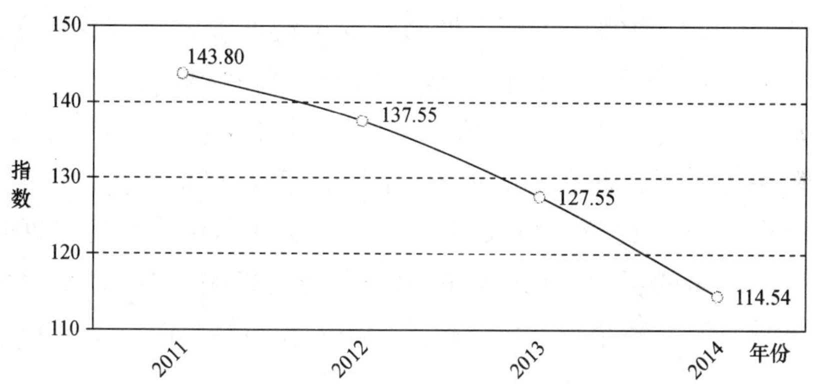

图 24－2　浙江省通用设备制造业景气指数趋势

在高库存、产销弱以及需求不振的形势下，加上行业的成本优势在逐渐丧失，预计短期内浙江省通用设备制造业仍以去库存为主，长期看来仍有巨大的发展潜力。

（三）橡胶和塑料制品业

天然橡胶产业的上中下游分别是天然橡胶生产、贸易以及天然橡胶消费品的制造，其中，橡胶制品主要有轮胎、胶带、胶鞋、医疗器械等。浙江省橡胶制造主要为轮胎等。塑料制造的原料是石化产业的产品，即苯、乙烯、丙烯、丁烯、苯乙烯等化学产品，经过化工合成不同化学组成的材料，塑料产品制造企业则直接采购这种粉末颗粒状的材料进行产品的制造。不同成分的材料有不同的用途，如世界上产量最大的 PVC 材料，可以用于制造管道、插座等工业品，也可以制造玩具、人造革等日用品，可以说塑料制品是我们生产生活不可缺少的组成部分。塑料制造新材料的研发，将带动整个塑料制品业的发展和各种高层次消费品、功能性产品的加工生产。塑料工业蕴含了高技术，也可发展成为具有较大成长空间的新兴制造行业。

图 24－3 显示，浙江省的橡胶和塑料制品业在 2011—2013 年的发展基本保持平稳，2014 年景气指数大幅上升。分析行业景气波动的原因，主要有以下三个方面：一是成本方面，2011 年下半年以来，国际原油价格维持了较长时间的连续上涨趋势，至 2012 年下半年跌回 2011 年 9 月以前的水平，价格波动较大，再加上利息上调、生产成本提高，而终端产品价格难以涨价；二是需求方面，橡塑行业下游产业需求旺盛，在 2011—2012 年表现为产销两旺，但由于成本原因，利润很低；三是出口方面，由于宏观经济下行及人民币升值的影响，出口量有所下降。总的来说，橡塑行业在经济下行期受成本上升、需求下降、出口减少影响，增速放缓，但行业本身仍具较高成长性，景气程度基本保持平稳。2014 年受到环保整顿政策的影响，橡胶促进剂供给趋紧影响橡胶的价格大幅度上涨，并推动下游至整个行业价格跟涨，橡胶和塑料制造业景气上升。

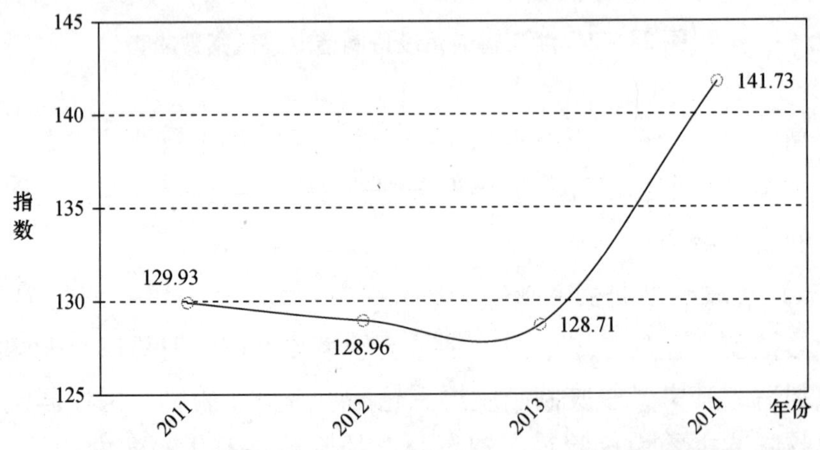

图 24－3　浙江省橡胶和塑料制品业景气指数趋势

（四）金属制品业

金属制品行业涵盖范围很广，包括结构性金属制品制造、金属工具制造、集装箱及金属包装容器制造、不锈钢及类似日用金属制品制造等。浙江省是金属制品生产大省，但还不是金属制品强省，行业发展潜力巨大。

浙江省金属制品业中五金占据了很大板块，2013 年其行业产销规模达到 3000 亿元，占全国总量的 30% 以上，是国内最大五金产品制造基地和产品集散中心。浙江拥有 23 个“国字号”五金产业基地，其中金华永康市是“中国科技五金城”，温州永嘉县是“中国五金饰扣之都”，金华浦江县是“中国挂锁产业基地”，杭州临安是“中国五金工具生产基地”。目前，浙江有 24 个国家工商总局认定的“驰名商标”；拥有“伟星实业”、“苏泊尔”、“爱仕达”等一大批行业领军企业。

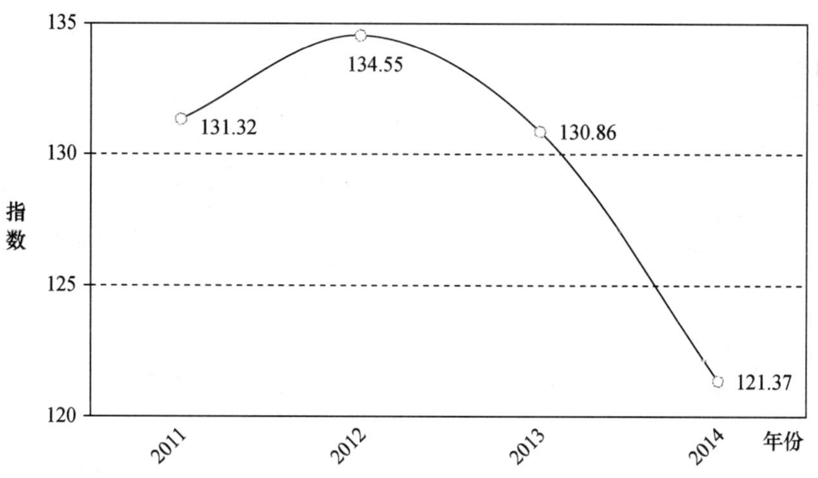

图 24－4 浙江省金属制品业景气指数趋势

图 24－4 显示，2011—2014 年浙江省金属制品业的景气指数以 2012 年为“拐点”经历了上升和下降两个阶段。2012 年以前，浙江省五金行业发挥规模优势和品牌优势，发展景气保持了上升趋势，但近两年持续下滑，分析其原因，一是国际市场品牌效应不明显，以贴牌为主；二是技术创新能力弱，以仿制为主；三是企业结构不合理，产品以中低端市场为主。在国际经济增速放慢大背景下，浙江五金同样遭遇了成本上涨、招工难、人民币升值、原材料价格大幅波动等问题。加之国内五金行业的整个

格局在不断变化，以前五金市场是供不应求，现在供大于求，产能过剩问题比较突出。

三　行业分析综合性讨论

本章对浙江省行业发展景气状况进行分析，最大特色是系统利用浙江省最新的中小微企业监测数据，计算得到了纺织业、通用设备制造业、橡胶和塑料制品业和金属制品业四大主要行业的景气指数，其结果与浙江省中小企业实际的发展情况基本相符。

（一）近年浙江省主要行业景气指数波动的总体特征

总体看来，2014 年浙江中小企业主要行业的景气指数均在 100 以上，生产经营基本面良好，但四大行业中除了橡胶和塑料制品行业外，其他三大行业增速放缓。从平均指数来看，2014 年四大行业平均指数为 121. 64，与 2013 年相比下降了 3. 71，连续三年呈现下降趋势（见图 24 -5）。

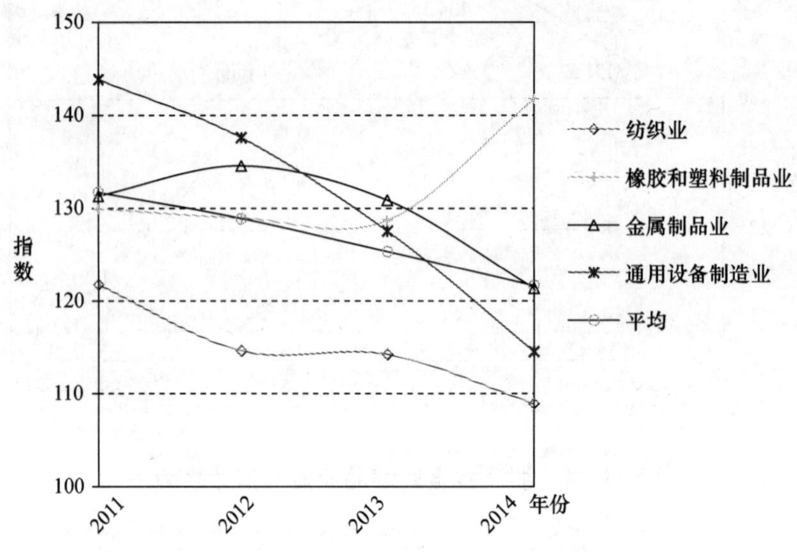

图 24 -5　浙江省中小微企业四大行业景气指数比较

浙江省四大主要行业中小企业景气指数的下滑，是受到近年来国际市场低迷、国内经济减速下行、劳动力及原材料等要素成本持续上涨、融资难及融资贵等多方面因素叠加影响的结果，反映了当前浙江省各行业中小企业经营难、发展难的现实。

国家统计局数据显示，2014 年前三季度经济运行稳中有升、稳中向好，全国规模以上工业增加值按可比价格计算同比增长 8.5%，增速比上半年回落 0.3 个百分点。分经济类型看，国有及国有控股企业增加值同比增长 5.2%，集体企业增长 2.6%，股份制企业增长 9.9%，外商及港澳台商投资企业增长 6.7%。分三大门类看，采矿业增加值同比增长 4.8%，制造业增长 9.6%，电力、热力、燃气及水生产和供应业增长 3.1%。分地区看，东部地区增加值同比增长 8.0%，中部地区增长 8.5%，西部地区增长 10.6%。分产品看，464 种产品中有 346 种产品产量同比增长。前三季度规模以上工业企业产销率达到 97.7%，比上半年提高 0.2 个百分点。规模以上工业企业实现出口交货值 87483 亿元，同比增长 6.4%。9 月，规模以上工业增加值同比增长 8.0%，环比增长 0.91%。

浙江省表现出了外需增加内需减少，投资增加消费减少的特征。浙江省三季度规模以上工业增加值增速保持了基本的平稳，但经济增速在放缓。这表明了现在浙江省经济处在重要转型期，由市场条件和成本条件发生改变的结果，供大于求以及生产成本上升等。在经济下行的背景下，政府应该采取稳健的货币政策。而且过去粗放的、低水平、低成本扩张模式要向集约型、注重质量效益、注重资源环境代价的方向去发展。

（二）浙江省主要行业景气指数下降的原因分析

分析浙江主要行业景气指数下降的原因，主要有以下五个方面：

一是要素成本持续上升。近三年来，由于国内外经济形势的变化，浙江省主要行业中小企业都面临着生产要素价格上升的问题。随着东南沿海产业梯度向内地转移且内地经济的快速发展和居民生活水平的提高，使浙江省原本在劳动力和资源上的优势逐渐丧失，人才市场在跨越“刘易斯拐点”后，人力资源无限供给的特征逐渐消退，人力资成本提高。土地成本和物流成本也都持续上升，使得浙江省传统制造行业竞争力下降，发展景气走低。

二是技术创新动力不足。产业核心技术是产业升级的根本，核心技术缺失企业大多处于加工组装的产业链低端，主要扮演“加工车间”的角色，受价值链两端高附加值环节的挤压，纺织、机械加工等很多劳动密集型的传统行业利润低下。不少中小微企业满足于“小富即安”的现状，对于核心技术的创新动力不足，发展增速减缓。

三是粗放型经济导致资源环境恶化。浙江的纺织业以规模扩张和要素低价这种传统模式维持出口和利润的高增长，成为区域支柱产业之一。而且浙江省作为机械大省多是体现在规模上。也就是说虽然纺织业和通用设备制造业也得到了很大的发展，但是这种粗放型经济增长方式需要消耗大量的生态和资本资源，带来土地和水资源的不足，环境恶化，资源约束加剧。新兴产业缺乏，第三产业不够发达，粗放型发展模式仍然是制约浙江主要行业中小企业发展的重要因素。

四是中小微企业融资难、融资贵。由于金融体系缺陷，信用担保体系的不足，政府支持力度的不够，还有中小微企业本身能力不足，规模小、信用水平低下等原因导致了中小微企业融资难、融资贵的现状。根据浙江工业大学中国中小企业研究院的监测分析数据，浙江有 80% 以上的中小微企业靠民间借贷，融资综合成本不断攀升，不少企业存在资金链断裂之虞。浙江省 2013 年以来推行了科技型中小企业专项贷款保证保险试点工作，但目前尚未产生明显的政策实施效果。

五是产能过剩问题。根据最新调查统计数据，2014 年一季度浙江省规模以上工业企业生产能力和设备利用效率略有下降。3.8 万家工业企业一季度平均产能利用率为 74.9%，比 2013 年四季度降低 0.3 个百分点。工业产品供大于求，价格下行压力不断加大，企业普遍经营困难，亏损面扩大、效益下滑。

（三）相关政策建议

基于上述原因分析，以下从企业、政府和行业三个维度提出相关政策建议。

一是企业维度。产业转型升级取决于企业自身优化管理结构和技术结构。针对浙江目前中小微企业创新动力不足的问题，应该首先鼓励企业开展自主创新，增加科研投入，打破企业中低端锁定，研发核心技术，通过发展“专、精、特、新”的产业，进而推动相关产业链向“高、新、精、尖”方向发展。

二是政府维度。产业转型升级是政府优化调整产业结构的重要目标。政府应该制定优惠政策引导和加大对关键技术攻关的投入；提高对原创性、战略性、前沿性技术领域的研发投资，制定一系列的企业激励机制，提升技术改造，研发投入，推动产业升级。同时，在缓解中小微企业融资贵、融资难和税负重等问题上，政府需要建立更为行之有效的中小微企业融资担保机制，进一步加大中小微企业减税优惠政策力度，鼓励发展绿色经济、新兴产业和第三产业，为改善和提升中小微企业发展景气提供良好的创业及成长环境。

三是行业维度。行业协会及商会组织等代表本行业企业的共同诉求，也是政府与企业之间的桥梁。主要行业组织应该在向政府传达企业诉求的同时，协助政府制定和实施行业发展规划、产业政策及行政法规。在传统行业方面，需要进一步发挥行业协会基于企业与政府的协调作用，协助政府实施淘汰落后产能、培育新兴产业、科技型成长企业等；协助政府改善融资环境，探索行业金融创新路径；支持建设行业咨询、信息和技术培训等服务的机构，促进本行业的发展；更为重要的是，要加强行业内部监督，避免行业内的恶性竞争，推动行业持续有序的发展。在新兴行业领域，行业协会需要坚持以“办实事、有作用、受欢迎”为宗旨，为企业提供可靠的信息服务，促进新兴行业的良性循环，推动新兴产业不断发展壮大。

第　四　篇

中国中小微企业转型升级政策前沿与实证研究报告

第二十五章

国内外中小企业创新政策前沿的调研报告

第一节　中小企业创新与政策工具

中小企业的发展动力来源于创新，创新研发是提升中小企业竞争力的重要因素。然而，许多现实问题一直困扰着中小企业管理者，其中资金不足、技术落后、人才匮乏等因素被认为是阻碍中小企业创新的“三座大山”。另外，对于一些具有较好发展潜力或者亟待通过创新来转型的中小企业，创新愿景常常由于找寻不到合适的创新源最终胎死腹中。即便企业具有资金和创新愿景，但创新研发活动所具有的外部性、非排他性和非敌对性，导致企业往往缺乏动因从事创新研发活动。如果仅仅依赖市场机制运作，市场将无法保证足够的创新研发数量，且企业创新方向极易发生偏颇。而创新研发活动本身具有的高度不确定性，使得企业无法承受庞大的投资费用和高额风险。

为了确保社会整体利益及保障市场的有序运作，政府应该借助政策工具，以刺激企业创新研发活动。中小企业创新政策作为国家对中小企业扶持政策体系中的重要组成部分，主要肩负着引领中小企业创新发展导向，提高中小企业创投投入力度，优化中小企业创新产出绩效以及保证中小企业创新成果转化等责任。据课题组统计，2008 年 1 月至 2012 年 6 月国家各部委就发布针对中小企业创新的政策多达 94 项，同时，各地方性政策发布超过千项，可见，从中央到地方对中小企业创新管理的重视程度之高。目前，对中小企业政策还缺乏梳理和评价性研究，特别是结合发达国家的中小企业创新政策所积累的大量成功经验，相信经过系统整理和分析可以对促进新形势下中国中小企业健康发展提供重要借鉴价值。本章将基于主要国家现行的创新政策及现行创新政策的发展趋势，提出需求导向型创新政策的发展前景，对中国创新政策的实施提出一些务实性的建议。

第二节　中国中小企业发展政策及扶持体系

一　中国中小企业发展政策沿革

世界各国在中小企业基本法的基础上，根据本国的具体国情和发展中小企业的具体需要，还制定了许多涉及中小企业发展某一方面的专项法规。越来越多的国家在公平竞争、财政补贴、税收优惠、技术创新、企业经营结构调整、产业升级、就业、出口、培训辅导等对中小企业发展有重要影响的方面，制定相关的专项法律法规。具体如德国的《反对限制竞争法》(1958)，美国的《小企业投资法》(1958)、《小企业创新发展法案》(1982)、《小企业出口扩大法》(1983) 和《小企业借贷促进法》(1995)，加拿大的《小企业减税法》(1972)，日本的《中小企业协同组合法》(1949) 和《关于确保中小企业劳动力，加强公司管理制度改革法》(1991)，韩国的《中小企业人力支援特别法》(2003) 等。

中国中央和地方政府都将扶持中小企业发展作为一项重大战略来抓，纷纷制定各项旨在鼓励和扶持中小企业发展的政策措施。

首先，在组织机构设立方面承认中小企业的重要性。1998 年年末，随着政府机构改革的顺利推进，国家经贸委宏观上指导中小企业发展的职能得到进一步明确，并成立了专门负责制定和指导落实中小企业改革与发展政策的中小企业司，中小企业得到前所未有的重视。

其次，把中小企业发展纳入国民经济发展规划。1995 年 9 月，十四届五中全会通过的《关于制定国民经济和社会发展“九五”计划和 2010 年远景目标的建议》提出了“抓大放小”，为统一的中小企业政策奠定了基础。九届人大二次会议通过的《1998 年国民经济和社会发展计划执行情况与 1999 年国民经济和社会发展计划草案报告》在涉及 1999 年国民经济和社会发展的主要任务时，提出了“必须加强对中小企业的扶持力度”；在《政府工作报告》中也提出“支持科技型中小企业的发展”。为了加大对中小企业的扶持力度，促进中小企业的迅速发展，2000年8月，国务院办公厅转发了国家经贸委《关于鼓励和促进中小企业发展的若干政策意见》，分别从推进结构调整、鼓励技术创新、加大财税政策扶持力度、积极拓宽融资渠道、加快建立信用担保体系、健全社会化服务体系、创造公平竞争的外部环境、加强组织领导八个方面，提出了25条政策措施。作为中国第一个促进中小企业发展的综合性政策文件，《关于鼓励和促进中小企业发展的若干政策意见》的出台，加快了中国中小企业立法的进程，进一步促进中国统一的中小企业政策体系的建立。

最后，颁布扶持中小企业的专门法律。2002年6月通过了《中华人民共和国中小企业促进法》，并于2003年1月1日开始正式实施。这是中国扶持和促进中小企业发展的第一部专门法律，标志着中国已把促进中小企业发展正式纳入了法制化轨道。还有相当一部分优惠政策，虽大多数并不是专为中小企业制定的，但从受益主体来看，基本上或相当大部分是中小企业。包括乡镇企业政策、鼓励安置城镇待业人员就业政策、支持高新技术企业政策、支持和鼓励第三产业政策、小型企业所得税政策和福利企业政策。这些政策与法规从各方面比如工商、信贷、财税、人才、市场、信息、培训等为中小企业的发展提供了支持。

二　中国对科技型中小企业的扶持体系

自20世纪70年代末中国实行改革开放政策后，特别是90年代以来，中国政府先后制定了一系列加速发展中小企业的政策，包括：为中小企业营造公平竞争环境的政策、鼓励创业和促进科技成果转化的政策、优惠的财政税收政策、金融支持政策、土地优惠使用和转让政策、科技人才引进及激励政策、出口和对外投资政策、知识产权保护方面的政策等，使中国中小企业发展从政策支持轨道逐步纳入法制轨道。

（一）从法律法规制度层面确认对中小型企业的扶持政策方向

2002年6月通过了《中华人民共和国中小企业促进法》，并于2003年1月1日开始实施，这标志着中国支持中小企业发展全面进入法治化阶段。该法的实施，起到了促进中国中小企业发展、促进市场竞争机制逐步完善、促进产业结构调整、更多地安排劳动力就业等作用。

（二）设立重要科技扶持项目

自20世纪80年代以来，中国政府制定了两项计划类政策措施，包括“星火计划”和“火炬计划”。

“星火计划”旨在通过扩散先进技术、提供先进的技术装备、培训人员等方式促进乡镇企业的技术创新，促进科技成果向农村转化、应用。2006年，中国各级“星火计划”共立项7317项，包括：国家级项目1195项，占总项目的16.33%；省市级项目1493项，占总项目的20.41%；地级项目1258项，占总项目的17.19%；县级项目3371项，占总项目的46.07%。县级立项数目仍处于领先地位，发展较快。截至2006年年底，全国“星火计划”共立项160968项。

“火炬计划”是国家科技部在1988年推出的另一项旨在促进高新技术产品的开发及商品化、产业化的政策。据国家火炬高技术产业开发中心统计，截至2006年，国家级“火炬计划”项目的立项累计达到14884项。尤其是“十五”期间国家级“火炬计划”项目每年立项都在1500项以上，2006年，正在执行的项目有5514项，占立项项目总量的37%。其中在国家高新区内正在执行的项目有1423项，占正在执行项目总量的25.8%，目前在国家高新区内有1/4的企业正在实施国家级“火炬计划”项目。2006年5514个正在实施的项目中，共实现工业总产值3112.1亿元，产品销售收入2982.3亿元，实现利润315.1亿元，产品销售利润率达10.6%，上缴税额220.1亿元，出口创汇达61.2亿美元，产品出口率16.4%。

国务委员刘延东在纪念国家“火炬计划”实施20周年大会上的讲话中指出：“‘火炬计划’取得了巨大成功。一是加速了大批科研成果向现实生产力转化。在电子信息、网络、先进制造、新材料、新能源、生物医药等领域产生了一批具有国内外领先水平和自主知识产权的创新成果，催生了大量高新技术产业。科技型企业和创新集群快速成长，涌现出联想、华为、海尔、用友、方正、尚德等一批高科技龙头企业。二是形成了高新技术产业化发展的体系、机制和环境。在“火炬计划”推动下，诞生了中国多个第一家高新技术产业化载体，目前中国已经建立了54个国家高新区和诸多产业基地、生产力促进中心、创新试验城市、技术市场，全国各省都建立了地方创新基金，科技企业孵化器规模和数量居世界前列。三是培育了浓厚的创新创业氛围。科技界、产业界创新创业的积极性被极大地调动起来，一批熟悉市场、竞争意识和创新能力强的经营管理人才脱颖而出，大量留学生携带科技成果回国创业……”

（三）为科技型中小企业筹措资金提供多方面政策环境

中国科技型中小企业技术创新基金成立于1999年。该基金是用于促进科技型中小企业技术创新活动的专项基金。首期经费总额达10亿元人民币。根据中小企业和项目的不同特点，创新基金分别以贷款贴息、无偿资助和资本金（股本金）投入等不同方式支持科技型中小企业的技术创新活动。截至2008年年底，创新基金共立项14450项，支持金额88.4亿元，带动地方、银行贷款和企业投入400多亿元，培育了一大批创新型中小科技企业，有力地促进了中国经济的健康、稳定、快速发展。

科技部长万钢在国家科技型中小企业创新基金实施十周年总结大会上指出：“从创新基金项目立项到现在，年总收入增长率达到50%以上的有31.4%，总利润增长率达到50%以上的有27.2%。经过创新基金扶持，包括无锡尚德、‘龙芯’CPU、浙大中控、陕西航天动力、开米股份、中航（保定）惠腾风电、太原风华信息、点击科技、碧水源、拓尔思等一大批拥有自主知识产权的科技型中小企业快速成长壮大。十年来，创新基金促进了科技成果的转化，提高了中小企业的创新能力。据统计，截至2008年年末，已有3681个项目获得专利授权，其中1069个项目获得发明专利，基金扶持的企业项目，有的正在茁壮成长，有的已经成为国内该行业的排头兵，占有了国内市场较大的份额，有的企业已经占据世界技术的前沿。”

建立中小板证券市场。2004年5月27日，中国在深圳推出中小企业板，当年6月，首批8家公司率先登场，拉开了中小板发展的序幕。中小板的推出为中小企业提供了另一条融资途径，从而有利于中小企业的融资。截至2011年5月20日，中小板上市公司数达到580家，是2004年的15.3倍。仅2011年1—5月就实现IPO融资508.01亿元，再融资124.58亿元，是2004年全年融资规模的6.95倍。据统计，截至2011年5月，中小板公司有430家高新技术企业，占74.14%。其中拥有国家“火炬计划”项目的公司达197家，拥有国家“863计划”项目的公司达63家，获得国家创新基金支持的公司有81家，拥有与主营产品相关的核心专利技术公司数达420家，占72.41%。

信贷支持政策。2011年12月30日，工信部和交通银行签署战略合作协议，以进一步加大对中小企业信贷支持力度和综合金融服务。工信部还与国家开发银行股份有限公司签署了“十二五”战略合作协议，将共同扶持拥有自主创新能力的科技型小企业，支持企业技术改造。

（四）特殊对待的税收政策

自2009年起，小规模纳税人增值税征收率降低，征收率统一为3%。核定征收企业应税所得率幅度标准降低，新的企业所得税核定征收办法调低了核定征收企业应税所得率幅度标准。其中，制造业由7%—20%调整为5%—15%，娱乐业由20%—40%调整为15%—30%，交通运输业由7%—20%调整为7%—15%，饮食业由10%—25%调整为8%—25%等。同时，新办法还专门增加了农、林、牧、渔业税种，所得税率为3%—10%。国务院《关于进一步促进中小企业发展的若干意见》（国发［2009］36号）规定，为有效应对国际金融危机，扶持中小企业发展，自2010年1月1日至2010年12月31日，对年应纳税所得额低于3万元（含3万元）的小型微利企业，其所得减按50%计入应纳税所得额，按20%的税率缴纳企业所得税。

为科技型中小企业建立信用担保体系。中小企业信用担保体系的建立可以缓解中小企业创新资金短缺的矛盾。1999年6月，国家经贸委发布了《关于建立中小企业信用担保体系试点的指导意见》以来，各地已组建300多家为中小企业服务的信用担保机构，至今已筹集资金100多亿元。中小企业信用担保体系的建立为非科技型中小企业技术创新提供了一种可供选择的融资渠道。2011年，工信部等国家部门安排了14亿元资金支持了533户担保机构发展，为8万户中小企业提供了4200亿元贷款担保。2012年，还将继续发挥中小企业信用担保专项资金和税收政策的作用，完善中小企业信用担保体系，推进有条件的地方设立完善中小企业信用再担保机构。

（五）中小企业公共服务平台

国家工信部为了促进中小企业创业创新，为广大中小企业提供科技、信息、人才、培训、知识产权、投融资、品牌与市场等服务。工信部2010年出台《关于促进中小企业公共服务平台建设的指导意见》，全国各地纷纷建设为中小企业服务的公共服务平台。

第三节　国外中小企业创新政策前沿

一　国外中小企业创新政策现状

为了提升企业的创新能力，各国政府都采取了一系列直接或间接的创新政策来刺激中小企业开展创新活动。本节介绍荷兰、英国、比利时、加拿大、美国、日本、韩国、中国台湾等多个国家和地区的近年来出台的中小企业创新政策，按照侧重点不同，归纳为以下六个大类。

（一）基于研发的直接资助政策

政府对研发活动的直接支持，可以获得很高的外部性，或者更好的市场表现。因此，政府通常集中资助最能满足公共政策目标，并可能获得最高社会回报的活动或部门。如美国对研发资助的比例很高，并通过政府购买手段集中于国防和航空产业两大部门；针对高科技研究和创新项目的合作资金，丹麦提出了国家先进技术基金项目，此项计划目前拥有16亿丹麦币的资金基础，用于投资具有明显商业潜力、技术转移潜力，并能增加公共部门研究机构和私营公司之间的合作机会的项目；为促进发明的产生和商业化，芬兰政府成立了“芬兰发明基金会”（Foundation for Finnish inventions），加拿大政府也有类似的NRC－IRAP计划。

英国的资金和资助计划以贴息贷款方式或者夺标现金拨款方式来资助企业特定的经营活动，同时其技术战略委员会投资用于支持商业以及驱动技术支持性的创新项目，以对技术研发和商业化提供支持。另外，针对个人和中小企业，英国提供专门的“创新、研究和开发资金”用于其研究和开发技术创新产品和过程。荷兰提出了创新信贷计划来解决中小企业创新资金问题，针对正在创业或初期阶段的企业的技术创新产品发展项目，提供不超过项目开支35%、最高限额500万欧元的资金资助；美国中小企业创新投资计划（SBIC）通过私人风险投资公司以贷款和股权投资形式向小企业提供25万—600万美元的投资缺口；德国新技术企业资本运作计划（BJTU）通过扶持风险投资公司向技术小企业提供90%被担保的最高100万马克、最长10年的无息再投资贷款；新加坡天使基金对注册未满一年、年收入低于 100 万新元的技术型、出口导向型和知识密集型风险企业提供不超过 25 万新元的资金支持。

同时，多国政府也制定相应的政策支持给中小企业提供资金担保，如英国小企业信贷组织计划（SFLGS）以英国贸工部为担保方，为企业向银行贷款提供担保；日本“畅通中小企业周转资金的特别贷款”等计划向知识密集型或准备创业的中小企业提供低息、长期、无抵押贷款，并提供企业债务担保的再保险，以缓解中小企业的资金紧张问题。

（二）基于财务的税收优惠政策

近年来，越来越多的国家开始给中小企业提供财政奖励以刺激其对研发的投资，目前最常见的方式是税收优惠形式的创新政策。税收优惠的主要基点是基于现有的研发能力（英国、挪威、丹麦等国）或者目前的机械和设备能力之上（加拿大、澳大利亚等国）。如加拿大在 2008 年提出持续 20 年的科学研究与试验发展计划（SR&ED），对加拿大境内的个体企业（CCPC）实行现金退税或者税收抵扣：企业可以申请抵扣 300 万加元以内研发支出的 35%，以及超出 300 万加元部分的 20%；其他加拿大公司，独资企业、合资企业、信托基金可以获得符合要求的 R&D 支出 20% 的投资税收抵扣。澳大利亚 2010 年推出 R&D 税收津贴，主要向小型企业提供最高 2000 万澳元的可退还的税收抵扣，在税前亏损下可以抵扣研发支出的 45%；同时还规定，研发支出少于 200 万澳元的小企业在税前亏损的前提下可以申请税收补贴。

此外，丹麦政府规定实验研发活动开支可以抵扣当年或 4 年内税收，对于特定的 R&D 支出实行 200% 的抵扣率；新西兰的 WBSO 计划针对产业和服务业的中小企业，通过降低研发相关劳动力的开支来激励企业进行研发；挪威的 skattefunn 计划为中小企业提供符合标准的支出的 20% 的退税；法国技术创业投资激励计划对投资于技术型初创公司的投资者实行税收优惠，并且投资损失可以进行税收抵扣，以支持技术型创业公司的投资；英国为中小企业的减免税为研发费用的 175%，且规定没有盈利的中小企业可以选择将 175% 的税收减免留至盈利年，或者直接获得 24% 的合理研发开支的退税。

（三）基于创投的金融支持政策

近年，西方各国政府开始加强面向创新型、技术导向型的中小企业的金融政策支持力度，主要有以下两种方式：一是直接金融支持，如澳大利亚的 IIF 基金（the innovation investment fund）和 ICP 计划（the Victorian state government smart SMEs innovation commercialization program）、芬兰的 FOF 成长基金、加拿大的创新风险资本基金（Alberta innovation venture capital fund）以及英国的创新投资基金（innovation investment fund）。二是间接金融支持。其中，间接金融支持手段包括：（1）政策手段吸引国外风险资本和私人风险资本投资本国公司，如澳大利亚的 VCLP 计划（venture capital limited partnerships program）、芬兰的维哥促进计划（Vigo accelerator program）。（2）设立小企业银行为小企业提供财政和咨询服务，如加拿大针对技术和出口企业，为小企业提供灵活的财政、风险资本和咨询服务，并对新成立的公司提供包括固定资产、营运资本、市场费用和专营权在内的费用支持。（3）引导私人部门投资股权市场来解决中小企业股权融资供应过小问题，如英国的风险资本计划。（4）政府投资于民间基金，如挪威的国家种子基金计划投资于四个大学城的基金中，通过促进高校和企业之间的合作来间接地提升企业的研发能力。

（四）基于培育的企业孵化政策

为帮助研发者、创新企业家将他们的智力成果转化为成功的商业企业，政府通过对企业的技能和知识、有经验的行政人员、新产品、流程或服务的商业可行性测试以及早期商业化过程等分别提供资金资助，以协助研发者和创新企业家开发新产品、流程或服务，并使之市场化。如澳大利亚的 PSF 基金鼓励私人部门投入基金并管理大学和研究机构的研发成果商业化；挪威的 FORNY 计划针对创立早期、尚不能得到种子基金或风投资助的公司，鼓励其基于高校研发的商业创意开发，以便在原有产业基础上建立新公司和开发新技术。2007 年，丹麦开始实施 PC 计划，旨在加强公共研发机构研究者的创新进一步开发和管理，使研发者能够专注于发明的进一步开发，并减轻他们的教育及与研发有关的负担。另外，法国创新企业项目竞赛计划，它通过支持只有创意而未进行可行性研究的项目，或已通过可行性研究的项目来支持创建公司。

所谓技术孵化器，是指政府为达到提高企业的出生率，大学研发的商业化，扩大基础设备的供给目的而采取的政策手段。技术孵化器通常包括预孵化器和孵化后两个阶段，企业通过预孵化器阶段的预算和产品计划测算后，可以在两年内获得个体辅导服务。与一般的混合使用的孵化器不同，技术孵化器通常隶属于某个大学，并且具有拥有高增长潜力业务的准入标准。技术孵化器的优势在于，运用孵化器的企业之间的信息共享和协同效应的实现，这些共享信息包括所有权知识及典型的影响小型快速成长企业的日常营运问题。此外，技术孵化器通常提供知识产权相关的服务，并吸引非正式股权投资。目前，英国的牛津大学创新中心和新西兰 Jyvaskyla 科学园区都采用了技术孵化器的方式来支持创新型企业和成长型企业。

（五）基于采购的市场支持政策

基于政府通常具有庞大的采购能力，因此，对于特定领域的政府采购，特别是具有创新要求的采购，可以大幅度提升该领域的创新能力。通常政府采购分为适应型采购、技术型采购、实验型采购和高效采购四种类型。当前，各国政府采购按照项目划分主要可以分为一般性政府采购和公共 R&D 政府采购两部分。一般性政府采购主要是由政府采购促进中小企业开展创新活动的产品或服务，如芬兰 2010 年的需求和用户驱动的创新政策实施计划、澳大利亚 2009 年的创新议程、英国 2007 年的 FCP 政策以及新西兰的 PIP 政策都在采购计划中提出了对企业能力开发、制度改革、公共部门经营模式管理和开发激励基层倡议方面创新的要求。而公共 R&D 采购则是区别于一般产品或服务的政府公共采购，此类政府采购更具有专业性和针对性，也更能够促进与采购相关的技术创新。为此，各国都将公共 R&D 采购作为采购预算的重要组成部分，如美国 R&D 采购实践中国防和航空产业的绝对占比，英国的小型企业研究计划（SBRI）中 R&D 采购占其采购预算的 11% 左右，澳大利亚中小企业市场需求审定计划（MVP）3000 亿澳元左右，加拿大也在 2010 年提出了国家创新商业化计划（CICP）。

（六）基于服务的创新扩散政策

政府通过技术相关的合作和网络来支持高校研发成果向企业的转移，以解决企业和高校研发之间脱节的问题。通过增加产业的 R&D 投入、促进研发成果的商业化等手段，鼓励高校和企业合作，使企业获得具有战略意义的知识，同时也刺激高校增加与商业相关的研发和训练投入。此类政策主要是为解决新技术产生过程中的特定问题，或者以创新方式运用已有知识，通常资助于早期研发项目，或者是促进新技术的竞争前开发，以鼓励研发成果向企业转移。

为此，政府或提供资金资助，如加拿大的EG计划提供解决企业特定问题的直接项目费用，英国的知识转移伙伴计划承担33%—60%的开支、法国企业创新计划支持500人以下的中小企业与公共研究机构的合作研究，以支付其用于产品开发、企业发展、专利注册、市场调研等费用；或建立专门的技术或企业网络，如澳大利亚的企业联结计划和丹麦的卓越中心网络计划（NCE program）；或起到辅助桥梁作用，如英国的协作研究与发展计划、加拿大的NCE计划、美国小企业技术转移研究计划（STTR）和德国中小企业创新能力促进计划（PROINNO）都旨在通过加大两者之间的交流来促进高校、产业、政府和非政府机构的多学科、多部门合作。

创新中心和卓越中心是创新产生的另一个重要区域，它们在长期研发项目中联结研发密集型企业和高校研发团队来增强创新能力。企业可以通过创新中心和卓越中心的创新突破来获取新的市场，加速某些领域的具有领先优势的技术、商品和服务的商业化过程，并吸引投资。因此，政府对它的支持直接关系到相关产业的发展。加拿大的CECR计划、挪威的CRI计划、丹麦的国家研发基金、新西兰的科技和技术创新战略中心都通过创建国际认可的商业化和研发中心为中小企业提供创意产生、伙伴项目、研发和创新项目、B2B合作关系、知识信息和交流、咨询以及技能开发等服务。

二　国外中小企业创新政策发展趋势

综合以上政策介绍，可以看到传统型创新政策仍然是中小企业创新政策的主体，这也是由这一类创新政策的基础性决定的。如直接的R&D创新支持政策，通过把创新资源集中到目标企业，帮助解决了诸如R&D私人投资不足、信息不对称问题以及中小企业公共采购市场准入等问题。但是，正是因为此类政策手段的专门性，使得政府容易获得“picking winner”的称号，这也导致越来越多的政府倾向于将直接资助给予竞争前企业。同时，现有的R&D资金分配手段是政府首先给候选企业按一定的标准进行优先排序并分配资金，直至资助资金分配完毕，这就造成创新资源投入被大量劣质项目所吞噬。

R&D 税收优惠政策具有非歧视性特点，而且相对于某些直接支持手段，R&D 税收抵扣方式更加容易实施。R&D 税收优惠政策适用于所有产业部门、研究和技术领域，税收优惠对企业的研发策略影响较小，并且允许市场机制决定 R&D 的优劣。这类政策工具既可以刺激投资者进行投资，还有助于改善企业的现金流，从而提升企业的经营绩效，也使企业有更多的资源进行创新活动。但是，其不足的地方在于，该类政策是针对所有正式的 R&D 活动，因此可能对匹配公共资源和具有最高的社会回报的 R&D 活动效率不高。

其他一些以非 R&D 为基础的公共支持政策，包括金融支持政策、企业或技术孵化器政策和知识转移支持政策等，旨在帮助中小企业获取信息、专有知识和建议。新创企业或者是以新技术为基础的中小企业，在获取初期资金方面具有很大的局限性，需要政府吸引和引导风险资本进入以使企业获取运转能力。同时，相对于产出来说，中小企业在搜寻和筛选信息过程中投入成本更高。再者，中小企业在技术快速变化的环境中，很难确定其真正的信息需求，而面向广大中小企业的建议机构更是缺少针对性，因此需要政府的政策措施加以引导。

最后，企业和学研机构之间长期缺乏有效的互通导致企业研发能力不足，而学研机构的研发不能很好地与市场结合，从而实现经济利益的问题。针对这一问题，政府通过企业或技术孵化器以及知识转移支持政策等多种手段来提升两者之间的联系和合作，并以此创建多个创新中心和卓越中心，以集聚效应来快速提升企业的创新能力。总之，此类政策具有很高的政策针对性，同时不会对市场机制产生破坏性，是对市场活动更为直接的补充。

因此，通常传统的创新政策在实施过程中始终存在一些局限，没有带来改进创新绩效和产量的理想水平。随着政策制定者对创新需求方面的政策越来越关注，政策制定者开始加大此类政策的力度。创新需求政策旨在解决与创新市场引进以及市场扩散有关的问题，如生产者和消费者的信息不对称问题、新技术的高转换成本和高准入成本问题以及技术路径依赖问题等。因此，在相对有限的政府支出预算分配条件下，创新需求政策如果能够有效地提升创新产品和服务的市场需求，那么这类政策相比创新供给政策而言，在提高创新方面更为有效。比如，创新导向的公共采购政策可以解决早创企业的风险资本供应问题，也可以解决中小企业在公共采购中的歧视问题，同时公共采购过程还可以加速社会所需的技术的出现。本章发现，目前各国创新政策呈现以下发展趋势：

（一）非直接的创新支持政策运用增多

供给方面的创新政策变化趋势之一是非直接创新支持政策增多，尤其是越来越多的R&D税收抵扣方式的运用。为增加创新的私人投资，随着R&D税收抵扣方式运用的越加成熟，各国的R&D税收抵扣量开始急剧增加。为了提高创新政策的绩效，各国都采用不同的方式，或改变R&D税收优惠政策以扩大受益范围，或降低税收减免核定标准，或者扩大税收减免企业的覆盖面。R&D税收优惠政策的日益重要也部分地反映了这类非直接创新支持政策相对于那些直接的、具有特定目的性的支持政策来说，对私人部门和市场行为的破坏更小。

但是，非直接创新支持政策的比重增加以及R&D税收优惠的总量的增加，更容易导致各国之间关于税收的竞争，从而引起恶性后果，因此各国政府应该注意这个方面的问题。

（二）创新支持方式的重心转向多层次

随着非直接创新支持政策的增加，传统的直接创新支持政策手段日益减少。同时，直接创新支持政策也开始为不同的政策目的而服务，如增加企业之间或者企业与科研机构之间的合作和知识转移、提升高科技新创企业的成长性、鼓励风险资本活动的发展，或者支持有关气候改变和环境等相关的创新活动等。直接创新支持政策虽然在运用上相对比例在减少，但由于此类政策工具允许政府解决企业创新过程中影响创新绩效的特定问题，或者可以直接促进具有高社会回报的特定领域的绩效，因此，直接创新支持政策工具始终是各国提升企业创新的重要政策工具。

（三）激发中小企业创新需求成为创新政策的新方向

传统的注重供给的创新政策虽然具有一定的政策绩效，近几十年来都在改进，但是这些创新政策对于如何激发企业主动提升创新产出和创新绩效缺乏成效。并且，政府可以自由支配开支的限制也激发政府以更少的开支来获得更多的创新绩效。

由于创新过程中供给和需求之间的反馈关系的重要性越来越为人们所关注，因此，各国也逐渐增加对于加强创新需求的政策来刺激创新需求的产生，如创新导向的公共采购等。在实践中，很多人都意识到，创新的一个最重要的问题不是缺乏知识或者技术，而是将这些知识或技术与市场结合以获取商业价值。这对于有主要公共产品的市场来说尤其如是，如环境产品和服务、特定的健康服务和其他公共和半公共服务市场。

（四）连贯性创新政策成为政策主角

以往的创新政策多为解决某个具体问题出台的，所以，在政策的连贯性上往往有很大缺陷，常常形成政策的滞后性。近年来，特别是全球金融危机以来，对于扶持中小企业的政策提出了前瞻性与稳定性的新要求。当然，目前，各国对于创新政策的影响力和绩效的评价是不完善的，但是，人们已经致力于对某些 R&D 直接或非直接创新支持政策，特别是其所带来的私人 R&D 支出的变化的评价，结果显示，连贯性政策对于中小企业具有更强的扶持性。

第四节　借鉴与政策启示

传统的创新政策主要偏向采用融资、创投基金、资讯服务、租税优惠等方式使企业被动地实施创新活动，企业缺乏足够的激励来进行创新研发活动，企业所获得的资金也常常不能有效地投入创新研发活动中。创新券（Innovation Vouchers）作为创新政策的一种新方式，在国外已经有一定的实践基础，近年来，更是引起了许多不同学科背景的学者的关注。作为一种新型的主动创新方式，创新券凭证的研究尚处于初期的快速积累阶段，尚未形成一定的理论体系。为此，本节试图以国外创新券的实践状况来研究其核心概念，以便为中国实施创新券提出理论依据和政策建议。

一　创新券的运行方式

创新券政策是以中小企业创新需求为基础的一项政府创新投入政策。所谓创新券，是指针对本国中小企业经济实力不足、创新资源缺乏，大学和研发机构没有为中小企业服务的动力机制，而设计发行的一种“创新货币”。政府向企业发放创新券，企业利用创新券向研发人员购买科研服务，而科研人员可持创新券向政府财务部门进行兑现。

相较于传统的税收优惠、创新资金等方式，技术创新券最大的优势在于其不是现金，而只能通过购买技术创新服务进行消费，确保了专款专用，避免了企业将创新资金用于企业运作的其他方面，提高了资金的使用效率。同时，创新券的使用也改变了现有的以项目为支点、针对某一课题展开的科技合作方式，使得产学研向深度发展，调动科研资源为企业提供更全面的服务，企业也因此从被动创新转向主动搜寻创新研发活动。作为一种新型的创新制度，创新券的实质是通过政府采购科技成果，然后在企业中实现产业化，推行技术创新券扶持自主创新，其目的是建立公共知识提供者与小企业之间的联系，创造一种创新文化的交互途径，支持小企业提高创新能力，促进知识经济的发展。由创新券政策支持的新型产学研协作模式运行方式如图 25 －1 所示。

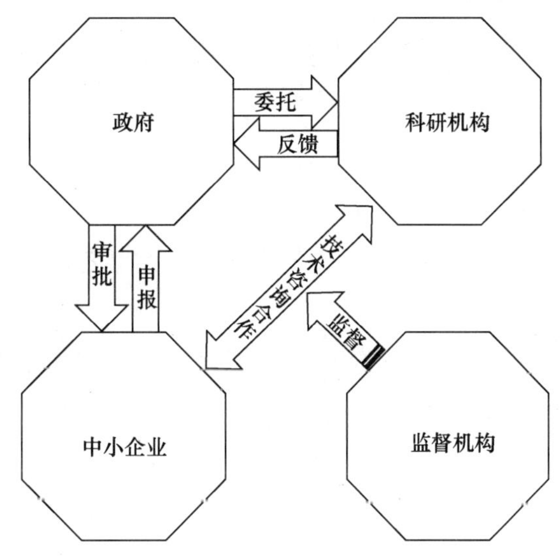

图 25 －1　创新券协作模式运行方式

二　国外创新券政策实施情况

自荷兰 2004 年最早推行创新券政策后，爱尔兰、英国、加拿大、比利时、新加坡、斯洛文尼亚、瑞典、瑞士、希腊、奥地利、中国台湾等国家与地区也纷纷效仿，仅荷兰自 2008 年至今就发放了 2 万多张创新券，在解决中小企业研发创新能力薄弱问题方面取得了一定成效。

根据各国或地区的不同情况和不同标准，创新券可以分为不同类型。荷兰、爱尔兰等国采用单一券和联合券分类。单一券又称小额券，用来解决单个中小企业商业发展的技术问题，如爱尔兰单一券的价值是 5000 欧元，荷兰小额券的最高面值为 2500 欧元。联合券又称大额券，用来解决若干企业关注的共性问题。如爱尔兰联合券采取若干单一券联合使用的方式，最多可将 10 家公司的单一券合并起来构成联合券，最高价值可达 5 万欧元。荷兰大额券则针对一个较大型项目，各参加企业联合填写一张表格申请补助金，其最高价值也为 5 万欧元。

丹麦等国采用基本券与扩展券分类。基本券与扩展券是根据项目性质和政府出资比例划分的。基本券用于以研究为基础的商业发展项目，确保知识从研究阶段转移到中小企业，国家出资 40%。扩展券提供给较大型的研发合作项目，用于找到现有问题的新的解决方法，国家出资 25%。

瑞士等国采用一般券与专项券分类。一般券面向所有技术领域，专项券面向特定的技术领域。如瑞士创新促进机构（CTI）2009 年推出中小企业创新券，面向所有技术领域，每张创新券 7500 瑞士法郎，2010 年推出针对“清洁技术”领域项目的专项券。具体实施过程如表 25 - 1 所示。

总体来说，目前，各国或地区在推行中小企业创新券政策的过程中，具体措施具有下列共同原则与趋势：

（1）政策目标旨在拉近科研机构与中小企业之间的距离，使知识资本更有效地被运用。

（2）设立专门政府部门负责审批等管理工作，如荷兰的经济事务所，英国的西北经济发展署，中国台湾则由“经济部技术处”负责。

（3）适用对象限定为具备一定创新活力但较难取得外部知识专利的中小企业，在企业规模、员工数量、发展状况等指标上有硬性限定。

（4）政府部门设立严格申请标准，原则上单位企业一年只能申请一项，部分小微企业也可以通过联合申请的形式申报，如北爱尔兰规定，最多可由 10 家企业联合申请。

（5）申请成功后，可自主选择合适的科研单位接洽，通过购买知识与技术、经营性诊断、新技术应用及顾问咨询等开展合作项目，但禁止用于企业日常开支，或单纯购买电脑软硬件设备、一般性员工训练课程、市场营销或广告行为等。

（6）创新券可以直接支付创新服务项目，同时资助总额有一定的上限规定。另外，有些国家要求企业自行负担部分创新券费用，如荷兰的大型创新券要求企业负担面额费用的 1/3，加拿大则规定企业须负担专案 1/4 的费用。

表 25－1　　　　　　　　多国实施创新券情况比较

国家	荷兰	比利时	爱尔兰	英国	加拿大	奥地利	新加坡
通用范围	向学研机构咨询的费用	不能用于一般物理或化学实验的资料分析	经营诊断与新技术应用的咨询	购买学术机构的专门知识及技术	小企业经营改善或商品化活动时与公共非营利机构合作的费用	无具体说明	无具体说明
划分标准	过去三年获得补助金额总和低于9.5万欧元；并无事先与任何学研机构签订任何协议	员工人数为15—2250人，且必须为化学、橡胶、塑化、机械、电子科技及运输业的中小企业	小型企业（50人以下与营业额小于1000万欧元）	英国西北地区的中小企业、社会性企业与非营利组织	年营业收入超过500万美元且员工人数少于51人；为成长市场进行研发新产品或新服务的小企业	符合欧盟定义的中小企业认定标准；与学研机构在近五年中没有契约关系	固定资产不得超过新币1500万元；雇用全职员工不得多于200人
其他限制	符合欧盟规定且在荷兰境内登记的中小企业	无具体说明	非农业与运输业等产业	不包含欧洲基金禁止的商业行为（如钢铁、煤炭、造船等）的企业	加拿大亚伯达省；未申请过创新凭证	一年内已获得创新凭证的企业不得重复申请	企业必须为登记在新加坡的厂商，当地人持股比例达30%
金额	小型创新券2500欧元；大型创新券7500欧元	5000—8000欧元	爱尔兰为5000欧元；北爱尔兰为5000欧元	3000英镑（开发后最多可至7000英镑）	小型付费服务10000美元；科技发展活动50000美元	5000欧元	1000新币
期限	6个月（含支付及持有）	无具体说明	到期前6周使用完毕	无具体说明	9个月	1年	1年
负责机构	Senter Novem	LIOF发展银行	爱尔兰企业局	西北地区发展署（NWDA）	亚伯达省政府	奥地利研发促进局（FFG）	标新局（Spring Singapore）

续表

国家	荷兰	比利时	爱尔兰	英国	加拿大	奥地利	新加坡
受委托机构	荷兰、比利时、德国、苏格兰及瑞典等国家的281家学研机构	DSM研究机构	7所大学和15家科学导向的高级教育机构和学院	英国中西部的11所大学和2家高级教育机构	38家学研机构	大学或研发型法人机构，及符合内部市场规范的欧盟成员国学研机构	经标新局核定的中小企业研究机构

资料来源：由笔者整理多国政府网站及相关资料得到。

（7）提供服务的机构多限于公共研究所、大专院校及政策性扶植的知识服务机构等。

三　国外创新券政策的绩效分析

创新券属于相当新的政策概念，即使是最先实施该政策的荷兰，迄今也只有八年的实践经验，所以，对于创新券的绩效考察还缺乏长期跟踪研究的证据。但是，一些短期研究成果已经表明，该项措施对促进研发创新并创造实际经济效益是有效的。如荷兰2004年发行了100份中小企业创新券，有效期为3个月，专门机构的跟踪研究显示，在项目期间受资助的中小企业共提出62件研发申请计划，相比其他500家提出申请但是没有获批创新券的中小企业，该比例增加79%。

新加坡于2009年3月和6月两次发行创新券，提出申请的中小企业非常踊跃，最终成功申请获得创新凭证的企业为106家和109家。中国台湾地区推行的“科技关怀计划”也是基于创新券政策提出的，有效期为6个月。加拿大则特别针对生物和ICT产业的中小企业发放创新券，以促进科研项目实施。总结多国的实践经验，可以看到：

（1）虽然长期效果还没有例证，但短期内创新券政策对于推动中小企业创新项目生成的效果明显，部分企业的研发创新计划提前得到实施。

（2）创新券发放不影响企业投入原研发创新计划的成本；相反，更带动了部分企业在创新项目上的二次投入。

（3）创新券政策使部分中小企业的创新项目启动成本明显降低，有效地降低了这些企业创新的门槛。

（4）创新券的使用在一定程度上弥补了中小企业与学研机构达成合作的断层。但一些评估报告也指出，创新凭证计划的配套措施不尽完善，包括职责划分不够明确、信息传递缺乏效率等，导致创新券的使用意愿没有达到政府的预期结果。

在取得上述成效的同时，创新券在其实施中也出现了不足。以比利时为例，比利时曾实施为期三年的创新券计划，共计发放给予66家厂商创新券凭证，但实际使用者仅为20家，说明其中小企业产学研合作意愿并不高，或者中小企业与学研机构在合作上存在着一定的断层。当然，创新券实施过程中还存在配套措施不完善，包括职责不明确、信息不够及时有效等问题，也使得创新券的实施与初衷有所背离，不能达到预期的效果。

因此，创新券实施的绩效，不仅取决于国家政策的推行力度，企业的自动寻求创新研发和研发机构提供专业而有针对性的帮助，也取决于政府配套措施的完善程度和信息发布的及时有效性。总体而言，目前，创新券政策在荷兰、比利时以及中国台湾等国家和地区的实施是相对成功的。

四　中国实施创新券政策的建议

中国目前科技创新研发虽然有一定的成效，但科技成果转化问题仍然十分突出。一方面，科研机构和大专院校拥有大量的研发成果，却难以投入市场，造成科技成果的长期闲置和浪费；另一方面，许多企业，特别是中小企业缺乏实用技术，在国内可以开发的情况下高价寻求国外引进技术，使得企业技术成本十分高昂。表面上看，这是科研机构和大专院校的研发成果与企业需求的创新技术不对称、企业缺乏创新资金和风险承担能力等问题，但实际上还是创新政策的设置和实施问题。针对创新券本身具有的促进企业主动追寻创新的特点以及其在国外取得的成效，因此，创新券在中国的推行具有十分重要的现实意义。

对于中国推行创新券政策，可以采取“借鉴、比较、务实、创新”的方针，有目的地选择一些发达地区的中小企业率先试运行。例如，在中小企业较为发达的浙江省、江苏省等地区，它们具备了良好的试验基础：一方面，这些地区拥有大量创新活跃、理念先进的优质中小企业，它们对于创新研发有着主观需求和内在动力；另一方面，该地区拥有大量知名大学、科研院所，具备为中小企业提供咨询、诊断、合作研发等服务能力。

创新券政策是政府实现“产、学、研”合作的有效手段和途径。在具体推行创新券政策过程中，我们也需要不断发现新的问题，总结经验并完善该项政策。目前看来，创新券政策进行试点推行时必须注意以下问题：

（1）集中扶持优质中小企业创新研发。必须严格制定创新券申请标准，避免造成“平均摊”的现象，重点目标应为具有创新技术、创新市场以及创新理念的中小企业。

（2）积极带动企业的主观创新投入。创新券的最终目的是打通中小企业与知识服务机构之间的合作关系，不能使中小企业产生依赖效应以及“申请一期，运行一期”的被动运行方式，而是要通过政策推行提升中小企业的创新理念，并带动企业对创新项目的二次投入。

（3）严格规范创新券的使用范围。创新券应用于协助厂商拟订先期研发计划、评估从事创新的成功率及风险、向专业单位咨询创新项目或购买知识产权及物化产品。必须避免创新券用于各种硬件设施购买、营销广告支出或简单化的员工培训。

（4）全程设立创新绩效考察机制。获得创新券的中小企业应在项目期中、期后接受追踪管理，保持信息透明化，提升中小企业对创新券政策的信心。

随着国外国内技术竞争的日益激烈，创新研发成为企业乃至国家竞争的关键。中国已经把建立创新型国家作为重大发展目标之一，因此，如何有效地运用创新政策激励企业的创新研发，并促进企业与研发机构和大专院校之间的合作成为政府制定实施政策的关键。以创新券政策为代表的创新需求导向型政策正在成为发达国家新一轮中小企业创新政策的发展趋势，这对中国政府制定相关的中小企业创新政策具有一定的借鉴价值。

第二十六章

浙江和台湾中小企业发展与创业环境的调研报告

台湾与浙江的经济结构有着许多相似之处，除了人多地少、两头在外的经济发展模式，两地中小企业在推动国民经济的发展中都起着至关重要的作用，尤其是两地中小企业创业活动的踊跃为经济的持续增长增添了动力。但相比之下，两地中小企业创业环境却不尽相同，台湾的创业环境孕育出的是一批以创新为导向的中小企业，而浙江的创业环境培育出的是以需求为导向的中小企业。本章拟从中小企业创业环境分析着手，对浙江和台湾两地的创业资源禀赋、社会文化、政策环境及创业服务体系进行比较分析，提出改善浙江中小企业创业环境的政策与建议。

第一节　台湾与浙江中小企业发展现状比较

台湾与浙江都是丘陵山地居多的沿海地区，高山和丘陵面积均占各省的2/3以上，两地除有丰富的水利、渔业资源外，其他自然资源相当有限。正是在自然资源贫乏的环境下，两地人民率先实行市场化改革取向，大力发展各种形式的中小企业，依靠民营经济赢得了先发优势。如今，中小企业在两地的经济发展过程中扮演着举足轻重的角色，不仅创造了庞大的国内生产总值、贡献大量的就业机会，更是社会稳定发展的基石。

据台湾当局“经济部”中小企业处《2010中小企业白皮书》统计，2009年，台湾拥有中小企业123.2万余家，占企业总数的97.91%，平均每千人拥有中小企业53.2家。从产业结构来看，服务业中小企业所占比重最高，达80.24%，工业部门与农业部门的中小企业数量分别占

18.75%和0.9%。从中小企业的分布来看，台湾省中小企业呈现出由北至南、由西向东逐渐递减的分布特征，其中大部分中小企业集中在台湾省北部，占总数的46.65%，南部和中西部地区的中小企业数量分别占总数的25.9%与24.26%，东部地区的中小企业数量最少，仅占总数的2.43%。2009年，台湾省中小企业销售收入9.19万亿新台币，占企业销售总值的30.65%，并在近十年中都保持着稳定的增长态势，直至2008年金融危机开始出现了一定的下滑，2008年与2009年中小企业销售收入分别下滑0.18个和12.17个百分点。在就业方面，2009年，台湾省中小企业就业人数达806.6万人，自2004年以来保持着年均1.3%的增长速度，金融危机后中小企业更是承担起吸纳就业、维持社会稳定的重任，就业人数占所有企业的比重从2008年的76.58%提高到2009年的78.47%。在财政税收方面，中小企业是台湾省财政收入的重要来源，早在50年代中期到60年代初期，台湾省80%的税收总额来自中小企业，直到80年代中期，中小企业仍是政府税负的主要承担者。目前，台湾省仍有25%左右的税收来自中小企业。相比台湾省中小企业的稳定持续发展，浙江中小企业沿袭着浙江模式“一村一品”的特色，推动浙江经济连续多年的高速发展。据统计，2009年，浙江省共有中小企业97.3万余家，占全体企业数量的99.6%；销售收入为4.5万亿元，占全部企业销售总值的67.41%，并吸纳劳动就业人员1413.4万人，占全省劳动力的80.8%，可见，浙江经济的快速提升大部分依赖中小企业的蓬勃发展。表26－1为两地中小企业在国民经济中的地位比较，台湾与浙江中小企业的发展为促进两地经济增长、拓展海外市场、创造就业机会、充实财政收入、平衡城乡发展等方面做出了不可替代的贡献。

通过上述数据的比较可以看出，台湾与浙江的中小企业数量十分庞大，根据两地中小企业密度比较（见图26－1），在2008年金融危机后，台湾中小企业密度较先前并没太大幅度的波动，而浙江中小企业密度较金融危机前有所减少，造成这种现象的原因，一方面可能是台湾中小企业抵御外界风险的能力较强，致使较少的中小企业在经济波动中消退：根据民建中央发布的调研报告及Geus的研究表明，台湾中小企业寿命为13年，远高于浙江中小企业3.7年的寿命。浙江中小企业以劳动密集型加工产业为主，产品档次较低，大部分的中小企业不愿将资金投入新产品

表 26 - 1　　2005—2009 年台湾与浙江中小企业发展比较

经济指标	台湾					浙江				
	2005 年	2006 年	2007 年	2008 年	2009 年	2005 年	2006 年	2007 年	2008 年	2009 年
企业数量（万家）	122.6	124.4	123.7	123.5	123.2	112.1	112.9	111.1	111.8	97.3
所占比重（%）	97.80	97.77	97.68	97.70	97.91	99.70	99.66	99.61	99.60	99.56
销售收入（亿元）	10000	10241	10481	1046	9189	27595	32232	37797	45713	44998
所占比重（%）	29.46	29.84	29.21	29.69	30.6	67.94	66.90	65.27	67.49	67.41
就业人数（万人）	765	775	794	797	807	1244	1303	1353	1313	1413
所占比重（%）	76.93	76.66	77.12	76.58	78.47	81.91	80.73	79.47	78.82	80.79

资料来源：《中国中小企业年鉴》（2006，2010）；《台湾中小企业白皮书》（2006，2010）；《中国统计年鉴》（2006—2010）及参考文献计算整理。

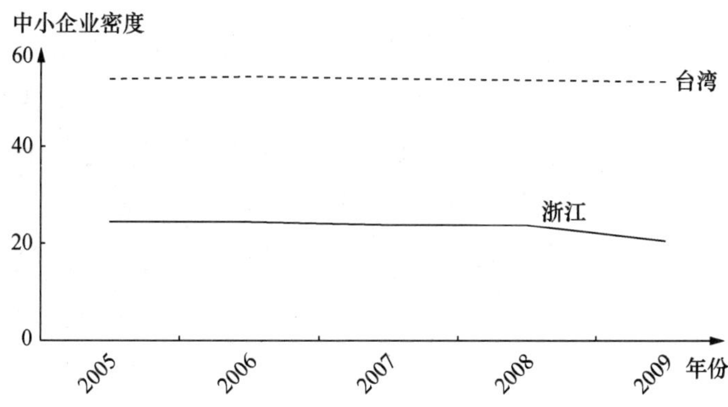

图 26 - 1　台湾与浙江中小企业密度

资料来源：《中国统计年鉴》、《中国中小企业年鉴》（2006—2010）；《台湾中小企业白皮书》（2006，2010）计算整理。

开发，而是依靠对市场上新产品的模仿创新，其技术来源仅 37.6% 是通过自主研发获得。随着近年原材料成本大幅上升以及经济周期波动，使得市场的过度竞争及拥塞效应更加显著而导致大量中小企业倒闭关门。台湾中小企业早在 20 世纪 80 年代末就挥师东南亚和大陆地区，将劳动密集产品的生产线进行转移，从而应对生产成本的快速增长，相对于浙江中小企业，台湾中小企业更注重自行研发，增强创新能力。在技术来源中，台湾小型企业 62.38% 的技术源于自行研发，中型企业 58.55% 的技术源于自行研发，而大型企业只有56.83%的技术源于自行研发。可见，台湾中小企业顽强的生命力源于高度的创新能力。另外，即使在金融危机影响下，台湾中小企业的创业热情仍然不减。2009年，台湾新设中小企业8.8万家，同比2008年增长1.57%。但随着近些年来浙江企业家创业激情的衰退，中小企业数量的减少正严重影响着浙江中小企业的可持续发展，对于这种现象，学者认为，创业与创业行为受到创业环境的直接影响，因此，下文将对台湾与浙江两地中小企业的创业环境进行深入的比较分析，从而获得对改善两地中小企业创业环境的经验与启示。

第二节　台湾与浙江中小企业创业环境比较

创业环境的研究揭示了环境对创业和创业行为的重要作用。福格尔（Fogel，2001）把创业环境描述成在创业活动中发挥重要作用的要素组合，认为创业环境包括社会经济、政治、文化等诸多要素。国内学者张玉利（2004）在福格尔的基础上进一步指出，创业环境除包括人们开展创业活动的所有政治、经济、社会文化诸要素外，还应包括创业与管理技能、金融与非金融的支持等。在整合以往研究的基础上，我们借鉴学者池仁勇对浙江中小企业创业环境研究的维度，从创业文化环境、创业服务体系、政策环境、融资环境、人力资源环境出发对台湾与浙江中小企业创业环境进行比较分析，从而获得提升两地创业环境的途径。

一　台湾与浙江中小企业创业环境分析

（一）创业文化环境

自主与自利是台湾中小企业创业文化的宗旨，“自主”源于国人对当家做主的渴望，故有所谓“宁为鸡首，勿为凤尾”的言论；“自利”则是为满足个人对追求财富的诉求。台湾深受儒家文化的熏陶，对中小企业创业有着重要的影响。儒家文化中所提倡的忠、孝、诚、信、仁、义，更是提高了台湾中小企业创业对于社会的责任感，也使得社会能以宽容的姿态接受创业的失败。浙江的创业文化源于对早期浙江经商文化的承袭，各地悠久的手工艺和副业又为这些创业活动提供了良好的基础条件。同时，对社会地位的追求与个人价值的体现也逐渐融入了新一代浙江创业文化之中。由于创业失败被认为是一种耻辱，所以，一些人在创业时，会选择风险较小的项目或行业从而失去了可贵的冒险精神，同时，轻视创业失败者的现象，“成王败寇”可以说是一种根深蒂固的传统文化了，这也使得许多原本想创业的人因害怕失败而放弃创业。

（二）创业服务体系

早在20世纪70年代，台湾就陆续开始中小企业创业服务体系的建设工作，经过40年的发展和探索，以其合理的运行机制和较完善的辅助系统形成了具有特色的中小企业创业服务体系。台湾中小企业创业服务包括官方机构与民间组织，官方机构的主管部门为“经济部”中小企业处，通过在全省各地设立的中小企业创业服务中心直接或间接地帮助新创企业，如图26－2所示。直接作用体现在建立创业知识咨询平台与创业资金支助，间接作用体现在中小企业创业服务中心与社会组织的协调作用。除中小企业创业服务中心外，中小企业创业育成中心也起着至关重要的作用。据统计，至2010年，台湾共有中小企业育成中心86所，数量明显高于26家中小企业服务中心，其中，台湾工业技术研究院是第一家设立育成中心的研究服务机构，其主要作用是将高新技术转化为产品并促成新创企业，以任务导向支援中小企业创业，并进一步促进产学合作。台湾中小企业创业服务体系中民间组织的典型代表就是台湾中小企业协会，协会的主要功能是向创业者提供创业培训及咨询。

功能与台湾中小企业创业服务中心相似的是浙江省创业基地、创业园和孵化器。据统计，2010年前浙江共有创业基地172家，已基本形成了一套成熟的管理体制和运行机制，通过整合服务资源，以优化服务来提升创业环境。创业基地为中小企业提供创业辅导和咨询服务，并对融资企业给予信用担保。在技术方面，创业基地与大专院校、科研单位签订合作协议，帮助企业解决技术难题及员工培训。相比创业基地，创业园和孵化器在中小企业创业培育方面更有针对性，创业园主要针对高校毕业学生，有效地缓解了初创期大学生创业企业缺资金、缺场地、经验匮乏等矛盾和问题，至2010年年底，浙江共建成创业园101家，成功地培育2416家新创企业。孵化器的功能与台湾工业技术研究院育成中心较相似，将高新技术转化为产品，以创业导向、创业投资、专业孵化的培育模式有效地帮助科技型中小企业的创业及成长。自2008年浙江省科技企业孵化器成立以来，全省孵化器数量发展到102家，累计培育新创科技企业1840家，在孵企业5600余家。除此之外，各类信息服务企业、网上信息服务平台和民间创业网络也为浙江创业者获取国内外市场信息、技术信息提供了种种渠道。

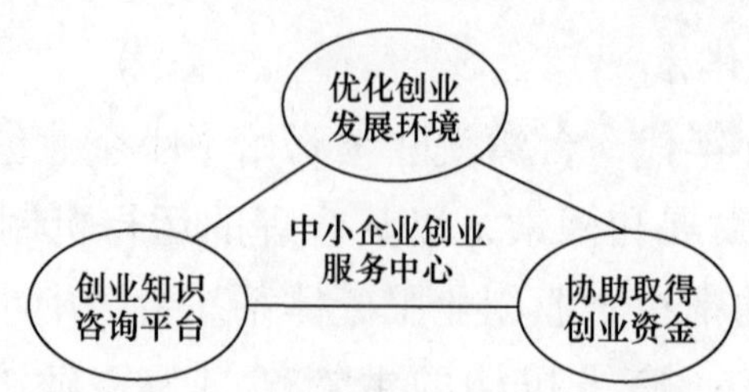

图26-2 台湾中小企业创业服务中心作用机制

（三）政策环境

为保护和促进以私有制为基础的市场经济制度，第二次世界大战后，台湾当局在原有的立法基础上，充分借鉴发达国家的成功立法经验，相继出台了一系列扶持中小企业创业的政策，其发展主要分为三个阶段。第一阶段是20世纪60年代台湾公布“奖励投资条例”及“中小企业辅导准则”。一方面鼓励民间投资，排除原有法律对投资的各种限制，利用捐税减免、公营事业民营化转移等途径来扶持民营中小企业的建立，促进台湾经济发展；另一方面当局确定对中小企业的服务与管理，并逐渐加强对中小企业创业的扶持力度。第二阶段是在“经济部”中小企业处成立之后，于1991年公布实施了“促进产业升级条例”，将中小企业作为该法律的主要适用对象，以鼓励产业升级为宗旨，承袭“奖励投资条例”的租税减免，从更高级的产业链环节来鼓励中小企业创业投资，促进台湾经济良性发展。第三阶段是自2009年“经济部”中小企业处出台的“创业领航计划”，其主旨是为中小企业营造优质的创业环境，通过整合区域创业创新辅导资源，强化现有创业育成辅导体系将台湾塑造成创业型社会。自2009年“创业领航计划”颁布，至2010年6月底，共提供创业咨询服务18237人次，辅导新创中小企业1316家，带动投资增额约123.67亿元。三阶段政策的变化显示出台湾创业政策正由早期的关怀需求导向逐渐向机遇导向演变的过程。

浙江中小企业创业政策环境相对全国而言比较宽松，早在20世纪70年代初，国家政策限制个体私营经济时，浙江省政府就采取默许和鼓励的政策。到2001年年底前，省级政府部门共减少审批、审核、核准总事项1277项，减少审批事项869项，减少幅度分别达到50.6%和58%，审批制度的改革提高了创业者创办企业的效率，加快了企业进入生产运作速度。至2003年年底，省政府更是放开了对一些行业的投资限制，允许民间资本的进入，对于创业者的创业范围不再局限在工业领域，除关系国家安全和必须由国家垄断的领域外，都允许创业者进入。2005年与2009年年底，浙江陆续出台了《浙江省促进中小企业发展条例》、《浙江省人民政府关于促进中小企业加快创业创新发展的若干建议》，为中小企业创业、创新提供了有力的保障，极大地鼓舞了创业者的信心。

（四）融资环境

随着台湾资本市场的日趋成熟，除自有资金和民间借贷外，金融机构和资本市场正逐渐成为中小企业获取资金的主要来源。据统计，2009年，台湾中小企业直接融资比率为23.11%。作为中小企业最主要的资金融通渠道，2009年，台湾银行对中小企业放款占全体企业放款余额的42.66%，比2008年增长了2.15%。整体而言，中小企业贷款主要集中在一些公营银行，其市场占有率达70.03%。由此可见，台湾当局在扶持中小企业融资方面的相关措施已初见成效。另外，台湾当局构建了有效的融资辅导机制，推动各项政策性专案贷款。目前，共有34家银行设立了“中小企业融资服务窗口”，便于中小企业获得融资咨询；同时，受理各项紧急求助，协调金融机构对财务困难企业提供融资服务。同样，资本市场也是台湾中小企业融资的重要平台，除台湾证券交易所，台湾还拥有发达的柜台市场和后备市场。为鼓励台湾中小企业尤其是科技型中小企业上市，台湾股票一般上市规模在1000万—3000万美元，相比香港和纳斯达克一亿美元以上的市场规模，更契合中小企业的发展。

浙江中小企业创业及发展的资金大部分源于“3F”，即创业者本人（Founder）、家属（Family）和朋友（Friends）。浙江是中国民间资本最充裕的地区，资金规模超过8000亿元。民间资本为浙江中小企业创业发展提供了融资渠道，但是由于民间资本管理模式不规范，利息较高，致使一些中小企业望而叹之。虽然近些年来浙江金融机构及资本市场为中小企业提供的资金份额正不断上升，但就整体而言，金融机构及资本市场提供的资金远远不能满足中小企业创业及发展的需求。对于金融机构而言，中小企业抵押品不足，金融产品、产权市场缺乏，信用担保体系不完善，银行克服中小企业信息不对称和服务中小企业贷款的成本相对较高，出于收益考虑，更偏好贷款给大型企业。而中国证券市场融资时间长、门槛高，股权融资、债券融资更不能成为中小企业融资的主要渠道。

（五）人力资源环境

随着台湾经济发展的两次转型历程，台湾人力资源结构发生了显著的变化。首先，劳动力总量从 1981 年的 676.4 万人提高到 2010 年的 1107 万人，三次产业的劳动力结构从 1960 年的 56.1∶16.9∶27.0 发展到 2008 年的 5.1∶36.8∶58.1，其中，第一产业的就业比重逐年降低，第二产业的就业比重在 1988 年达到历史最高 42.5% 之后逐渐下降，第三产业的就业比重逐年上升并在 1995 年首次超过第一、第二产业的就业人数。从人口素质来看，接受高等教育的人口比重从 1996 年的 3.43% 提高到了 2010 年的 5.86%。据统计，2009 年，台湾共拥有科技人员数量 25.6 万人，平均每万人拥有研究人员 67 人。浙江劳动力总量从 1985 年的 2319 万人提升到了 2010 年的 3636 万人，其中，三次产业的劳动力结构比从 1985 年的 54.9∶31.7∶13.4 发展到了目前的 16∶49.79∶34.21。接受高等教育的人口比重从 1980 年的 0.1% 提高到了 2010 年的 1.71%，每万人拥有科技人员 15 人。虽然经过多年的发展，浙江人力资源环境有了很大的改善，但大部分的人才及科技资源集中在大型企业，对中小企业的创业及创新没有起到大的作用。

二　两地中小企业创业环境的差异

台湾与浙江两地的中小企业创业环境有着许多共同点，但也表现出了一些明显的差异性。首先，从文化环境方面，台湾与浙江都拥有长期的经商文化，然而源于社会对创业失败的宽容，台湾文化更推崇冒险的创业精神，而浙江文化更多地倾向于保守的创业精神，并且社会对创业失败者持以否定态度。在创业服务环境方面，台湾形成了一套较完善的官方机构及社会组织相协调的创业服务体系。相对于台湾，浙江创业服务体系大多依赖官方机构，社会创业服务体系不够健全。在政策环境方面，台湾与浙江都实行了较宽松的中小企业创业政策，并通过专项条例进一步扶持中小企业的创业及发展。但相比之下，台湾的创业扶持政策更具有渐进性，引导创业向高科技、高附加值行业发展，而创业领域的升级在浙江并没有引起高度的重视。在融资环境方面，台湾中小企业创业拥有以金融机构为主、政策融资为辅的创业融资环境，体现了其多元化的融资渠道。而浙江中小企业创业资金主要依靠自有资金及民间融资，大部分民间资金的管理模式仍未走上正途，为浙江中小企业创业带来了巨大的风险。在人力资源环境方面，台湾劳动力的素质明显高于浙江，为台湾科技型、创新型中小企业的创业提供了有效的人才资源保障。

第三节　借鉴与政策启示

通过对两地中小企业创业环境的比较研究分析，我们发现台湾中小企业创业环境相比浙江具有许多优势，通过研究，本章得出以下几点对改善浙江中小企业创业环境的启示。

一　转变思想，重塑创业精神

创业本身孕育着极大的风险，这种风险不单单是资金和物质方面的，更体现在精神和斗志方面，敢于冒险、直面失败的精神正是浙江中小企业创业文化所缺乏的。因此，树立就业危机意识，激发创业文化精神，结合浙江制度推动创业文化的提升成为改善创业文化环境的首要选择。

二　健全中小企业创业服务体系

借鉴台湾中小企业创业服务中心的作用机制，浙江中小企业创业服务应形成提供咨询、优化环境和协助融资三位一体的服务环境。第一，针对中小企业创业主体的需求，建立更便捷的创业咨询服务平台，使创业者能及时获得行业信息及动向。第二，鼓励发展社会民间创业服务组织，更高效地整合与协调资源利用。第三，正确引导管理浙江民间资金进入创业投资领域，完善创业服务功能。

三　完善中小企业创业政策法规

由于近些年来浙江资源成本和人力成本不断上升，中小企业创业政策应借鉴台湾创业政策第二阶段的措施，将重心放在鼓励浙江中小企业从更高级的产业链环节进行创业，并在政策法律上明确规定政府采购应有一定比例优先分配给新创中小企业，以作为协助新创中小企业发展的实质鼓励。

四　改善中小企业创业融资环境

一方面，针对中小企业创业提供政策性专项贷款，鼓励银行发展中小企业融资业务，引导和鼓励金融机构改进金融服务；另一方面，利用浙江充裕的民间资金，构建较完善的天使投资网络，并推动企业 IPO 创业板市场，为创业活动提供更多的融资渠道。

五　提升劳动力素质，提高创业定位

虽然浙江相对于台湾拥有低廉的劳动力成本优势，但一些学者通过实证研究，提出了中国劳动力供求正逐渐进入“刘易斯拐点”的观点，因此，这种依赖“人口红利”的发展模式即将面临终结。提升劳动力素质，完善人才引进政策，加快创业升级，成为促进浙江中小企业创业发展的未来之路。

第二十七章

中小企业渐进式创新影响因素的实证调研报告

第一节　中小企业渐进式创新与成长

创新是企业获取核心专长，保持企业竞争力的核心要素。根据国家发改委统计，2012 年，中国中小企业创造了全国 60% 的国内生产总值，拥有全国 65% 的发明专利，研发了全国 80% 的新产品。这不仅说明了中小企业在中国经济发展中的重要地位，同时也说明了创新活动对维持中国中小企业竞争力的重要作用。在企业创新战略决策中，主要包括突破式创新和渐进式创新，突破式创新要求企业具备扎实的技术积累和资金实力，并且表现出高收益和高风险并存的特征。因此，绝大多数中小企业在创新战略决策中更倾向于选择技术要求相对较低、风险相对较小的渐进式创新。

中国中小企业在技术能力、管理水平等方面与其他领先企业之间存在较大的差距，这种差距集中体现在企业核心能力方面。因此，从资源基础观来看，中小企业渐进式创新实际上是中小企业获取能够弥补企业技术距离、缩短企业能力势差的重要手段。而企业核心专长具有独特性、内隐性、累积性以及难以被模仿的特殊属性，使得这种核心专长在不同企业之间的转移、继承和作用功效大打折扣，具体表现为企业渐进式创新的低效率。因此，很多学者认为，外部环境中的资源禀赋是决定企业渐进式创新绩效的重要因素。资源基础观强调了资源异质性对于企业渐进式创新影响的重要作用，但却无法回答同一资源禀赋条件下企业渐进式创新效益的差异问题。后来的学者尝试从企业动态能力的角度探究企业渐进式创新绩效。从驱动机制来看，企业动态能力是企业适应外部环境持续变革的必然要求，知识爆炸式增长、技术多元化将企业暴露在急剧变化的外部环境中，如何从海量的知识资源中获取企业急需的匹配性知识就成为企业渐进式创新过程中需要重点解决的问题。企业动态能力提升了企业的知识筛选和获取能力，使得企业可以根据渐进式创新需求对资源基础进行调整和改进，以满足企业渐进式创新的要求，进而促进企业渐进式创新绩效。

事实上，对于企业渐进式创新影响因素的研究，从资源基础观到企业动态能力是一个持续的完善过程。资源禀赋差异不仅是企业实施渐进式创新的动力所在，也是企业渐进式创新实施的主要承载对象；而企业动态能力则为企业尽可能克服异质性资源在渐进式创新进程中的转移、应用困境提供了巨大的帮助。中国中小企业成长具有显著的地域分布和产业集聚特征，中小企业的渐进式创新行为具有鲜明的网络嵌入属性，那么，在这种独特网络嵌入视角下的中小企业渐进式创新行为又如何受到外部资源基础和企业动态能力的影响呢？网络嵌入情境下的中小企业渐进式创新影响因素又如何呢？本章以浙江省绍兴、金华以及嘉兴地区的137家中小企业为调查对象进行分析，构建了“资源丰裕程度—资源获取效率—创新战略执行”递进式的中小企业渐进式创新影响因素结构模型，并进行了实证检验。

第二节　中小企业渐进式创新的影响因素分析

企业渐进式创新强调对领先技术和知识的追踪性发掘，要求实施渐进式创新的企业具有即时掌握新技术和信息的能力，即具备良好的企业知识网络嵌入性。在早期的研究中，由于资源稀缺性和地理邻近效应，场域内部某一企业的创新行为具有显著的知识溢出和技术迁移效应。在知识、技术爆发式增长的大环境下，借助庞大的企业社会关系网络，这种知识、技术的跨地区、跨领域传递效应越加明显。格拉诺维特（Granovetter）对这种由于网络情境所导致的知识、技术传递效率差异进行了详尽的探讨，他认为，企业之间的知识、技术传递行为本质上是一种交易行为，这种交易受到企业所在社会体制和经济结构的极大限制，即企业间的知识、技术交易行为必须以社会网络作为承载对象，而企业在这种社会网络中的地位、功能以及连接关系则决定了其知识、技术的传递效率。

企业渐进式创新，作为一种追踪式的创新行为，其遵循“跟随—模仿—赶超”的基本创新逻辑，在社会网络内涵日益丰富和信息非对称现象日渐突出的背景下，实务界和学术界都十分强调社会网络对于渐进式创新的影响，进而发展出网络创新、合作创新等创新模式。这种强烈依赖社会网络的企业渐进式创新模式更加凸显了网络嵌入在渐进式创新中的重要作用。伯特（Burt）在其结构洞理论中指出，企业所在社会网络中结构洞的存在，将会给企业带来基于信息和控制两方面的经济收益，从而形成竞争优势。后续的很多研究都证实了这种观点，Moschieri 指出，网络结构差异所导致的企业行为具有显著的后果效应，这种后果效应不仅影响企业自身的创新绩效，还将对整个企业网络的产出产生显著的影响。斯塔姆等（Stam et al.）则认为，网络中弱关系的存在虽然提升了中小企业获取异质性资源的机会，但结构洞的存在显著增加了企业获取异质性资源的成本，因此，网络中结构洞对于企业创新绩效的影响要显著强于网络弱关系的影响效应。解学梅则认为，不同中小企业创新网络协同对于企业创新绩效的影响机制存在很大差异，其中，“企业—企业”协同创新网络对提升企业创新绩效的效应最为显著。

区域集聚、彼此依赖以及抱团成长是中国中小企业的主要发展模式，这就意味着中国中小企业渐进式创新的社会网络嵌入效应相比其他类型企业更加明显。总体来说，中小企业网络连接更加紧密、业务关联更加复杂的自身特性以及中小企业自身实力的局限性，使得渐进式创新成为中国中小企业最优的创新模式。社会网络中丰富的创新资源为中小企业渐进式创新奠定了资源基础，而中小企业自身能否适应其所在网络结构及其运营模式则关系到中小企业知识、技术资源的获取效率，这就要求中小企业管理者具备高超的创新活动驾驭能力。因此，从社会网络嵌入视角来看，本章将影响中国中小企业渐进式创新的因素主要归纳为三个方面：中小企业在社会网络中的地位、中小企业运营与社会网络发展的协调程度和中小企业关于渐进式创新的态度。本章进一步概括为网络位置、网络契合与创新潜力。

一　网络位置

中小企业所处的社会网络创新性资源越丰裕，其实施渐进式创新的概率就越高。从资源集聚效益来看，当前的社会网络已经不再是单纯的水平式发展模式，而更加体现出立体式成长趋势，即社会网络中的创新性资源总是出现在网络连接关系更复杂、交互效应更明显的网络中心地带。因此，企业在其社会网络中的渐进式创新绩效很大程度上受企业网络位置的影响，处于网络边缘位置的中小企业相对处于网络中心位置的大企业而言更加缺少渐进式创新的优势。网络结构学派的研究已经表明，处于社会网络中心位置的企业与社会网络内部其他成员之间的联结关系越多，其在创新资源获取方面相比位于网络边缘位置的企业更有优势。哈伦和艾森哈特（Hallen and Eisenhardt）的研究则表明，中小企业丰富的网络联结关系可以划分为两种类型：一种是只适用于具有联盟关系企业的专属性联结关系，另一种是向所有企业开放的公共联结关系。其中，专属性联结关系对于企业在网络中的地位要求更高，但对于企业创新的推动作用也更显著。因此，中小企业为获得更多的渐进式创新资源，就必须主动提升其网络地位，加强其与焦点企业之间的联系，以达到获取稀缺性资源以进行渐进式创新的目的。基于此，本章认为，中小企业网络位置是影响中小企业渐进式创新活动的重要因素之一。

二　网络契合

中小企业虽然十分依赖其所在的社会网络，但这并不意味着中小企业能够很好地适应社会网络的发展趋势，尤其是在外部环境随时可能对社会网络产生冲击的背景下。从中国中小企业渐进式创新发展态势来看，中小企业能够靠近网络中心位置，并且得到足够丰富的渐进式创新所需要的知识、技术和信息等资源，但仍然无法保证中小企业可以获得预期的创新效益。这是由企业与其所在网络其他行为主体之间的契合程度所决定的。一般情况下，中小企业成长都不会偏离集群、产业区域等形式社会网络的发展方向，但中小企业在实施创新战略时，往往基于技术水平或者产品性能的超前性，这种企业技术或产品层面的超前发展战略必然导致企业与原有的社会网络发展轨迹之间形成偏差。而中国中小企业成长的网络根植性特征意味着中小企业的任何活动都受到区域社会网络结构、规制以及人际关系等制度性条件的强制性约束作用。这就意味着，实施渐进式创新战略的中小企业与社会网络发展之间的协调程度将对中小企业渐进式创新做出回应。中小企业在占据优势网络位置且拥有丰富的知识、技术和信息等资源条件下，如果无法将渐进式创新战略很好地与其所在的社会网络中的服务机构、中介机构协同起来，将会极大地降低企业的创新效益。从市场竞争角度来看，中小企业高市场契合度的产品往往能够促使企业获得超额回报，进而提升中小企业的渐进式创新意愿，而低市场契合度的产品一般会导致企业“得不偿失”而改变创新决策。因此，中小企业在占据优势网络位置且获得必需的创新资源后，如何寻找渐进式创新战略与社会网络发展之间的创新契合点以达到提升创新绩效，是中小企业渐进式创新过程中需要考虑的又一重要因素。

三　创新潜力

社会网络中丰富的创新要素为中小企业实施渐进式创新奠定了资源基础，而中小企业渐进式创新战略与网络发展的高度契合则能够保证创新资源的有效利用，但中小企业是否拥有整合创新资源、推动创新实践的欲望、动力等则成为制约企业创新的又一重要因素。在中小企业创新实践中，高层管理者对于创新的态度、企业创新管理模式以及企业创新文化等因素是决定企业创新潜力的重要内容。（1）企业高层管理者态度。埃格森（Eggers）指出，在中小企业创新实践中，企业 CEO 对企业创新行为的影响是决定性的，这与中小企业高层管理者至高无上的管理权威有关。而 Chen 和 Elston 的研究则发现，中国大部分中小企业是私人为了生计、家庭而创建的，具有强烈的逐利性，因此，企业创建者个性、对于家庭的关爱以及获取超额报酬的动机将是推动企业创新战略实施的重要因素。（2）企业创新管理模式。中小企业规模较小，灵活性更强，使得中小企业在创新模式选择方面的空间更大。Uhlaner 等指出，中小企业创新管理需要重视外部环境管理，其中，产业形态、企业规模、创新导向与融资成本是主要影响因素。为了获得良好的创新效益，创新管理策略急需要满足产业未来的发展要求，又必须立足于企业拥有者关于环境保护、社会责任承担的承诺。（3）企业创新文化。作为企业文化核心内容的创新文化对于指导企业创新实践具有最直观的影响作用。中小企业创新文化蕴含着创业者有关创新精神的认知，在企业文化中占据绝对领导地位，因此，对于中小企业创新的影响更加强烈。另外，在现代市场竞争中，企业在技术、知识等方面的跨文化整合趋势日益明显。Büschgens 指出，文化制度差异是决定企业创新资源整合效率的首要因素，能够获得创新高绩效的企业往往具备跨文化整合能力。因此，国际情境下的中国中小企业需要从管理者态度、企业管理模式以及文化塑造等方面加强企业的创新潜力挖掘，只有具备创新潜力的中小企业，才能获得显著的渐进式创新绩效。

相比于以往关于中小企业创新影响因素的研究，本章的研究显然在以下两方面取得了突破：（1）本章结合中国中小企业成长根植于区域网络的实际，从网络地位、网络契合与创新潜力三个方面概括了可能影响中国中小企业渐进式创新的关键性因素；（2）本章从“资源丰裕程度—资源获取效率—创新战略执行”这一整合了资源基础理论与动态能力理论的视角来分析中小企业渐进式创新过程机制，论证了中小企业网络位置、网络契合和创新潜力这三个因素对于中小企业渐进式创新的影响是逐渐递进的关系。基于上述分析，本章构建网络位置、网络契合与创新潜力影响中国中小企业渐进式创新的具体作用机制如图 27－1 所示。

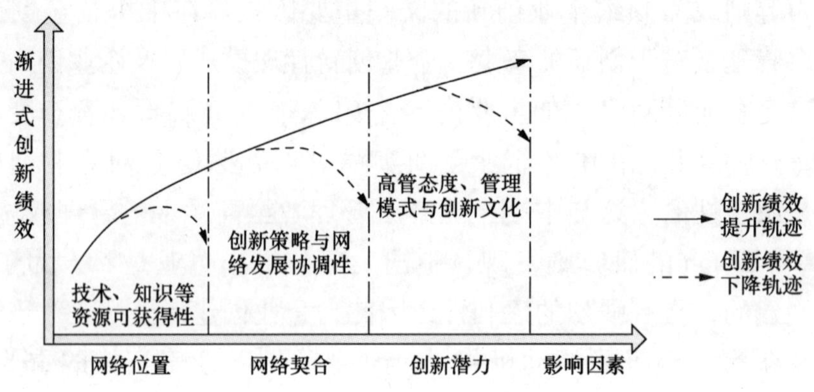

图 27－1　中小企业渐进式影响因素作用机制

第三节　浙江省中小企业的实证研究

一　问卷设计及预测试

中国中小企业主要以地区产业集聚的形式存在，考虑到研究实际及数据的可获取性，本章将调查目标锁定在中国浙江省绍兴大唐袜业、永康五金以及海宁皮革三个产业集群。调查形式为开放式问卷调查，问卷主要来自 Westhead、Tan 等以及李薇薇的研究成果，并征询了中小企业研究领域的相关专家，提出适合中国中小企业渐进式创新影响因素测度的相关测量问卷，该问卷包括 20 个测量条目。其中，关于网络位置的有 7 个问题条目，关于网络契合的有 7 个问题条目，关于创新潜力的有 6 个问题条目。为了控制样本的同源性误差，本报告首先选择浙江大学和浙江工业大学两家分别是部属重点高校和省属重点高校的 MBA 班的 74 名学员对问卷进行预测试，这些学员主要是来自浙江地区民营企业的中高层领导者。通过对预试回收问卷的探索性因子分析，本报告最终保留 12 个测量条目形成正式问卷。其中，网络位置包括 5 个问题条目，网络契合包括 4 个问题条目，创新潜力包括 3 个问题条目。本调查问卷采用 Likert 七点量表，问卷要求被试者回答对该问题的同意程度，7 代表“非常同意”，6 代表“同意”，5 代表“比较同意”，4 代表“一般”，3 代表“比较不同意”，2 代表“不同意”，1 代表“非常不同意”，所有条目均采取正向记分。

二　数据获取

本研究的调查对象是浙江绍兴大唐袜业产业区、永康五金产业区以及海宁皮革产业区三个产业区的 137 家中小企业，每家企业选择 2—4 名基层员工。在浙江省发改委预测处的帮助下，问卷主要采用企业现场发放和邮寄相结合的形式。对于企业现场问卷，本研究相关人员对填答人员关于问卷意义和调研目的进行大约 2 分钟的解释，问卷答题时间设计为 1—3 分钟，答题完毕即刻回收。数据收集从 2012 年 11 月开始，2013 年 8 月结束，主要分三个阶段进行。第一阶段主要采用现场发放的形式进行调研。2012 年 11 月中旬，本研究团队成员对浙江诸暨大唐袜业产业园区进行实地调查，并发放 100 份调查问卷，回收有效问卷 84 份。第二阶段采用现场发放的形式进行调研，2013 年 4 月上旬，本研究团队成员对浙江永康五金产业园区和海宁皮革产业园区进行实地调查，并发放 150 份调查问卷，回收有效问卷 124 份。第三阶段采用邮寄问卷的方式进行调研。对上述三个产业园区邮寄了 300 份调查问卷，最后收回有效问卷 89 份。通过对三个阶段的问卷进行汇总，经初步分析处理后得到有效问卷 297 份，其中服装业企业 78 份，五金加工业企业 84 份，印染业企业 54 份，皮具加工业企业 81 家。其中，注册资本在 100 万元以下的有 86 家，100 万—300 万元的有 51 家；成立于 2005 年之前的有 32 家，成立于 2005 年之后的有 105 家。

第四节　主要影响因素的结构分析

一　信效度分析

本次研究以 Cronbach's α 系数作为检验问卷信度的工具，得到的 Cronbach's α 系数越大，代表其检验的因子信度越高，问卷内部一致性越大。经检验，问卷总体 Cronbach's α 系数为 0. 900，问卷各维度的 Cronbach's α 系数均大于 0. 7，可见问卷信度较好。在进行因子分析之前，本报告首先进行 KMO 检验和巴特利特球形检验，以检验数据样本是否适合做因子分析。经分析，本章所获得样本的 KMO 检验值为 0. 884，巴特利特球形检验数值为 622. 590，$p < 0.001$，说明数据相关系数阵不是单位阵，显著异于零，这说明本章关于中小企业渐进式创新创新影响因素调查问卷所收集的数据适合做因子分析。

二　探索性因子分析

本研究的探索性因子分析结果如表 27 - 1 所示，从表 27 - 1 中可以看到，网络嵌入视角下的中小企业渐进式创新影响因素主要包括网络位置、网络契合和创新潜力三个因子，三个因子分别包括 5 个问题条目、4 个问题条目和 3 个问题条目。第一个因子方差变异的解释率为 30. 747%，主要反映中小企业在社会网络中的网络地位；第二个因子方差变异的解释率为 22. 361%，主要反映中小企业渐进式创新战略与网络发展之间的契合程度；第三个因子方差变异的解释率为 18. 003%，主要反映中小企业实施创新战略的动力，三个因子总计解释总体方差变异的 71. 111%。因此我们认为，本章所获得的关于中国中小企业渐进式创新的影响因素三因子模式是满足理论要求的。

本章进一步对上述三因子进行描述性统计分析，结果如表 27 - 2 所示，从表 27 - 2 中可以看到，中国中小企业渐进式创新影响因素三因子之

表 27－1　　企业渐进式创新能力三因子结构（N＝297）

问卷条目	网络位置	网络契合	创新潜力
本公司能够从合作伙伴那里获得最近的技术	0.822		
本公司与很多本领域内的大企业建立了合作关系	0.762		
本公司经常模仿大企业的技术和产品	0.600		
本公司在工业园区内的地位逐渐提高	0.753		
本公司的合作伙伴越来越多	0.675		
本公司的新产品或新技术在市场上创造了许多新的商机		0.788	
本公司对顾客需求或市场潮流的把握比同行更好		0.600	
本公司推出的新产品总是领导产业发展的方向		0.834	
本公司新产品上市的成功率很高		0.805	
本公司经常对现有产品工艺或作业流程进行反思和改进			0.780
本公司领导非常强调创新的重要性			0.767
本公司使用计算机应用软件来发送电子邮件、跟踪问题、处理数据和进行团队管理			0.744
特征根值	3.69	2.683	2.160
解释变异百分比（%）	30.747	22.361	18.003
Cronbach's α 系数	0.894	0.870	0.7450

间具有显著的正相关关系（相关系数分别为0.597，$p<0.001$；0.499，$p<0.001$；0.438，$p<0.001$），因此，在下文的分析中，我们需要进一步对中小企业渐进式创新影响因素结构模型进行进一步的验证性因子分析。

表 27－2　　企业创新能力各因子相关系数（N＝297）

因子	M	SD	网络联结	市场契合	创新能力
网络位置	4.704	1.046	0.894		
网络契合	3.470	1.046	0.597***	0.870	
创新潜力	4.810	1.213	0.499***	0.438***	0.745

说明：＊表示 $p<0.05$、＊＊表示 $p<0.01$、＊＊＊表示 $p<0.001$。

三　验证性因子分析

为了有效检验三个因子网络位置、网络契合与创新潜力之间的区分效度以及各个量表的相应测量参数，本研究采用 AMOS17.0 对上述因子进行验证性因子分析，并比较上述三因子所构成的中小企业渐进式创新影响因素结构三因子模型、二因子模型和单因子模型之间的拟合效果，具体见表 27 – 3。

表 27 – 3　　各假设拟合指标（N = 297）

模型	χ^2	df	χ^2/df	RMSEA	CFI	GFI	TLI
单因子模型	177.421	54	3.286	0.158	0.791	0.762	0.745
二因子模型[a]	98.644	52	1.897	0.101	0.823	0.854	0.801
二因子模型[b]	82.056	52	1.578	0.092	0.901	0.854	0.824
二因子模型[c]	81.276	52	1.563	0.081	0.899	0.867	0.826
三因子模型	63.421	51	1.244	0.051	0.979	0.943	0.973

说明：a 表示网络位置与网络契合合并为一个因子；b 表示网络位置与创新潜力合并为一个因子；c 表示网络契合与创新潜力合并为一个因子。

验证性因子分析结果表明，从 χ^2/df（小于 3）、RMSEA（小于 0.08）以及 CFI、GFI 和 TLI（均大于 0.90）等指标来看，单因子模型是不能被接受的，而三个二因子模型的拟合效果也比三因子模型拟合效果差，三因子模型是完全符合理论要求的结构模型。由此可见，三因子模型是中国中小企业渐进式创新影响因素结构较为理想的模型。本章采用极大似然法，进一步对三因子模型进行参数估计，得到标准化后如图 27 – 2 所示。

四　控制变量对中小企业渐进式创新影响因素作用机制

为了进一步明确特定社会网络情境下网络位置、网络契合与创新潜力对于中小企业渐进式创新的影响机制，本研究对所有调查得到的 297 份有效问卷进行企业自身变量统计与分析，采用独立样本 t 检验和单因素方差分析对控制变量的影响机制进行统计性分析，结果如表 27 – 4 所示。结果表明，影响中国中小企业渐进式创新因素的三个因子在注册资本、合作伙

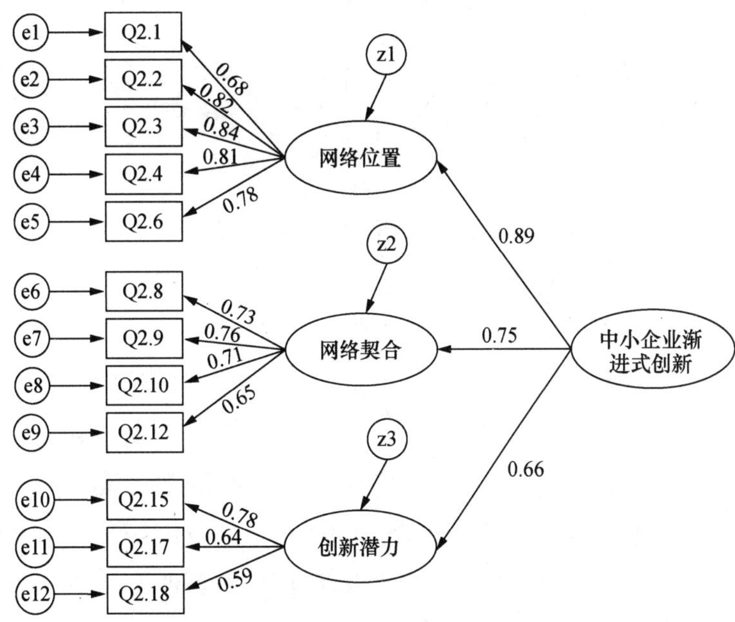

图 27－2　中小企业开放的渐进式创新影响因素分析模型

伴、企业性质以及注册年份等变量上都存在显著差异。具体来看，注册资本越多的中小企业获取网络位置优势的概率越大；而注册资本越少的中小企业在网络契合度方面具有显著优势。中小企业拥有网络内部合作关系越多，其在网络位置和网络契合方面都具有显著优势。印染企业所在的社会网络更加强调网络位置的重要性，而五金行业的企业则在创新潜力方面优势明显。注册时间在 2005 年之前的企业在网络位置上更有优势，而注册时间在 2005 年之后的企业则在网络契合度方面优势明显。

表 27－4　不同企业变量对中小企业渐进式创新能力影响因子的比较（N＝297）

因子	注册资本	合作伙伴	企业性质	注册年份
网络位置	100 万元以下 < 100 万元以上	网络外部 < 网络内部	服装、皮革 < 五金 < 印染	2005 年后 < 2005 年前
网络契合	100 万元以上 < 100 万元以下	网络外部 < 网络内部	无差异	2005 年前 < 2005 年后
创新潜力	无差异	无差异	服装、皮革、印染 < 五金	无差异

第五节 结论与政策启示

本研究综合运用探索性因子分析和验证性因子分析方法对中国中小企业渐进式创新影响因素进行了详尽的探讨，主要获得了以下结论：

第一，影响中国中小企业渐进式创新的因素主要包括网络位置、网络契合与创新潜力。网络位置对于中小企业渐进式创新的影响主要体现在企业独特网络位置优势所赋予的网络知识、技术等创新资源优势。网络契合程度则决定了中小企业获取这种关键性创新资源的效率高低。另外，中小企业渐进式创新进程中的高网络契合也标志着企业创新导向在产品、消费者等市场定位方面的准确性。创新潜力对于中小企业渐进式创新的影响主要通过企业创建者的创新意识、创新管理模式以及创新文化等发挥作用。

第二，本研究关于控制变量的研究表明：（1）中小企业规模越大，企业获取网络位置优势的概率越高，但其渐进式创新战略与社会网络契合程度越低。（2）中小企业社会网络连接关系越多，对于提升其网络地位和网络契合度都有显著的促进作用。（3）在所有类型产业的中小企业中，印染产业企业更加关注企业网络位置优势，而五金产业企业则更加重视企业自身的创新潜力发掘。（4）中小企业创建时间越早，其网络位置优势越明显，但网络契合程度越呈下降趋势。

本章的研究结论对于中国中小企业实施渐进式创新战略具有重要的启示作用：（1）中国中小企业需要根据企业发展实际，从企业在社会网络中的地位、企业创新战略是否适应网络发展需要以及企业领导者对于创新战略的支持情况三个方面进行全面评价，发挥优势资源，弥补不足之处，从而推动中小企业渐进式创新战略的开展。（2）企业也要重视企业规模、企业所在产业、经营时间以及业务关系等因素对企业渐进式创新可能产生的影响作用，从而制定、实施有针对性的企业渐进式创新战略，提升中小企业竞争力。

第二十八章

浙江产业集群科技中介功能与集群绩效实证研究报告

第一节 实证研究背景

随着经济全球化趋势的不断发展，生产要素的地域属性逐渐淡化，产业集群的创新辐射效应及技术扩散功能日益增强。然而，企业在地域上简单地扎堆并不能直接对创新产生促进，集群内部技术、人才、信息等创新资源势必依靠由成员相互联结而成的网络进行流动。企业在依据自身力量创新产品时，受到资源、知识等限制，只能通过网络联结进行创新搜寻，但是由于网络信息不对称、节点构建等原因，也会碰到集群网络搜寻成本较高、周期长、信任不足等问题，甚至造成部分企业游离于网络之外，而科技中介依靠其在网络中的协调作用对此进行了有效弥补，使得致力于创新研究的学者逐渐将目光聚焦于科技中介。

科技中介通过构建不同企业与组织间的相互连接，充当创新搜索、技术转让、创业投资等各类活动的媒介，对优化产业集群创新资源配置、提升产业集群绩效起着积极作用，已成为学术界的共识，但中介功能对集群绩效的作用机制及其影响因素却鲜有学者涉及。事实上，科技中介与企业同为集群网络中的节点，活动均嵌入集群的关系网络，因而其媒介效果也受到网络的影响。首先，科技中介的“黏合剂”角色需要基于网络结构，细碎网络与片状网络对于中介的需求存在重要差别。其次，拓展业务联结、建立关系网络被科技中介当作开展经营的基本内容。所以，本章试图借用社会网络分析工具，打开科技中介与产业集群绩效作用机制的“黑箱”，探讨科技中介活动功能、网络位置与产业集群绩效的相互关系。

第二节 科技中介、网络位置与产业集群绩效的关联机制

一 科技中介功能的分类

由于创新模糊前端的存在，客观上需要科技中介为企业创新提供服务，以降低创新活动的不确定性。目前，学术界对于科技中介功能的研究主要集中于信息搜索和沟通交流两方面，西顿和科德·海斯提出的“搜寻认知”，哈加顿和萨顿（Hargadon and Sutton）所定义的“进入”与“获取”均具有相似的内涵。因此大多数研究认为，科技中介的主要功能是提供信息的搜寻及交换。也有研究偏重于企业、组织间的技术转移，强调现有技术需要在不同的工业部门间寻找新的应用，认为科技中介在其所从事的技术领域拥有比一般企业更为完善的知识体系，更易促进技术转移及扩散。在这些研究中，科技中介常被比喻为桥或者媒介。关于科技中介其他功能的研究，相对比较零散。Mantel 和 Rosegger 提到科技中介能作为标准制定者，或者对于转移技术进行评估；西顿和科德·海斯认为，科技中介能够提供具有竞争优势与效率的转移技术。

综上所述，依据企业创新项目的实施过程以及中介发挥的作用，科技中介的功能可大致划分为搜寻认知、交流吸收和商业化三大类，具体如表 28－1 所示。

表 28－1　　科技中介功能分类

类型	主要功能	具体内容	代表学者
搜寻认知	1. 技术预测	技术发展趋势评估，技术路径规划	Lynn 等（1996）、Wolpert（2002）
	2. 供需联系	掌握技术提供与需求双方信息，帮助接洽	西顿和科德·海斯（1993）
	3. 搜寻技术信息及筛选	寻找探求合适信息，对于冗余信息予以过滤	Hargadon 和 Sutton（1997）

续表

类型	主要功能	具体内容	代表学者
交流吸收	4. 知识整合	对于多方的技术予以整合	Idrich 和 M. A Glinow（1992）、Turpin 等（1996）
	5. 测试及培训	测试诊断技术或者产品，培训新技术的操作人员	Shohert 和 Prevezer（1996）
	6. 标准化制定	制定标准化文件，沟通企业，促进标准联盟形成	Bessant 和 Rush（1995）
	7. 知识产权事务	专利注册及保护，知识产权调查	McEvily 和 Zaheer（1999）
商业化	8. 寻找资本投资	联系潜在投资者，包装企业	Mantel 和 Rosegger（1987）
	9. 建立销售渠道	拓展产品销量，新市场拓展，营销计划制定	西顿和科德·海斯（1993）
	10. 效益评估	新技术应用绩效总体评价，新产品市场反应测算	

二　科技中介功能与产业集群绩效

全球化与产业融合趋势逐渐迫近，技术变革日益频繁，单个企业无法拥有足够的能力及资源独立开展创新，因此借助外力就显得尤为重要。特别对量大面广的中小企业来说，一方面，受限于业务范围和市场网络，无法获取足够的信息以快速识别机会；另一方面，受限于自身规模，在动态不确定性环境中，无法负担用于维持外界联系与加工分析海量市场信息的费用，只能依附于集群网络，共享行业、市场、科技中介等信息与资源，以应对市场环境的不确定性。其中，科技中介通过穿梭于大量的企业与组织之间，在维持网络的各个节点联系中起着重要作用，从而成为集群中信息、知识、机会的储藏库和网络黏合剂。通过与中介机构相联系，集群企业能够以较少的成本达成与集群其他部分的联结，因而 Zhang 认为，中介机构的联结是企业进入集群网络享有集聚优势的入场券。

因此，科技中介促进集群成员的交流与共享，进而提升产业集群总体规模和成长性，主要体现在以下几个方面：（1）能够拓展集群企业的创新搜索范围。科技中介组织通过与集群内大量企业与组织的互动，建立诸如产品特征、创新模式、核心资源等信息的流通渠道，从而促进企业的创新资源搜索范围从有限的个体网络延伸到整个集群网络，增加企业的知识储备和潜在选择路径，促进核心创新资源的形成。（2）能够加强企业间的相互交流，促进技术扩散。除了提供企业之间的相互连接渠道，科技中介同样能够有效地减少企业为获得外界信息和知识的支出成本，从而进一步激发企业的交流意愿，促成创新联盟的形成，加速技术在网络内的流动。（3）利于实现技术的有效转让。根据阿克罗夫模型，在信息不对称情况下，买卖双方博弈的结果很有可能导致市场的柠檬化，出现逆向选择。因此，在技术转让过程中，需要对供需双方都有充分了解的科技中介提供多方面的客观信息，降低信息不对称程度，帮助快速完成交易，控制创新风险。在中国现行科技体制存在科研—产业“两张皮”的背景下，大量研发成果需要借助科技中介向企业进行转化，进而优化企业生产效率，提升集群收益水平。因此，提出如下假设：

H1a：科技中介搜寻认知功能对产业集群绩效有正向影响。

H1b：科技中介交流吸收功能对产业集群绩效有正向影响。

H1c：科技中介商业化功能对产业集群绩效有正向影响。

三　科技中介网络位置的概念及测度

节点在网络中的位置是指其与网络其他行动者所建立的关系联结状态，表征了个体与外界环境交互的渠道，是网络地位的重要体现，决定了节点从网络中获取知识、技术等资源的能力。目前，获得学术界普遍认同并广泛使用的网络位置衡量变量是中心度和结构洞。中心度以节点与其他网络行动者的联结数为基础，用来考察个体在网络中的重要程度；中心度高则说明节点处于网络的核心位置；反之，则表明节点处于网络的边缘。结构洞指网络中某节点与其他节点发生联系，但其他节点之间缺乏直接联系而造成的关系间断现象，间断数代表该节点获得非冗余信息的能力，是行动者获利的空间。本章将使用中心度及结构洞两个变量描述科技中介在网络中所处的位置。

四　科技中介网络位置与产业集群绩效

集群以地理集聚为基础，依靠群内单位间的相互联系实现潜在经济价值，因此可视为由多个企业及公共机构联结而成的网络。知识、信息、人才、技术、资产等各类资源以此为载体在集群内流动，并受到网络结构及节点网络位置等因素的影响。科技中介在集群企业创新过程中起着黏合剂的作用，可以实现原本不相连的节点之间的资源流通。对于企业来说，创新过程就是对相关知识、信息等资源进行处理、重组、整合，所以，创新能力与资源获取的完备度、有效度有着重要的联系。通过中介的联结作用，能够缩短节点间的相聚距离（提升网络密度），增加资源流速；扩张网络的边界（增加网络规模），提升资源的种类和可得性，从而促进创新效率的提升。同时，与科技中介相关联的其他行动者的属性及联结方式均会引起网络“黏合”效率的波动，进而影响集群的整体绩效。因此，可以将中介机构的网络位置作为产业集群绩效的影响因素进行考量。

（一）科技中介的中心度与产业集群绩效

节点是否处于网络的中心与所能获得资源的质量和数量关系密切。占据网络中心位置的节点将更容易从网络中获取重要技术和市场信息，因此高中心度节点具有明显的信息优势。科技中介通过构造两个独立个体之间的连接，引导网络内信息、知识等资源的流动，充足的信息优势将保证其优先获得较大规模的直接资源，有助于筛选整合有效信息，进一步发挥黏合纽带作用。此外，高中心度节点拥有多重的信息渠道和信息源，对于科技中介来说，第一，能够减少有效信息的丢失，拓展信息获取的广度。第二，可以通过对比不同渠道的信息，提升信息获得的准确度，从而提升中介活动的效率。第三，在现今技术日新月异的背景下，单一企业独自维持多重技术的开发优势将十分困难，互补性资产将成为提升研发效率的重要内容。当科技中介处于网络中心时，供需双方相关信息的汇集将为互补性资产的交换和配置提供快速而准确的媒介对接。第四，资源在网络中传递时，会被所经过的节点处理、过滤，因此容易受到节点能力的局限性而被限制。相对于普通企业与研究院所，科技中介更专精于信息资源的传播，具有较高的信息加工与处理能力，所以，处于网络中心的科技中介比同处于网络中心的企业等其他类型节点更有助于产业集群资源的优化及配置。因此，提出如下假设：

H2a：科技中介的中心度与产业集群绩效有正向影响。

（二）科技中介的结构洞与产业集群绩效

产业集群中的任何企业均无法与其他所有节点都发生联系，因此，结构洞普遍存在于集群网络之中。科技中介占据的结构洞越多，说明其连接不同个体的“黏合”作用越明显，为相对细碎化的网络提供了较多资源交流渠道，从而有益于集群创新活动。此外，由于企业之间的联系存在成本，侧重于维持与科技中介的联系（在网络上体现为中介机构占据结构洞）能够帮助企业剔除冗余联系，减少不必要的关系投入。另外，占据结构洞的节点能够获得多层面的非重复信息流，从而保持和控制信息优势，这将有利于科技中介更多地触及异质性信息，从中筛选整合，提升中介的效率，进而促进集群创新资源的有效分配。

但有学者认为，在网络中，如果存在人为占据第三者的优势地位而努力维持结构洞，甚至阻挠另外两者直接联系的情况，将会对整体产生较大的负面作用。因此，盛亚将结构洞分为两类：一类是自益型结构洞，即结构洞占据者为了自身利益而维持的结构洞；另一类是公益型结构洞，即为了促进网络中某些不可能发生直接联系的节点之间的资源流动而建立的结构洞。

因为相互之间缺乏联系或联系较少往往会引起节点之间存在异质性，所以自益型结构洞通常形成产生于较强异质性的节点之间，并且节点之间的异质性也是结构洞占据者维持结构洞操纵资源流向的重要原因之一。虽然自益型结构洞存在以利己为目的的维持行为，但鉴于节点间本身缺乏必要的联系，所以，这种维持行为一定程度上改善了网络的联结关系，优化了节点之间资源配置，使得节点双方通过中介均获得了异质性资源，从而取得互补性资产。共益型结构洞设立的初衷是促进多方合作共赢，实现原本没有联系的节点之间的资源流动。因此，结构洞的自益或者共益属性并不会改变科技中介对于集群创新绩效的正面影响。因此，提出如下假设：

H2b：科技中介所占据的结构洞数目与产业集群绩效有正向影响。

五　网络位置的调节作用

科技中介三大类功能固然为产业集群提供了降低交易成本、加速技术扩散的渠道，但具体作用效果还依赖科技中介的网络位置。首先，位于网络中心的科技中介，拥有更为丰富的信息获得渠道，从而使与之相连的企业所能拓展的创新搜索范围也相应增加。其次，不同种类的企业优势资源更容易在网络中心汇聚，经过结构洞占据者的非冗余筛选，将形成价值更高的信息池，进一步降低企业的信息获得成本，提升信息交流效率。再次，占据结构洞有利于科技中介更方便地查明交易双方的资质，从而更有利于降低信息的非对称性，实现公平技术交易。最后，较高的中心度也使得中介机构掌握更多信息，在寻找潜在交易对象、控制交易风险等方面均更具优势。因此，提出如下假设：

H3a：科技中介的中心度对其搜寻认知功能的发挥有正向调节作用。

H3b：科技中介的中心度对其交流吸收功能的发挥有正向调节作用。

H3c：科技中介的中心度对其商业化功能的发挥有正向调节作用。

H4a：科技中介占据的结构洞丰富程度对其搜寻认知功能的发挥有正向调节作用。

H4b：科技中介占据的结构洞丰富程度对其交流吸收功能的发挥有正向调节作用。

H4c：科技中介占据的结构洞丰富程度对其商业化功能的发挥有正向调节作用。

综上所述，构建分析概念框架模型如图 28－1 所示，期望以下实证分析检验概念模型与假设。

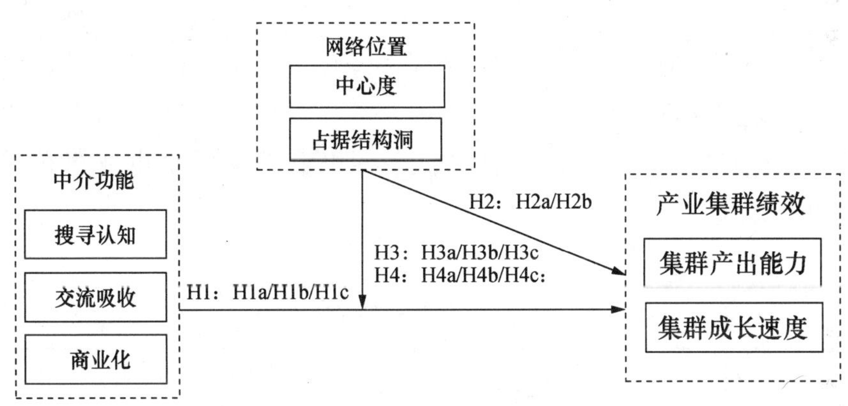

图 28－1　研究概念框架

第三节　对浙江产业集群的实证考察

一　调研样本

依托浙江省经信委的研究项目“浙江省省级转型升级示范区试点块状产业标准化工作情况调查”所取得的调查结果，选取数据相对完整的

32 个产业集群进行研究。除保证数据可得性和准确性外，主要基于如下考虑：（1）入选浙江省“省级块状经济向现代产业集群转型升级示范区”的产业集群均具有历史悠久、产业基础良好、创新能力较强、产业链较为完善、龙头企业带动性好、品牌综合优势明显的特点，是浙江省众多产业集群的典型代表。（2）示范区集群内公共服务平台初具规模，中介机构及行业组织在规划制定、行业自律、信息交流、标准制定、应对壁垒、沟通政企等方面均发挥了一定的作用[①]，能够为本研究提供丰富的分析对象。（3）32 个示范区集群涵盖浙江省制造业主导地位的机械、化工、纺织和消费四大行业，突出浙江经济的特色，能起到较好的表征作用。

二　数据来源

本研究数据来源分为三个方面：关于产业集群的规模来自“浙江省省级转型升级示范区试点块状产业标准化工作情况调查”的汇总数据，各集群销售额、利润则来自浙江省经信委的官方统计；集群内各科技中介的功能来自在 2010 年 3 月到 2012 年 12 月期间进行的问卷调查，累计发放问卷 480 份，回收问卷 287 份，回收率为 59.79%，其中有效问卷 253 份，样本企业分布及特征见表 28－2。关于科技中介网络位置的数据来自在 2009 年 10 月到 2013 年 6 月期间对样本集群中知名企事业单位的资料及访谈调查，共计 3162 家。

表 28－2　　样本单位描述性统计

集群	所属行业	集群初步形成时间	功能调查有效问卷数	网络位置调查单位数
桐乡濮院秀洲洪合针织	纺织	1980—1989 年	7	65
绍兴纺织	纺织	1980—1989 年	10	209
嵊州领带	纺织	1980—1989 年	10	119
兰溪棉纺织	纺织	1990—1999 年	6	75
诸暨大唐袜业	纺织	1990—1999 年	11	140
富阳造纸	化工	1980—1989 年	9	35

① 浙江省经济和信息化委员会办公室，浙转升办［2013］13 号，《关于开展省级块状经济向现代产业集群转型升级示范区试点和工业行业龙头骨干企业增补申报工作的通知》。

续表

集群	所属行业	集群初步形成时间	功能调查有效问卷数	网络位置调查单位数
衢州氟硅	化工	2000 年后	5	77
建德精细化工	化工	1990—1999 年	7	32
嘉兴港区化工新材料	化工	2000 年后	5	21
台州医药化工	化工	1980—1989 年	7	121
杭州装备制造	机械	1979 年前	9	79
乐清工业电气	机械	1980—1989 年	9	83
瑞安汽摩配	机械	1980—1989 年	9	77
永嘉泵阀	机械	1980—1989 年	7	65
长兴蓄电池	机械	1990—1999 年	8	42
新昌轴承	机械	1980—1989 年	9	172
东阳磁性电子材料	机械	1990—1999 年	8	84
永康五金	机械	1980—1989 年	7	68
舟山船舶修造	机械	2000 年后	4	77
黄岩模具	机械	1980—1989 年	10	260
温岭泵业	机械	1990—1999 年	7	189
龙泉汽车空调零部件	机械	2000 年后	8	86
遂昌金属制品	机械	2000 年后	8	29
慈溪家电	机械	1990—1999 年	9	72
温州鞋业	消费品	1980—1989 年	8	37
安吉椅业	消费品	1980—1989 年	7	75
南浔木地板	消费品	1990—1999 年	8	126
海宁皮革制品	消费品	1980—1989 年	8	173
义乌饰品	消费品	1990—1999 年	11	96
江山木业加工	消费品	1990—1999 年	6	99
舟山海洋生物与海产品深加工	消费品	1980—1989 年	8	136
临海休闲用品	消费品	2000 年后	8	143
合计	—	—	253	3162

三 浙江产业集群内中介功能的测度

参考西顿和科德·海斯的研究，采用11个测量条目的语义差别五级LIKET量表（见表28－3），邀请调查对象依据自身观察对所在集群内科技中介的搜寻认知、交流吸收、商业化的功能发挥程度进行评判，分别得到样本集群科技中介三类功能变量的赋值。运用主成分分析法，特征根大于1.0分析量表的构建效度，搜寻认知4个项目、交流吸收4个项目和商业化3个项目分别组成三个因子，与原构思符合；通过计算Cronbach内部一致性系数（α系数）分别为0.72、0.81、0.78，说明量表是可靠有效的。

表28－3 中介功能的测量条目

主要功能	测量条目
搜寻认知功能	科技中介能够对技术发展趋势评估、技术路径规划提供完整而翔实的信息 科技中介能够及时掌握技术提供与需求双方信息，并积极帮助接洽 科技中介能够有针对性地提供合适信息，对于冗余信息予以过滤
交流吸收功能	科技中介能够整合来自多方的技术，对于交叉领域有较高的兴趣 科技中介能够准确而及时地提供技术或者产品的测试服务 科技中介能够为集群企业培训具有较强上岗能力的员工 科技中介能够主导制定标准化文件，积极沟通企业，促进标准联盟形成 科技中介积极从事专利注册及保护工作，能够为知识产权调查提供强力的支持
商业化功能	科技中介能够为集群单位寻找潜在投资者，为企业提供合适的包装方案 科技中介能够帮助企业制订营销计划、拓展新市场，从而促进销量增长 科技中介能够对新技术应用绩效或新产品市场反应提供准确的测算评价

四 浙江产业集群内的网络位置测度

为了剖析不同产业集群网络的结构属性，将问题进行简化，参考池仁勇的思路，从集群中选择若干知名企业（依据资料完备程度，不同集群存在一定差异，具体数据见表28－2）进行资料分析和调查研究，其余众多小企业以小企业群为节点代替。然后通过在2009年10月到2013年6月期间对所选择企业的逐个调查，根据每家企业介绍的资料进行归纳，认为两个组织之间存在技术合作、供销联系、产权关联、信息交流等活动就在相应关系矩阵中赋值为1；否则为0。借助UCINET 6.237自动生成网络图，确定网络结构。典型结构图（依据科技中介中心度及占据结构洞情况选取）如图28－2所示，由于篇幅限制，其他图不做赘述。

（一）科技中介中心度

中心度一般包含度数中心度、接近中心度和中介中心度三个指标，考虑样本集群网络中的非完全相连性，接近中心度丧失实际意义。同时，根据Bonacich的研究，与网络中联结较少的行动者联结度越高，网络地位及依赖程度也就越高，所以将Bonacich点中心度作为中心度的考量指标之一，通过对科技中介节点的度数中心度、中介中心度和Bonacich点中心度抽取公因子来表征科技中介中心度系数（总解释变量为80.32%），取样本集群中所涉及科技中介中心度系数的均值作为集群科技中介中心度的赋值。

（二）结构洞

伯特的结构洞指标一般从有效规模、效率、限制度和等级度四个方面来衡量，目前在学术界较为常用的是用限制度来表示节点占据结构洞的情况。限制度主要描述节点在网络中运用结构洞的能力，限制度越高，能力越弱。考虑到限制度最大值为1，为计量方便，将1与节点限制度之差用来表征科技中介占据结构洞程度系数，取样本集群中所涉及科技中介结构洞系数的均值作为集群科技中介结构洞的赋值。

五　浙江产业集群的绩效测度

绩效是对工作结果的一种表示，因此，产业集群绩效可以被界定为产业集群在生产发展过程中由于生产经营活动以及集群专业化特征、规模优势和成本优势所获收益的状态和水平。参考安德烈斯等的观点，可以通过集群产出能力和集群成长速度两个方面衡量集群的绩效。集群产出能力是指集群产生商品并以此获利的水平，用样本集群的平均利润率[①]表征；集群成长速度是指集群发展的动态情况，用样本集群的年均销售额增长率和年均利润增长率共同表征。依据笔者所掌握的统计数据，通过对样本集群2008—2011年的年平均利润率、销售额和利润年均增长率经标准化后抽取公因子来表征产业集群绩效（总解释变量为84.24%）。

① 集群内企业利润总额和销售总额的比值。

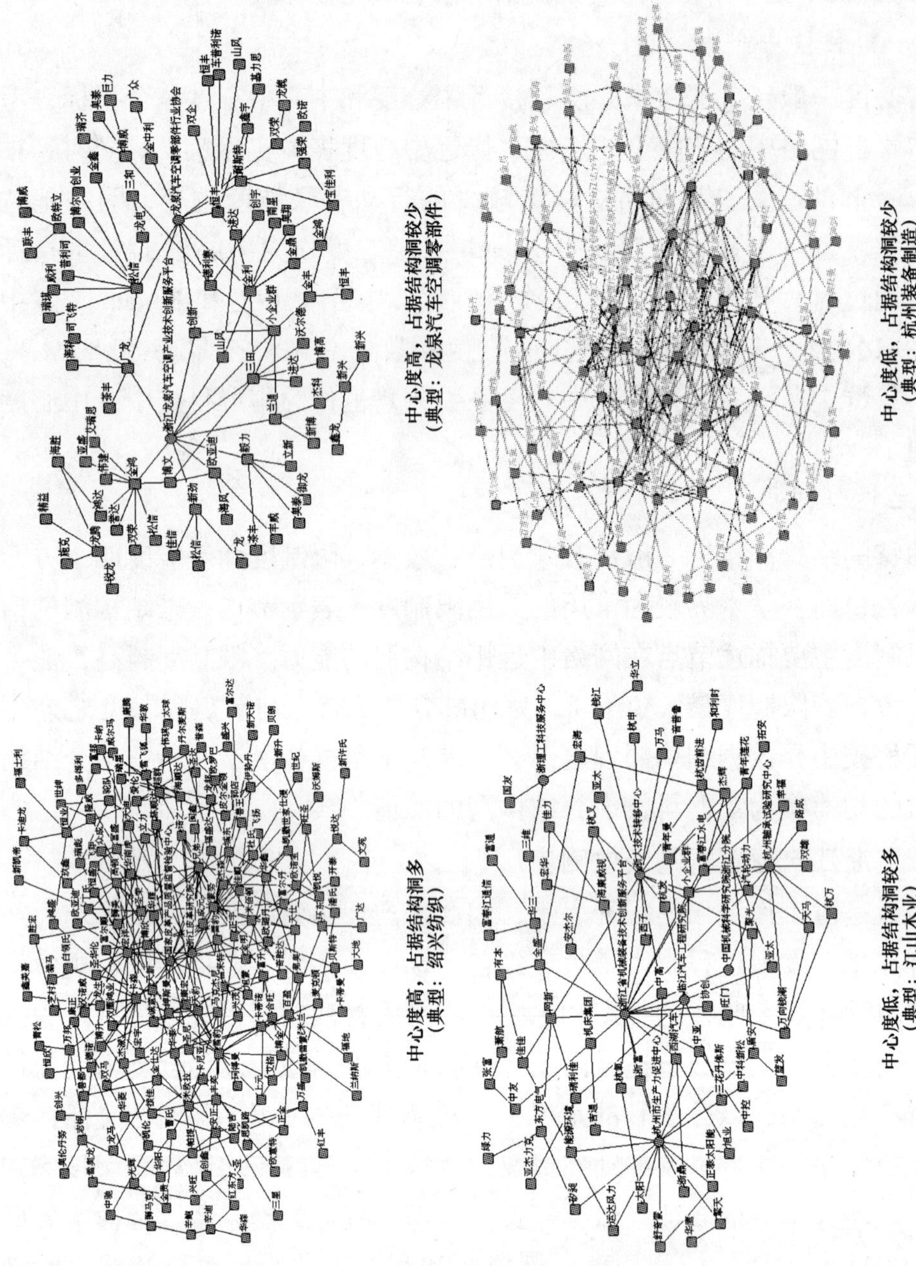

图 28－2 典型样本集群网络结构

六　其他控制变量的测度

（一）集群规模

有学者认为，规模越大，可利用的财力和物力越多，越有可能获取更多的收益。因此，规模是影响行为主体绩效的重要组织特征。但因研究角度及关注点的关系，本报告将其作为控制变量处理。按照学术界的普遍做法，用“浙江省省级转型升级示范区试点块状产业标准化工作情况调查”中集群企业数量的自然对数值作为集群规模的赋值，并把1%和99%分位点以外的离群值做缩尾处理。

（二）集群年龄

组织存在越久，其越可能积累资源，因而更具有创新产出的能力。集群中企业的根植性往往与集群发展历史存在正向联系。换言之，集群历史越长，群内企业的稳定性越高，存在长期合作的可能性也相应增加。而长期合作能够增加网络行动者之间的信任度和承诺度，强化网络联结进而促进产业集群绩效。按集群初步形成的时间将样本集群分为四个阶段，具体而言，以1代表1980年以前，2代表1980—1989年，3代表1990—1999年，4代表2000年后，样本情况见表28－2。

第四节　对浙江产业集群实证结果的分析

本章模型主要变量的描述性统计及相关系数（见表28－4）表明，集群绩效、网络位置与中介功能等变量之间大都存在相关性，说明中介功能对集群绩效产生影响，并且网络位置可能会起到调节作用。为了进一步分析集群绩效的因果关系，构建集群绩效的多因素回归模型如表28－5所示。

表28－4　　变量描述性统计及相关系数矩阵（N＝32）

变量	均值	标准差	1	2	3	4	5	6	7	8
1. 绩效因子	10.282	8.573	1.000							
2. 集群规模	1.320	1.297	0.236*	1.000						

续表

变量	均值	标准差	1	2	3	4	5	6	7	8
3. 集群年龄	2.661	0.802	0.121	0.492**	1.000					
4. 搜寻认知	4.133	1.286	0.542**	0.133	0.092	1.000				
5. 交流吸收	3.644	1.458	0.583*	0.123	0.045	0.000	1.000			
6. 商业化	2.697	2.123	0.632***	0.082	0.124	0.000	0.000	1.000		
7. 中心度	18.243	8.364	0.384*	0.231**	0.133	0.782*	0.382**	0.122	1.000	
8. 结构洞	0.783	0.434	0.245*	0.112	0.161	0.591*	0.473*	0.632*	0.673**	1.000

说明：*表示 $p<0.1$；**表示 $p<0.05$；***表示 $p<0.01$。

表 28-5　　产业集群绩效的多因素回归结果（N=32）

	M1	M2	M3	M4a	M4b	M4c	M5a	M5b	M5c
集群规模	0.235*	0.226*	0.214**	0.208*	0.197**	0.210*	0.228*	0.232**	0.219*
集群年龄	0.021	0.043	-0.032	0.034	0.014	0.024	-0.013	0.041	0.033
搜寻认知		0.272*	0.233*	0.225*	0.247*	0.252*	0.238*	0.292*	0.283**
交流吸收		0.182**	0.178**	0.193*	0.212***	0.221**	0.168**	0.172*	0.192*
商业化		0.221**	0.223*	0.231***	0.242*	0.233**	0.212**	0.207*	0.211*
中心度			0.132*	0.143***	0.122*	0.113*	0.138*	0.129*	0.142*
结构洞			0.232**	0.226*	0.231*	0.216*	0.204*	0.192***	0.235**
搜寻认知×中心度				0.102*					
交流吸收×中心度					0.113**				
商业化×中心度						0.092			
搜寻认知×结构洞							0.134**		
交流吸收×结构洞								0.121*	
商业化×结构洞									0.082
调整的 R^2	0.282	0.491	0.664	0.672	0.683	0.665	0.676	0.677	0.669

说明：*表示 $p<0.1$；**表示 $p<0.05$；***表示 $p<0.01$。

模型M1是集群绩效对控制变量的回归。模型M2引入三个表征中介机构功能的自变量，结果显示，模型的解释度有显著提高（ΔA. R = 0.209）；表明搜寻认知、交流吸收、商业化均能够对产业集群绩效产生显著的正向影响，科技中介功能的发挥及完善对产业集群绩效能够产生积极作用，支持了假设H1a、假设H1b和假设H1c。

模型M3为主效应模型，进一步增加了中心度和结构洞两个调节变量，模型的解释力度有所提高（ΔA. R = 0.153），说明中心度对产业集群绩效的正向作用显著，从而支持了假设H2a；结构洞与产业集群绩效的正向作用显著，从而支持了假设H2b。

把交互项逐个放入主效应模型以后得到模型M4a至模型M5c。模型M4a至模型M4c验证中心度对自变量的调节效应，结果表明中心度显著正向调节搜寻认知和交流吸收功能与产业集群绩效的关系，从而支持了假设H3a和假设H3b；但是，中心度调节商业化功能与产业集群绩效的关系不显著，假设H3c没有得到支持。模型M5a至模型M5c验证了结构洞对自变量的调节效应，结果表明，结构洞显著正向调节搜寻认知和交流吸收功能与产业集群绩效的关系，从而支持了假设H4a和假设H4b；但是结构洞调节商业化功能与产业集群绩效的关系不显著，假设H4c没有得到支持。

综合以上实证检验表明，关于科技中介功能和网络位置对集群创新绩效存在正向作用的假设均得到了支持，在网络位置对中介功能调节作用的检验中，对搜寻认知功能和交流吸收功能的调节作用也得到支持，而对商业化功能的调节作用不显著。根据Polanyi的研究，经济活动嵌入社会关系，科技中介帮助企业扩展搜寻范围、提升认知质量、促进相互交流、加速知识吸收等活动必须依靠丰富的网络资源予以保障。但寻找投资、新产品评估等与商业化相关活动更为关注行动效率及速度，当存在更为便捷的固定平台时，行动者就会暂时脱离自身所处网络而直接向平台寻找资源。在对集群进行调研的过程中发现，浙江省依托主要集群，围绕各核心产业成立了由科技部门牵头，科研部门、高等院校和龙头企业共同发起的重大科技创新平台，其主要功能是促进产学研的一体化，充当技术交流、交易的重要中介，从而使企业在商业化行为中呈现出了一定的“脱嵌性”。

图28－3更为直观地表明了中介功能、网络位置和产业集群绩效之间

的关系。高中心度意味着科技中介掌握着更多的信息源，因而对搜寻认知和交流吸收功能能够起到较好的促进作用；低中心度的科技中介在发挥搜寻认知、交流吸收功能方面的效率相对就会有所下降。同样，占据较多结构洞的科技中介掌握大量的独特资源，其更容易促进企业对创新资源的搜寻认知及交流吸收；而占据结构洞较少的科技中介往往无法达到连接的作用，甚至在一定程度上表明企业已越过科技中介而直接联系，搜寻认知及交流吸收的功能自然受到抑制。

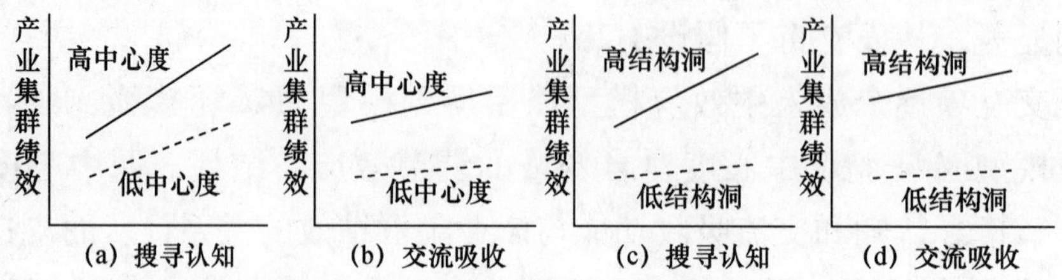

图 28－3　网络位置对中介功能的调节作用

第五节　结论与政策启示

本章以 32 个浙江省典型产业集群为样本，应用社会网络分析工具及回归模型就科技中介功能和网络位置对产业集群绩效的影响机制进行实证研究，结果认为：科技中介的功能对产业集群绩效存在正向作用，但是科技中介在不同网络位置对产业集群绩效产生的影响存在差异。具体而言，当科技中介中心度及占据结构洞均较高时，将增加搜寻认知和交流吸收功能对产业集群绩效的促进作用；反之，将削弱搜寻认知和交流吸收功能的促进作用。这进一步证实了 Koka、Zaheer、钱锡红等学者对于网络位置作用机制的研究结果，同时也表明网络位置除直接影响节点的绩效之外，也能借助影响节点网络功能对整体网络绩效产生作用，但当节点在某些条件下具备一定的脱嵌性时，网络位置的作用将会受到削弱。

本章的理论贡献体现在如下几个方面：第一，本章从网络理论的角度探讨了中心度、结构洞等位置变量对科技中介功能发挥的影响，学术界目前此方面研究仍较为缺乏，为研究科技中介提供了一种新的思路。第二，将网络位置与科技中介各功能的交互作用纳入产业集群绩效的影响函数，说明网络位置对科技中介搜寻认知和交流吸收等功能的调节作用机理，是对主流集群绩效模型的有益补充，深化了科技中介对集群绩效作用过程的理解。第三，本章的实证数据及结论能够进一步丰富现有产业集群相关研究的经验证据。

实践方面，本章对相关政府管理部门提供了一些有益的政策启示。首先，研究进一步证实，科技中介功能的发挥能够促进产业集群绩效的提升，揭示了科技中介与集群发展的因果关系，因此，政府政策应该进一步鼓励与扶持科技中介在产业集群中发展。其次，产业集群绩效除了受科技中介功能发挥的影响外，还受到科技中介网络位置的影响，因此，在规划科技中介发展时，既要鼓励现有科技中介做大做强，提升自身的网络地位，发挥规模效益；又要在建立新的科技中介时要考虑集群的现实情况，选取关键节点进行联系。特别是在建立创新服务平台等公益型科技中介时，应该邀请集群中关键节点（如大企业）参与共建，能够起到事半功倍的效果。

本报告目前还存在以下局限：首先，集群样本均来自于浙江，并且只有 32 个，有待进一步推广补充更大容量的样本，从而对现有理论体系进行进一步的验证和完善。其次，对于样本集群中网络位置变量的赋值是基于对集群内知名企业资料的查阅及调研，节点相互联结带有一定的主观性，有待规范以提升结论的客观性。最后，研究本身为截面数据的相关分析，还可以做纵向研究，对作用机理做进一步的揭示。

第二十九章

浙江高技术企业技术获取模式与创新绩效实证研究报告

第一节　实证研究背景

研究开发或研发（Research and Development，R&D）活动在企业技术创新过程中起着十分关键的作用，是企业、产业乃至国家发展的重要创新源。在技术创新活动过程中，R&D 投入必不可少，其规模和强度是衡量企业创新能力的重要指标，是形成企业核心竞争力的主要途径之一。R&D 投入不足势必影响企业的创新能力，进而影响企业创新绩效。学者们对 R&D 投入与企业创新绩效的关系给予了极大的关注。大部分研究结果显示，R&D 投入与企业创新绩效显著正相关。但随着研究的不断深入，人们发现 R&D 投入对创新绩效的影响并不确定，两个 R&D 投入相同的同类型企业可能会有不同的创新能力，最终产生不同的创新绩效，在某些情况下两者之间还可能表现出非显著相关性。为什么相同的 R&D 投入对企业创新绩效的影响在不同企业之间会产生如此巨大的差异？部分学者开始关注影响这两者关系的其他因素。与企业创新活动相关的各种内外部条件，如企业规模、融资体系和公司治理等逐步进入研究视野，成为影响 R&D 投入与企业创新绩效的各种调节变量。

尽管有不少学者注意到企业技术获取模式，尤其是外部技术获取对企业创新绩效产生的影响，指出不同类型的技术获取模式，会以不同的方式影响企业创新绩效，但从目前的研究来看，技术获取模式并没有作为影响 R&D 投入与企业创新绩效的调节变量引起学者的关注。本质而言，R&D

投入与企业创新绩效的关系可视为一种简单的投入—产出关系，其结果与整个研发活动过程有关。企业在创新活动过程中所采取的主要技术获取模式，不仅直接作用于企业创新绩效，还会对 R&D 过程中的成本、资源配置、风险及收益产生影响，进而对 R&D 投入与企业创新绩效的关系产生影响。因此，企业技术获取模式理应视为影响 R&D 投入与企业创新绩效的重要调节变量。企业技术获取模式是否对 R&D 投入与创新绩效的关系具有调节作用？不同的技术获取模式（如不同的技术来源、不同的技术引进方式和内容等）又是否会产生不同的调节作用？这些调节作用分别是怎样的？这些问题都尚未得到很好的回答。

基于此，本章创新性地将企业技术获取模式作为调节变量引入，探讨其对 R&D 投入与企业创新绩效关系的影响，拓展了现有研究视角，对进一步明确 R&D 投入与创新绩效关系异质性的作用机理具有重要的理论意义。同时，本章以浙江高技术企业为研究对象展开实证研究，其研究成果是对现有研究的有益补充，并希冀能够为中国企业提升技术创新绩效提供参考和建议。

第二节　R&D 投入、技术获取模式对企业创新绩效的影响机制

一　R&D 投入与企业创新绩效

以往许多研究致力于探索 R&D 投入与企业绩效之间的直接关系。研究结果显示，R&D 投入可以引导技术原型的产生和发展，有利于新产品进入市场，与企业技术创新绩效存在直接的正相关关系，且对制造业部门企业绩效的积极作用要大于服务业部门。R&D 资本存量与高新技术产业专利申请受理量、新产品销售收入、利润等产出指标均存在显著的正线性相关关系。进一步对 R&D 投入进行分类，获得显性知识的 R&D 经费投入相对于获得隐性知识的其他类型 R&D 投入，呈现出与创新绩效更为显著的正相关关系。R&D 经费投入对专利申请量、新产品销售收入和新产品产值存在显著影响，而 R&D 人员投入对新产品开发存在显著影响。在中国高技术产业中，R&D 资本对技术创新绩效的贡献率远高于 R&D 人员对

技术创新绩效的贡献率，并且两种投入要素产出弹性之和大于 1，呈现出规模经济的特性。企业规模对 R&D 经费支出存在负面影响，不同主体的 R&D 投入与企业技术创新绩效的关系也存在差异，外资企业、私营企业、集体企业、股份企业和国有企业的 R&D 边际产出依次递减。

也有学者指出，R&D 投入对企业绩效的影响并不都是积极的，甚至可能是负面的。R&D 投入并不会比其他形式的投资支出更有利于提高企业绩效。因为溢出效应的存在，R&D 投入企业可能并不能获得全部创新收益，而遭到竞争者的模仿，面临更为激烈的竞争。由于资源存在被无效配置和利用的可能，R&D 投入对企业绩效的促进作用关键取决于这些支出是否被有效利用。

通过对上述相关理论和实证研究成果的梳理，本研究提出 R&D 投入与企业创新绩效之间有待检验的假设：

H1：R&D 投入与企业创新绩效之间存在显著正相关关系。

二　技术获取模式对 R&D 投入与企业创新绩效的调节作用

（一）不同技术来源的调节作用

技术获取模式从技术来源角度看，根据研发参与程度的强弱可分为独立研发、合作研发和购买引进等模式。其中，独立研发属于内部技术获取，合作研发和购买引进属于外部技术获取。不同类型的技术获取模式以不同的方式影响创新绩效，内部和外部研发在不同程度上可能互补，也可能相互替代。一般认为，独立研发虽然投入较大、风险较高，但也体现企业具有较强创新能力，一旦成功，在相同 R&D 投入的情况下，企业往往能够利用研究成果获取高额垄断收益。因此，独立研发对 R&D 投入与企业创新绩效之间的调节作用可假设为：

H2a：独立研发对 R&D 投入与创新绩效的关系起正向调节作用。

随着技术更新速度加快和复杂性加强，企业越来越依赖外部技术获取。一方面，有学者认为，从外部获取技术有助于企业集中资本、提高劳动生产率，对企业绩效具有显著的正面效应。另一方面，也有学者认为，搜寻和选择合作伙伴，配置各种附加资源，协调和管理合作成员的研发活动所产生的高额交易成本降低了外部创新活动的收益，还会对企业带来组织结构调整的挑战。外部技术获取在一定程度上带来更高的创新绩效，但超过一定阈值后会降低企业创新绩效，而且随着企业内部技术知识存量的增加，研发边界开放会导致机会成本增加，这种负面影响会越发显著。就具体的外部技术获取模式而言，研究显示，企业间合作研发实践的失败率较高，与竞争者的合作研发以及与研发机构的合作研发均对企业创新绩效产生负面影响；而技术购买引进在中国技术基础薄弱的初期阶段对技术追赶和经济发展起到了重要的作用，但是，随着中国经济发展和企业技术能力的提升，技术引进的“天花板”效应逐步显现，对企业创新绩效的积极效应逐渐减弱。因此，外部技术获取模式对 R&D 投入与创新绩效关系的调节效应可假设为：

H2b：合作研发对 R&D 投入与创新绩效的关系起反向调节作用。

H2c：购买引进对 R&D 投入与创新绩效的关系起反向调节作用。

（二）国外技术引进方式的调节作用

购买引进作为常见的外部技术来源获取模式在中国企业中较为普遍。调查结果显示，中国企业在技术引进过程中，更倾向于从国外引进。企业对国外技术的引进内容各不相同，不同引进方式和内容将会形成不同层次的技术能力，对企业的创新绩效产生不同影响。具体而言，企业引进国外技术的主要方式和内容包括购买设备、购买技术资料或专利、购买样品、聘请国外技术人员等。在这些引进方式中，购买技术资料或专利直接有利于企业新产品的开发与生产，购买国外先进设备后企业新产品的产量通常会增加，因此采购先进的设备或直接购入专利技术均能在短期内提高企业技术创新的速度和绩效；购买样品、聘请国外技术人员及其他方式对企业自身的学习和技术内部化能力要求更高，而当前中国高技术企业的学习和吸收能力较弱，技术内部化能力也不强，因此这些方式对企业新产品开发与生产的促进作用可能相对有限。

基于以上分析，具体到不同国外技术引进方式，提出以下有待检验的进一步假设：

H3a：购买设备对 R&D 投入与创新绩效的关系起正向调节作用。

H3b：购买技术资料或专利对 R&D 投入与创新绩效的关系起正向调节作用。

H3c：购买样品对 R&D 投入与创新绩效的关系起反向调节作用。

H3d：聘请国外技术人员对 R&D 投入与创新绩效的关系起反向调节作用。

三 研究框架

依据以上理论假设，我们构建出 R&D 投入、技术获取模式（不同技术来源和国外技术引进方式）和企业创新绩效间的假设模型如图 29 -1 所示。

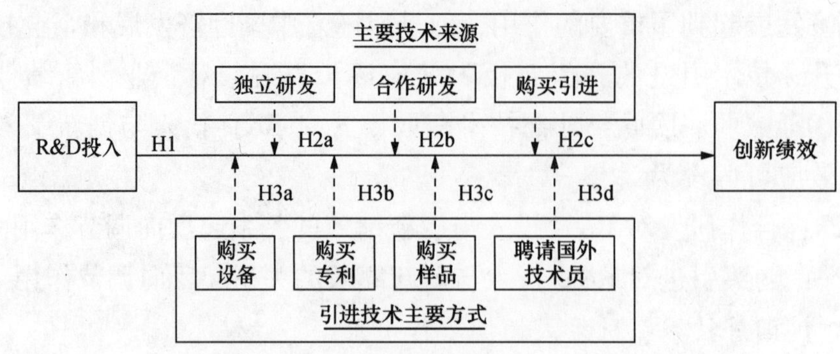

图 29 -1 理论假设模型

第三节 对浙江省高新技术企业的实证考察

一 研究方法

本报告中待检验的研究假设起调节变量的作用。当前，对调节效应检验的普遍做法，主要是采用多层次回归方程方法进行检验。然而，根据显变量的调节效应分析方法，当自变量是连续变量、调节变量是类别变量时，应选择分组回归方法。本报告中，自变量为 R&D 投入（连续变量），调节变量为企业主要技术来源和国外技术主要引进方式（类别变量），故应采用分组回归方法。

二 变量测度

（一）因变量：企业创新绩效

以往的研究中，关于企业创新绩效的测度主要包括专利申请量和新产品产出两类。考虑到新产品销售收入直接反映企业创新活动所产生的收益，是极为显性的衡量技术创新绩效的指标，比专利更能反映出研发成果的商业化水平，本报告选择新产品销售收入来测度企业创新绩效。

（二）自变量：R&D 投入

R&D 投入通常可分为 R&D 经费投入和 R&D 人员投入。研究显示，R&D 经费投入与技术创新绩效存在明显的正相关关系，其对技术创新绩效产出的贡献率远高于研发人员的贡献率。同时，考虑到作用的时滞性，本报告选择以企业上一年的 R&D 经费投入来测度自变量。

（三）调节变量：技术获取模式

从企业主要技术来源和引进国外技术主要方式两个角度来测度。具体来说，企业的主要技术来源可以分为独立研发、合作研发和购买引进三类；引进国外技术的方式可分为购买设备、购买技术资料或专利、购买样品和聘请国外技术人员四类。

（四）控制变量

控制变量主要考虑企业的规模、年龄、所属行业以及性质等企业层面的特性。技术创新与企业规模的关系一直是技术创新研究领域的热点，本研究采用一般研究中惯常采用的员工数量来测度企业规模。企业年龄用企业的创办年数来测度。由于研发投入和企业规模对创新绩效产出的影响程度存在行业差异，本报告将高技术企业所属行业纳入控制变量，主要包括电子信息、生物医药、新材料、光机电一体化、新能源和环境保护六类。此外，本报告还试图探寻企业所有权性质对创新绩效的影响，主要包括国有及国有控股、“三资”、民营和上市企业四种类型。这一影响效果并不明确，在接下来的分析中拟通过计量分析，明确是否应将其纳入控制变量。

三　数据收集

课题组利用浙江省科技统计部门组织的全省会议，向浙江省各地市高新技术企业发放关于企业自主创新能力的调查问卷 2200 份，回收 2000 份，其中有效问卷 1717 份。本报告提取问卷中涉及企业特性、创新投入和产出、主要技术来源和国外技术引进方式等 10 余项问题的调查结果作为横向截面样本数据。对相关问卷进行筛选，剔除不符合研究行业要求等条件以及近两年无创新活动、无创新绩效（无新产品销售收入）的企业后，有效样本数量为 964 家。其中，主要技术来源为独立研发的有 657 家，占 68.15%；为合作研发的有 286 家，占 29.67%；为购买引进的有 21 家，占 2.18%。引进国外技术的主要方式为购买设备的有 391 家，占

40.56%；为购买技术资料或专利的有162家，占16.80%；为购买样品的有192家，占19.92%；为聘请国外技术人员的有94家，占9.75%；为其他方式①的有125家，占12.97%。

第四节 对浙江高新技术企业实证结果的分析

一 主效应检验及其结果

为了便于计算分析，将新产品销售收入、R&D经费投入和企业规模进行对数化处理。研究变量的类型有所不同，其中自变量和因变量为连续变量，调节变量为类别变量，控制变量中部分为连续变量，部分为类别变量。要进行回归分析，首先需要将所有的类别变量转化为哑变量。将R&D经费投入、企业规模、年龄、所属行业和所有权性质作为自变量，创新绩效作为因变量进行回归分析，主效应检验结果如表29－1所示。

表29－1　R&D投入、控制变量与创新绩效之间的回归结果

R&D投入	规模	年龄	行业（哑变量）	性质（哑变量）	R^2	调整后的R^2	F值	DW	容差	VIF
0.321*** (−0.032)	0.474*** (−0.049)	−0.007 (−0.004)	显著相关	非显著相关	0.575	0.57	117.136***	2.004	>0.5	<4

说明：括号内数值为标准差。*表示P<0.1，**表示P<0.05，***表示P<0.01（以下各表同）。

R&D投入和企业规模与创新绩效之间的回归系数均通过0.01的显著性检验；企业所属行业作为哑变量进行回归的结果显示，其与创新绩效之间显著相关；年龄和所有权性质与创新绩效之间则并无显著的统计学意义。回归方程的F值具有显著性，故假设H1成立。

同时，结果显示，回归方程各变量的方差膨胀因子（VIF）的值在1.052—4.148之间，平均值远低于可接受水平10，容差值在0.527—

① 其他国外技术引进方式是指除了所列举方式外的其他可能方式，也包括主要方式不明确或不存在技术引进的情况。

0.932 之间，符合较接近 1 的原则，故变量之间不存在多重共线性问题。由于 t 检验和方差分析对数据背离正态分布有较好的稳健性，因此，研究对数据的正态分布只需要一个粗略的了解，Histogram 图可大致显示数据不存在严重的异方差性。

主效应检验结果还有助于对本研究控制变量的选择进行调整。进行调节效应分析时，一般要求所选取的控制变量与因变量之间显著相关。因此，在之后的调节效应检验过程中，仅保留企业规模和所属行业这两个主要控制变量。

二　调节效应检验及其结果

模型 1（M1）是仅包含自变量和控制变量的基准模型；模型 2（M2）为调节变量“主要技术源”对自变量和因变量的分组回归模型，包括 M2a、M2b 和 M2c 三组模型，分别检验企业不同技术来源——独立研发、合作研发及购买引进的调节作用；模型 3（M3）为调节变量“引进国外技术主要方式”对自变量和因变量的分组回归模型，包括 M3a、M3b、M3c 和 M3d 四组模型，分别检验企业不同国外技术引进方式——购买设备、购买技术资料或专利、购买样品及聘请国外技术人员的调节作用。调节效应检验结果如表 29 - 2 和表 29 - 3 所示。

表 29 - 2　企业主要技术来源对 R&D 投入与创新绩效关系的调节效应

	M 1	M2a	M2b	M2c
自变量				
R&D 投入	0.321*** (0.032)	0.338*** (0.041)	0.293*** (0.054)	
是否显著相关	是	是	是	
控制变量				样本数量过少，无法进行分组回归，调节效应未检验
规模	0.472*** (0.047)	0.454*** (0.058)	0.508*** (0.084)	
行业（哑变量）	是	是	是	
R^2	0.573	0.591	0.556	
调整后 R^2	0.57	0.587	0.547	
F 值	183.298***	134.154***	58.342***	
DW	2.009	1.947	2.122	

表 28 - 2 中，企业主要技术来源的调节效应检验结果显示，在 M2a 模

型中，F 值具有显著性，R&D 投入与企业创新绩效的回归系数在 0.01 水平上显著正相关，且大于 M1 的回归系数，说明由于调节变量的作用，R&D 投入对创新绩效的正向影响更为显著。企业主要技术源为独立研发时，其对 R&D 投入与创新绩效之间的关系起正向调节作用，假设 H2a 成立。

在 M2b 模型中，F 值具有显著性，R&D 投入与企业创新绩效的回归系数在 0.01 水平上显著正相关，但小于 M1 的回归系数 0.321。因此，企业的主要技术来源为合作研发时，其对 R&D 投入与创新绩效之间的关系起反向调节作用，假设 H2b 成立。

由于被调查企业中主要技术来源为购买引进的仅 21 家，样本量达不到分组回归的要求，因此，M2c 模型无法进行，相应的假设 H2c 亦无法获得检验。

然而，尽管将购买引进作为主要技术来源的企业数量较少，但被调查企业绝大部分都有较为频繁和明确的国外技术引进活动①，因此，我们有足够的样本对不同引进国外技术主要方式的调节效应展开进一步探索。检验结果如表 29－3 所示。

表 29－3　　引进国外技术主要方式对 R&D 投入与创新绩效关系的调节效应

	M 1	M3a	M3b	M3c	M3d
自变量					
R&D 投入	0.321*** (0.032)	0.321*** (0.052)	0.395*** (0.066)	0.267*** (0.066)	0.223*** (0.081)
是否显著相关	是	是	是	是	是
控制变量					
规模	0.472*** (0.047)	0.433*** (0.074)	0.475*** (0.098)	0.425*** (0.112)	0.653*** (0.103)
行业（哑变量）	是	是	是	是	是
R^2	0.573	0.531	0.551	0.573	0.687

① 说明：本课题调研采取单项选择问卷模式，即关注的重点为企业的主要技术来源和主要国外技术引进方式。现实中，除了主要技术来源，企业往往还会同时拥有其他技术来源，引进国外技术的行为在国内企业中较为普遍，且方式和内容多种多样。因此，课题针对此项展开进一步的探索。

续表

	M 1	M3a	M3b	M3c	M3d
调整后 R^2	0. 570	0. 523	0. 542	0. 559	0. 669
F 值	183. 298***	62. 033***	57. 372***	41. 332***	38. 51***
DW	2. 009	2. 004	1. 85	1. 913	2. 249

表 29 -3 中，企业引进国外技术主要方式的调节效应检验结果显示，在 M3a 模型中，F 值具有显著性，R&D 投入与企业创新绩效的回归系数与 M1 相同，且均在 0. 01 水平上显著正相关。但进一步地，M3a 回归模型的调整后 R^2 由 M1 的 0. 570 下降到 0. 523，说明企业引进国外技术的主要方式为购买设备时，其对 R&D 投入与创新绩效之间的关系起一定的反向调节作用，假设 H3a 不成立。

在 M3b 模型中，F 值具有显著性，R&D 投入与企业创新绩效的回归系数在 0. 01 水平上显著正相关，且大于 M1 的回归系数 0. 321，说明由于调节变量的作用，R&D 投入对创新绩效的正向影响更为显著。企业引进国外技术的主要方式为购买技术资料或专利时，其对 R&D 投入与创新绩效之间的关系起明显的正向调节作用，假设 H3b 成立。

在 M3c 和 M3d 模型中，回归方程的 F 值均具有显著性，且自变量均通过 t 检验，在 0. 01 水平上显著。两个模型自变量的回归系数均远小于 M1 的回归系数。因此，企业引进国外技术的主要方式为购买样品或聘请国外技术人员时，对 R&D 投入与创新绩效之间的关系起反向调节作用，假设 H3c 和假设 H3d 均成立。

调节变量对 R&D 投入与创新绩效的调节效应检验结果总结如表 29 - 4 所示。

表 29 -4　　调节变量对 R&D 投入与创新绩效关系的调节效应检验结果一览

调节变量		假设提出	检验结果
主要技术源	独立研发	H2a：正向调节作用	成立
	合作研发	H2b：反向调节作用	成立
	购买引进	H2c：反向调节作用	未检验

续表

调节变量		假设提出	检验结果
引进国外技术主要方式	购买设备	H3a：正向调节作用	不成立
	购买技术资料或专利	H3b：正向调节作用	成立
	购买样品	H3c：反向调节作用	成立
	聘请国外技术人员	H3d：反向调节作用	成立

第五节　结论与政策启示

本报告验证了技术获取模式是 R&D 投入与企业创新绩效的重要调节变量，是对现有研究的补充。同时，对不同国外技术引进途径的调节作用展开深入分析，是对现有研究成果的更为微观和具体的实证检验，具有重要的研究价值和意义。本章获得的主要结论包括：（1）R&D 投入与企业创新绩效显著正相关。（2）独立研发作为主要技术来源在企业 R&D 投入与创新绩效之间起正向调节作用；合作研发作为主要技术来源则会削弱 R&D 经费投入与创新绩效的正相关性。（3）国外技术引进方式中，购买技术资料或专利在企业 R&D 投入与创新绩效之间起正向调节作用，而购买设备、购买样品和聘请国外技术人员均具反向调节作用。

上述结论对于中国企业选择技术创新策略、提高技术创新绩效具有重要的启示意义。

第一，对企业 R&D 投入与创新绩效之间起反向调节作用的技术获取模式（合作研发、购买设备和购买样品等）具有正反两方面的实践启示。一方面，采用这些技术获取模式可能导致 R&D 经费投入的增加并不能带来创新绩效的提升；另一方面，采用这些技术获取模式也有可能克服企业 R&D 经费投入不足对创新绩效产生的不良影响，使这两者之间的关系显著弱化甚至并无显著相关。这一结论为中国企业主要技术来源的选择提供了参考，亦为通过选择不同技术来源提升企业创新绩效的可能带来启发。

第二，引进国外技术的四类主要方式中，除了购买技术资料或专利对企业 R&D 投入与创新绩效之间的关系起正向调节作用外，其余方式均具反向调节作用。这从某种程度上说明“天花板效应”在浙江省高技术企业的国外技术引进中的确存在，也反映出当前浙江省高技术企业对国外引进技术的学习效应不明显，技术消化、吸收能力不强，技术内部化能力弱。技术转化成本较高、风险较大，并不能将国外技术真正内化为给企业带来效益、促进创新绩效提升的有效投入。在以后的发展中，要致力于提升企业的学习吸收能力和技术内部化能力。

第三，研究结论为制定引导企业技术获取模式选择的相关政策提供了参考。政府及相关部门应加大及完善扶持力度和政策支持，鼓励高技术企业购买、采用和吸收国外技术资料或专利，进一步强化企业自主研发能力，提升企业创新绩效。

相对于以往的研究，本报告深入和具体地探讨了不同技术获取模式对企业 R&D 投入与创新绩效之间关系的调节作用，进一步明确了 R&D 投入对企业创新绩效的影响机制，丰富和完善了相关理论，并为企业的创新实施和政府的政策制定提供了有益参考。但也还存在一些不足和有待解决的问题，例如，研究样本来自知识流动快速、技术更新频繁的高技术企业，而对于知识流动和技术更新都较慢的传统企业，该研究结论是否仍然适用，有待检验。同时，探寻不同技术获取模式调节作用产生的机理和原因，以及企业如何凸显反向调节作用的有利面，需要进行更深入研究。

第三十章

中小企业集聚模式变迁诱因与成长性实证研究报告

第一节 实证研究背景

同行企业及相关机构在地理上的集聚已成为国内外行业发展的一种普遍现象，这种集聚机制带来的专业化分工、资源共享和技术扩散等优势有效地提升了当地企业的市场竞争力和区域经济发展水平。但在行业成长过程中，一些行业能始终保持快速增长，而另一些行业则在经历增长之后呈现快速衰退，正如近年来中国东南沿海发达地区的部分集聚制造业出现了逐渐萎缩且向中西部地区转移的迹象。基于此，众多研究者从不同层次、维度的视角展开了集聚与行业成长之间的评析。一方面，学者认为，集聚是促进行业长期竞争优势形成的重要基础。罗曼尼利（Romanelli）认为，行业集聚带来的集聚效应、专业分工体系以及合作竞争等能有效地提升行业对区域内资源的整合能力，从而促进行业的成长。郭岚等人认为行业集聚通过各种社会和商业关系支持所有参与方之间的合作与交流，其内容包括供求关系、共性技术、市场信息、人力资源市场和地方性文化，所以，集聚是行业发展的有效组织形式，并将继续成为世界性的潮流与趋势。吉尔伯特等（Gilbert et al.）通过行业集聚所引起的内部知识溢出效应进一步揭示了行业集聚所具备的相对优势，包群通过对 4.7 万多家制造业企业 6 年的数据研究分析，发现行业集聚通过出口外溢的“本地化效应”有效地推动了行业的成长。还有一些学者从行业集聚的内在特性出发，进一步深入研究集聚与行业成长之间的联系。例如，埃尔伯蒂（Alberti）认为集聚行业内部权力分配和等级关系的协调是保证行业稳步成长的关键因素；西莫纳（Simona）发现了行业集聚结构对于行业成长也存在着重要的作用，集聚行业内部大型领导企业的缺乏往往使得行业内部难以形成紧密的团结关系；相反，过多的大型企业又会导致企业对稀缺性资源争夺而产生排他性和恶性竞争。注重微观机制研究的学者进一步剖析了集聚行业内企业间的竞合关系等如何影响行业的发展，认为集聚行业内部的企业创新网络的结构与开放性左右了行业的未来。专注于空间经济思想的学者将集聚行业之间的地理邻近及技术邻近进行了分析，发现多个集聚行业之间的地理邻近和技术邻近对于行业的成长存在倒 U 形关系。同时也有学者结合全球价值链的视角，认为部分行业的地域性转移是无可避免的，关键是如何在转移过程中提升行业价值链。除此之外，格雷伯（Grabher）的研究发现，行业集聚也会由于其稳固的内部联系导致技术、功能和认知上的锁定。萨弗等（Shaver et al.）认为，由于集聚行业内部企业间的差异，往往使得集聚效应、知识扩散存在非对称分布性，从长远来看，不利于行业的成长和可持续发展。

总的来说，大多数学者对这种集聚式的行业发展方式持以积极态度，并认为行业集聚带来的积极效应足以弥补其发展过程中所衍生的一些不利因素。然而，在资源约束和市场竞争加剧的环境下，我们更应深入研究现行的行业集聚模式是否契合经济转型发展的需要，粗放式外延扩展的行业发展模式是否能得以维系？对此，部分研究已针对中国东南沿海这种过度冗余的行业集聚模式的可持续性提出了质疑。因此，本章将在分析行业集聚特征基础上构建行业集聚模式的研究维度，并论述行业集聚模式与行业成长性之间的动态联系，同时，在经济转型的宏观背景下，探索推动行业集聚模式变迁的内外诱因，为集聚行业的可持续发展及转型升级提供重要依据。

第二节　集聚模式变迁诱因与行业成长性的关联机理

一　行业集聚特征与行业成长

集聚行业中的企业间垂直关系主要以加工链、供应链为纽带，通过产品价值链传递市场信息，依托生产网络提升行业加工与配套能力。因此，行业集聚程度越高，越有利于企业间的分工和协作，并随着企业垂直关联性的增强而得到进一步细化和发展。同时，行业集聚形成了同行企业的竞合关系，企业间相互模仿、学习和竞争的存在为行业的技术创新，组织管理优化创造了条件。只有行业集聚达到一定程度，这种大中小企业的竞合格局及追赶效应才能形成，从而成为行业成长的重要动力机制。

随着行业集聚的深化，集聚效应也日益明显，其主要表现在新经济地理学派强调的外部规模经济、知识溢出效应以及行业内部资源整合的协同效应，企业通过共享、兼并等方式扩大了资源占有，通过内部劳动分工实现资源的高效配置，降低了企业对于资源获取和资源转换的障碍。再者，集聚效应所产生的专业化中间产品和规模经济效益会吸引更多的要素、相关企业、机构在集聚区域进行布局，从而有效地提升集聚体内部的协同效应与技术创新。可见，行业集聚不仅生成了内部的竞合关系，而且进一步推动了资源要素向集聚区域靠拢。这种循环累积因果效应揭示了行业集聚的内在动力机制，即加快降低企业生产成本、运输成本和交易成本的同时，又受益于这种集聚关系所衍生出的技术创新和经济效益提升。

所以，集聚特征是行业集聚的共同属性，主要表现为集聚行业的整体规模、专业化分工、技术水平以及支撑体系等。因此，行业集聚特征是由这些多维度的属性所共同构成，而非简单的企业地理上集中所能反映。这些集聚特征的形成和巩固成为行业成长的重要基础。

二 行业集聚的变迁诱因

由于市场机制不够完善，中国地方政府成为促进行业集聚的主要推动者，其积极性和作用远甚于西方的地方政府。地方政府通过土地与税收的优惠、融资服务、项目补贴和技术引进等一系列手段来吸引企业在地方区域的集聚。再者，当地企业由于过度依赖集聚行业内部紧密的联系机制，往往引起行业中的技术锁定和恶性竞争。虽然部分行业能凭借自身适应能力的不断提升而摆脱了这些阻碍，获得新一轮的成长动力，但即便如此，这些行业也往往需要经历漫长的周期和付出巨大的经济代价。相对而言，政府通过行业的主动反馈机制而采取相应的宏观调控，不仅能够有效地化解行业内部风险，稳固集聚发展，抑制行业内机会主义的蔓延，并在一定程度上缩短了集聚行业受到风险影响的周期。因此，政策效用的强制性、引领性能有效地抑制集聚行业内部负效应的扩散，进一步为行业集聚提供原动力。

据此，本章提出假设 H30－1：政府政策效用正向促进行业集聚。

技术变革表现为行业发展中一种新技术对传统技术的替代，是推动经济增长的关键。一方面，技术变革导致行业技术水平的提升与知识存量的累加，当技术、知识的累积超过一定的阈值时，往往会诱发行业技术创新的诞生。另一方面，技术变革的推进往往为集聚行业内部衍生企业与新创企业的诞生提供了机遇，并促进企业与中介机构的联系。由于技术变革造成集聚行业内部知识体系的重构及演变，原有的企业间技术、知识联系纽带往往会出现断层或空隙，因此，大量新企业、新机构以技术变革载体或中介的身份可以迅速融入原有行业网络之中。再者，随着技术变革带来的超额利润，使得大量关联企业产生学习和仿效倾向，这种意愿的维系不仅拓展了集聚行业知识网络体系，并进一步促进了行业集聚环境的优化。

据此，本章提出假设 H30－2：技术变革正向促进行业集聚。

行业的区位选择往往由资源禀赋、地理位置与人文条件等外生变量决定，经济活动在空间上的分布取决于外生变量在空间上的分散或集中程度，因此，要素成本在一定程度上促进或限制了本地行业的发展前景。在行业集聚的形成过程中，资源要素的禀赋及成本优势起到了基础性的推动作用；相反，要素成本的攀升将限制行业的进一步集聚。例如，发达地区的劳动力、原材料等成本不断攀升，土地资源日益紧张，由此带来的企业生产成本上升，严重影响了企业的发展能力，部分企业不得不向低成本优势的区域进行转移。再者，地区要素成本的上升加剧了同行企业的市场竞争及对稀缺性资源的抢夺，从而造成行业内恶性竞争和“搭便车”行为的蔓延，严重破坏了集聚行业的内在凝聚力。

据此，本章提出假设 H30－3：要素成本对行业集聚具有负向作用。

一些学者应用生命周期理论进行的研究，发现行业集聚发展的“结构性”与“周期性”问题。集聚行业由大量相关企业、机构等构成，因此，产业结构的单调性往往使集聚行业无法随生产制造模式及环境的变化做出迅速调整。经济波动通过改变消费结构、投资效率与更大范围的市场需求从而直接促进或抑制行业的成长，当经济进入繁荣期时，消费、投资与市场需求的增长会促进集聚行业的快速发展，加快企业专业化分工合作从而吸引更多行业企业在地域上的集聚，实现更大范围的资源共享，使集聚行业拥有更充足的物质资本、知识资本及外部条件来实现行业的转型和升级。相反，一旦经济进入衰退期，行业内的大量企业往往迫于生存压力而放弃追求外部经济效益，从而降低了行业的集聚能力。

据此，本章提出假设 H30 -4：经济波动影响行业集聚，其中经济上行促进行业集聚；反之亦然。

近年来，不少研究发现，行业集聚结构的演化对行业的成长具有一定的影响，这些观点普遍认为，大型企业在行业内所占比重越高，行业的成长性及内部凝聚力越强。集聚行业中一旦形成核心企业群，就会促进企业间的良性竞合关系，在每条产业链上都会形成更细分的垂直分工协作，从而创造更多的分工需求，吸引大量的企业进入；多条产业链之间通过横向竞争互补，在知识、信息扩散的同时保持着企业间的技术异质性，从而诱发更多的技术创新活动。再者，核心企业为获得更高的收益，必须将一些非核心技术或低附加值环节不断地分包给周围的中小企业。随着核心企业在价值链上的攀升，往往主动为周围的配套企业提供物质、技术上的帮助和支持，以保证配套零部件或服务的质量，一旦核心企业群出现外迁或衰退，将会导致集聚行业中的资源，特别是技术资源、客户及知识的外溢、流失，最终瓦解整个行业的集聚力。

据此，本章提出假设 H30 -5：核心企业群的发展正向促进行业集聚。

第三节　对浙江制造业的实证考察

一　集聚特征及其评价指标体系

为研究行业集聚模式与行业成长性的关系，本章首先构建行业集聚特征的评价指标体系，据此分析行业集聚模式的演变过程及其与行业成长性之间的关系。根据上文的论述，行业集聚特征的评价指标主要包括集聚规模、集聚效应、创新能力和集聚环境，其中，集聚规模是指集聚行业控制资源的总量，反映行业利用资源协同效应的广度，本报告主要从行业的企业数量、从业人数、生产总值三个方面来度量；集聚效应是指企业通过集聚的方式获得较低成本的配套产品、专业化服务、共享劳动力市场和市场信息等，从而促进企业生产率提高，本章借鉴 Engelstoft 等人的研究，将行业劳动生产率作为度量集聚效应的指标；创新能力不仅反映了企业对新产品、新工艺的创造能力，而且体现了行业内部的各种正式或非正式关系促使企业间发生有效的知识搜索、共享、交流和互补，本报告在综合考虑了众多创新能力评价研究的基础上将研发投入占销售收入比重、万名从业人员专利申请数量和新产品销售收入占比作为度量创新能力的指标；良好的集聚环境能够促进行业内部机制的相互协调及共生发展，本报告通过行业平均拥有科技机构数量、专业市场成交额占行业总产值的比重作为度量行业集聚环境的指标。

研究数据主要来自《浙江统计年鉴》、《浙江科技统计年鉴》和《中国统计年鉴》。通过计算①，我们得到了浙江省 27 个制造业的集聚特征指数（AC）。为进一步比较集聚行业与非集聚行业的集聚特征差异，首先，本章采用国内外常用的集聚度方法对浙江省 27 个制造业集聚情况进行识别，集聚度比较充分地反映了区域行业专业化分工与协作程度，因而是判断行业集聚的重要指标，并且数据直观易得，即：$LQ_i = (P_i / \sum_i P_i) / (\sum_i P_{ij} / \sum_i \sum_j P_{ij})$，分子是浙江省行业 i 占全省行业总产值的份额，分母是全国行业 i 占全国行业总产值的份额。通过计算浙江省制造业 27 个行业，得到 2010 年的行业集聚度如图 30－1 所示。14 个行业的集聚度大于 1（见表 30－1）。其中，化学纤维制造业，纺织业，皮革、毛皮、羽毛及其制造业，文教体育用品制造业等行业集聚度最高，分别为 4.83、2.52、2.10、1.95；相反，农副食品加工业，食品制造业，通信设备、计算机及其他电子设备制造业，黑色金属冶炼及压延加工业等行业集聚度仅有 0.29、0.45、0.46、0.47，是浙江集聚度较低的行业。

---

① 计算中，为消除各指标之间的量纲差距，对原始数据进行标准化处理，标准化处理公式为：$Z_{ij} = 10 \times (V_{ji} - V_{ji}\min) / (V_{ji}\max - V_{ji}\min)$，$i$ 代表各具体指标，j 代表行业。选择 2003 年为基期，计算构成集聚特征指数的各一级和二级指标的权重中，为避免主观因素，通过主成分分析得出集聚规模、创新能力、集群环境下的二级指标的权重 W_{11}（0.334）、W_{12}（0.334）、W_{13}（0.332）、W_{21}（1.000）、W_{31}（0.431）、W_{32}（0.140）、W_{33}（0.429）、W_{41}（0.418）、W_{42}（0.220）、W_{43}（0.362），随后通过二级指标及权重的计算获得各一级指标数据，再通过主成分分析获得构成集群特征指数的一级指标集聚规模 W_1（0.151）、集聚效应 W_2（0.079）、创新能力 W_3（0.324）和集群环境 W_4（0.446）的权重，最后构建集聚特征指数的计算公式即：$CC = \sum_i z_{ij} w_i$，z_{ij} 为行业 j 中指标 i 的标准化数值。W_i 为指标 i 所对应的一级指标权重的乘积。

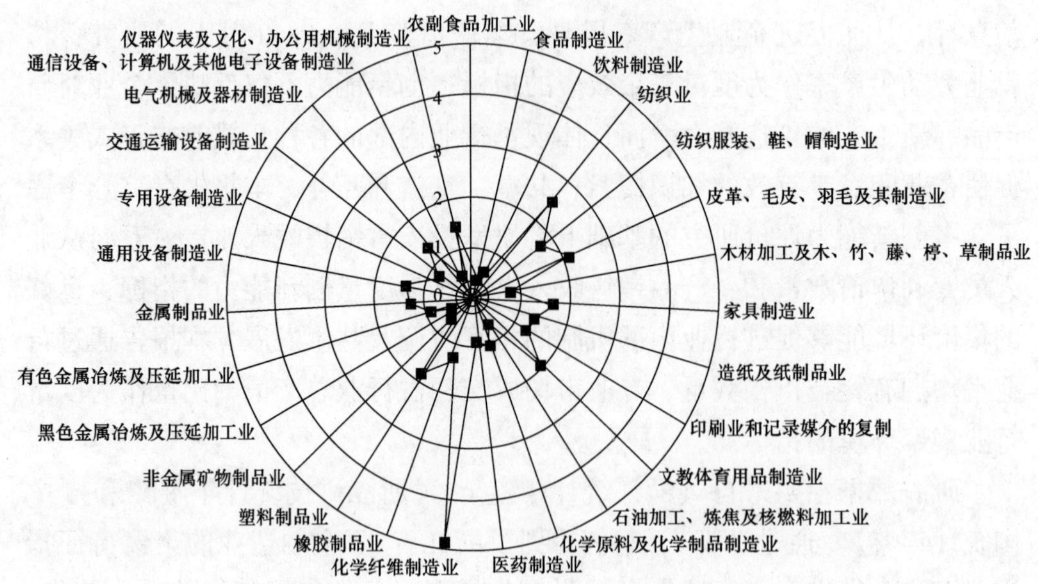

图 30－1　2010 年浙江 27 个制造业集聚度

资料来源：根据《浙江统计年鉴》、《中国统计年鉴》的数据计算与整理。

集聚行业的集聚特征指数如表 30－1 所示，其中行业集聚特征指数最高的是电气机械及器材制造业 11.45，最低的是印刷业和记录媒介的复制，其行业集聚特征指数仅为 2.92。

表 30－1　　浙江集聚行业集聚特征指数

行　业	2003 年	2006 年	2007 年	2008 年	2009 年	2010 年
电气机械及器材制造业	4.95	7.12	8.38	9.73	10.08	11.45
通用设备制造业	4.6	7.3	8.46	9.17	9.7	10.15
仪器仪表及文化、办公用机械制造业	5.2	7.9	8.17	8.62	9.07	9.92
化学纤维制造业	6.22	6.58	7.65	8.05	7.49	8.05
纺织业	3.13	5.71	6.75	7.5	7.07	7.64
金属制品业	1.53	3.16	4.07	5.1	4.84	5.46
橡胶制品业	2.91	4.15	4.12	3.89	4.17	4.65
塑料制品业	1.73	3.07	3.63	4.28	4.05	4.47
文教体育用品制造业	1.5	3	3.19	3.69	4.05	4.13
家具制造业	0.61	2.01	2.75	3.29	3.77	3.55

续表

行　业	2003 年	2006 年	2007 年	2008 年	2009 年	2010 年
皮革、毛皮、羽毛及其制造业	1.53	2.94	3.33	3.38	3.26	3.55
纺织服装、鞋、帽制造业	1.59	2.93	2.85	3.12	3.19	3.36
造纸及纸制品业	1.23	1.89	2.64	3.28	3.87	3.14
印刷业和记录媒介的复制	1.54	2.33	2.31	2.76	3.03	2.92

资料来源：根据《浙江统计年鉴》、《浙江科技统计年鉴》数据计算与整理而得。

本章按照集聚（行业集聚度大于 1）与非集聚（行业集聚度小于 1）对浙江省 27 个制造业的集聚特征进行比较，结果如表 30 – 2 所示，集聚行业的各项特征指数都显著高于非集聚行业。接着对集聚和非集聚行业的特征指数的差异性检验结果显示，T 值为 0.092 在 10% 水平下显著，说明集聚和非集聚行业的集聚特征存在显著性差异。由此可见，本报告构建的集聚特征评价方法能有效地将集聚和非集聚的行业进行了区分。

表 30 – 2　　集聚与非集聚行业的平均集聚特征指数比较（2010）

类别	集聚行业	非集聚行业
集聚特征指数	5.89	5.17
集聚规模	8.56	7.02
集聚效应	8.23	7.56
创新能力	6.51	5.37
集聚环境	4.12	3.97

说明：集聚行业为集聚度大于 1 的 14 个行业，非集聚行业为集聚度小于 1 的 13 个行业。

二　行业集聚与成长性的实证分析

行业成长性反映了一定时期内行业的盈利能力和发展状况，以往的研究中，对行业成长性的度量较多地采用行业利润，行业利润可以较清晰地反映行业发展现状及进一步发展所具备的基础。因此，本章采用行业利润来度量行业的成长性。同样，对初始数据进行标准化处理后，得到行业成长性指数（IG）如表 30 – 3 所示。

表 30－3　　集聚行业成长性指数

行业	2003 年	2006 年	2007 年	2008 年	2009 年	2010 年
纺织业	10	19.78	23.2	23.99	26	32
电气机械及器材制造业	6.84	13.13	16.68	20.65	21.76	27.07
通用设备制造业	6.46	14.43	17.9	19.65	19.84	26.56
塑料制品业	3.15	6.99	8.27	9.03	9.5	12.48
金属制品业	3.3	6.64	8.26	10.16	10.2	12.15
纺织服装、鞋、帽制造业	4.93	6.9	8.15	8.87	9.1	10.78
化学纤维制造业	1.1	3.5	5.74	4.15	5.18	9.18
皮革、毛皮、羽毛及其制造业	2.8	5.02	5.59	5.79	5.8	7.23
造纸及纸制品业	1.48	2.69	3.4	4.11	4.41	5.77
仪器仪表及文化、办公用机械制造业	0.78	2.15	2.76	3.03	3.3214	4.73
家具制造业	0.06	1.19	1.49	1.82	2.3	2.9
文教体育用品制造业	0.69	1.55	1.89	2.07	2.49	2.81
橡胶制品业	0.28	1.01	1.46	1.56	2.21	2.49
印刷业和记录媒介的复制	0.64	1.22	1.5	1.68	1.83	2.26

资料来源：根据《浙江统计年鉴》数据计算与整理而得。

2010 年所有行业中，纺织业和电气机械及器材制造业的行业成长性最高，其数值为 32.00 和 27.07；而橡胶制品业及印刷业和记录媒介的复制的行业成长指数最低，仅为 2.49 和 2.26，由此可见，即使在集聚行业中，不同行业之间的成长性也存在着较大的差距，因此，本报告将试图通过集聚模式的分析揭开造成这种差异格局的原因。

利用表 30－1 和表 30－3 的数据构建集聚特征与行业成长性的回归模型，回归结果为：IG＝2.06AC－1.82，其中，系数与常数项的 t 检验值分别为 13.32 和－3.5，均在 0.01 水平上显著，拟合优度为 0.684，调整后为 0.682，F 统计量为 177.42。结果表明，行业的集聚行为有效地提高了行业成长性，即行业集聚规模的扩张、集聚效应、创新能力的提升及集聚环境的改善成为推动行业发展的主要原因。

为进一步分析行业集聚各项特征对行业成长性的影响，设立多元线性回归模型 $DC=\alpha+\beta_1X_1+\beta_2X_2+\beta_3X_3+\beta_4X_4+\varepsilon$（其中，$X_1$ 为集聚规模、

X_2 为集聚效应、X_3 为创新能力、X_4 为集聚环境），回归结果如表 30－4 所示。首先，集聚规模对行业成长性的影响最为显著，这一结果很好地说明了浙江省制造业的高速发展源于行业规模的迅速扩大，集聚规模每提高 1 个点，行业成长指数提高 1.15 个点。另外，集聚效应与创新能力对推动行业成长性的提升也起到了一定的作用，回归系数分别为 0.15 和 0.11。可见，由于浙江省制造业整体技术水平仍处于一个较低层次，大量集聚行业仍依靠集聚规模带来的外部经济效应获得成长的动力，而创新对于行业成长的促进作用并没有得到真正的体现。最后，集聚环境与行业成长性的关系并不十分显著，且回归系数仅为 0.04。可能原因是浙江制造业集聚环境的建设仍不够完善，政府与各平台机构对促进行业发展的作用仍不明显，业内企业发展主要依靠自身优势及其相对固定的分工协作网络。同样，Visser 也在其研究中指出，环境对集聚行业的作用往往被高估了，在实践中，政府和平台往往只充当企业与协作对象之间的中介作用。

表 30－4　　　　集聚特征与行业成长性的回归结果

	α	β_1	β_2	β_3	β_4
估计值	-1.32^{***}	1.15^{***}	0.15^{***}	0.11^{***}	0.04^{*}
T 值	－7.86	5.15	7.07	2.86	1.62
	$R^2=0.978$　调整后 $R^2=0.974$　$F=112.04^{***}$				

说明：P^* 和 P^{***} 分别表示在 10% 和 1% 的水平下显著。

为进一步探索造成行业成长性差异的原因，本章构建了 14 个集聚行业的特征分析图，并根据集聚行业特征指数（2010）将 14 个制造业的集聚模式进行区分（见图 30－2）。

图 30－2 表明，浙江省 14 个制造业中有 7 个行业属于集聚规模主导的发展模式，仅有 3 个行业属于创新与环境协同主导型，另外 4 个属于集聚效应主导型。其次，结合表 30－3 我们对三种不同集聚模式下的行业成长性及成长潜力（行业成长指数增长率）进行比较如图 30－3 所示。

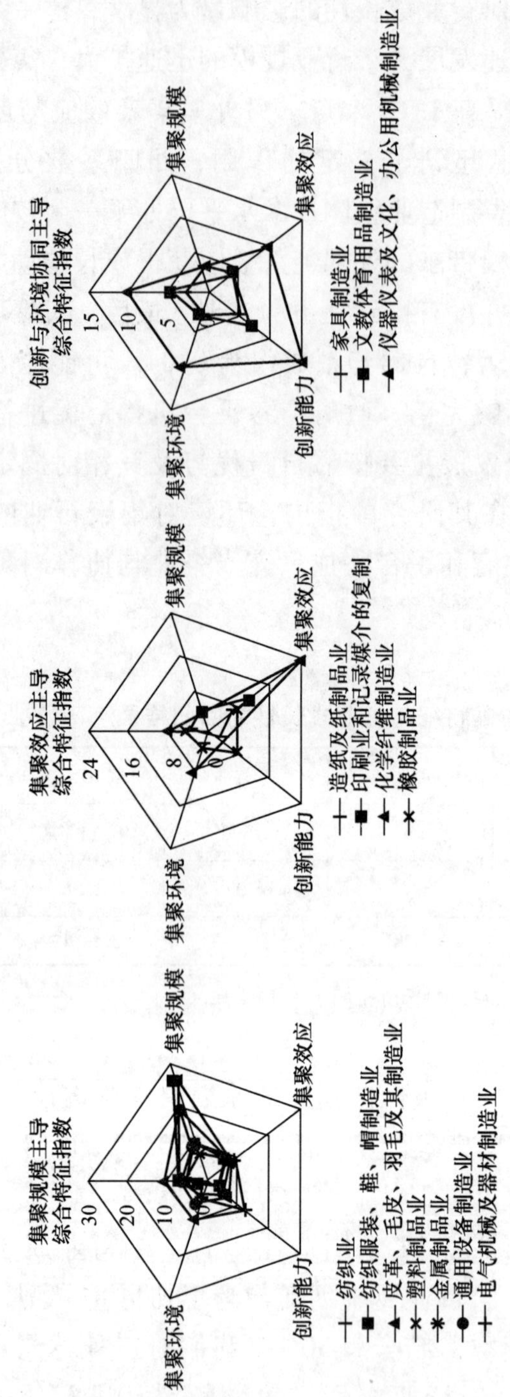

图 30-2 按集聚特征划分的行业集聚模式

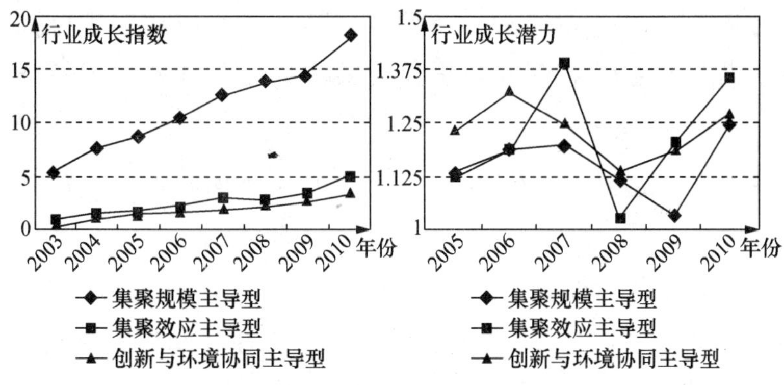

图 30－3　集聚模式与行业成长的关系

图 30－3 表明，规模主导型的集聚行业平均成长性最高，其 2010 年的平均行业成长指数为 18.33，远高于集聚效应主导型（4.92）和创新与环境协同主导型（3.48）。然而，在成长潜力方面，集聚规模主导型行业成长指数年均增长 18.68%，显著低于集聚效应主导型（28.26%）和创新与环境协同主导型（41.63%）。可见，在集聚行业发展初期，集聚规模的扩大将有效地促进行业的快速成长，而集聚效应、创新与环境协同主导型的发展模式更有利于培养行业的长期成长潜力。这一研究结果很好地说明不同集聚模式的选择应取决于集聚行业的发展阶段。在集聚行业发展初期，集聚规模的扩大是导致行业快速成长并促进资本积累的重要手段，但是，随着集聚行业的进一步发展，行业内部应更加重视协作网络的建设，以促进集聚效应与创新能力的发挥，同时，应伴随行业的集聚模式逐渐从集聚规模主导型向集聚效应主导型、创新与环境协同主导型转变，从而保证集聚行业的长期发展潜力，形成行业转型升级的持续动力。

三　集聚变迁诱因的实证分析

为进一步回答集聚模式的转换路径，本章将对行业集聚变迁诱因进行实证分析，研究数据来自《浙江统计年鉴》、《浙江科技统计年鉴》，各变量测度方法如下：（1）政策效用（PS）：各级政府对行业技术开发研究的减免税额度；（2）技术变革（TC）：行业用于技术改造、技术引进、研发、消化吸收的经费支出；（3）要素成本（FC）：行业经营成本占销售收入的比重；（4）经济波动（EF）：以浙江省 GDP 作为基础数据；（5）核心企业群（CR）：大中型企业集中度，即大中型企业产值占行业总产值的比重作为基本数据；集聚特征（AC）：对上述变量数据进行标准化处理的基础上，借鉴西莫民塔等人的研究成果构建以下行业集聚特征指数的回归模型：

$$\ln AC_{it} = \alpha_{kt} + \beta_{1kt}\ln PS_{it} + \beta_{2kt}\ln TC_{it} + \beta_{3kt}\ln FC_{it} + \beta_{4kt}\ln EF_{it} + \beta_{5kt}\ln CR_{it} + \varepsilon_{it} \quad (30-1)$$

本章数据包括14个制造业的6年历史，因此，参数的非齐性是在建模时应重点考虑的问题。首先，我们假定样本数据存在时间序列参数齐性，即参数满足时间一致性，不随时间的不同而变化，因此模型用矩阵方式表示：

$$y_{it} = \alpha_k + \beta_k X_{it} + \varepsilon_{it} \quad (30-2)$$

在参数不随时间变化的情况下，如果时间因素 t 和行业因素 k 所形成的行业成长的差异只反映在截距的不同取值上，那么就得到变截距模型：

$$y_{it} = \alpha_k + \beta X_{it} + \varepsilon_{it} \quad (30-3)$$

以及参数不随时间变化的情况下，时间因素和行业因素所形成的行业成长差异既不反映在截距上，也不反映在回归斜率上的混合回归模型：

$$y_{it} = \alpha + \beta X_{it} + \varepsilon_{it} \quad (30-4)$$

模型分析的豪斯曼（Hausman）检验W统计值为60.52，故拒绝随机效应模型。在给定5%的显著性水平下，$F_2\alpha$（65，14）=2.21，通过对数据的协方差分析，$F_2=1.59$，因此接受参数齐性的假设条件，考虑模型的行业固定效应 λ_i 与时间固定效应 θ_t 得到最终估计模型：

$$\ln AC_{it} = \alpha + \beta_1\ln PS_{it} + \beta_2\ln TC_{it} + \beta_3\ln FC_{it} + \beta_4\ln EF_{it} + \beta_5\ln CR_{it} + \lambda_i + \theta_t + \varepsilon_{it} \quad (30-5)$$

为消除模型中存在的异方差，在回归中用“White一致标准差—异方差矩阵”纠正对系数协方差的估计；为消除模型序列自相关问题，模型中采取了AR（1）变量回归，回归结果如表30-5所示。

表30-5　　　　回归结果

变量	被解释变量				
	集聚特征指数	集聚规模	集聚效应	创新能力	集聚环境
C	-6.22***(-8.90)	-8.89***(-6.93)	-15.54***(-8.33)	-5.43***(-5.67)	-3.78**(-2.61)
lnPS	0.06***(4.84)	0.11***(5.50)	0.02(0.63)	0.07***(4.14)	0.06***(3.47)

续表

变量	被解释变量				
	集聚特征指数	集聚规模	集聚效应	创新能力	集聚环境
lnTC	0.29*** (13.92)	0.51*** (17.96)	0.30*** (5.51)	0.17*** (5.94)	0.30*** (8.00)
lnFC	-0.57*** (-4.42)	-0.55(-0.29)	3.53*** (2.64)	3.15** (-2.01)	-4.77*** (-3.83)
lnEF	0.47*** (7.51)	0.36** (2.76)	1.47*** (8.44)	0.44*** (4.72)	0.25* (1.86)
lnCR	0.28*** (5.57)	-0.11(-0.800)	-0.13(-1.08)	0.23*** (3.05)	0.83*** (8.84)
AR(1)	0.30*** (8.34)	0.11*** (7.32)	0.16*** (4.91)	0.22*** (3.55)	0.19*** (3.64)
行业固定效应	是	是	是	是	是
时间固定效应	否	否	否	否	否
R^2	0.94	0.92	0.73	0.86	0.82
调整的 R^2	0.93	0.91	0.72	0.85	0.81
F统计值	225.30***	184.34***	43.00***	96.93***	72.29***
D.W. 统计值	1.4511	1.4862	1.6545	1.7049	1.7709

说明：P*、P**、P***分别表示在10%、5%、1%的水平下显著。

根据表30－5的回归结果，我们可以做出以下分析：

第一，政策效用、技术变革力度、经济周期向好与核心企业群的发展对行业集聚具有显著的正向促进作用，要素成本对行业集聚具有显著的负向作用。因此，原假设均得到了支持性验证。

第二，通过对集聚各项特征指数的回归分析发现，行业集聚的变迁诱因对集聚模式的转换具有重要影响，政府政策效用不仅能促进行业集聚规模的扩大，并对行业的创新和环境的发展有着不可替代的作用，然而，政府政策效用并未对行业集聚效应产生显著影响。据此推断，集聚效应完全由行业内企业在追求经济利益最大化的目标驱动下而自发形成。技术变革和经济周期向好对行业集聚各项特征都具有显著的促进作用，其中，由于技术变革而带来的机遇往往是推动行业集聚规模扩大的主要原因；经济快速增长带来的市场需求扩充往往使得行业内企业为获得短期高额收益而一味地注重提升劳动生产能力，忽视了技术创新和行业内部的网络建设。要素成本的大幅上升可能会瓦解行业集聚，但对集聚效应和创新具有正向推动作用，造成这种现象的原因，可能是由于要素成本上升，企业不得不依靠行业的专业化分工和地理邻近来降低交易成本和运输成本，并进一步通过技术创新来抵消要素成本上升的压力，从而拓展市场和利润空间，这一分析结论类似于由经济衰退导致的“机会成本效应”思想。最后，核心企业群的建设显著地提升了行业创新能力和集聚环境的建设。这一结果表明，核心企业群在行业发展中充当着行业领导者的角色，在一定范围内标志着行业的前进方向，因此，这些领导企业的技术、资金、信息的扩散和“示范效应”是行业良性竞合关系形成的重要原因。

第三，研究结果表明，各项变迁诱因对集聚模式的转变都具有潜在影响，如果将要素成本与经济波动作为行业集聚的外在变迁诱因，那么，在行业集聚的内在变迁诱因中，核心企业群的建设是促进行业向创新与环境协同主导型集聚模式转变的关键因素。从回归结果可以发现，核心企业群发展对行业创新和集聚环境具有正向的显著影响，对集聚规模与集聚效应的影响不显著，这意味着核心企业群的发展将集聚行业的内部关系进行了细致的划分，每个核心企业周围都会围绕着一群与之相配套的中小企业，从而形成分工合作的纵向一体化，研发合作的横向扩散，使得集聚行业内部治理逐渐步入有序化。其次，我们可以看到政策效用同时对集聚规模、创新能力和集聚环境具有正向影响，其中对集聚规模的影响最大，由此可以论证，政府的政策效用能吸引更多的企业入驻，但凭借单一的优惠政策并不能有效地提升集聚行业的核心竞争力。

第四节　结论与政策启示

浙江省作为中国改革开放的前沿阵地和沿海经济的发达地区，行业发展已形成了地域集聚的特色，即“块状经济”，具有形成时间早、集聚规模大、地域行业文化鲜明等突出特点，本章以浙江省为对象实证研究集聚模式与行业成长性之间的关系，其结论不仅对浙江省经济发展、行业转型升级具有重要的理论指导意义，而且对其他省市的行业发展同样具有积极的“示范效应”和政策启示。

第一，地域行业发展过程就是关联企业和机构的集聚过程，集聚程度越高，行业成长性越强。但是，浙江省绝大多数行业的发展仍处于规模扩张阶段，正不断面临着转型升级或区域转移的压力。

第二，地域行业集聚与成长过程中，地方政府优惠政策、技术变革推进、要素资源禀赋与经济周期波动起到了重要的作用，在行业集聚初期，政府政策效用对吸纳企业与关联机构入驻，扩张集聚行业规模会产生重要作用，但是，政策效用、经济周期波动的影响仅仅是外生的，只有行业技术创新能力与创新要素资源才是行业集聚与成长的内生变量。

第三，地域行业集聚结构与模式对行业成长潜力具有决定性作用。规模主导型集聚行业的成长潜力最差，创新与环境协同型集聚行业的成长潜力最好。因此，行业转型升级首先应该体现在集聚模式的转换与演进中，一味地追求规模扩张在短期内确实能促进行业的成长，但不是培养行业长期竞争优势的有效途径。所以，对于行业的扶持也应逐渐从土地、税收等优惠逐渐转向鼓励技术引进，推动创新要素集聚。

第四，导致行业集聚模式变迁与行业兴衰存在许多诱因。其中，核心企业技术变革与要素成本起到了关键作用。核心企业发展一方面会促进行业垂直分工合作，降低水平竞争程度；另一方面核心企业凭借资源与人才优势，引领行业技术变革，示范生产制造方式，树立行业品牌与市场形象，主导质量控制与管理体系。反之，核心企业衰退或外迁也是造成行业集聚瓦解的根源，其中，地域政策、要素成本比较优势消失和水平竞争过度等因素是诱发核心企业外迁或衰退的主要原因。因此，进一步推进“腾笼换鸟”政策，引进或努力扶持高品质企业成为行业成长的必由之路。

第三十一章

中小企业发展与城乡收入差距实证研究报告

第一节　城乡收入差距的理论背景

早期发展经济学家认为，在发展中国家存在两个劳动生产率差别显著的部门，一个是以农业为代表的传统部门，另一个是以工业为代表的现代部门。在一定的经济发展阶段，工业代表着先进的生产力，农业则意味着落后的生产力，两大部门的生产力水平不同导致了城乡居民之间的收入差距，尽管随着工业化进程的推进，收入差距可以在经济发展过程中自动予以克服，但这个过程可能非常漫长。从经济学视角来看，劳动力从农内转向农外，可以缩小农业与非农产业之间的边际生产率差别，从而缩小城乡收入差距（蔡昉和王美艳，2009）。改革开放以后，中国工业化在“轻工业六优先”的政策引导下，城市出现了大批个体户，中小企业不断涌现。中小企业的出现为农村富余劳动力提供了一个参与工业部门生产的机会，使他们分享到工业生产率的快速提高所带来的劳动收入的提高，加上人口流动限制的逐渐松动，大量农村劳动力进入城市工作，出现了“民工潮”，截至2012年年底，农民工总量达26261万人，外出农民工规模约为16336万人。如此大规模的农民外出务工，对促进农民收入增长、缩小城乡收入差距起着重大作用。但由于中国劳动力市场存在严重的壁垒与分割，农村户籍者在城镇劳动力市场上遭遇歧视尤为突出（余向华和陈雪娟，2012），再受制于自身较低的人力资本水平，进城务工的农村劳动力只能从事低技术性的低报酬工作（张义博和刘文忻，2012）。虽然他们长期工作和生活在城市，并主要靠工资生活，但由于没有落户在城市，进城务工的农村劳动力在就业机会上受到“进入”歧视，工资报酬“同工不同酬”。这使得中小企业在吸纳农村富余劳动力、提供就业机会、促进农民增收，拉动经济增长等方面的作用受到很大的限制，严重阻碍了城乡一体化的推进。统计数据表明，改革开放以来，中国城乡居民收入差距呈现波动变化，城乡居民收入之比从1978年的2.56下降到1985年的1.86，此后逐步攀升，2010年这一比例已升至3.23。换言之，在中国特殊的城乡二元经济结构背景下，中小企业发展对缩小城乡收入差距的作用受制于城乡劳动力市场分割的程度。

从已有的研究来看，有关中国城乡居民收入差距问题的研究和讨论主要集中于城市化、劳动力流动、城乡居民教育水平差异、收入结构、金融发展以及政策制度因素等对城乡居民收入差距的影响（Jeremy Greenwood and Boyan Jovanovic，1990；Rozelle Scott，1994；陆铭和陈钊，2004；姚洪心和王喜意，2009）。关于中小企业发展对城乡居民收入差距的影响，只有少数文献有所涉及。顾颖等（2007）从政治经济学视角分析了中小企业发展与行业收入差距的关系，认为在市场机制下，中小企业的发展更加具有效率，无论从就业贡献、税收提供还是投资效率而言，都会使更多的人群分享到增长所带来的福利增量。Jin 和 Qian（1998）基于省级数据的实证研究认为，乡镇企业的发展有利于提高地方政府的收入、提高非农劳动力的比例以及农村人均收入。来自乡镇企业的工资性收入也一直被学者们认为是影响农民收入的主要因素。辛翔飞等（2008）依据农民收入方程，确定影响农民收入的决定因素，发现工资性收入的多少已经成为影响农民收入及其差异的重要因素。因此，要增加农民收入，就必须把农内剩余劳动力转向农外，提高农民工资性收入。在中小企业直接吸纳农民就业，农民获得工资性收入的同时，中小企业有力地带动了农村第三产业的发展，间接地创造了农民收入（田文斌，2009）。陈晓红和王傅强（2008）以湖南省为对象，实证研究了中小企业发展水平、城市化与城乡居民收入差距之间的关系，认为中小企业的发展是影响城乡居民收入差距的主要因素。也有学者认为发展中小企业能够带动经济增长，夯实经济增长与收入分配良性互动所需的物质基础，从而缩小收入分配差距，推进社会和谐（陈乐香，2009）。然而，这些研究都没有将城乡劳动力市场分割纳入研究框架中，而且缺乏令人信服的经验证据，研究深度和可靠性还有待提高。中国因户籍制度而导致的城乡劳动力市场分割一直是学界关注的重点。现有研究表明，户籍制度对于不同劳动群体在就业、工资和劳动关系等方面的差异有着显著影响（陆益龙，2008）。因此，本报告利用2001—2010年的省级面板数据，基于劳动力市场分割的视角，就中小企业发展对城乡居民收入差距的影响机制进行考察，具有现实与理论意义。

第二节　中小企业的发展对城乡居民收入差距的影响机制

中小企业是中国国民经济和社会发展的重要力量。目前，中小企业创造了全国约60%的GDP、50%的税收和70%的出口，解决了中国近80%的城镇就业岗位。党的“十七大”高度概括了发展中小企业对农民持续增收，缩小城乡居民收入差距的重要性，指出：“以促进农民增收为核心、发展乡镇企业，壮大县域经济，多渠道转移农民就业。”2010年年末，全国工商登记中小企业超过1100万家，个体工商户超过3400万个。“十一五”时期，中小企业新增城镇就业岗位4400万个以上，提供了80%以上的城镇就业岗位，成为农村富余劳动力、国有企业下岗职工再就业和高校毕业生就业的主渠道。促进中小企业发展，是保持国民经济平稳较快发展的重要基础，是关系民生和社会稳定的重大战略任务。中小企业带动区域经济的平衡发展，为城乡居民尤其是农村富余劳动力创造了均等的发展机会，为社会稳定提供物质基础，从而缩小城乡居民收入差距。

城乡居民收入通常由工资性收入、经营性收入、财产性收入和转移性收入四个部分构成。工资性收入是指居民受雇于单位或个人，靠出卖劳动力而获得的以货币形式的劳动报酬；经营性收入是指居民从事各项生产经营活动获得的收入；财产性收入是指家庭拥有的银行存款、有价证券等动产及土地出租、入股或出售为主所带来的收入；转移性收入是指国家及所属部门、社会机构、集体、外部亲友以及家庭在外人口等无偿提供的货物、服务、资金或资产所有权等。中小企业发展对城乡居民收入差距变动的影响主要是通过对城乡居民收入构成部分的影响来实现的。

现代经济增长理论认为，劳动力是经济增长最原始的要素，而马克思

《资本论》阐明了企业组织规模与劳动就业的关系，只有大力发展中小企业，才能给人们带来更多的就业机会，拓展人们的就业渠道。对农村居民来说，就业机会的增多，就业渠道的拓展，有助于增加工资性收入和经营性收入。大部分劳动力在中小企业就业，这是一个世界性规律。即使美国这样的发达国家，中小企业在国民经济中也扮演重要角色。在中国，中小企业在企业数量上处于绝对的统治地位，并提供了近八成就业机会，创造了相当部分的国民财富。中小企业在一定程度上提高了农村居民的工资性收入和经营性收入水平，加大了城市劳动力市场的竞争，抑制了城镇居民收入水平的提高，有助于缩小城乡居民收入差距。

多数中小企业分布于小城镇和农村，使得农村土地资源的价值得到显现，有效地增加了农村居民的财产性收入。近代工业区位理论的奠基人、德国经济学家韦伯（1997）认为，影响工业区位的基本因素是成本，影响成本的主要因素是运输成本、劳动力成本和集聚。另一位德国经济学家廖施则认为，厂商决定区位选择的基本原则是利润而不是成本。他从最大利润原则出发，对市场价格、需求、人口分布等多种因素进行了分析，从而形成了市场区位理论（刘虹，1988）。因此，相对于大企业而言，中小企业选择城市还是农村，主要取决于成本优势或利润水平，故中小企业更多选择农村或城乡交界处。典型的例子就是乡镇企业基本分布于农村或靠近农村的小城镇，尤其在 20 世纪 80 年代末和 90 年代前半期，基于外部体制的诸多优势，乡镇企业尤为活跃，其以劳动密集型的技术来生产，具有价格上的优势，获得很高的利润，规模逐步扩大。这种地理位置的布局对农村土地的需求日益增多，农地非农化增值收益极为明显，有效地增加了农村居民的财产性收入。史清华等（2011）通过访谈和田野调查发现，正是因为中小企业的发展，为农民提供多元的就业途径，征地、房屋出租等财产性收入有效地增加了农民收入。

在工业化进程中，传统农业与现代非农产业之间的相关收入差异，不断地促进农村剩余劳动力向非农产业及城镇转移，中小企业是劳动力外出务工的主要载体。通常情况下，劳动力外出务工的主要目的之一就是获得更高的收入并向农村老家汇钱，从而改善输出地留守家庭的生活条件或用于未来创业等投资性用途（The World Bank，2006）。2012 年，全国农民工外出务工 16336 万人，占城镇从业人员的 44%，加上本地农民工 9925

万人，农民工总量达26261万人。同时，近年来，中国农民工的年均汇款量至少在2000亿元以上，而且外出劳动力的汇款占其农村家庭的总收入比例也非常高，通常达40%以上。另外，中国现行的社会保障制度偏向于城市居民，农村居民受益甚少，但是，随着目前劳动力外出务工规模日益壮大，农民工参加社会保险覆盖面不断扩大。2012年，全国农民工参加基本养老保险4543万人，参加基本医疗保险4996万人，参加工伤保险7173万人，参加失业保险2702万人，比上年末分别增加9.7%、7.6%、5.1%、13%，进而影响农村居民转移性收入的水平。近年来，政府政策导向开始向“以工补农”转变，陆续出台了一系列“多予”、“少取”政策，实施对农村的全面扶持，取消农业税，扩大财政支农，加大农村建设支出，等等，有效地增加了农民的转移性收入。

尽管中小企业发展会带来农村居民多项收入的增长，有助于缩小城乡居民收入差距，但众多研究表明，中国城乡劳动力市场分割仍然存在，阻碍着农村流动人口在城市社会的生存和发展，阻碍着他们与城市社会的融合。城乡劳动力市场分割使得很多外来劳动力来到城市后，在就业机会、收入待遇和获得公共服务等方面受到歧视，只能进行“自我雇用”，收入很低而且相当不稳定，更谈不上享有任何福利待遇（王美艳，2005）。户口登记状况对劳动力的工资收入有着显著影响（余向华和陈雪娟，2012），外来劳动力与城市本地劳动力之间的全部工资差异，一半以上是由劳动力市场歧视引起的（邓曲恒，2007）。

在以上分析的基础上，本章提出了如下有待实证检验的假设。中国中小企业发展为农村富余劳动力提供就业机会，促进农民增收，带动经济增长，从而缩小城乡收入差距。但是，这种促进作用会依赖于中国城乡二元经济结构下的劳动力市场分割的程度。

第三节　计量检验及分析结果

一　计量模型建立与处理方法

根据以上理论框架，可得本章的基本计量回归方程：

$$\ln cgap_{it} = \beta_1 Sme_{it} + \beta_j X_{it} + \varepsilon_{it}$$

其中，下标 t 代表年份，i 代表省份，ln*cgap* 表示城乡居民收入差距，*Sme* 度量中小企业的发展，X 表示其他一系列控制变量，ε_{it}为误差项。本章仅以中国 27 个省份样本进行实证研究，所以，宜采用固定效应模型。考虑到不同个体的不同稳态值和个体自身稳态值随时间变化而变化等因素，在方程中加入相应恒量以控制地区和时间效应的影响，从而将计量模型修正为：

$$\ln cgap_{it} = \alpha + \lambda_i + \gamma_i + \beta_1 Sme_{it} + \beta_j X_{it} + \mu_{it}$$

其中，α 为不变截距，i 和 j 分别表示省份固定效应和时间固定效应，μ_{it}为随机误差项。本报告构建两组变量来度量 *Sme*，中小企业发展的就业贡献（Smeemp）以及中小企业发展的经济贡献（Smeind），考虑到库兹涅茨倒 U 形假说的存在，本报告认为，中小企业的经济贡献对城乡收入差距的影响存在倒 U 形关系，因此在回归模型中我们加入了 *Smeind* 的二次项；考虑到影响城乡居民收入差距的因素还包括其他本章数据无法包含的信息及城乡居民收入差距本身的记忆性（冉光和和汤芳桦，2012），本章通过在模型中引入滞后一期的因变量 *Lag*ln*cgap*，来控制其他因素的影响；另外，由于中小企业发展对城乡收入差距的影响受劳动力市场分割程度的影响，本章引入劳动力市场分割程度 *Seg* 与中小企业发展的交叉项，所以本章将计量模型进一步修正为：

$$\ln cgap_{it} = c + \beta Lag\ln comegap_{it} + \beta_1 Sme_{it} + \phi_1 Seg_{it} Sme_{it} + \beta_z Smeind_{it}^2 + \beta_j X_{it} + \mu_{it}$$

其中，*Seg* 表示劳动力市场分割的程度。我们发现，在引入劳动力市场分割程度与中小企业发展的交叉项后，中小企业吸纳就业对城乡收入差距的影响系数可定义为：

$$\frac{\partial \ln cgap}{\partial Smeemp} = \beta_2 + \phi_2 Seg$$

中小企业发展的经济贡献对城乡收入差距的影响系数可定义为：

$$\frac{\partial \ln cgap}{\partial Smeind} = \beta_2 + \phi_2 Seg + 2\beta_2 Smeind$$

根据上述公式，中小企业发展对城乡收入差距的影响受各地区劳动力市场分割程度的影响，参数 β_1、β_2 分别刻画了中小企业吸纳就业与中小企业的经济贡献的影响力度，同时中小企业经济贡献对城乡收入差距的影响还受到其自身发展水平的影响。

二　数据来源与变量说明

基于我们构建的动态面板模型，本章收集了2001—2010年中国27个省级地区（剔除四个直辖市）的面板数据。农村居民人均纯收入、城镇居民人均可支配收入、第三产业增加值及进出口总额等数据是综合《中国统计年鉴》、《中国统计摘要》、《新中国五十年统计资料汇编》和《新中国六十年统计资料汇编》整理所得，中小企业全部从业人员及总产值均来自相关年份的《中国中小企业年鉴》，城市化水平的数据根据《中国人口和就业统计年鉴》的相关统计资料整理计算而成，劳动力市场分割程度是根据《中国人口统计年鉴》和《中国劳动统计年鉴》整理计算所得。

城乡居民收入差距（ln*cgap*）度量方面，在现有文献中，国内学者一般以城镇人均可支配收入与农村人均纯收入的比值来度量城乡居民收入差距，但是，这一度量方法没有反映城乡人口所占的比重，不能准确地度量中国的城乡居民收入差距。因此，本章基于肖罗克斯（Shorrocks，1980）的研究，选择泰尔指数度量中国城乡居民收入差距，该值越大，表明城乡居民收入差距越大。*Smeemp* 为中小企业全部从业人员与第一产业就业人数的比值，度量中小企业的就业规模，考察中小企业通过吸纳就业对城乡居民收入差距的影响；*Smeind* 为中小企业的总产值与 GDP 的比值，度量中小企业发展的经济规模，考察中小企业发展促进经济增长对城乡居民收入差距的影响。*Seg* 为劳动力市场分割程度，本章在蔡昉等（2005）的研究基础上，使用农业比较劳动生产率来衡量劳动力市场的扭曲程度。农业比较劳动生产率的计算公式为第一产业从业人员占比除以第一产业的 GDP 占比，该比值越大，劳动力市场分割程度越高。

X 代表其他一系列的控制变量，根据以往文献的研究，我们选择如下变量：ln*dStr* 为第三产业增加值与第二产业增加值的比值，第三产业多集中于城镇，第三产业比重越高，城乡居民收入差距越大，预测该变量的系数为正。*Trade* 为进出口总额与 GDP 的比值，反映对外开放程度的大小；*Urban* 为城市化水平，以各省非农业人口占总人口的比重来表示，这两个变量在不同学者的研究中都存在一定程度上的矛盾（王子敏，2011），因此变量前的系数待由回归来决定。

三　基础估计结果

由于因变量的滞后项作为解释变量，导致解释变量具有内生性，本章将采用 GMM 估计方法解决由于滞后因变量的引入可能导致的内生性问题。在具体估计中，本章对工具变量选取有效性进行 Sargan 检验，并对随机扰动项的序列相关进行一阶相关 AR（1）和二阶相关 AR（2）检验。可以看到，所有回归结果都通过了 Sargan 检验和 AR 检验，这表明我们所选取的工具变量是有效的。

表 31 -1 中，我们考察了两种情况下中小企业发展对城乡收入差距的影响。

表 31 -1　　中小企业发展与城乡居民收入差距的估计结果
（被解释变量：反映城乡居民收入差距的泰尔指数）

解释变量	GMM Ⅰ	GMM Ⅱ
LagIncgap	1.0004*** （0.0237）	0.858*** （0.101）
Smeemp	-0.0004* （0.0002）	0.0015** （0.0007）
Smeind	0.0014*** （0.0003）	0.0009** （0.0004）
$Smeind^2$	-0.0008*** （0.0001）	-0.0007*** （0.0002）
SegxSmeemp		-0.0005*** （-0.0002）
SegxSmeind		0.0001** （0.0001）
IndStr	-0.0001（0.0001）	-0.00004（0.0001）
Trade	0.00015*** （0.00005）	0.0001** （0.0001）
Urban	0.0034*** （0.001）	0.003** （0.001）
Cons	-0.0001（0.0002）	-0.00002（0.0003）
Wald Test	27869.86	3349.03
Sargan Test（P 值）	1.0000	1.0000
AR（1）检验（P 值）	0.0134	0.0008
AR（2）检验（P 值）	0.9808	0.8362
Obs	216	216

说明：括号中的数值为标准差。*、**、***分别代表 10%、5%、1% 的显著性水平；GMM 表示系统 GMM 估计；Sargan 检验的零假设是选取的工具变量不存在过度识别；AR（1）和 AR（2）检验的结果为残差项的自相关检验的 P 值；若残差项存在一阶自相关而不存在二阶自相关，则 GMM 估计是有效的。

首先，我们在不考虑劳动力市场分割的作用情况下，考察了中小企业发展对城乡收入差距的影响。结果Ⅰ显示，中小企业发展的就业规模对缩小城乡居民收入差距在10%显著性水平上具有促进作用。改革开放以来，中国中小企业在国民经济中一直扮演重要角色，不但表现在数量上，而且更主要体现在对实现充分就业的贡献上，中小企业强大的吸纳就业能力，是缓解中国就业的结构性矛盾的主要办法，能够有效地缓解中国就业压力（林汉川等，2003）。中国中小企业的快速发展，增加了对农村劳动力等非熟练劳动力的需求，为农村富余劳动力提供了大量的就业机会，参与工业部门的生产中去，在很大程度上提高了农村劳动力要素的生产回报率及非农收入水平。

与此同时，农村劳动力进城务工对城市的劳动力市场造成一定的冲击，抑制了城镇居民收入水平的提高，在一定程度上缩小了农村居民与城镇居民之间的收入差距。中小企业发展的经济规模及其二次项的估计系数在1%的水平上通过显著性检验，而且它的二次项系数为负。这表明，城乡居民收入差距的变动与中小企业发展的经济规模之间呈现倒U形关系。在回归结果Ⅱ中，我们考虑劳动力市场分割对中小企业发展缩小城乡收入差距的影响，同回归结果Ⅰ相比较，回归结果Ⅱ中 *Smeemp* 的系数由负转正，系数有所提高，显著性也增强了，*Smeind* 的系数受劳动力市场分割的影响不大。本章认为，劳动力市场分割降低了中小企业吸纳就业对缩小城乡收入差距的边际影响。

综上所述，本章认为，中小企业吸纳就业对城乡收入差距的影响依赖中国劳动力市场的分割程度。结合回归结果Ⅱ以及前文影响系数的定义，我们利用劳动力市场分割程度的样本均值，计算得到中小企业吸纳就业对城乡收入差距的影响系数大约为：

$$0.0015 - 0.0005 \times 3.4139 = -0.0002$$

结果显示负相关，与回归结果Ⅰ大致相当。因此，本章认为，中小企业的就业贡献对缩小城乡收入差距具有促进作用，但是，这种影响与各地区劳动力市场分割程度密切相关，劳动力市场分割程度越高，作用效果越弱。这一结论的政策性含义在于，大力发展中小企业，吸纳劳动力，有利于缩小城乡收入差距。但是，要使这种作用得以进一步发挥，就必须打破劳动力市场分割。另外，本章认为，中小企业发展的经济规模与城乡居民收入差距之间存在类似库兹涅茨曲线的倒U形关系，城乡居民收入差距随着中小企业经济规模的提高呈现先扩大到相对平稳再到相对缩小的态势。计算影响系数大约为：

$$0.0009-2\times0.0007\times0.6179+0.0001\times3.4139=0.0004$$

这意味着中小企业总产值的提高对城乡居民收入差距的影响还处于正向作用阶段。然而，这并不是意味着，中国应该通过抑制中小企业经济规模的提高来缩小城乡居民收入差距。恰恰相反，中国应该大力发展中小企业，以尽快跳出中小企业发展的低水平陷阱，因为，影响系数已经趋向零，并将向负值转变。

此外，第三产业的快速发展对缩小城乡居民收入差距存在正向促进作用，但显著性不高，这与我们的预测结果截然相反。这里可能的原因是，第三产业的发展促进劳动力的流入，从而产生劳动力集聚效应，提高了进城务工劳动力的收入水平。从拉文斯坦（Ravenstein，1885）的研究以来，经济因素是劳动力流动的最根本动因。伴随着中国产业结构的调整，第三产业的发展水平成为劳动力流动的主要动力，其对缩小城乡居民收入差距的作用也就显而易见。对外开放程度则对缩小城乡居民收入差距具有显著的抑制作用。这可能是因为对外贸易转型升级过程中，对外贸易的发展将增加对高端劳动力、熟练劳动力（城市居民）的相对需求，提高城市居民的收入，降低对非熟练劳动力（农村劳动力）的相对需求，从而扩大城乡居民收入差距（魏浩和赵春明，2012）。城市化水平对缩小城乡居民收入差距具有显著的抑制作用，这里的原因，一方面可能是城镇的产业优势，第二、第三产业在空间上向城市集聚，使得城镇居民收入水平上升更快，城乡居民收入差距拉大；另一方面，高速增长的工业生产率引发生产要素由农村向城镇流动以寻求更高的回报，农村自身发展得不到支持，不利于农民收入的增加，逐步拉大了城乡居民收入差距。

第四节　结论与政策启示

改革开放以来，中国经济发展取得了举世瞩目的成就，但收入分配格局的不平衡和两极化趋势也日益凸显，其中，城乡居民收入差距扩大尤其显著。如何让人们在分享改革开放成果的同时，缩小城乡收入差距已成为一个严峻的问题。中小企业在吸纳农村富余劳动力；提供就业均等机会；促进农民增收，推动经济增长等方面具有相对优势，因此，大力发展中小企业，促进农村富余劳动力转移，鼓励农村人员创业，不仅对居民收入分配有着重要的影响，而且，有利于促进产业结构优化、专业分工，可以进一步拉动城乡消费。然而，由于中国劳动力市场存在严重的壁垒与分割，农村户籍者在城镇劳动力市场上遭遇歧视尤为突出，因此，中小企业发展在缩小城乡收入差距中的作用大打折扣。

因此，本章的政策启示在于，打破城乡劳动力市场分割，促进城乡劳动力的充分流动，就能够发挥中小企业的就业创造作用，不断拓宽农村居民的增收渠道，才能够实现农村居民收入翻一番的政策目标，逐步实现城乡居民收入的均等化。

另外，中小企业发展对城乡居民收入差距的影响不是简单的线性关系，而是遵循库兹涅茨曲线的倒U形关系，需要经过先上后下的过程。所以，在改革开放初期阶段，随着中国中小企业发展，城乡居民的创业热情提高，创业者数量大幅增加，我们反而观察到城乡居民收入差距在拉大、基尼系数上升的现象。这个理论告诉我们，城乡居民收入差距随着中小企业经济规模的提高而呈现先扩大到相对平稳再到相对缩小的态势，本报告计算得到的影响系数为0.0004，已经非常接近零平稳定点。这意味着目前中国中小企业发展逐渐步入降低城乡居民收入差距的阶段。因此，只有大力发展中小企业，才能跳出农村居民低水平陷阱。为此，我们必须坚持市场化改革，改善创业环境，扶持中小企业发展，降低创业的政策门槛，才能为农村居民收入倍增创造市场环境，走城乡居民共同致富的道路。

第三十二章

中小企业社会资本与技术创新
实证研究报告

第一节　实证研究背景

大量的企业创新实践已经表明，企业内部的技术创新活动由于受到资金紧张、研发惯性以及技术锁定等因素的影响，迫使企业必须更加重视在技术创新活动过程中的合作与协调，即通过企业外部研发资源与技术的获取来提升技术创新的产出效益。在当前市场不确定性日益增加的情况下，加强企业在技术创新过程中的合作是企业维持技术创新产出效益的重要措施之一。而产业技术发展趋势的多样化以及各种产品市场需求的差异性，则为企业技术创新目标确定、技术创新活动规划提供了丰富的信息，这些信息的获取与企业所嵌入的网络高度相关。近年来，大量研究均证实了企业网络内部成员间的连接关系对于以技术创新为核心的企业能力培养与提升的重要促进作用。一般来说，网络内部紧密的连接关系有利于市场、技术、信息等资源在不同企业间的高效流动，知识来源的多元化能够有效地推动企业创新活动。但也有研究表明，网络内部企业间知识的高效分享与交流过程需要借助网络中企业社会资本的推动，具体表现为企业间高水平信任关系的建立、经营理念的高度一致以及高效的关系互动等促进企业间的经验分享、认知学习以及价值传递等知识交流活动的实现。然而，以往的研究在分析社会资本在网络关系与创新活动中所起到的作用时，主要从企业所处网络位置所形成的结构优势、网络嵌入性资源以及企业自身的资源获取能力等角度展开，并未形成系统的网络社会资本分析框架。

事实上，对于处于特定网络范式中的企业来说，企业社会资本在企业技术创新活动中的作用主要体现在企业自身资源获取能力与网络嵌入性资源两个方面，企业资源获取能力往往是企业内生性的社会资本，而嵌入网络中的各种形式的资源则是企业外部社会资本。单从外部社会资本视角分析通常不能很好地解释处于同一网络范式中的企业在技术创新活动产出方面所表现出的差异，而从企业内部社会资本的角度去分析则能够较好地弥补上述研究的不足。那么，网络中的企业内外部社会资本具体包括哪些内容？其与企业网络关系强度及技术创新活动又有何关系？其在企业网络关系与技术创新之间到底起着怎样的中介作用？这些问题都有待回答。基于此，本章拟通过对社会资本理论的系统回顾，梳理出网络中企业内部社会资本的内涵，并以此构建中国企业网络关系、内外部社会资本与技术创新之间的理论模型，并以珠三角地区的高新技术企业为研究对象进行实证分析。

第二节　网络关系、社会资本对技术创新的影响机理

一　网络中内外部社会资本的划分

社会资本最早是作为制度经济学研究领域中的社会嵌入机制而引起学者的注意的。20 世纪七八十年代，法国社会学家鲍迪欧（Bourdieu）将局限于经济学领域的社会资本引入到社会学其他领域的研究中，此时的社会资本范畴涵盖了人力资本、文化资本以及政治资本等诸多资本形态。在鲍迪欧的研究基础之上，科尔曼（Coleman）正式提出了社会资本的概念，他将社会资本定义为嵌入在具有紧密连接关系及行为规范的社会网络中的各种资源的总称。然而，这种资源说由于无法解释网络中行为主体资源获取与创新行为的低效率而遭到了学者们的质疑。此时，以波特（Porter）为代表的学者提出了以资源获取能力为核心的社会资本内涵，即行为主体通过网络关系获取稀缺资源的能力。但这种观点的不足之处也是显而易见的，因为处于社会网络中的行为主体的资源获取能力不仅受到自身状态的影响，而且与其所处的网络结构、网络关系中的位置密切相关。正是基于以上考虑，以伯特为主要代表的学者提出了社会资本网络化的观点，他们

将伴随网络关系而形成的成员间信任、规范等作为社会资本的累积源泉，其中，尤以“结构洞”理论最为经典。

通过对社会资本理论发展脉络的梳理，我们不难发现，鲍迪欧和科尔曼将社会资本当作一种嵌入制度网络中的资源，本质上是一种外部社会资本。这种社会资本是网络内部普遍存在的，主要以基础知识、行为规范和价值理念等形式存在的嵌入性资源。对于网络内部成员来说，这种资源获取较为容易而且方便，但其缺点也非常明显，即资源的同质性容易导致成员间信息交流的重复和冗余。以波特为代表的社会资本能力观则强调社会资本是一种网络成员从网络中获取资源的能力，因此，网络成员状态（如学习动机、学习能力）的不同导致彼此之间资源获取效率的差异。由于学习能力视角的社会资本更重视网络成员能动性在资源获取中的作用，因此，本章将其视为内部社会资本。而以伯特为代表的社会资本网络化观点则是影响最大、最受关注的一种观点。伯特等人不仅充分认识到社会网络作为一种资源承载对象的重要性，同时也对网络中企业所处的网络状态进行了分析，并将企业网络位置、关系结构等纳入企业资源获取的禀赋之中。因此，在伯特等人的社会资本网络化研究中，其实已经涵盖了企业的内外部社会资本两个方面，但遗憾的是，他们并未在其相关研究中进行详细的阐述与梳理。根据上述理论分析，本章将网络中企业的内外部社会资本梳理如图 32－1 所示。

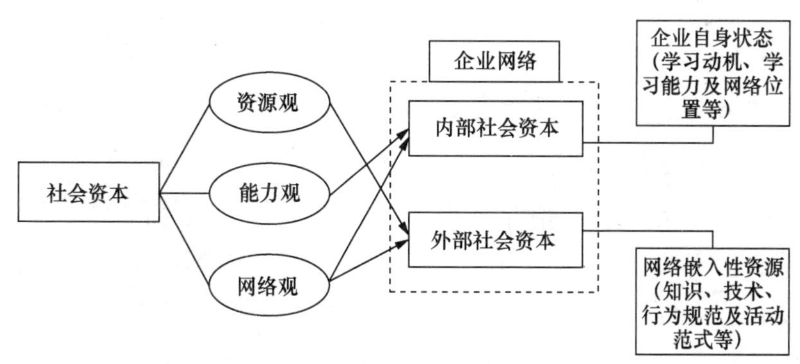

图 32－1　内外部社会资本的提出

二　网络关系与技术创新

网络关系是各种行为主体之间在资源交换、信息传递活动过程中建立的各种关系的总和，这种关系通常是介于市场与内部组织之间的一种混合交易模式。处于网络中的企业通过网络关系形成专业化分工、资源互补的合作关系，进而实现获取资源、改善竞争地位的目标。由于网络关系能够较好地反映企业之间的技术合作以及知识交流的特征与状态，因此，一直在企业技术创新活动中扮演重要角色。学者们关于网络关系对于技术创新的影响主要是从关系持久度、关系质量和关系强度三个维度展开分析。

一般来说，长时间的合作关系能够提升企业间的关系质量及互动频率，进而促进双方的资源分享效率。在较早的网络关系研究中，格拉诺特（Granovetter）、厄齐（Uzzi）等分别从弱连接与强连接的角度分析网络关系强度对企业工艺流程创新的影响。总体来看，持弱连接优势论的学者大都认为，企业之间保持较弱的连接关系可以传递稀缺的知识，同时避免知识冗余，从而具有更高的知识传递效率。而持强连接的学者则认为，企业之间的频繁来往有利于网络中知识的扩散与共享，并且在当前外部不确定性逐渐增加的背景下企业之间关系的维护成本也较低。随着网络关系理论研究的不断深入，也有学者从企业间的合作模式及关系类型视角对企业创新行为进行了分析，例如汤姆林森（Tomlinson）通过对英国五大制造业基地企业的实证研究发现，网络中企业之间的水平连接关系与垂直连接关系均对企业创新产生显著的影响。邬爱其则进一步总结了企业之间长期合作关系能够促进信息共享、沟通合作以及降低冲突概率，进而维持企业技术创新持续进行。基于此，本章提出：

假设 H32－1：网络关系对企业技术创新具有显著的正向影响。

三　网络关系与内外部社会资本

（一）网络关系与内部社会资本

通过内部社会资本，企业可以拓宽与其他行为主体间的交流渠道，增加获取稀缺性资源的机会，因此，网络中的企业内部社会资本也被称为桥梁（Bridging）式的社会资本。在网络中，企业的网络位置对于企业获取网络资源的影响非常明显，例如，处于结构洞位置的企业在资源交易过程中往往具有优势。此外，企业网络中的连接关系不仅为企业构建最优合作模式提供了条件，也能够促进企业学习能力的培养。通过增强网络关系，还可以提高企业之间的忠诚度和责任感，从而减少资源交易过程中的不确定性。因此，本章提出：

假设 H32 －2：网络关系对内部社会资本产生显著的正向影响。

（二）网络关系与外部社会资本

外部社会资本是企业利用嵌入性资源及网络关系所取得的资源总和。外部社会资本的获取必然要以网络关系为基础，而外部社会资本的价值也需要通过网络关系来实现，因此，网络关系对企业外部社会资本的获取和利用具有重要影响。罗兰和戈兰尔（Roland and Goran）指出，在复杂的网络环境中，企业通过良好的网络关系获取必需的知识，并将其进一步整合成高附加值的社会资本。从组织层面看，外部社会资本的获取深受组织内部网络的关系特征、关系状态以及合作模式的影响。杰夫里等（Jeffrey et al.）指出，企业通过网络关系可以将员工认知、制度完善以及利益分配等异质性资源要素整合起来，形成企业重要的社会资本。基于上述分析，本章提出：

假设 H32 －3：网络关系对外部社会资本产生显著的正向影响。

四　内外部社会资本与技术创新

（一）内部社会资本与技术创新

网络中企业内部社会资本主要通过企业获取资源的能力与企业在网络中的地位来反映。由于难以准确地把握技术发展趋势，企业的创新过程往往充满了不确定性，这就需要企业通过不断地获取外部信息以维持企业技术创新活动与市场导向的一致性，而企业是否能够有效地获取自身技术创新活动中的关键的外部资源则取决于企业学习能力、关系维护以及网络位置等。研究表明，具有丰富内部社会资本的企业，其利用网络中各种连接关系的能力也越强。而对于网络中各种关系模式的充分、合理利用，意味着企业能够获得合作伙伴的高度信任，进而提高嵌入网络中隐性知识的转移效率，促进企业产品创新的成功。此外，企业所处的网络位置在企业获取网络资源过程中也起到非常重要的作用，例如结构洞位置的企业往往在信息交流、知识获取上具有显著优势。因此，本章提出：

假设 H32 －4：内部社会资本对企业技术创新产生显著的正向影响。

（二）外部社会资本与技术创新

企业外部社会资本对于技术创新的促进作用主要体现在企业对于网络中嵌入性资源的有效利用方面。科尔曼指出，社会资本最主要的功能在于通过网络的紧密连接关系，网络成员可以得到及时、必要的信息资源，进而改善自身拥有信息的质量。外部社会资本存在于企业自身以外的所有其他网络成员及其所构建的网络之中，因此，为了推动企业技术创新活动的展开，企业需要与网络中其他成员进行互动，获取更为广泛的外部知识以维持创新活动的高效率。网络中高速流动的知识与持续累积的创新资源是企业技术创新合作开展的重要基础之一，为了达到外部社会资本的高效利用，企业必然会不断提升自身的学习能力，提高组织学习的欲望，从而促进企业技术合作效率的提升。基于上述分析，本章提出：

假设 H32 -5：外部社会资本对企业技术创新产生显著的正向影响。

通过上述理论分析可以发现，网络中的社会资本主要划分为内部社会资本与外部社会资本，而网络关系中的网络关系持久度、关系质量和关系强度则以内外部社会资本为中介，对企业产品创新与工艺创新产生影响，基于此，我们构建了本章的理论模型如图 32 -2 所示。

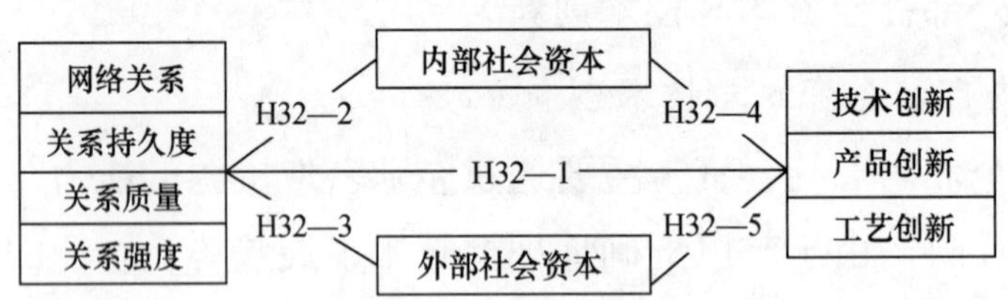

图 32 -2 理论模型

第三节 实证研究方案

考虑到本报告中变量之间存在的潜在的复杂因果关系，我们将采用结构方程模式来对上述各变量之间的关系进行验证。结构方程模式是一种采用实证数据来验证理论模型的统计方法，它融合了因素分析和路径分析两种统计技术，是当代社会科学量化研究中应用普遍的统计方法之一。通过结构方程模式不仅能够对数据的测量误差进行评估，还可以分析潜在变量之间的结构关系。

一　样本获取

本章以珠三角地区四个产业园区的916家民营企业为调查对象，主要通过邮寄调查问卷和电子邮件两种方式进行问卷调查。本次调查共发放问卷1000份，收回问卷482份，其中填答不全的问卷24份，本次调查的有效问卷458份。有效回收率为458/1000 = 45.8%。调查时间为2010年9—12月。本章主要使用频数分配等方法对样本的基本特性进行统计分析，包括企业对新产品的研发投入和与同行相比的规模等，具体如表32 - 1所示。

表32 - 1　　企业规模和研发投入分布

基本特性	类别	企业数量	百分比（%）	累积百分比（%）
企业规模	大规模	120	26.2	26.2
	中等规模	293	64	90.2
	小规模	43	9.4	99.6
	未填答	2	0.4	100
研发投入	0～6.9%	256	55.9	55.9
	6.9%以上	184	40.2	96.1
	未填答	18	3.9	100

说明：在本章中，我们以员工数量作为企业规模划分标准，其中，小于10人的为小规模企业，人数在10—30的为中等规模企业，而人数大于30的则为大规模企业。

二　变量测度

本章所使用的测量条目主要来自发表在国内外顶级期刊上的文献中应用较为成熟的量表。其中，关于网络关系的测量，在当前的主流测量量表中主要划分为关系持久度、关系质量和关系强度三个维度，本章主要参考了谢洪明等、Caner和张世勋的研究成果。关于内部社会资本的测量，我们主要依据关键词“企业学习动机、学习能力”等进行文献搜索，在获得了相关文献后进行了整理、分析，最终主要借鉴了谢洪明等、Gómez、Lorente和Cabrera等人的研究成果。而外部社会资本的测量，同样通过搜索关键词“网络资源、网络知识”等进行文献搜索、整理和分析，在参考了Gnyawai和Madhavan和谢洪明等的研究成果后形成测量问卷。而对于技术创新主要考虑工艺创新与产品创新两个维度，并参考了谢洪明等的研究成果。本章采用 Likert 七点打分法，总共采用了 22 个问题条目分别对上述变量进行测度。

三 样本信效度

本章以 Cronbach's α 和因素分析累计解释量来检验各变量的信度，经检验，各个指标都在可接受的范围之内，并且各变量的问题条目体现出较高的内部一致性，问卷具有较高的信度。而关于效度检验，由于本章的测量条目主要来自过去学者使用过的有效问卷，而且通过了相关专家的认定，所以，本问卷具有可靠的内容效度，但为了保险起见以及考虑文化等因素的影响和本土适用性问题，本章仍以验证性因素分析来验证各量表的建构效度，各项指标如表 32 -2 所示。

表 32 -2　　变量的信度和效度

变量	因素	Cronbach's α	因素分析累计解释量	GFI	CFI	RMR	RMSEA	χ^2/d. f
网络关系	关系持久度	0.70	0.43	0.980	0.955	0.068	0.065	1.04
	关系质量	0.69	0.41					
	关系强度	0.80	0.52					
社会资本	内部社会资本	0.77	0.49	0.977	0.966	0.023	0.076	1.90
	外部社会资本	0.75	0.43					
技术创新	产品创新	0.87	0.57	0.932	0.940	0.029	0.091	2.03
	工艺创新	0.81	0.73					

第四节 对珠三角地区企业实证结果的分析

一 计量模型

本章采用辛格等（Singh et al.）使用的研究方法，通过建立“网络关系—技术创新”直接关系模型和“网络关系—内外部社会资本—技术创新”中间变量模型，并对两个模型的显著性差异进行分析来检验中间变量的中介作用。此外，在对中间变量模型进行分析时，还加入了企业规模和研发投入两个控制变量。控制变量的具体划分标准为在舍去未填规模的企业之后，将样本企业分为大规模企业（120 家）、中等规模企业（293 家）和小规模企业（43 家）；在舍去未填研发投入的企业之后，将样本企业研发投入分为 0—6.9% 和 6.9% 以上两大类型。最后，运用结构方程模式来检验变量间的影响关系。

二　模型检验

在模型检验中，我们首先对直接关系模型进行了分析，其次在直接关系模型中加入了内外部社会资本变量后分析了中间变量模型检验结果，最后，分别以企业规模和研发投入作为控制变量加入中间变量模型中进行了实证检验，检验结果如表 32－3 所示。

表 32－3　　各模型检验结果

假设路径	直接关系模型 Model 1	中间变量模型 Model 2	控制变量（企业规模）Model 3			控制变量（研发投入）Model 4	
			大规模	中规模	小规模	研发投入 0—6.9%	研发投入 6.9% 以上
WLGX→JSCX（H_1）	0.630***	0.237**	0.237**	0.275**	0.119*	0.206**	0.298**
WLGX→NBSC（H_2）		0.265**	0.104	0.188*	0.290**	0.169*	0.203**
WLGX→WBSC（H_3）		0.238**	0.347***	0.189*	0.069	0.275**	0.213**
NBSC→JSCX（H_4）		0.314***	0.213**	0.201**	0.193*	0.101	0.211**
WBSC→JSCX（H_5）		0.196**	0.231**	0.123*	0.042	0.201**	0.209**
各模型的拟合度指标							
χ^2	286.164	433.481	959.019			666.240	
d.f	101	204	612			408	
χ^2/d.f	2.83	2.12	1.57			1.63	
GFI	0.925	0.920	0.849			0.879	
CFI	0.930	0.932	0.898			0.921	
RMSEA	0.063	0.050	0.035			0.038	

说明：路径系数为标准化值；＊＊＊表示 $p<0.001$，＊＊表示 $p<0.01$，＊表示 $p<0.05$；WLGX 表示网络关系；NBSC 表示内部社会资本；WBSC 表示外部社会资本；JSCX 表示技术创新。

从表32-3中可以看到，各模型的拟合度指标中，$\chi^2/d.f$（标准卡方值）最大值为2.83，小于3；GFI最小值为0.849，略小于0.90；CFI最小值为0.898，略小于0.90；RMSEA最大为0.063，略大于0.06，从整体上看，本研究中的各模型的拟合度较好，模型的整体适配度指标都在可接受的范围，可以对假设进行进一步的检验。在Model1中，网络关系对技术创新具有显著的正向影响（路径系数为0.63，P值小于0.001），H1获得实证支持；在Model2中，网络关系对于技术创新与内外部社会资本均产生显著正向影响（路径系数分别为0.237、0.265和0.238，P值均小于0.01），假设H32-1、假设32-2和假设H32-3都获得实证支持，同时，内外部社会资本对技术创新也产生显著的正向影响（路径系数分别为0.314和0.196，P值分别小于0.001和0.01），假设H32-4和假设H32-5也得到实证支持。在Model3中，规模较大的企业中的网络关系对于内部社会资本的影响作用不再显著（路径系数为0.104，P值大于0.05）；而在小规模企业中，网络关系对与外部社会资本的影响作用不再显著（路径系数为0.069，P值大于0.05），同时，外部社会资本对于技术创新的影响作用不再显著（路径系数为0.042，P值大于0.05）。Model4中企业研发投入小于6.9%的情况下，内部社会资本对于技术创新的影响作用不再显著（路径系数为0.101，P值大于0.05）。

第五节 结论与政策启示

本章以企业网络关系为基础，探讨了网络中企业内部社会资本与外部社会资本的内涵与功能，并以此为基础构建了理论模型进行了实证分析，主要结论如下：

第一，网络关系对企业技术创新具有显著影响，并且内外部社会资本在网络关系与企业技术创新之间起着中介作用。对有志于通过加强企业与其他组织机构间合作来提高技术创新绩效的企业来说，一方面，需要构建长远的企业网络关系合作发展战略，通过与网络内部其他成员、研究所等构建长期、稳定的合作关系，提升彼此的信任水平，强化合作机制以提升技术创新效率。另一方面，在动态的产业网络集聚情境下，企业也需要不断地培养自身的网络关系适应能力和学习能力，既要充分重视网络嵌入性资源的发掘与利用，同时在资源获取导向上也要能够从大量、复杂的网络资源中甄别出附加值高的资源，实现资源获取的“专与精”，即高效获取对企业非常重要的稀缺性、战略性资源。

第二，大规模企业中网络关系对于内部社会资本没有显著的影响。规模较大的企业往往处于网络的中心位置，扮演着资源交易掮客的角色，其对于网络内部知识的流通具有主导作用，因此，大规模企业并不强调通过网络关系来积累内部社会资本。在小规模企业中，外部社会资本在网络关系与技术创新之间没有中介作用。我们认为，小规模企业在网络中通常没有区位优势，并且其对网络关系的影响程度也非常有限，因此，小规模企业很难改变其在合作中处于被动地位的局面，从而影响到其技术创新活动。此外，在研发投入小于6.9%的企业中，内部社会资本对于技术创新也不再产生显著的影响。研发投入小的企业以小规模企业居多，由于小规模企业自身实力的局限，与其他组织开展合作的资本较少，从而获得稀缺性资源的概率较小，其技术创新活动的效益也较低。

本章在以下两方面进行了创新：一方面，本章将企业网络关系中的社会资本进行了梳理与整合，将网络中的社会资本划分为内部社会资本与外部社会资本两大类，强调企业通过对网络资源的选择性发掘与利用来促进企业技术创新。另一方面，为了进一步探究网络中不同地位的企业利用社会资本进行技术创新活动可能产生的差异，本章通过控制企业规模和研发投入两个变量进行了比较分析。相关研究结果表明，网络中不同规模和研发投入下的企业在利用社会资本进行技术创新活动所产生的创新效果上确实存在较大的差异。这说明，本章的研究结论不仅具有丰富的理论意义，而且对于指导企业制定富有针对性的技术创新活动方案也具有深刻的参考价值。

参考文献

［1］奥地利研究发展促进局网站，http：//www. ffginc. com/，2011 年 2 月 4 日。

［2］包群、邵敏、L. G. Song：《地理集聚、行业集中与中国企业出口模式的差异性》，《管理世界》2012 年第 9 期。

［3］蔡昉、都阳、王美艳：《中国劳动力市场转型与发育》，商务印书馆 2005 年版。

［4］蔡昉：《刘易斯转折点》，社会科学文献出版社 2008 年版。

［5］蔡宁、吴结兵：《企业集群的竞争优势：资源的结构性整合》，《中国工业经济》2002 年第 7 期。

［6］蔡千姿、蔡旻翰：《台湾育成中心发展经验与展望——15 年阶段转型分析》，《科技管理学刊》2010 年第 15 期。

［7］蔡淑梨：《从经营机制与功能检视台湾创新育成中心的运营成效与适切性》，《商管科技季刊》2000 年第 4 期。

［8］陈乐香：《论发展中小企业与缩减收入差距》，《湖北社会科学》2009 年第 6 期。

［9］陈明璋：《台湾中小企业发展论文集》，（台北）联经事业出版有限公司 1994 年版。

［10］陈晓红、王傅强：《中小企业发展、城市化与城乡收入差距》，《第三届（2008）中国管理学年会论文集》，2008 年 8 月。

［11］陈晓阳：《浙江中小企业技术创新动力障碍的实证研究》，《中国高新技术企业》2007 年第 11 期。

［12］陈振明：《公共政策分析》，中国人民大学出版社 2002 年版。

［13］程聪、谢洪明：《集群企业社会网络嵌入与关系绩效研究：基于关

系张力的视角》,《南开管理评论》2012 年第 15 期。

[14] 程宏伟、张永海、常勇:《公司 R&D 投入与业绩相关性的实证研究》,《科学管理研究》2006 年第 6 期。

[15] 池仁勇、周丽莎、张化尧:《企业外部技术联系渠道与技术创新绩效的关系》,《技术经济》2010 年第 10 期。

[16] 池仁勇、金陈飞:《海峡两岸中小企业发展比较研究》,《台湾研究》2011 年第 4 期。

[17] 池仁勇、刘道学、林汉川、秦志辉等:《中国中小企业景气指数研究报告》(2013),中国社会科学出版社 2013 年版。

[18] 池仁勇、刘道学、林汉川、秦志辉等:《中国中小企业景气指数研究报告》(2014),中国社会科学出版社 2014 年版。

[19] 池仁勇、谢洪明、程聪等:《中国中小企业景气指数研究报告》(2011 年),经济科学出版社 2011 年版。

[20] 池仁勇:《区域中小企业创新网络的结节点联结及其效率评价研究》,《管理世界》2007 年第 1 期。

[21] 池仁勇:《区域中小企业创新网络形成、结构属性与功能提升:浙江省实证考察》,《管理世界》2005 年第 10 期。

[22] 单玉丽:《台湾经济 60 年》,知识产权出版社 2010 年版。

[23] 邓曲恒:《城镇居民与流动人口的收入差异——基于 Oaxaca - Blinder 和 Quantile 方法的分解》,《中国人口科学》2007 年第 2 期。

[24] 丁宝军、朱桂龙:《基于知识结构的 R&D 投入与技术创新绩效关系的实证分析》,《科学学与科学技术管理》2008 年第 9 期。

[25] 樊纲、王小鲁、张立文、朱恒鹏:《中国各地区市场化相对进程报告》,《经济研究》2003 年第 3 期。

[26] 顾颖、岳永、房路生:《中小企业发展与行业收入差距——基于政治经济学视角的实证分析》,《管理世界》2007 年第 1 期。

[27] 郭岚、农卫东、张祥建:《现代生产性服务业的集群化发展模式与形成机理——基于伦敦和纽约的比较》,《经济理论与经济管理》2010 年第 10 期。

[28] 哈罗德·D. 拉斯韦尔:《权力与社会:一项政治研究的框架》,王菲易译,上海世纪出版集团 2012 年版。

[29] 何庆丰、陈武、王学军:《直接人力资本投入、R&D 投入与创新绩效的关系——基于中国科技活动面板数据的实证研究》,《技术经济》2009 年第 4 期。

[30] 贺涛:《台湾经济发展轨迹》,中国经济出版社 2009 年版。

[31] 洪铅财、赖杉桂:《营运效率绩效加入育成中心绩效模式可行性的研究——资料包络分析法的应用》,《中小企业发展季刊》2008 年第 8 期。

[32] 洪铅财、张文龙:《创新育成中心进驻户类型与培育服务需求关系探讨——进驻户观点》,《中华管理学报》2002 年第 2 期。

[33] 胡义东、仲伟俊:《高新技术企业技术创新绩效影响因素的实证研究》,《中国科技论坛》2011 年第 4 期。

[34] 简尚文:《创新育成中心服务网络及其绩效之评估》,"国立"交通大学经营管理所,1999 年。

[35] 江诗松、龚丽敏、魏江:《转型经济中后发企业的创新能力追赶路径:国有企业和民营企业的双城故事》,《管理世界》2011 年第 12 期。

[36] 解学梅:《中小企业协同创新网络与创新绩效的实证研究》,《管理科学学报》2010 年第 8 期。

[37] 黎绮雯、何秀青、林欣吾:《从双边市场观点看政府辅助育成中心的政策方向》,《中小企业发展季刊》2010 年第 20 期。

[38] 李柏洲、孙立梅:《创新系统中科技中介组织的角色定位研究》,《科学学与科学技术管理》2010 年第 9 期。

[39] 李晨:《高技术产业研发投入对技术创新绩效的影响研究》,浙江大学,2009 年。

[40] 李樑坚、陈美先:《中小企业选择育成中心之关键因素及未来推动策略之研究》,《中小企业发展季刊》2010 年第 11 期。

[41] 李隆生、冯国豪、谢先锋:《知识经济的催化剂——创新育成中心》,《育达研究业刊》2001 年第 2 期。

[42] 李薇薇:《中国企业模仿创新中的专利权属制度研究》,《中国软科学》2011 年第 1 期。

[43] 李文元:《科技中介机构功能完善和体系构建研究》,江苏大学,

2008 年。

[44] 李煜华、胡运权、孙凯：《产业集群规模与集群效应的关联性分析》，《研究与发展管理》2007 年第 2 期。

[45] 李自如、黄教文：《台湾中小企业创业决策关键因素》，《中南工业大学学报》2002 年第 2 期。

[46] 李宗哲：《台湾中小企业辅导政策之演变与评估》，《金融研究》2001 年第 4 期。

[47] 林汉川、夏敏仁、何杰、管鸿禧：《中小企业发展中所面临的问题——北京、辽宁、江苏、浙江、湖北、广东、云南问卷调查报告》，《中国社会科学》2003 年第 2 期。

[48] 林竞君：《嵌入性、社会网络与产业集群——一个新经济社会学的视角》，《经济经纬》2004 年第 5 期。

[49] 刘道学、池仁勇、王飞绒、胡淑静等：《中国中小企业景气指数研究报告 2012》，经济科学出版社 2012 年版。

[50] 刘锋等：《对科技中介几个基本问题的研究——基于技术创新的分析和认识》，《科学学与科学技术管理》2004 年第 4 期。

[51] 刘虹：《廖施市场区位论评述》，《地域研究与开发》1988 年第 3 期。

[52] 刘军：《整体网分析讲义》，格致出版社 2009 年版。

[53] 刘洋、魏江、江诗松：《后发企业如何进行创新追赶？——研发网络边界拓展的视角》，《管理世界》2013 年第 3 期。

[54] 刘元芳、陈衍泰、余建星：《中国企业技术联盟中创新网络与创新绩效的关系分析》，《科学学与科学技术管理》2006 年第 8 期。

[55] 龙静、陈传明：《服务性中介的权力依赖对中小企业创新的影响：基于社会网络的视角》，《科研管理》2013 年第 31 期。

[56] 卢谢峰、韩立敏：《中介变量、调节变量与协变量——概念、统计检验及其比较》，《心理科学》2007 年第 4 期。

[57] 陆铭、陈钊：《城市化、城市倾向的经济政策与城乡收入差距》，《经济研究》2004 年第 6 期。

[58] 陆益龙：《户口还起作用吗——户籍制度与社会分层和流动》，《中国社会科学》2008 年第 1 期。

[59] 罗家德：《社会网络分析讲义》，社会科学文献出版社 2005 年版。
[60] 吕一博、苏敬勤：《企业网络与中小企业成长的关系研究》，《科研管理》2010 年第 31 期。
[61] 马春芳：《中小企业政策体系国际比较研究》，黑龙江大学硕士学位论文，2003 年。
[62] 民建中央专题调研组报告：《后危机时代中小企业转型与创新的调查与建议》，2010 年版。
[63] 潘松挺：《网络关系强度与技术创新模式的耦合及其协同演化》，浙江大学出版社 2009 年版。
[64] 彭记生：《论技术创新网络中的中介组织》，《自然辩证法研究》2000 年第 16 期。
[65] 钱锡红、杨永福、徐万里：《企业网络位置、吸收能力与创新绩效》，《管理世界》2010 年第 5 期。
[66] 丘海雄、徐建牛：《产业集群技术创新中的地方政府行为》，《管理世界》2004 年第 10 期。
[67] 邱皓政：《量化研究与统计分析》，重庆大学出版社 2009 年版。
[68] 冉光和、汤芳桦：《我国非正规金融发展与城乡居民收入差距——基于省级动态面板数据模型的实证研究》，《经济问题探索》2012 年第 1 期。
[69] 任兵、区玉辉、彭维刚：《连锁董事、区域企业间连锁董事网与区域经济发展》，《管理世界》2004 年第 3 期。
[70] 任海云：《R&D 投入与企业绩效关系的调节变量综述》，《科技进步与对策》2011 年第 3 期。
[71] 任海云：《公司治理对 R&D 投入与企业绩效关系调节效应研究》，《管理科学》2011 年第 10 期。
[72] 盛亚、范栋梁：《结构洞分类理论及其在创新网络中的应用》，《科学学研究》2009 年第 9 期。
[73] 史清华、晋洪涛、卓建伟：《征地一定降低农民收入吗：上海 7 村调查——兼论现行征地制度的缺陷与改革》，《管理世界》2011 年第 3 期。
[74] 寿志钢、杨立华、苏晨汀：《基于网络的组织间信任研究：中小企

业的社会资本与银行信任》，《中国工业经济》2011 年第 9 期。

[75] 宋宝香、彭纪生：《外部技术获取模式与技术能力的关系：技术学习过程的中介作用》，《管理学报》2010 年第 10 期。

[76] 宋志霞、刘雪玲：《国外中小企业政策比较及借鉴》，《商业时代理论》2005 年第 21 期。

[77] 台湾“经济部”中小企业处：《中小企业创新育成中心未来发展方向》，经济部中小企业处年度施政计划子计划四，2008 年。

[78] 汤临佳、池仁勇：《产业集群结构、适应能力与升级路径研究》，《科研管理》2012 年第 1 期。

[79] 唐根年、管志伟、秦辉：《过度集聚、效率损失与生产要素合理配置研究》，《经济学家》2009 年第 11 期。

[80] 田文斌：《大力扶持创办中小企业　以创业促就业保增收》，《中国乡镇企业》2009 年第 11 期。

[81] 王飞绒、池仁勇：《发达国家与发展中国家创业环境比较研究》，《外国经济与管理》2005 年第 11 期。

[82] 王美艳：《城市劳动力市场上的就业机会与工资差异——外来劳动力就业与报酬研究》，《中国社会科学》2005 年第 5 期。

[83] 王涛、罗仲伟：《社会网络演化与内创企业嵌入——基于动态边界二元距离的视角》，《中国工业经济》2011 年第 12 期。

[84] 王子敏：《我国城市化与城乡收入差距关系再检验》，《经济地理》2011 年第 8 期。

[85] 魏浩、赵春明：《对外贸易对我国城乡收入差距影响的实证分析》，《财贸经济》2012 年第 1 期。

[86] 魏江、叶波：《企业集群的创新集成：集群学习与挤压效应》，《中国软科学》2002 年第 12 期。

[87] 温忠麟、侯杰泰、张雷：《调节效应与中介效应的比较和应用》，《心理学报》2005 年第 37 期。

[88] 邬爱其：《集群企业网络化成长机制研究——对浙江三个产业集群的实证研究》，浙江大学，2004 年。

[89] 吴宝、李正卫、池仁勇：《社会资本、融资结网与企业间风险传染——浙江案例研究》，《社会学研究》2011 年第 3 期。

[90] 吴航:《“武汉·中国光谷”高新技术企业创新投入与创新绩效关系研究》,中国地质大学,2010 年。

[91] 吴伟萍:《国外科技中介组织的成功管理经验及对我国的启示》,《科技管理研究》2003 年第 5 期。

[92] 萧全政:《台湾地区中小企业发展的政治经济分析》,《第一届中小企业发展学术研讨会论文集》,台湾“经济部”,1994 年。

[93] 谢洪明、陈盈、程聪:《网络密度、知识流入对企业管理创新的影响》,《科学学研究》2011 年第 29 期。

[94] 谢洪明、张霞蓉、程聪、陈盈:《网络关系强度、企业学习能力对技术创新的影响研究》,《科研管理》2012 年第 2 期。

[95] 谢洪明、赵丽、程聪:《网络密度、学习能力与技术创新的关系研究》,《科学学与科学技术管理》2011 年第 10 期。

[96] 辛翔飞、秦富、王秀清:《中西部地区农户收入及其差异的影响因素分析》,《中国农村经济》2008 年第 2 期。

[97] 徐盛华:《企业科技创新的投入与产出关联度实证分析》,《科技管理研究》2005 年第 11 期。

[98] 杨建君、马婷:《不同维度信任对企业技术创新活动的影响》,《科学学研究》2009 年第 3 期。

[99] 姚洪心、王喜意:《劳动力流动、教育水平、扶贫政策与农村收入差距——一个基于 Multinomial Logit 模型的微观实证研究》,《管理世界》2009 年第 9 期。

[100] 余向华、陈雪娟:《中国劳动力市场的户籍分割效应及其变迁——工资差异与机会差异双重视角下的实证研究》,《经济研究》2012 年第 12 期。

[101] 袁建中:《绩效评估模式规划计划期末报告》,“经济部”中小企业处,2001 年。

[102] 袁建中:《我国中小型企业创新育成中心的规划》,《规划学报》1994 年第 22 期。

[103] 詹姆斯·安德森:《公共决策》,华夏出版社 1990 年版。

[104] 张金马:《政策科学导论》,中国人民大学出版社 1992 年版。

[105] 张米尔、田丹:《从引进到集成:技术能力成长路径转变研究——

"天花板"效应与中国企业的应对策略》，《公共管理学报》2008年第1期。

[106] 张世勋：《产业集群内厂商之网络关系对其竞争力影响之研究——新竹科学园区之实证》，朝阳科技大学企业管理系，硕士学位论文，2002年。

[107] 张小蒂、王中兴：《中国R&D投入与高技术产业研发产出的相关性分析》，《科学学研究》2008年第6期。

[108] 张炎兴、赵秀芳：《地方企业集群制度变迁的演化论解释——以浙江模式为例》，《学术月刊》2005年第6期。

[109] 张义博、刘文忻：《人口流动、财政支出结构与城乡收入差距》，《中国农村经济》2012年第1期。

[110] 张玉利、陈立新：《中小企业创业的核心要素与创业环境分析》，《经济界》2004年第3期。

[111] 张震宇：《开放式创新环境下中小企业创新特征与实践》，《科学学研究》2008年第S2期。

[112] 赵珍、池仁勇：《剖析"浙江现象"的创业环境》，《科技进步与对策》2003年第8期。

[113]《浙江年鉴》，浙江年鉴社2010年版。

[114]《中国中小企业年鉴》，经济科学出版社2006—2010年版。

[115]《中国统计年鉴》，中国统计出版社2006—2010年版。

[116] Adegoke Oke, Moronke Idiagbon - Oke, Fred Walumbwa, The relationship between brokers' influence, strength of ties and NPD project outcomes in innovation - driven horizontal networks [J]. *Journal of Operations Management*, 2008, 26 (5): 571 - 589.

[117] Adler, P. S., Kwon, S., Social capital: prospects for a new concept [J]. *Academy of Management Review*, 2002, 27: 17 - 40.

[118] Ahuja, G., Collaboration networks, structural holes and innovation: A longitudinal study [J]. *Administrative Science Quarterly*, 2000, 45 (3): 425 - 455.

[119] Albert, Guangzhou H. U., Gary H. Jeffrson, Returns to research and development in Chinese industry: Evidence from state - owned enterpri-

ses in Beijing [J]. *China Economic Review*, 2004 (15): 86 –107.

[120] Alberti, F., "The governance of industrial districts: A theoretical footing proposal" [R]. Liuc Papers, 2001, (82): 1 –31.

[121] Aldrich, H. E., von Glinow MA. Business start – ups: the HRM imperative. In: Birley, S., MacMillan, I. C. (eds.) *International Perspectives on Entrepreneurial Research* [C]. New York: North – Holland, 1992.

[122] Andreas, B. E., Simon, J. B., Paul, T., How can clusters sustain performance? The role of network strength, network openness, and environmental uncertainty [J]. *Research Policy*, 2010, 39 (2): 239 –253.

[123] Baker, T., Nelson, R. E., Creating something from nothing: resource construction through entrepreneurial bricolage [J]. *Administrative Science Quarterly*, 2005. 50 (3): 329 –366.

[124] Barlevy, G., Tsiddon, D., "Earnings inequality and the business cycle" [J]. *European Economic Review*, 2006, 50 (1): 55 –89.

[125] Bathelt, H., Gluckler, J., "Resources in Economic Geography: From Substantive Concepts Towards a Relational Perspective" [J]. *Environment and Planning*, 2005, 37 (9): 1545 –1563.

[126] Bekkers, R., Verspagen, B., Smits, J., Intellectual property rights and standardization: The case of GSM [J]. *Telecommunications Policy*, 2002, 26 (5): 171 –188.

[127] Benjamin L. Hallen, Kathleen M. Eisenhardt, Catalyzing strategies and efficient tie formation: How entrepreneurial firms to obtain investment ties [J]. *Academy of Management Journal*, 2012, 55 (1): 35 –70.

[128] Bernardin, H. J., Beatty, R. W., Performance Appraisal: Assessing Human Behavior at Work [M]. Boston, Ma.: Kent Pub. Co., 1984: 2.

[129] Bessant, J., Rush, H., Building bridges for innovation: the role of consultants in technology transfer [J]. *Research Policy*, 1995, 24 (3): 97 –114.

[130] Biggiero, L., "Industrial and knowledge relocation strategies under the challenges of globalization and digitalization: the move of small and medium enterprises among territorial systems" [J]. *Entrepreneurship and Regional Development*, 2006, 18 (6): 443 – 471.

[131] Bonacich, P., Power and centrality: A family of measures [J]. American Journal of Sociology, 1987, 92 (5): 1170 – 1182.

[132] Bourdieu, P., The forms of capital [A]. Richardson, J. G., *Handbook of Theory and Research for the Sociology of Education* [C]. New York: Greenwood, 1986.

[133] Burt, R. S., *Structural Holes: The Social Structure of Competition* [M]. Cambridge, M. A.: Harvard University Press, 1992.

[134] Büschgens, T., Bausch, A., Balkin, D. B., Organizational Culture and Innovation: A Meta - Analytic Review [J]. *Journal of Product Innovation Management*, 2013, 30 (4): 763 – 781.

[135] Calantone, R. J., Stanko, M. A., Drivers of outsourced innovation: an exploratory study [J]. *Journal of Product Innovation Management*, 2007 (24): 230 – 241.

[136] Caloghirou, Y., Kastelli, I., Tsakanikas A., Internal capability and external knowledge sources: Complements or substitutes for innovative performance? [J]. *Technovation*, 2004 (24): 29 – 39.

[137] Caner, T., Geographical clusters, alliance network structure and innovation in the US biopharmaceutical industry [D]. Unpublished doctoral dissertation paper of University of Pittsburgh, 2007.

[138] Cassiman, B., Veugelers, R., In search of complementarity in innovation strategy: Internal R&D and external knowledge acquisition [J]. *Management Science*, 2006 (52): 68 – 82.

[139] Coleman J. Social capital in the creation of human capital [J]. *American Journal of Sociology*, 1988, 94: 95 – 120.

[140] David J. Storey, Entrepreneurship, Small and Medium Sized Enterprises and Public Policies, University of Warwick, 2005.

[141] DeBresson, C., An entrepreneur cannot innovate alone: Networks of

enterprises are required, The meso systems foundation of innovation and of the dynamics of technological change [R]. Druid conference on systems of innovation in Aalborg, Denmark, 1999.

[142] Eggers, J. P., Kaplan, S., Cognition and renewal: Comparing CEO and organizational effects on incumbent adaptation to technical change [J]. *Organization Science*, 2009, 20 (2): 461 - 477.

[143] Eisingerich, A. B., Bell, S. J., Tracey, P., "How can cluster sustain performance? The role of network strength, network openness, and environmental uncertainty" [J]. *Research Policy*, 2010, 39 (2): 239 - 253.

[144] Engelstoft, S., Butler, C. J., Smith, I., Winther, L., "Industrial clusters in Denmark: Theory and empirical evidence?" [J]. *Regional Science*, 2006, 85 (1): 73 - 97.

[145] Erickson, G., Jacobson, R., Gaining comparative advantage through discretionary expenditures: The returns to R&D and advertising [J]. *Management Science*, 1992 (38): 1264 - 1279.

[146] Feng - chao Liu, Denis Fred Simon, Yu - tao Sun, Cong Cao, China's innovation policies: Evolution, institutional structure, and trajectory [J]. *Research Policy*, 2011, Volume 40, Issue 7: 917 - 931.

[147] Fogel, G., An analysis of entrepreneurial environment and enterprise development in Hungary [J]. *Journal of Small Business Management*, 2001, 1: 103 - 109.

[148] Gereffi, G., "International trade and industrial upgrading in the apparel commodity chain" [J]. *Journal of International Economics*, 1999, 48 (1): 37 - 70.

[149] Geus, A. D., *The Living Company*, Harvard Business School Press, 2002.

[150] Gilbert, B. A., Mcdougall, P. P., Audretsch, D. B., "Clusters, knowledge spillovers and new venture performance: An empirical examination" [J]. *Journal of Business Venturing*, 2008, 23 (4): 405 - 422.

[151] Gnyawai, D., Madhavan, R., Cooperative networks and competitive

dynamics: A structure embeddness perspective [J]. *Academy of Management Review*, 2001, 26 (3): 431 -445.

[152] Gómez, P. J., Lorente, J. C. and Cabrera, R. V., Organizational learning capability: a proposal of measurement [J]. *Journal of Business Research*, 2005, 58 (6): 715 -725.

[153] Grabher, G., Ibert, O., "Bad company? The ambiguity of personal knowledge networks" [J]. *Journal of Economic Geography*, 2006, 6 (3): 251 -271.

[154] Grace T. R. Lin, Yung - Chi Shen, James Chou, National innovation policy and performance: Comparing the small island countries of Taiwan and Ireland [J]. *Technology in Society*, 2010, Volume 32, Issue 2: 161 -172.

[155] Granovetter, M., Economic Action and Social Structure: The Problem of Embeddedness [J]. *The American Journal of Sociology*, 1985, 91 (3): 481 -510.

[156] Granovetter, M., The Strength of Weak Tie [J]. *American Journal of Sociology*, 1973, (78): 1360 -1380.

[157] Gulati, R., Singh, H., The architecture of cooperation: managing coordination costs and appropriation concerns in strategic alliances [J]. *Administrative Science Quarterly*, 1998 (43): 781 -814.

[158] Gulati, R., Alliances and Networks [J]. *Strategic Management Journal*, 1998, 19: 293 -317.

[159] Haeussler, C., The Determinants of Commercialization Strategy: Idiosyncrasies in British and German Biotechnology [J]. *Entrepreneurship Theory and Practice*, 2011, 35 (4): 653 -681.

[160] Hargadon, A., Sutton, R. I., Technology brokering and innovation in a product development firm [J]. *Administrative Science Quarterly*, 1997, 42 (9): 716 -749.

[161] Henrig, Entrepreneurial intentions and the entrepreneurial environment, Helsinki University of Technology, 2004.

[162] Howells, J., Intermediation and the role of intermediaries in innova-

tion [J]. *Research Policy*, 2006, 35 (5): 715 - 728.

[163] Humphrey, J., Schmitz, H., "How does insertion in global value chains affect upgrading in industrial clusters" [J]. *Regional Studies*, 2002, 36 (9): 1017 - 1027.

[164] Isabel Maria Bodas Freitas, Nick von Tunzelmann. Mapping public support for innovation: A comparison of policy alignment in the UK and France [J]. *Research Policy*, 2008, Volume 37, Issue 9: 1446 - 1464.

[165] Jan Nill, René Kemp, Evolutionary approaches for sustainable innovation policies: From niche to paradigm? [J]. *Research Policy*, 2009, Volume 38, Issue 4: 668 - 680.

[166] Jeffrey P. Carpenter, Amrita G. Daniere, Lois M. Takahashi, Cooperation, trust, and social capital in Southeast Asian urban slums [J]. *Journal of Economic Behavior & Organization*, 2004, 55 (4): 533 - 551.

[167] Jeremy Greenwood, Boyan Jovanovic, "Financial Development, Growth and the Distribution of Income" [J]. *Journal of Political Economy*, 1990, (98): 1076 - 1107.

[168] Jin, Hehui and Qian, Yingyi, "Public Versus Private Ownership of Firms: Evidence from Rural China" [J]. *Quarterly Journal of Economics*, 1998, (113): 773 - 808.

[169] K. J. Arrow, The Organization of Economic Activity: Issues Pertinent to the Choice of Market versus Non - market Allocation [J]. Joint Economic Committee of Congress, 1969.

[170] Kale, D., Little, S., From imitation to innovation: The evolution of R&D capabilities and learning processes in the Indian pharmaceutical industry [J]. *Technology Analysis & Strategic Management*, 2007, 19 (5): 589 - 609.

[171] Katila, R., Ahuja, G., Something old, something new: A longitudinal study of search behavior and new product introduction [J]. *Academy of Management Journal*, 2002, 45 (6): 1183 - 1194.

[172] Kieron Flanagan, Elvira Uyarra, Manuel Laranja. Reconceptualising the 'policy mix' for innovation [J]. *Research Policy*, 2011, Volume

40, Issue 5: 702 –713.

[173] Kok – Yee Ng, Chua, R. Y. J., Do I contribute more when I trust more? differential effects of cognition – and affect – based trust [J]. *Management and Organization Review*, 2006, 2 (1): 43 –66.

[174] Koka, B. R., Prescott, J. E., Designing alliance networks: the influence of network position, environmental change, and strategy on firm performance [J]. *Strategic Management Journal*, 2008. 29 (6): 639 –661.

[175] Kozo Kiyota, Tetsuji Okazaki, Foreign technology acquisition policy and firm performance in Japan, 1957 – 1970: Micro – aspects of industrial policy [J]. *International Journal of Industrial Organization*, 2005 (23): 563 –586.

[176] Krugman, P., "Increasing returns and economic geography" [J]. *Journal of Political Economy*, 1991, 99 (3): 483 –499.

[177] Kuen – Hung Tsai, Jiann – Chyuan Wang, External technology sourcing and innovation performance in LMT sectors: An analysis based on the Taiwanese Technological Innovation Survey [J]. *Research Policy*, 2009 (38): 518 –526.

[178] Lall, Sanjaya, and Morris Teubal, "Market – Stimulating" technology policies in developing countries: A framework with examples from East Asia [J]. *World Development*, 1998, Volume 26, No. 8: 1369 –1385.

[179] Lawson, C., Lorenz, E., "Collective Learning, Tacit Knowledge and Regional Innovative Capacity" [J]. *Regional Studies*, 1999, 33 (4): 305 –317.

[180] Leiponen, A., Helfat, C. E., Innovation objectives, knowledge sources, and the benefits of breadth [J]. *Strategic Management Journal*, 2010. 31 (2): 224 –236.

[181] Li, W., Veliyath, R., Tan, J., Network characteristics and firm performance: An examination of the relationships in the context of a cluster [J]. *Journal of Small Business Management*, 2013. 51 (1): 1 –22.

[182] Libaers, D., Meyer, M., "Highly innovative small technology

firms, industrial clusters and firm internationalization" [J]. *Research Policy*, 2011, 40 (10): 1426 - 1437.

[183] Lipparini, A., Lomi, A., Interorganizational relations in the Modena biomedical industry: A case study in local economic development, in Grandor, A. (ed.). *Interfirm Networks: Organization and Industrial Competitiveness* [C]. London: Routledge, 1999.

[184] Lorraine, M., Uhlaner, Marta, M., Berent - Braun, Ronald J. M. Jeurissen and Gerrit de Wit, Beyond Size: Predicting Engagement in Environmental Management Practices of Dutch SMEs [J]. *Journal of Business Ethics*, 2012, 109 (4): 411 - 429.

[185] Lynn, L. H., Reddy, N. M., Aram, J. D., Linking technology and institutions: The innovation community framework [J]. *Research Policy*, 1996, 25 (1): 91 - 106.

[186] Malmberg, A., Maskell, P., "The elusive concept of localization economies: Towards a knowledge - based theory of spatial clustering" [J]. *Environment and Planning*, 2002, 34 (3): 429 - 449.

[187] Mantel, S. J., Rosegger, G., The role of third - parties in the diffusion of innovations: A survey in Rothwell, R., Bessant, J. (eds.). Innovation: Adaptation and Growth [C]. Amsterdam: Elsevier, 1987.

[188] Manuel Laranja, Elvira Uyarra, Kieron Flanagan, Policies for science, technology and innovation: Translating rationales into regional policies in a multi - level setting [J]. *Research Policy*, 2008, Volume 37, Issue 5: 823 - 835.

[189] Maria Kapsali, How to implement innovation policies through projects successfully [J]. *Technovation*, Volume 31, 2011, Issue 12: 615 - 626.

[190] Martin, R., Sunley, P., "Complexity thinking and evolutionary economic geography" [J]. *Journal of Economic Geography*, 2007, 7 (5): 573 - 601.

[191] McEvily, B., Zaheer, A., Bridging ties: A source of firm heterogeneity in competitive capabilities [J]. *Strategic Management Journal*, 1999, 20 (12): 1133 - 1156.

[192] Mitchell, W., Singh, K., Survival of businesses using collaborative relationships to commercialize complex goods [J]. *Strategic Management Journal*, 1996, 17: 169-195.

[193] Moschieri, C., The implementation and structuring of divestitures: the unit's perspective [J]. *Strategic Management Journal*, 2011, 32 (4): 368-401.

[194] Nadiri, M. I., Nadiri. Innovations and technology spillovers [J]. NBER Working Paper, 1993.

[195] Nahapiet, J., Ghoshal, S., Social capital, intellectual capital, and the organizational advantage [J]. *The Academy of Management Review*, 1998, 23 (2): 242-266.

[196] Nieto, M. J., Santamaría, L., The importance of diverse collaborative networks for the novelty of product innovation [J]. *Technovation*, 2007 (27): 367-377.

[197] Parrilli, M. D., Sacchetti, S., "Linking learning with governance in networks and clusters: key issues for analysis and policy" [J]. *Entrepreneurship and Regional Development*, 2008, 20 (4): 387-408.

[198] Philip R. Tomlinson, Co-operative ties and innovation: Some new evidence for UK manufacturing [J]. *Research Policy*, 2010, 39 (6): 762-775.

[199] Pilar Beneito, Choosing among alternative technological strategies: an empirical analysis of formal sources of innovation [J]. *Research Policy*, 2003 (32): 693-713.

[200] Polanyi, K., *The Great Transformation: The Political and Economic Origins of Our time* [M]. Boston, MA: Beaeon Press, 1944: 272.

[201] Porter, M. E., "Clusters and the new economics of competition" [J]. *Harvard Business Review*, 1998, 76 (6): 77-90.

[202] Portes, A., Social Capital: Its Origins and Applications in Modern Sociology [J]. *Annual Review of Sociology*, 1998, (24): 1-24.

[203] Powell, W. W., Koput, K. W., Smith-Doerr L. Interorganizational collaboration and the locus of innovation: Networks of learning in bio-

technology [J]. *Administrative Science Quarterly*, 1996, 41 (1): 116 - 145.

[204] Prahalad, C. K., Hamel, G., The core competence of the corporation [J]. *Harvard Business Review*, 1990, 68 (3): 79 - 91.

[205] Puranam, P., Singh, H., and Zollo, M., Organizing for Innovation: Managing the Coordination - Autonomy Dilemma in Technological Acquisitions [J]. *Academy of Management Journal*, 2006, 49 (2): 263 - 280.

[206] Roland, B., and Goran, R., The importance of intellectual capital reporting: Evidence and implications [J]. *Journal of Intellectual Capital*, 2007, 8 (1): 7 - 51.

[207] Romanelli, E., Khessina, O. M., "Regional Industrial Identity: Cluster Configurations and Economic Development" [J]. *Organization Science*, 2005, 16 (4): 344 - 358.

[208] Romer, P. M., "Endogenous Technological Change" [J]. *Journal of Political Economy*, 1990, 98 (5): 71 - 102.

[209] Rosenbusch, N. et al., Is innovation always beneficial? A meta - analysis of the relationship between innovation and performance in SMEs [J]. *Journal of Business Venturing*, 2011, 26 (4): 441 - 457.

[210] Rozelle Scott, "Rural Industrialization and In - creasing Inequality: Emerging Patterns In China's Reforming Economy" [J]. *Journal of Comparative Economics*, 1994, (19): 362 - 391.

[211] Sandy C. Chen, Julie Ann Elston, Entrepreneurial motives and characteristics: An analysis of small restaurant owners [J]. *International Journal of Hospitality Management*, 2013, 35: 294 - 305.

[212] Seaton, R. A. F., Cordey - Hayes M. The development and application of interactive models of industrial technology transfer [J]. *Technovation*, 1993, 13 (1): 45 - 53.

[213] Shane, S., Cable, D., Network ties, reputation, and the financing of new ventures [J]. *Management Science*, 2002, 48 (3): 364 - 381.

[214] Shaver, J. M., Flyer, F., "Agglomeration economies, firm heterogeneity, and foreign direct investment in the United States" [J]. *Stra-*

tegic Management Journal, 2000, 21 (12): 1175 – 1193.

[215] Shaver, J. M., Flyer, F., "Agglomeration economies, firm heterogeneity, and foreign direct investment in the United States" [J]. *Strategic Management Journal*, 2000, 21 (12): 1175 – 1193.

[216] Shohert, S., Prevezer, M., U. K. biotechnology: Institutional linkages, technology transfer and the role of intermediaries [J]. *R&D Management*, 1996, 26 (3): 283 – 298.

[217] Shorrocks, A. F., "The Class of Additively Decomposable Inequality Measures" [J]. *Econometrica*, 1980, (48): 613 – 626.

[218] Simona, I., Philip, M., "The structure and evolution of industrial clusters: Transactions, technology and knowledge spillovers" [J]. *Research Policy*, 2006, 35 (6): 1018 – 1036.

[219] Simonetta, L., Peter, N., Lulia, T., "Economic integration and regional structural change in a wider Europe: Evidence from new EU and Accession countries" [J]. *Journal of Institutional Innovation, Development & Transition*, 2004, (8): 48 – 56.

[220] Singh, J., Goolsby, J. R., Rhoads GK. Behavioral and psychological consequences of boundary spanning burnout for customer service representatives [J]. *Journal of Marketing Research*, 1994, 31: 558 – 569.

[221] Smith, D. A., Lohrke, F. T., Entrepreneurial net work development: Trusting in the process [J]. *Journal of Business Research*, 2008, (61): 315 – 322.

[222] Soda, G., Usai, A., Zaheer, A., Network memory: The influence of past and current networks on performance [J]. *Academy of Management Journal*, 2004, 47 (6): 893 – 906.

[223] Sonja Radas, Ljiljana Božic, The antecedents of SME innovativeness in an emerging transition economy [J]. *Technovation*, 2009, 29 (6 – 7): 438 – 450.

[224] Sorensen, J. B., Start, T. E., Aging, obsolescence and organizational innovation [J]. *Administrative Science Quarterly*, 2000, 45

(1): 81 - 112.

[225] Stenbacka, Rune, and Mihkel M. Tombak, Technology policy and the organization of R&D [J]. *Journal of economic behavior & organization*, 1998, Volume 36, No. 4: 503 - 520.

[226] Stinchcombe, A. L., Organizations and social structure, In March, J. G. (ed.). *Handbook of Organizations* [C]. Chicago, IL: Rand McNally, 1965.

[227] Tan, J. et al., At the Center of the Action: Innovation and Technology Strategy Research in the Small Business Setting [J]. *Journal of Small Business Management*, 2009, 47 (3): 233 - 262.

[228] The World Bank, 2006, "Remittances, Households, and Poverty", Global Economic Prospects 2006: Economic Implications of Remittances and Migration, 2006.

[229] Turpin, T., Garrett - Jones, S., Rankin, N., Bricoleurs and boundary riders: Managing basic research and innovation knowledge networks [J]. *R&D Management*, 1996, 26 (3): 267 - 282.

[230] Tushman, M. L., Nadler, D. A., Information processing as an integrating concept in organizational design [J]. *Academy of Management Review*, 1978, 3 (3): 613 - 624.

[231] Uzzi, B., Social structure and competition in inter - firm networks: The paradox of embeddedness [J]. *Administrative Science Quarterly*, 1997, 42 (1): 35 - 67.

[232] Venables, A. J., "The International Division of Industries: Clustering and Comparative Advantage in a Multi - industry Model" [J]. *Scandinavian Journal of Economics*, 1999, 101 (4): 495 - 513.

[233] Visser, E. J., Boschma, R. A., "Learning in Districts: Novelty and lock - in in a Regional Context" [J]. *European Planning Studies*, 2004, 12 (6): 793 - 808.

[234] Visser, E. J., Langen, P., "The importance and quality of governance in the Chilean wine industry" [J]. *GeoJournal*, 2006, 65 (3): 177 - 197.

[235] W. lrs Sharkansky, *Policy Analysis in Political Science* [M]. Chicago: Markham Publishing Co. 1970.

[236] Waits, M. J. , "The added value of the industrial cluster approach to economic analysis, strategy management, and service delivery" [J]. *Economic Development Quarterly*, 2000, 14 (1): 35 –50.

[237] Westhead, P. et al. , Decisions, Actions, and Performance: Do Novice, Serial, and Portfolio Entrepreneurs Differ? [J]. *Journal of Small Business Management*, 2005, 43 (4): 393 –417.

[238] Wolf, P. , Kaudela – Baum, S. , Meissner, J. O. , Exploring innovating cultures in small and medium – sized enterprises: findings from Central Switzerland [J] . *International Small Business Journal*, 2012, 30 (3): 242 –274.

[239] Wolpert, J. D. , Breaking out of the innovation box [J]. *Harvard Business Review*, 2002, 80 (8): 77 –83.

[240] Wouter Stam, Souren Arzlanian, Tom Elfring. Social capital of entrepreneurs and small firm performance: A meta – analysis of contextual and methodological moderators [J] . *Journal of Business Venturing*, 2014, 29 (1): 152 –173.

[241] Xiao, Z. , Tsui, A. S. , When brokers may not work: the cultural contingency of social capital in Chinese high – tech firms [J]. *Administrative Science Quarterly*, 2007, 52 (1): 1 –31.

[242] Yamin, M. and Otto, J. , Patterns of knowledge flows and MNE innovative performance [J]. *Journal of International Management*, 2004, (10): 239 –258.

[243] Yli – Renko, H. , Autio, E. , H. J. Sapienza, Social capital: Knowledge acquisition, and knowledge exploitation in young technology – based firms [J]. *Strategic Management Journal*, 2001, 22 (6 –7): 587 –613.

[244] Zaheer, A. , Bell, G. G. , Benefiting from network position: Firm capabilities, structural holes, and performance [J]. *Strategic Management Journal*, 2005, 26 (9): 809 –825.

[245] Zhang, Y., Li, H. Y., Innovation search of new venture in a technology cluster: The role of ties with service intermediaries [J]. *Strategic Management Journal*, 2010, 31: 88 – 109.

[246] Zhang, Y., Li, H. Y., Shoonhoven, C. B., "Inter – Community Relationships and Community Growth in China's High Technology Industries 1988 – 2000" [J]. *Strategic Management Journal*, 2009, 30 (7): 163 – 183.